Otto Ruppius

Aus dem deutschen und amerikanischen Volksleben

Otto Ruppius

Aus dem deutschen und amerikanischen Volksleben

ISBN/EAN: 9783743310940

Hergestellt in Europa, USA, Kanada, Australien, Japan

Cover: Foto ©ninafisch / pixelio.de

Manufactured and distributed by brebook publishing software (www.brebook.com)

Otto Ruppius

Aus dem deutschen und amerikanischen Volksleben

Tobias Schmidt galt in Ullerstadt als einer von den Fetten. Vorn an der Straße stand sein Wohnhaus, ein tüchtiges, ordentliches Bauernhaus; dem dicken, wohlbeschnittenen Strohdache sah man's an, daß gehörige Leute darunter wohnten, die Fenster schauten so hell und vergnüglich heraus, daß sie wie die Augen von Jemand aussahen, dem's innerlich so recht wohlig ist, die Wände waren schön weiß gestrichen und in Ordnung gehalten.

Aber wie das Haus von außen glitzerte und lachte, so ging es auch inwendig durch die ganze Wirthschaft. Zwei Gäule standen im Stall, die Jeder gern ansah, fünf Kühe, glänzend und wohlgenährt, rasselten an den Ketten, auf dem Boden lag noch Getreide vom vergangenen Jahre, dick hing die Esse voll Schinken, Speck und großen Wurstmagen, und kein Mensch hätte sagen können, daß ihm Tobias was schuldig sei; im wohlverwahrten Wandschranke aber stak mancher Thaler, von dem Niemand wußte als er.

Annelie, seine Frau, war noch eine von denen, die die Augen überall haben können und doch mit den eigenen Händen was vor sich bringen. Wenn sie auch nicht Buch und Rechnung über Mehl, Milch und Eier führte und die Butter, selbst wenn nur für die Arbeitsleute gebacken wurde, nicht mit dem Zirkel abmaß, so war doch in ihrem Kopfe Alles eben so gut gerechnet, als es nur der Würzkrämer in seinem dicken Buche haben konnte; keine Handvoll hätte zur Hinterthür hinaus spazieren können, ohne daß sie es gemerkt hätte, kein Vorrath ging zu Ende, ohne daß sie es wußte, und an keinem

Orte fehlte es je. Wie am Schnürchen ging Alles in der Wirthschaft, einen Tag wie den andern.

Das erste große Leidwesen kam über Tobias, als seine Frau im zweiten Wochenbette starb und das kaum geborene Kindchen neben sie in den Sarg gelegt wurde. — Wie in einem Gemüthe, das gewohnt ist, einförmig einen Tag wie den andern zu verleben, ohne erhebliche Sorge, ohne erhebliche Freude, ein solcher Schlag wirkt, ermessen die nicht, die das bewegliche Stadtleben umgiebt. — Tobias war drei Tage lang wie vor den Kopf geschlagen, er aß nicht, er sprach nicht, er dachte wohl auch nicht, denn das Surren und Summen in seinem Kopfe, wo ein Gedanke den andern fortjagte, und immer wieder von einem neuen vertrieben wurde, war kaum Denken zu nennen. Er hatte seine Frau wohl nur lieb gehabt, wie es seinem ruhigen Gemüthe, das sich überhaupt durch kein Gefühl sehr aufregen ließ, möglich gewesen, aber er hatte sich an sie gewöhnt, daß sie beinahe die Hälfte von ihm selber geworden war. Sie hatte die Wirthschaft im Hause geführt, und er hatte sich mit keinem Auge darum gekümmert; kam was zu überlegen und zu sorgen, so hatte sie es auf sich genommen, lag ihm etwas im Kopfe die Quere, so hatte sie es ihm schon an der Nase angesehen und gar bald wieder gerad' gerüttelt Wenn ihm das jetzt so durch sein Gemüth fuhr, meinte er, er müsse selber mit sterben, denn vor dem, was nun kommen werde, grause es ihm, und was er nun allein anfangen solle, wisse er nicht, und da fing's ihm wieder an im Kopfe rundum zu gehen, wie nun nichts in seiner Ordnung bleiben werde und um was er sich nun Alles bekümmern solle und was das zuletzt für ein Ende nehmen könne.

Tobias war mit zur Leiche gewesen, hatte die kleine Annelie, die ein schön schwarz Röckchen angehabt, und die erbärmlich gejammert hatte, daß Mutter in die schwarze Erde gesteckt werden solle, an der Hand geführt, hatte die schöne Leichenrede gehört, die der Pastor gehalten, und hatte geheult, daß es jämmerlich anzusehen gewesen war, aber Alles wie im Traume, und es war ihm nicht in die Gedanken gekommen, wer wohl die Tage über im Hause geschafft und in dem Wirrwarr Alles, was nöthig gewesen war, besorgt habe. — Als er den Morgen darnach aufwachte und sich allein im Bette liegen sah, da kam ihm erst Alles recht deutlich in den Sinn und Eins nach dem Andern trat vor seine Seele, und es fing ihm an so weblich und weichmüthig um's Herz zu werden, wie in seinem ganzen Leben noch nicht. Da steckte Henner, der Knecht, seinen Kopf zur Thür herein und frug, ob sie nicht an den Acker ziehen wollten, es wäre schon spät, und wie er des Knechtes gewohntes Gesicht sah und die Frage hörte, da wurde ihm wieder leichter; er hatte gemeint, jetzt müsse im ganzen Hause Alles auf dem Kopfe stehen, und Alles kunterbunt durcheinander. Und wie er aus seiner Kammer trat, da prasselte das Feuer in der Küche, und in der Stube stand Kaffee und Brot auf dem Tische, gerade wie sonst, und im Hofe stand Christie, die Magd, an der Pumpe und spülte die Milcheimer, und Henner hielt mit den beiden Gäulen und den Pflügen schon am Thorwege. Da war es ihm wieder, als müsse ihm das ganze Unglück nur geträumt haben oder als träume er jetzt, und er war schon am Acker und hatte schon drei Furchen gezogen, ehe er mit sich einig wurde. „Henner," sagte er, und blieb halten, wo der Knecht die Erde von seiner Pflugschaar stieß, „wer besorgt denn die Wirthschaft und schafft zu Hause?"

Henner sah ihm recht mitleidig in die Augen. „'s ist doch nur gut, daß Ihr endlich wieder ein Wort sprecht," sagte er, „'s ward uns schon ganz himmelangst um Euch und wir mußten doch nicht, was wir angeben sollten. Christie hat ihre Schwester aus Frühndorf geholt, wie sie Euch so ganz kaput sah und hat die Schlüssel an sich genommen; sie meinte, sie wüßte Bescheid genug, und sie hätte die Wirthschaft so wie so besorgen müssen, wenn die Frau im Kindbette gelegen hätte."

Tobias ließ die Peitsche auf das Pferd fallen und zog weiter, er hatte den ganzen Morgen zu überlegen, ob das so Bestand haben könne.

Er sollte jedoch merken, was es heißt, gut Gesinde zu haben, und wenn er es hätte sehen können, wie Christie im Hause die Hände rührte, und die Pantoffeln durch Küche und Kammern, Hof und Stall klappern ließ, daß die Hühner sich auf dem Miste zusammenrottirten und ganz verwundert ihrem ungewohnten Treiben zusahen, wie sie Liese, ihre junge Schwester, anstellte, und doch dabei noch Anderes schaffte und auf Alles ein Auge hatte, er hätte es erst recht merken müssen, was seine Selige für eine Tüchtige gewesen. Das ist ein altes wahres Wort: Gutes Gesinde zieht sich nur durch gute Herrschaft; wo der Herr oder die Frau nicht selber von früh bis auf den Abend vornweg ist mit Schaffen und Arbeiten, da kannst Du zu jedem Gaule einen Knecht und zu jeder Kuh eine Magd stellen, es bringt doch Keins was vor sich, da ist keine Ordnung und kein Verlaß. —

Hinter Christie tappelte die kleine Annelie drein durch Hof und Stall, Stube und Küche, und fragte in einem fort, ob Mutter nicht bald wiederkomme und warum sie in das Grabloch hineingesteckt sei. "Aber Du närrisches Mädchen," sagte Christie und strich ihr das Halstuch glatt, "Mutter ist ja todt!" — Annelie sah sie groß an ging langsam zur Thür hinaus; es ging ihr mit ihrer Frage gerade wie Manchem, der auf's Gericht geht und sich nach seinem Prozesse erkundigen will. Es ist noch nicht dekretirt! heißt es da, und nun weiß er gerade so viel, als Annelie von dem, was es bedeute, todt sein.

Tobias Schmidt's Hause gegenüber stand ein Birnbaum an einer Mauer, darunter kauerte ein kleiner Junge und hatte ein Buch vor sich auf den Knieen. Annelie ging hinüber und kauerte sich daneben. "Woll'n wir spielen, Annelie?" fragte der Junge.

Annelie nickte.

"Aber wir spielen todt sein!" sagte sie. — Der Junge legte sein Buch ins Gras und die Kinder suchten ein Stöckchen, legten es auf ein Stück Baumrinde und trugen es beide die Straße entlang und wieder zurück. Das war der Leichenzug. Dann grub der Junge mit einem Holzstückchen ein Loch in die Erde und Annelie sah ihm andächtig zu; und hinein legten sie die Baumrinde und das Stöckchen und machten ein Häufchen Erde darüber her. Nun standen sie auf und wollten das schöne Grab beschauen. Annelie aber stolperte und fiel mit dem Kopfe gegen die Mauer. Da wollte sie nichts mehr vom Todtspielen wissen. Der Junge aber meinte, er wisse Schöneres, heirathen. Das war Recht. Sie mußten's alle Beide schon oft gespielt haben, denn Annelie wußte gleich Bescheid. Einen wunderschönen Kranz von Gras und Strohhalmen flochten sie, der kam auf Annelie's Kopf, dann faßten sie sich unter den Arm und spazierten an der Mauer hinunter, in die Thür zu des Schulmeisters Hof hinein und da ging's auf den Ziegenstall los. Das mußte die Kirche und die Ziege der Pastor sein.

Wie ein paar B——ute knieten sie nieder, die Ziege aber beschnupperte sie, drehte sich dann herum und ließ Rosinen auf die Erde fallen. Annelie fing an zu lachen, daß sie sich auf dem Boden herumwälzte. — Solche Rosinen fallen Einem gar oft im Leben in die allerschönsten Einbildungen, und es ist gut für den, der darüber lachen kann, wie Annelie; die Meisten aber hängen das Maul und können sich nicht zufrieden geben, daß die Ziege kein Pastor, und das, was sie sich eingebildet haben, nicht auch wirklich so ist.

Als Tobias Abends vom Acker heimgekommen war, brachte Christie das Essen in die Stube, hinter ihr her trat Henner, die kleine Annelie saß schon am Tisch und baumelte mit den Beinen, gerade wie früher, und Tobias war es jeden Augenblick, als müßte nun auch seine Frau kommen. Als sie endlich Alle um den Tisch saßen, meinte Tobias bei sich, Christie müsse nun anfangen zu berichten, wie es den Tag gegangen, und was für Dinge alle passirt wären; Christie aber meinte wieder, der Herr müsse sich nun wundern, wie Alles so hätte in der Ordnung bleiben können und hatte sich schon vorgenommen, was sie da Alles sagen wollte, daß er um die Wirthschaft nicht zu sorgen brauche, daß sie auch nicht von gestern sei und in Allem Bescheid wisse, trotz der besten Frau, wenn sie auch nur ein armes Mädchen sei; und nun sprach Keins was. Tobias wollte der Magd nicht das erste Wort geben und rückte verdrießlich mit dem Stuhle, schob das Fleisch auf dem Teller hin und her, stocherte in dem Kohlrabi, und wenn er ein Stück in den Mund steckte, machte er ein Gesicht, als verschlucke er eine Purganz. Christie aber wurde es inwendig, als müsse Alles von einander platzen vor Aerger. So wäre das Mannsvolk, meinte sie, wenn man ihm Alles an den Augen absäh' und noch mehr, da hätte man doch keinen Dank davon; Tobias aber sei der allergrößte Tückschkopf, den's gäbe; er ärgere sich, daß Alles ebenso gut ohne seine Frau gegangen sei, er wolle nur was auszusetzen haben und thue, als schmecke der Kohlrabi nicht und sie habe doch mehr Geschmelztes daran gethan, als jemals dran gekommen wäre. Am ganzen Tische redete nur Annelie, die nicht genug zu erzählen wußte, wie schön sie mit Schulmeisters Lebrecht gespielt habe, bis sie Tobias anfuhr, sie solle ihr Maul halten, er wolle das ewige Geplapper nicht hören. Annelie sah ganz erschrocken ihren Vater an, der aber schlug sein Messer zu, daß es schnappte, stieß den Stuhl zurück, nahm die Tabackspfeife vom Kannrück und ging zur Stubenthür hinaus; Christie aber warf Teller und Löffel übereinander, als ob sie einen mit dem andern kaput schlagen wollte, und rannte davon; mit dem Eimer schoß sie nach dem Kuhstalle, um sich dort auszuheulen, denn wenn sie das nicht könne, meinte sie, müsse es ihr das Herz abdrücken. Und im dunkeln Stalle, neben den Kühen, wo sie Niemand sah, saß sie auf dem Hacktrog und schluchzte und heulte, bis ihre Schürze wie aus dem Wasser gezogen war, aber ihr Herz wollte ihr immer und immer nicht leichter werden. So was hätte sie doch nicht verdient, meinte sie, sie wollte doch nur zusehen, wie weit es eigentlich gehen werde; das erste Wort gebe sie ihm aber doch nicht und den Gefallen thue sie ihm auch nicht, daß er sehen solle, wie sie sich ärgere; — und wie sich erst der Trotz wieder in ihr festgesetzt hatte, wurde es ihr leichter um's Herz, versiegten ihre Thränen; sie hauchte in den Schürzenzipfel und drückte ihn gegen die rothgeweinten Augen, strich ihr Tuch und ihre Haare wieder glatt und ging dann ruhig an's Melken.

Alle Tage wurde Tobias grämlicher, er meinte, alle Tage werde das Essen schlechter, und wenn er einmal seine Tabackspfeife nicht am rechten Orte fand, brummte er, daß immer mehr Unordnung in der ganzen Wirthschaft einreiße. Christie aber wurde alle Tage muckischer, fuhr im Hause herum, wie ein angeschossenes wildes Thier, und wer es hören wollte, konnte es jede Stunde hören, was ihr Herr für Einer sei, und wie ihr gelohnt werde, wenn sie sich auch seinethalber zerreiße; aber sie passe nur auf eine Gelegenheit, da wolle sie ihrem Herzen Luft machen; hernach bleibe sie aber mit ihrer Schwester keine Stunde mehr da, und hernach werde er erst merken, was er an ihr gehabt habe.

So ging es bis zum Sonnabend, wo die Frau jedesmal zum Markte gegangen war. Der Kaffee und Zucker gingen auf die Neige, Tobias' Tabacksbeutel war beinahe leer, und einen Krämer, der bei jedem Lothe Kaffee den Schnaps, den er in der Stadt beim Einkaufen getrunken, mit in Anrechnung bringt, wie's heut zu Tage Mode ist, gab's in Ullerstadt nicht. Christie kitzelte es bis in den kleinen Fußzeh, wenn sie daran dachte, daß den Sonntag das Beste für Tobias, der Kaffee und der Taback, fehlen werde, und wie sie sich hernach hinstellen wolle und sagen, so ginge es, wenn man keinem Menschen ein Wort gönne, und da sie der Herr wie eine bloße Magd behandele, so hätte sie auch nicht mehr thun dürfen, als was er sie heiße. Freitag Nachts fiel ihr aber ein, sie möchte doch sehen, wie die Leute in der Stadt, wo die Frau die Butter immer hingebracht, sich verwundern würden, wenn sie käme und was die für Augen machen würden, wenn sie erzähle, daß sie jetzt die ganze Wirthschaft führe. Und wie sie sich das so recht lebhaft vorstellte, fing ihr auch an die kleine Annelie leid zu thun, daß sie den Sonntag ohne Kaffee bleiben sollte und sie meinte, wenn sie auch zum Markte ginge, brauche sie doch noch keinen Taback mitzubringen — und den Sonnabend in aller Früh band sie sich die neue Schürze von Glanz-Leinwand, in der sich Einer fast hätte spiegeln können, vor, setzte die Sonntagsmütze mit dem goldigen Fleck auf und wanderte, den Korb mit der weißgescheuerten Buttergölte auf dem Rücken, zum Markte. Es kam ihr beinahe vor, als sähen die Leute, die ihr begegneten, sie ganz besonders an, als merke es Jeder, daß sie jetzt die Frau spiele und da reckte sie sich noch einmal so sehr heraus und machte Schritte, als wolle sie den gestrigen Tag einholen.

Ihre Butter war bald verkauft, die Leute hatten gar nicht

so viel Leben gemacht, als sie gemeint, dafür entschädigte sie sich aber beim Würzkrämer, denn der konnte es nicht genug rühmen, wie gut es sei, daß ihr Herr jetzt ein so tüchtiges Mädchen in der Wirthschaft habe. Als er nun fragte, ob sie nicht auch, wie die selige Frau, Taback mitnehmen wolle, da sagte sie, sie wüßte zwar nichts davon, es käme ihr aber gerade nicht darauf an; hätte sie keinen gekauft, so hätten ja die Leute denken können, ihr Herr vertraue ihr nicht Alles an, was zu besorgen sei; aber sie steckte ihn zu allerunterst in ihren Korb; gleich sollte er zu Hause doch nicht an's Tageslicht kommen.

Als sie heim kam, stand Tobias in der Hofthür und hatte eben zum siebenten Male Feuer angeschlagen, aber zum siebenten Male wollte die Asche in seiner Pfeife nicht mehr brennen. Christie ging mucksch, ohne ein Wort an ihm vorbei, setzte in der Küche ab und packte aus, was sie mitgebracht. Den Taback aber ließ sie in dem leeren Korbe, schob den in den Winkel und ging dann in ihre Kammer. Tobias kam langsam nachgetreten, sah Zucker, Kaffee, Oel und Salz liegen, aber keinen Taback und schlug auf den Tisch, daß die Teller und Schüsseln durcheinander sprangen. So eine verfluchte Wirthschaft, schrie er, sei ihm in seinem Leben noch nicht vorgekommen und wenn man sich nicht um jeden Dreck selber bekümmere, werde nichts geschafft und nichts besorgt, aber sowie er nur das Mensch ansichtig werde, wolle er — und da kam Christie mit einem Arme voll Holz zur Thür hereingeschossen, daß sie ihn beinahe über den Haufen gerannt hätte, warf es auf die Erde und fing an Feuer anzuschlagen; Tobias aber kehrte ihr den Rücken, stellte sich in die Küchenthür und brummte immer lauter: so was sollte einem Andern passiren, der jagte gleich die ganze Gesellschaft hin, wo sie hingehörte; aber je besser der Herr, je schlimmer sei's Gesinde; und Christie horchte mit beiden Ohren und sah nicht, daß sie mit Stein und Stahl ganz wo anders hinschlug, als in den Zunder, und je lauter Tobias räsonnirte, je mehr schwoll ihr der Kamm, bis sie es endlich meinte nicht mehr aushalten zu können, Stahl und Stein hinwarf und herausfuhr: auf wen denn das Alles gemünzt sei?

„Wen's beißt, der kann sich kratzen und Du wirst's wohl am besten wissen, wer sich's anzunehmen hat," fuhr Tobias herum. „Aber ich leid's nun nicht mehr, und länger kann's nicht so bleiben!"

„Nu, das ist mir doch ein kurios Ding!" lachte Christie, aber es war ein Lachen, wie der eingepreßte Aerger lacht, wo das Heulen nicht weit ist, „ich kann alle Tage gehen und morgen geh' ich auch, ich hab' nur mit Eurer Frau was ausgemacht. Erst will ich Euch aber sagen, wie's eigentlich steht und hernach könnt Ihr machen, was Ihr wollt. Wie Eure Frau gestorben ist, habt Ihr dagesessen, wie ein Stück Holz, habt an nichts gedacht, für nichts gesorgt und wenn ich nicht gewirthschaftet hätte und gerannt wäre, daß ich jeden Abend halb todt gewesen bin, so hätte Euretwegen die Frau heute noch über der Erde stehen und das Vieh kaput gehen können. Ihr habt mir aber mit keinem Worte das Maul gegönnt, als hätte ich Euch noch den größten Schabernack gethan. Heut," fuhr sie fort, und riß die Tabacksdüte aus dem Korbe, sie auf den Tisch schleudernd, daß sie bis vor Tobias' Füße flog, „heut bin ich expre in der Stadt gewesen, daß Ihr morgen Taback haben sollt, und nun stellt Ihr Euch her und räsonnirt und schimpft, das ist der Dank! Was Ihr für Einer seid," heulte sie, „das hab' ich nun gesehen und keine vier Pferde sollen mich bei Euch halten. Wenn mein Vater auch nur der Hirte in Frühndorf ist, so will ich bei dem doch lieber's Vieh hüten, der ist erkenntlicher, wenn man ihm was Gutes erweist, als Ihr!" Und damit setzte sie sich auf den Hackklotz, hielt die Schürze vor die Augen und heulte, daß sie der Bock stieß.

Tobias brummte was vom dummen Mensche, das sich gleich wunder wie bethäte, und daß er sich von der Magd auch nicht so kommen ließe, und sah dabei die Tabacksdüte an, die vor seinen Füßen lag. Zweimal war er in Versuchung, sie aufzuheben, ließ sie aber doch liegen und ging brummend weg. Aber er rief die kleine Annelie von der Straße, die mußte sie ihm beiholen.

Christie's Schwester, die schon lange vor der Thür gehorcht

hatte, trat jetzt vorsichtig in die Küche. „Was haft Du denn mit ihm vorgehabt?"

„Gerad' soviel, daß wir morgen abziehn!" sagte Christie, ohne die Schürze von den Augen zu thun.

Liese sah ihre Schwester eine ganze Weile ängstlich an, dann nahm sie das hingeworfene Holz auf und fing an Feuer zu machen.

„Das werd' ich schon alleine besorgen!" fuhr Christie in die Höhe, „geh' nur und hack' Dein Futter." Sie wischte sich die rothgeweinten Augen, strich sich die Haare glatt und trat an den Heerd.

„Christie!" sagte Liese, „Vater spricht immer: In den weichsten Betten sitzen die Flöhe am liebsten; ich meine, wir kriegen's nicht gleich wieder so gut wie hier, wenn auch Manches da ist, was nicht gut thut."

„Ich weiß selber am besten, was ich zu thun habe!" brummte Christie und schoß mit dem Topfe nach dem Keller wo die Kartoffeln lagen.

Tobias ging nach dem Pferdestalle, wo Henner den Gäulen Futter aufsteckte. Er sah in den Haferkasten, stieß die Streu mit dem Fuße zusammen und fuhr mit der Hand durch die Pferdeschwänze. „Hast den Spektakel gehört, Henner?" fragte er endlich.

„Ja!" sagte der Knecht, „'s ist Weibsvolk, das will überall obenauf sein."

„Sie schneid't sich aber, wenn sie's meint durchzusetzen; sie kann meinetwegen gehen!"

„Wenn Ihr gleich Eine habt, die besser ist —" antwortete Henner und schüttelte gleichmüthig den Gäulen Hafer in die Krippe.

Tobias sah den Knecht von der Seite an, brummte was in den Bart und ging langsam in's Haus. Bedächtig stopfte er seine Tabackspfeife, setzte sich dann auf die Bank vor dem Hause und blies nachdenklich den Rauch in die Luft, bis ihn die kleine Annelie zum Essen rief.

Christie setzte sich mit rothgeweinten Augen an den Tisch, Liese sah nicht von ihrem Teller und schluckte an jedem Löffel als könne sie ihn nicht hinunterbringen, Tobias aber schöpfte sich schon zum zweiten Male auf und meinte, die Suppe schmecke ihm heute ganz besonders gut, es müßten wohl von den Wurstkartoffeln welche drunter sein.

Liese sah scheu nach dem Herrn, Christie aber sagte, von den Wurstkartoffeln seien keine darunter, aber der Speck von dem letzten Schweine sei grausam fett, das werde es wohl sein.

„Hm," sagte Henner, und schöpfte sich gleichfalls von Neuem auf, „so ein Schwein giebt es auch gar nicht wieder, wie das eins war!"

Und nun that auch Liese den Mund auf und meinte, sie hätten zu Hause auch einmal ein Schwein gehabt, worüber sich Alles verwundert hätte, aber so groß wären die Schinken doch nicht gewesen, als sie oben im Rauchfange hingen. Es war, als sei mit Tobias' Worte eine große Last von Allen fortgenommen, als wehe ein kühler Wind durch schwüle, gewitterschwangere Luft. So ist es aber Jedem, bei dem der Engel der Versöhnung einzieht und den Trotzteufel zum Hause hinauswirft.

Liese räumte den Tisch ab, Tobias stopfte sich eine frische Pfeife, und Christie holte das Buttergeld aus ihrer Tasche, um es aufzuzählen. Tobias aber meinte, sie solle es nur derweile behalten, es gäbe genug in der Wirthschaft auszugeben, sie werde es schon richtig machen und wenn sie noch mehr Geld brauche, solle sie es ihm sagen.

Den andern Morgen kam Christie und fragte, ob sie in die Kirche gehen könne; Tobias sagte, er bleibe heim, wenn ihre Schwester mitgehen wolle, könne die auch gehen, hernach wollten sie doch aber miteinander von Liesens Lohne reden — und vom Abziehen war keine Rede mehr.

So war bald wieder Ruhe im Hause. Tobias ließ das Weibsvolk machen und zerbrach sich nicht mehr den Kopf über Sachen, um die er sich bei seiner Seligen nicht gekümmert hatte; Christie aber setzte ihren Stolz drein, daß Alles auf's

Punktum gehe, wie bei der Frau, und bald war das erste
große Unglück, das wie ein Räuber in's Haus gebrochen war,
überwunden. Selber die kleine Annelie fragte nicht mehr nach
Muttern; spielte sie nicht mit Schulmeisters Lebrecht, so hing
sie an Christie's Schürze, denn besser als die konnte es kein
Mensch mit ihr meinen. Das war wohl ein Glück für die
kleine Annelie, aber Christie meinte beinah, es sei noch ein
größeres Glück für sie selber. Jeder Mensch muß Etwas
haben, wo er sein ganzes Herz dran hängen kann und wen die
Menschen zurückstoßen, der umfängt Hunde und Katzen mit
seiner Liebe. Lacht nicht über eine launige, beißige alte Jungfer,
die aller Menschen Feind und nur ihres Katers Freund ist, ein
tiefer, großer Schmerz sitzt in ihr, die Menschen haben ihr
Herz, das Alles mit seiner Liebe beglücken wollte, verschmäht;
lacht nicht über eine alte Betschwester, die nur von ihrem
himmlischen Bräutigam etwas wissen will, ihre Liebe, die die
Welt von sich gestoßen hat, flüchtet sich nach dem Himmel,
und je größer ihr Drang zur Liebe, desto inbrünstiger ihre
himmlische Sehnsucht. — Christie war ein dralles derbes
Mädchen, aber eben nicht hübsch und des Hirten Tochter. Das
hatte ihr nirgends großes Glück für ihren Herzensdrang gebracht und sie hing sich nun mit ihrer ganzen Seele an das
Kind, das ihr das Schicksal so recht in den Weg geworfen
hatte. Dafür ging aber auch der kleinen Annelie nichts über
ihre Christie und man hätte sie sehen müssen, wie sie, kaum
daß sie eine Minute allein war, schon schreiend der Magd
nachlief, und bei Niemand anders sein wollte; wie sie Abends
sich zu Christie's Füßen setzte und, den Kopf auf ihren Schooß
gelegt, einschlief.

Als Annelie älter wurde, fing Christie schon an zu überlegen, was das Mädchen einmal für einen Mann haben müsse,
denn sie meinte, dafür werde doch kein Mensch zu sorgen haben,
als sie. Ein grausam Reicher müsse es für's Erste sein
und kein solcher Lump, der sich nur in Annelie's Familie fett
machen wolle; hübsch, daß er zu Annelie passe, gehöre auch
dazu, denn sie zweifelte keinen Augenblick, daß die einmal das
schönste Mädchen im Dorfe werden müsse; und kuraschirt, daß

er nöthigenfalls Dreien, wenn sie sich heranmachen wollten, die Wege weisen könne. Da kam es ihr nun gar oft in die Quere, wenn Annelie sich mit Schulmeisters Lebrecht herum trieb und mit keinem Andern spielen wollte, oder sich wohl gar mit ihm in die wunderschöne Stube, die Lebrecht im Heu auf dem Boden gebaut hatte, verkroch. Annelie mußte fast alle Tage hören: so ein Mädchen, wie sie, dürfe sich nicht mit solchem Bettelpack einlassen, sie werde nun schon bald eine Jungfer und eine, die auf was pochen könne, die müsse nun schon anfangen, was auf sich zu halten. In Christie's Augen war der Schulmeister gerade nicht mehr als ihr Vater, nur daß Der Vieh hütete und Jener junge Menschen. Was bekümmert sich so eine Christie auch darum, was menschlicher Geist ist und was es heißt, einen solchen Geist zu bilden; sie hatte in ihrem Leben nur den Mangel und das Gewicht des Reichthums gespürt und der galt nun auch bei ihr allein. — Solche Christie's giebt's aber gar Viele in der Welt, wenn sie auch nicht gerade Christie heißen; denen ist alles Wissen Dunst, einerlei, ob die Erde viereckig oder der Mond nur ein verschimmelter Speckkloß ist; für die gilt nichts, als was sie mit Händen greifen können, die tariren den Menschen nach den Thalern, und wer keine hat, ist ein Lump. —

Annelie wollte absolut nicht begreifen, was der Unterschied zwischen ihr und Lebrecht sei und wenn Christie sie auseinander jagte, gab's jedesmal Heulen und Muckschen hinterdrein. Lange dauerte indessen der Aerger nicht; als Lebrecht eingesegnet war, schaffte ihn sein Vater nach Erfurt, dort sollte was Gelehrtes aus ihm gemacht werden, und Annelie hatte sich bald zufrieden gegeben.

Wenn man einem Menschen was vorredet und alle Tage vorredet, so ist es am Ende kein Wunder, wenn er es fest und steif zu glauben anfängt. Sage dem besten Menschen, mit ihm sei kein Durchkommen, zuletzt wird er meinen, es sei wahr; sage dem Dümmsten, er habe die Weisheit mit Löffeln verschluckt, er wird gar bald einsehen, wie recht du hast. — Annelie mußte erst alle Tage hören, daß sie ein reiches Mädchen sei; als sie aber älter wurde und schon mit anfing, Christie in der

Wirthschaft an die Hand zu gehen, klang es ihr auch in die
Ohren, was sie für ein hübsches Mädchen sei, und wenn der
Metzger, der gern eine Kuh aus Tobias' Stall gehabt hätte,
gar nicht Aufhebens genug machen konnte, was seine Annelie
für eine Staatsjungfer geworden sei, oder wenn der Hausirer
ihr mit Gewalt ein seidenes Tuch für ihren Schatz aufdringen
wollte, und es sich nicht ausreden ließ, daß so ein schönes
Mädchen keinen Schatz haben solle, so lachte Christie das Herz
im Leibe und sie mußte jedesmal herausplatzen, das sagten doch
alle Leute, und es wäre für sie eine wahre Sorge, wie sie so
ein Mädchen ordentlich bewahren solle, denn jetzunder wolle
sich jeder Lapps durch eine reiche Frau helfen, und wo solches
Volk ein wohlhabendes, hübsches Mädchen wüßten, da zögen
sie hin wie die Fliegen nach dem Zucker. War es nun Annelie's
Schuld, wenn es sich nach und nach in ihr festgesetzt hatte, so
einem Mädchen, wie sie sei, könne es gar nicht fehlen, und
wenn Einer käme, der es nicht überall dick voll hätte und nicht
grausam hübsch wäre, dem wolle sie schon die Wege weisen? —

Einen Sonntag, Anfangs Winters, geschah es, daß Tobias'
Vetter, der das Gut in Grünthal, drei Stunden von Ullerstadt, hatte, vorsprach. Das war, wie sich die Leute erzählten,
Einer, der, vor lauter Eifer noch reicher zu werden, keine Minute auf einem Flecke und bei keiner Arbeit Ruhe hatte, den
niedrigsten Lohn zahlte, aber jedem Knechte oder Arbeitsmanne
die Schritte nachzählte, die er that und am liebsten gleich vom
Lohne abgezogen hätte, wenn Einer einen Tag krank war.
Keiner, der ihm den Dienst gekündigt hatte, wußte genug zu
erzählen, wie er Jeden kujonire, wie sich dafür aber auch Keiner
ein Gewissen daraus mache, ihn hinten und vorn zu beschuppen.

Jetzt war diesem Vetter ein Kapital bei sichern Leuten gekündigt worden und er war der Mann nicht, der, wären's auch
nur zehn Thaler gewesen, sie einen Tag gern unverzinst hätte
liegen lassen. Aber das Geld war unter den Leuten so rar
nicht, wie heut zu Tage, wo auf den Schein fast mehr gegeben
wird, als auf das, was dahinter steckt, — ordentliche Leute
brauchten fremdes Geld nicht so nöthig. Da hatte denn der
Vetter bei Tobias, der Bekanntschaft genug umher hatte, nach-

fragen wollen, ob der nicht einen sichern Mann wisse, der ein Kapital nöthig habe und auch mit der Zinsbezahlung pünktlich einhalte.

Wie nun die beiden Männer da saßen und mit einander schwatzten, kam Annelie aus der Kirche. Ihre beiden Backen blühten von der scharfen Luft gerade wie ein paar Mairöschen, und wie sie in die Stube gesprungen kam, daß die Schuhe knackten, und den Vetter mit ihren großen Augen, so blau wie ein paar Kornblumen, ansah, blieb dem vor Verwunderung das Wort im Munde stecken. Annelie war schon in die Kammer hinaus, ehe er sich besann, was er hatte sagen wollen.

„Gott verdella! Schmidt, war denn das Eure Annelie?" fragte er endlich, „das ist ja ein Staatsmädchen geworden!"

Tobias lächerte es beinah', wie Einer über sein Mädchen so ein Aufhebens machen konnte. „'s ist ja noch ein halb' Kind," sagte er, „voriges Jahr ist sie erst eingesegnet; Ihr habt sie, seit meine Frau gestorben ist, nicht mehr gesehen? — Annelie!" schrie er, „komm' einmal her und gieb Vetter Kneipern die Hand!"

Annelie hatte ihren Mantel abgebunden, kam heraus und gab dem Vetter die Hand. „Willkommen!" sagte sie; Vetter Kneiper schaute ihr aber in's Gesicht, daß sie sich drüber ärgerte und ganz roth wurde, sie wußte selbst nicht warum. Wenn so eine Seele, in der allerhand Gesindel sein Wesen treibt, sich zu einer andern, reinen Seele drängt, so fängt die an, sich dagegen mit aller Macht zu wehren, und der Mensch fühlt einen Widerwillen, den er sich oft nicht erklären kann. Es sollte ein Jeder wohl darauf achten, denn hinterdrein sieht Mancher erst durch Schaden ein, daß der erste Eindruck der richtige gewesen ist.

„Wie alt bist Du denn, Mädchen?" fragte der Vetter.

„Vergangenen Sommer bin ich sechszehn gewesen!" erwiderte Annelie und suchte ihre Finger aus seiner Hand loszumachen.

„Sechszehn? Gott verdella! und schon so groß, daß sie jeden Tag heirathen könnte? Hast Du denn auch schon einen Schatz, Mädchen?"

„Ach, was Schatz!" rief Annelie und wollte ihre Hand mit Gewalt losreißen, „möcht' wissen, was ich jetzt mit dem machen sollte!"

„Nu, nu! wart' nur, ich werde nächster Tage einmal meinen Fritz herschicken, das wäre so Einer für Dich!"

„Ach, laßt mich gehn! au!" schrie Annelie und riß sich los, „meine Finger sind doch nicht von Holz! — Schafskop!" sagte sie und warf die Thür hinter sich zu.

„Das ist ein Wettermädel!" meinte der Vetter, „Alles wie Stahlfedern an ihr und dabei so resolut, wie man's ihr nimmermehr zugetraut hätte!"

Tobias machte ein Gesicht, von dem man nicht wußte, ob's sauer oder süß sein sollte. „Was Ihr nur dem Mädchen da für Zeug vorschwätzt!" sagte er und schüttelte mit dem Kopfe, „was weiß die schon von 'm Schatze!"

„Schmidt, ist das Ernst?" lachte Kneiper, „na, da erschreckt nur nicht, wenn einmal Einer ankommt, der sie für eine Jungfer angesehen hat und eine Frau aus ihr machen will. Aber, im Ernste, Schmidt," sagte er, und schlug seine Hand auf Tobias' Achsel, „das Mädchen und mein Fritz, das wäre ein Paar, wie zusammengepaßt: das Vermögen blieb auch bei einander, Eure Annelie kriegt doch einmal Alles, und meinem Fritz ist von seiner seligen Mutter auch das Ganze zugeschrieben; mein Bischen will ich gar nicht rechnen!"

Tobias schüttelte den Kopf; es lächerte ihn doch gar zu sehr, wie Einer bei seiner kleinen Annelie schon an's Heirathen denken könne. — Was Einem so unter den Augen aufwächst, dem merkt man's gar nicht an, was nach und nach draus wird: mit sich selber geht's aber dem Menschen am öftersten so; erst gewöhnt er sich etwas an, und meint, er könne 's alle Tage lassen, wenn er nur wolle; die Angewohnheit aber wächst — immer nach und nach und wenn sie schon zur Leidenschaft geworden ist, glaubt er doch noch immer, es sei nur eine kleine Angewohnheit, glaubt es, bis einmal die Zeit kommt, wo er sie gern lassen möchte, aber nicht mehr kann.

Tobias meinte, von solchen Heirathsgeschichten zu reden, habe es bei ihm noch große Weile und dem Vetter werde es ja wohl auch nicht eilen. Wenn's einmal Zeit werde, könnten sie ja immer noch davon sprechen.

Neben Christie, die das Mittagsessen kochte, stand Annelie am Heerde, wärmte sich die Hände am Feuer und erzählte eine große Neuigkeit. Ihr ganzes Gesicht färbte sich dabei röther, man wußte nicht, war es von dem Feuerscheine oder von dem Eifer, mit dem sie sprach. Der Schulmeister liege auf den Tod nieder, erzählte sie, und Lebrecht wäre dieserhalb seit gestern Abend wieder da, er sei von Erfurt in einem halben Tage herausgegangen und ganz kaput hierhergekommen. Heute Morgen sei er in der Kirche gewesen, aber wenn er nicht neben seinem Pathen Müller gestanden hätte und wenn's ihr nicht Schulzens Rieke gesagt hätte, hätte sie ihn nimmermehr wieder erkannt. Er wäre beinah noch größer und stärker geworden wie Wenkmann's Christian, und das wäre doch gewiß ein gehöriger Bursche. Und einen schönen Rock habe er angehabt und eine schöne Pudelmütze auf dem Kopfe. Aber stolz sei er auch geworden, meinte sie, er habe ihr gerade ins Gesicht gesehen, und habe keine Miene verzogen, als hätte er sie in seinem Leben nicht gekannt.

„Und daß Du mir ihn mit keinem Auge wieder ansiehst!" fuhr Christie heraus und stieß mit einem Holzstücke in's Feuer, daß die Funken umherflogen, „wenn so ein Bürschchen, der hinten und vorn nichts hat, ein paar Jahre wo anders gewesen ist, meint er gleich, alle Leute müßten sich vor ihm bücken! Ein ordentliches Mädchen sieht aber gerade solche nicht einmal mit dem Rücken an, denn wenn der Qualm alle ist, kommt doch nur ein zerrissenes Hemde zum Vorschein."

Annelie machte ein Gesicht wie Einer, der in Gedanken in der Wintersaat spazieren geht und dem der Flurschütze zeigt, was er für Unheil angerichtet hat. Annelie war auch mit ihren Gedanken spazieren gegangen, ohne daß sie es gewußt hatte, es wollte ihr aber noch gar nicht scheinen, als könnte da etwas Arges draus entstehen. „Wenn er mich nun aber anred't?" sagte sie endlich.

„Da kannst Du's ihm nicht wehren," sagte Christie, „machst's aber kurz. Du bist jetzt eine Jungfer und darfst nicht viel Wesen mit jedem Lumpenkerle machen. Guck' jetzt einmal in die Stube, ob der Vetter vom Herrn noch da ist."

„Guck' selber hin!" sagte Annelie und drehte sich auf dem Absatze herum, „ich geh' nicht 'nein. Der quetscht mir die Finger, als wenn sie von Holz wären und schwatzt von seinem Fritzen, den soll ich einmal heirathen, und macht ein paar Augen, daß mir's himmelangst dabei wird!"

„Was? wen sollst Du heirathen? nu?" rief Christie und ließ den Topf auf dem Feuer stehen, den sie eben abnehmen wollte; „das ließ ich mir doch gefallen, und was sagt denn Vater dazu?"

„Christie, 's Kraut brennt an!" lachte Annelie und sprang zur Küchenthür hinaus. Christie fuhr nach ihrem Topfe, aus dem es qualmte und dampfte und verbrühte sich beinahe die ganzen Hände.

Als Vetter Kneiper zu Mittag heimritt, konnte er sich kaum vor den vielen Gedanken, die ihm durch den Kopf schossen, retten. Endlich aber rückte er resolut die Mütze auf die Seite und sagte: „So wird's! Heirathet der Fritz die Annelie, so muß ihm der Alte die Wirthschaft übergeben und sich hinter den Ofen setzen, und der liederliche Schlunks von Jungen liegt mir nicht mehr über dem Halse; ich richt's hernach so ein, daß ich das Gut behalte, wenn's ihm auch zehnmal von seiner Mutter verschrieben worden ist und habe ein Geschäft gemacht, wie in meinem Leben noch nicht. Richtig!"

Tobias aber brummte den ganzen Tag der Kopf von dem vielen Schwatzen des Vetters und wie der seinen Fritz in einem weg herausgestrichen hatte, daß Jeder hätte glauben müssen, so Einen gäb's auf der Welt nicht wieder.

Kaum hatte Christie zu Mittag das Essen weggeräumt, so sagte sie, wenn Annelie daheim bleibe, wolle sie einmal in's Dorf zu ihrer Schwester springen und zusehen, wie es der in ihrem neuen Dienste gehe; als sie aber an Schulmeisters Hinterthür kam, huschte sie da hinein und lugte umher, bis sie die alte Grethe, die des Schulmeisters Wirthschaft führte, in der Küche entdeckte. Sie wolle doch nur fragen, sagte sie, ob's denn wahr sei, daß der Schulmeister so krank wäre und wie denn das so geschwind gekommen sei, und wo's ihm denn eigentlich fehle. Und Grethe gab ganz traurig Bericht und meinte, es wäre von einer grausamen Erkältung gekommen, der Doktor sagte, es wäre eine Entzündung im Magen oder sonst wo, sie wisse es selber nicht mehr, und wenn der Schulmeister sterbe, werde es schlimm für sie, und Lebrecht werde hernach wohl auch nicht in Erfurt bleiben können, und werde für fremde Leute arbeiten müssen, denn weiter als das Bischen Land gäbe es hernach nichts mehr für ihn zu erben, das lange aber nicht hinten und nicht vorn. Und Christie meinte, das sei doch grausam schlimm, das vergälle ihr ordentlich die Freude, die sie heute gehabt habe; ihre Annelie sollte den Jungen vom reichen Kneiper in Grünthal heirathen, das wäre ein gräßlich Schöner und ein Guter, wie man ihn kaum noch einmal finden könne; heute wär's richtig gemacht worden und nun könne Jeder, der sich etwa auf Annelie's schönes Vermögen gespitzt habe, sich's Maul wischen. Und wie sie das angebracht hatte, sagte sie: Grethe solle sich nur die traurige Sache nicht so sehr zu Gemüthe ziehen, sie bliebe gern noch ein Weilchen bei ihr, sie habe aber keine Zeit mehr und lief davon. — —

Es ist ein kurioses Ding, je mehr Einem Etwas verboten wird, je mehr muß man daran denken und je mehr treibt es Einen, das Verbotene zu thun. Annelie mußte immer an Lebrecht denken und konnte nicht begreifen, was Christie nur wider ihn habe. Den Montag saß sie schon vom Mittag an mit ihrem Spinnrade am Fenster, und es war ihr beinahe, als warte sie auf Jemand; als sie aber, bis es dunkel wurde, nichts sah, als die Sperlinge auf der Gasse und ein Paar Drescher, die vorübergingen, wurde sie verdrießlich, sprach den ganzen Abend kein Wort und wie sich später Christie mit ihrem Spinnrade zu ihr setzte und vom Vetter Kneiper zu reden anfing, sagte sie, sie wolle nichts wissen, sie habe Kopfschmerzen und lief in's Bett.

Den Dienstag aber sah sie mehr; da kam erst Müller's Magd und ging zum Schulmeister hinein und lange dauerte es nicht, so trat Lebrecht heraus und kam die Gasse lang. Als er an Tobias' Hause war, blickte er zum Fenster herauf und wie er Annelie dort sitzen sah, starrte er sie mit einem so großen, verwunderlichen Blick an, daß sie, roth geworden bis unter das Kopftuch, blitzschnell mit den Augen auf ihr Spinnrad fuhr und ganz gewiß meinte, er wäre stehen geblieben. Als sie aber die Augen scheu wieder hinaus richtete, da war vom Lebrecht schon lange nichts mehr zu sehen.

Annelie fing wieder an zu spinnen; lange dauerte es aber nicht, so trat sie langsamer und immer langsamer, der Faden fuhr in's Rad und sie saß da und sann vor sich hin. Manchmal ging es über ihr Gesicht, als ziehe ihr eine stille, heimliche Freude durch's Herz, daß es ihr inwendig ganz warm und wohlig davon wurde; manchmal wieder sah sie aus, als müsse sie über was Tiefem, Verborgenem sinnen und könne es nicht heraus kriegen. Da klappten Christie's große Pantoffeln auf die Stube zu und Annelie fuhr feuerroth auf, als werde sie auf bösen Wegen ertappt, hastig suchte sie nach dem abgerissenen Faden, konnte ihn aber kaum wiederfinden und Christie verwunderte sich, warum sie noch kein Licht angesteckt habe, es werde doch schon ganz finster. Annelie bückte sich noch tiefer auf ihr Rad und sagte, sie sitze am liebsten, wenn's so schummerig sei, zum Lichtanstecken sei's noch immer Zeit genug, man verbrenne so Oel genug bei den kurzen Tagen.

Denselben Abend kam Schulze's Rieke bei Annelie zum Spinnen und erzählte von der großen Gans, die ihre Mutter diesmal gefrickt hätte; Christie meinte, beim Gänsefricken käme nicht viel 'raus, man verfütterte mehr als man wiederkriege; Annelie aber war zu Allem so still, daß Rieke endlich sagte, sie denke wohl an ihren Versprochenen, daß sie kein Wörtchen rede, und als Annelie sie groß ansah und fragte: „Was meinst Du?" da sagte die, das ganze Dorf spreche doch schon vom reichen Kneiper seinem Jungen, daß er ihr versprochen wäre. „Das sollt' mir fehlen!" erwiderte Annelie und zog eine Miene, als ob sie Essig trinke, „'s ist eine wahre Schande mit der Klatscherei, wenn Einer bei Einem vorspricht, der nicht alle Tage kommt, da muß gleich eine Heirathsgeschichte dahinterstecken oder sonst was, wo kein Mensch d'ran denkt."

Christie stieß Rieken in die Seite und sagte: „'s ist wohl

noch nicht so weit!" machte aber ein Gesicht dazu als wie: „ich weiß's doch besser!"

Als Annelie den andern Morgen aufwachte, war es ihr, als müsse sie sich auf einen wunderschönen Traum, den sie gehabt oder auf ein Glück besinnen, das ihr begegnet sei. Und wie sie sann, da traten vor ihre Seele zwei klare, glänzende Augen, die sie groß und wie im freudigen Verwundern ansahen, und wo sie ging und stand, da schauten sie die Augen an und sie hätte sich hinsetzen, die eigenen Augen zumachen und nur immer an die andern denken mögen. Den ganzen Morgen ging sie herum, wie halb im Traume, etwas Großes war in ihr vorgegangen und sie wußte doch selbst nicht was; als wenn die erste Frühlingssonne ihr in's Herz scheine und es sich drinnen wie ein neues, heimliches Leben rege und tausend Blumen drinnen anfingen aufzublühen; ein stilles Sinnen, eine geheime Glückseligkeit lag über ihrem Gesichte, und Christie wußte nicht, was sie aus dem Mädchen machen solle und warum es jedesmal aufschrecke und roth werde, wenn sie es anspreche. Als sie aber Abends es doch zu langweilig fand, da zu sitzen und kein Wort zu schwatzen, und sich d'rauf legte, Annelie zum Sprechen zu bringen und die sie endlich ganz verdrießlich anfuhr: sie solle sie doch in Frieden lassen, sie möge nicht reden — da meinte Christie, dem Mädchen müsse eine Krankheit in den Gliedern stecken, denn so wäre sie ihr noch nicht gekommen. Und sie hielt an mit Spinnen und fragte besorgt: „Ist Dir etwan nicht recht, Annelie, soll ich Dir Kamillenthee kochen, wenn Du in's Bett gehst? der ist grausam gut für Alles!" Das kam Annelie so kurios vor, daß sie hellauf lachte, Christie beim Halse nahm und sie abküßte, daß die gar nicht wußte wie ihr geschah.

„Christie, bist doch ein seelengutes Thier," sagte sie, „aber laß mich nur heute zufrieden; ich weiß selber nicht, wie mir's ist und Kamillenthee macht's nicht anders; ich will hernach zu Bette gehen."

„Aber wenn Du nun krank wirst, ich will Dir gern was machen! Oder willst Du was anders?"

„Ne!" sagte Annelie und rieb sich die Augen, „ich gehe in's Bett!"

Christie schüttelte den Kopf und hätte Tobias nicht schon am Ofen geschnarcht, sie hätte mit dem angefangen zu reden, was nur der Annelie fehlte, denn allein was auf dem Herzen zu behalten, war ihr beinahe unmöglich. Ehe sie aber in ihre Kammer ging, mußte sie wenigstens noch einmal nach dem Mädchen sehen; das lag da, tief in die Betten hineingekrochen und schlief so sanft und ruhig, daß man kaum die Athemzüge merkte; auf dem frischen, stillen Gesichte aber lag es wie ein lächelnder, seliger Traum. —

Den Freitag Morgen gab's eine Leiche im Dorfe. Der alte Schulmeister wurde begraben. Schon früh stand Christie mit zwei Nachbarsweibern trotz der Kälte zusammen und wartete auf den Leichenzug, denn es hieß, es wollten gar Viele, die bei dem alten Manne in die Schule gegangen, mitgehen, und der Pastor werde am Grabe eine Rede halten. Und wie Christie, so standen vor jedem Hause welche, um zu schauen. Der Neugierde ist Alles einerlei, ob eine Hochzeit oder eine Leiche.

Annelie stand am Feuerheerde und kochte Kartoffeln für's Vieh. Sie hätte sich auch gern mit hinausgestellt, um zu sehen, doch wahrscheinlich etwas Anderes als die Leiche, aber es war ihr zuwider, unter Denen zu stehen, die mit kalten Gesichtern auf Lebrecht's Leidwesen gafften; warum, wußte sie selber nicht. Sie hörte, wie die Sterbeglocke auf dem Thurme anfing zu läuten, sie hörte die Leute auf der Straße laufen, „sie kommen!" schrie Christie zum Hause herein — da stellte sie den Topf vom Feuer und sprang auf den Zehen in die Stube, so leise, als dürfe sie Niemand hören. Als sie aber behutsam an's Fenster hinter die kleinen Vorhänge trat, war der Sarg mit den Leidtragenden schon vorüber und nur neugierige Menschen strömten dick nach. Durch Annelie's Seele ging es, als habe sie ein großes Glück versäumt, das nicht wiederkomme; die Menschen zogen vorüber; hier und dort sprang noch Einer nach und bald war die Gasse wie gekehrt. Annelie ging wieder in die Küche, aber sie hatte keine Ruhe; es dauerte ihr eine Ewigkeit, ehe die Kartoffeln wieder kochten, und als sie endlich das

Waſſer abgegoſſen hatte, hielt ſie es nicht mehr aus. Sie warf ihren Mantel um und lief durch den Garten, hinter den Zäunen weg nach dem Gottesacker. Da war aber Alles ſchon wieder leer; aus der Kirche klang ihr der Geſang entgegen und vorſichtig drückte ſie ſich durch die offene Thür in den nächſten Stuhl. Das Lied war ſchon zu Ende, als ſie ſich kaum geſetzt hatte, die Leute bogen die Köpfe zu einem ſtillen Vaterunſer nieder. Annelie's Herz pochte, als müſſe ſich nun was Wichtiges zutragen; beim erſten Schritte, der in der Kirche wiederhallte, richtete ſie ſich in die Höhe, da kam Lebrecht mit geſenktem Kopfe neben ſeinem Pathen hergegangen und langſam erhoben ſich nun auch die andern Leute. Annelie ließ die Augen nicht von ſeinem Geſichte, bis er beinah an ſie heran war, da hob er mit einem Male den Kopf, und wie er mit ſeinen naſſen, traurigen Augen in die Höhe ſchaute und ſie daſitzen ſah, biß er die Lippen aufeinander, als wolle er das Heulen zurückdrängen, und machte ein bitteres, finſteres Geſicht, und ging raſch vorbei.

In Annelie's Geſicht wurde es, wie wenn eine gelbe, ſchwere Gewitterwolke ſich über den ſonnenblauen Himmel zieht. Wie ſie heim kam, war es ihr inwendig ſo voll und ſo ſchwer, daß ſie meinte, es müſſe ihr bald das Herz abdrücken, ihr Geſicht brannte wie lichterlohes Feuer und wie Chriſtie ſie ſo in der Stube ſitzen ſah und fragte: „Annelie, wie ſiehſt denn aus, Du biſt doch nicht krank?" da ſagte ſie, 's müſſe doch wohl ſo was ſein, wenn ſie ſich aber nur recht ausheulen könne, werde es ihr ſchon beſſer werden; und wie ſie das heraus hatte, ſchoß ihr ſchon das Waſſer aus den Augen und ſie brach in ein Weinen und Schluchzen aus, daß Chriſtie ſie ganz erſchrocken in ihre Arme nahm. „Annelie, ja Annelie, was haſt denn?" rief ſie, „wer hat Dir denn was gethan?" Aber Annelie konnte nicht antworten; ſie drückte ihr Geſicht an Chriſtie's Herz, wo ſie ihre Kinderſchmerzen ſo oft ausgeweint hatte und ſchluchzte immer heftiger. Chriſtie wußte in ihrer Angſt gar nicht, was ſie mit dem Mädchen anfangen ſolle. „Annelie," fragte ſie einmal über das andere, und ſtrich ihre Backen, „ſo ſag' mir doch nur in aller Welt, was Du haſt?" aber erſt nach einer langen Weile richtete die sich auf, ging nach dem Fenster und trocknete sich die Augen. „Ich weiß nicht," sagte sie, „'s ist nun schon vorbei!" und wie Christie nicht nachließ und durchaus wissen wollte, ob ihr was Böses widerfahren oder ob sie krank sei, denn um nichts und wieder nichts komme Einem das Heulen nicht so an, da lief sie zur Thür hinaus.

Als Tobias Mittags aus der Scheune kam, ging ihm Christie in die Stube nach, rückte den Tisch zum Essen in die Mitte und fing an zu reden, was nur der Annelie fehlen müsse, so und so hätte sie's gestern und vorgestern Abend und heute Morgen getrieben, sie habe Angst, das Mädchen werde krank. Tobias hatte sich eben einen Kienspahn im Ofen angesteckt und brannte ruhig seine Pfeife an. Wie das ordentlich qualmte und er den Deckel zugeschlagen hatte, sagte er, das seien Weibersachen; wie er was davon verstehen solle, wenn's Christie nicht wisse; 's würde wohl nicht gleich so schlimm werden.

Christie aber zählte Mittags die halben Bissen, die Annelie in den Mund steckte, sagte nichts, als sie den ganzen Nachmittag hinter ihrem Spinnrade saß; als es aber Abend geworden war, kam sie mit einer großen Kanne voll Kamillenthee an und ließ nicht eher Ruhe, bis sich Annelie den Leib voll getrunken hatte und sich hernach tief ins Bett steckte.

Den andern Morgen war Annelie früh wieder auf den Beinen und ging mit Schulze's Rieke frisch zum Markte. Christie konnte sich nicht genug darüber freuen und rühmen, wie grausam gut so ein Kamillenthee thue.

Als Annelie zu Mittag mit ihren Geschäften in der Stadt fertig war und wieder heim wollte, war Rieke mit einer Kameradin schon voraus; und wie sie an's Thor kam, fiel ihr ein, daß sie vergessen habe, Lorbeeren für's Vieh mitzunehmen; sie mußte wieder weit durch die Straßen zurück und endlich allein heim gehen. — Es war kalt, aber vom blauen Himmel sah so hell die Sonne nieder, daß man, so weit nur das Auge reichte, klar in die Gegend hineinschauen konnte; der Reif an den Bäumen und auf den Feldern glitzerte wie pures Silber, darüber weg sah grün und lustig die Saat und Annelie war es so leicht und froh, daß es mit ihr wie auf Räderchen vorwärts ging. Es kam ihr ordentlich kurios vor, wie es ihr gestern zu Muthe gewesen sei und wenn sie daran dachte, was Christie wohl zu ihrem Heulen gemeint habe, hätte sie sich über sich selber ärgern mögen. Und als sie so allein nachdachte, da stand Lebrecht wieder vor ihrer Seele und sah sie mit seinen klaren, verwunderlichen Augen an, daß es ihr bis in's Herz hinein wohl that, und sie fing an nachzusinnen, warum er ihr wohl bei der Leiche so ein böses Gesicht gemacht habe, ob sie zu spät in die Kirche gekommen sei, oder ob sie hätte gar nicht hingehen sollen, oder ob's purer Hochmuth von ihm gewesen sei — und da blieb sie mit einem Male stehen und es war ihr, als ob sie einer mitten durch's Herz stäche.

Vor ihr war ein Bursche den Weg hergekommen, hatte einen blauen Rock an und eine schöne Pudelmütze aufgehabt, der war, wie er sie gesehen, mit einem Male stillgestanden, hatte ein bitterböses Gesicht gemacht, hatte sich herumgedreht und war in einer Furche den nächsten Acker hinaufgegangen. Das war aber kein anderer Mensch gewesen als Lebrecht, der Annelie aus dem Wege ging. Sie hatte ihn nur zu wohl erkannt, hatte gar gut seine Miene gesehen, aber wie der erste Schreck bei ihr vorbei war, begann sie nicht wieder zu heulen. Gerade mit dem Gesichte vorwärts ging sie darauf los, und erst als sie ein großes Stück über den Acker hinaus war, wo ihr Lebrecht ausgewichen, fing sie wieder an, den ersten Gedanken zu fassen. Der erste aber war eine gewaltige Verwunderung, daß der Lebrecht vor ihr wegliefe, hernach kam der Aerger darüber und zuletzt der Stolz. So was sei ihr doch noch nicht vorgekommen, meinte sie, ob sie denn giftig sei, oder eine ansteckende Krankheit habe, oder ob der sich einbilde, sie werde ihm wieder nachlaufen, wie in die Kirche? Das sei einmal aus purer Neugierde passirt, nun soll er aber lange warten, ehe sie ihn nur mit einem halben Auge ansehe. Andere Burschen, die mehr auf dem Zeuge hätten wie der, rissen sich in der Spinnstube und auf dem Tanzboden um sie, und so Einer gehe ihr aus dem Weg, um nur nicht guten Tag sagen zu müssen. Sie hätte doch nicht gemeint, daß Christie so Recht gehabt habe, und sie glaube jetzt, er werde nächster Tage vor

Hochmuth überschnappen; mit dem komme er aber bei ihr sicherlich schief.

So ging's fort bis nach Hause und wie sie da ihren Korb auspackte, konnte sie's nicht auf dem Herzen behalten und fragte Christie, ob das vielleicht in Erfurt jetzt Mode sei, daß man den Leuten, die Einem begegneten, aus dem Wege liefe, damit man ihnen nicht guten Tag zu sagen brauche, wie's der Lebrecht jetzt mit ihr gemacht habe. Christie aber sagte, solche Art mache es nicht anders; je armseliger es ihnen ginge, je mehr wollten sie es mit dem Hochmuthe zwingen. Sie habe es jetzt auf's Punktum von Schulmeisters Grethen gehört, wie es mit dem Lebrecht stehe. In Erfurt könne er nicht mehr bleiben, damit sei's aus; sein Pathe Müller habe aber gesagt, wenn er willens sei, ihm in seiner Wirthschaft zu helfen, wolle er die paar Acker von seinem Vater mit besorgen, und dazu habe Lebrecht Ja gesagt und werde nun doch am Ende weiter nichts als ein Knecht, wenn er auch zehnmal nur für seinen Pathen arbeite.

Annelie schob den leeren Korb in die Ecke und ging in die Stube. Da trat sie an's Fenster und biß eine ganze Weile die Zähne auf die Unterlippe. „Hm, ein Knecht, weiter ist er nichts und hat er nichts," sagte sie endlich, drehte sich herum und ging nach ihrem Spinnrade, „wenn der thun kann, als wär' er der Großmogul, da werd' ich's ihm weisen, daß ich's noch eher dazu auf dem Leibe habe."

Der Frühling war gekommen, wie ein rechter Bräutigam, der in's Brauthaus einzieht. Hinter ihm her waren die Musikanten gezogen, die Lerchen, Finken, Zeisige und wie das lustige Volk alles heißen mochte, um zur Hochzeit aufzuspielen und die Braut, Jungfer Erde, hatte auch nicht lange auf sich warten lassen, hatte sich aus ihrem langen Winterschlafe aufgerappelt und ihr schönes, grünes, mit bunten Blumen gesticktes

Kleid angezogen, daß es ein wahrer Hochzeitsstaat war. Und den Menschen, die heraus traten aus ihren Häusern in den hellen, warmen Sonnenschein und die Pracht ringsum sahen und die fliegenden Musikanten so lustig singen hörten, wurde es selber ganz hochzeitlich zu Muthe und manches Herz, in dem es von manchem Leidenssturme Winter geworden war, hob sich und meinte, so könnte es auch einmal in ihm wieder Frühling werden.

Es war den ersten Pfingstfeiertag Abend, so ein recht schummeriger, heimlicher Abend, wo es nicht mehr hell, aber auch nicht ganz finster ist. In ganz Ullerstedt sah man, daß das Fest eingezogen war. Auf den Höfen und vor den Thüren war aufgeräumt und gekehrt, in den Häusern war gescheuert und geputzt, und der Feiertag hatte auch bei den ärmsten Leuten durch helle Fenster in saubere Stuben gesehen.

Auf der Holzbank, die im Viereck um die alte breitästige Linde festgemacht war, saßen zwei Alte und schwatzten mit einander vom schönen Wetter und was es wohl dies Jahr für Kornpreise geben werde. Lange dauerte es aber nicht, da kamen noch Zwei, sagten guten Abend und setzten sich daneben, und von der andern Seite kamen auch ein Paar und vom Unterdorfe kamen welche und bald saß es unter der Linde dick voll Burschen und alter Männer, die schwatzten und Taback rauchten, und wer keinen Platz auf der Bank hatte, setzte sich davor auf den Baumstamm, den der Müller hergelegt hatte, um jene neue Welle für sein Wasserrad draus zu machen.

„Du, Christian!" schrie Einer, „hast Du eben die große Sternschnuppe gesehen?"

„Ja!" antwortete der.

„Hast Dir auch was dabei gedacht?"

„Gedacht? Was denn?"

„Nu, wenn eine Sternschnuppe schießt und man wünscht sich geschwind was, das geht in Erfüllung."

„Schwerenoth! Das hätt'st Du mir wohl auch können vorher sagen." rief Christian, „da hätte ich meiner Marie was gewünscht und braucht' es ihr nicht zu kaufen; weißt Du nicht, wenn wieder eine kommt?"

„Ne, da mußt Du den Studenten fragen, der wird Dir's sagen können."

„He, Studente! Lebrecht!" schrie Christian, „wenn kommt denn wieder eine Sternschnuppe?"

„Wenn's ihr einfällt," sagte der und drehte das Gesicht nach der andern Seite.

„Du, lernt man solche Weisheit in Erfurt?"

„Ja, für die Einfältigen!"

„Studente?!" sagte Christian drohend.

„Willst Du was wissen, so komm' her! Wie's in den Wald schallt, so schallt's wieder 'raus!"

Christian machte Miene aufzustehen, aber der zuerst gesprochen hatte, hielt ihn fest. „Laß ihn nur zufrieden," sagte er, „mit dem ‚Studenten' versteht er keinen Spaß. Schau' einmal, dort kommt Deine Marie und Schmidt's Annelie ist auch dabei!"

Drei Mädchen kamen Arm in Arm langsam den Weg her spaziert und sangen:

„Drei Lilien, drei Lilien,
Die pflanz' ich auf ein Grab!"

daß es ganz wunderhübsch in den stillen Abend hinein klang. Wie sie aber die Burschen und Männer unter der Linde sitzen sahen, schwiegen sie still. Christian faßte seinen Kameraden unter den Arm und ging hinter drein. „Studente!" rief er, um sich bemerkbar zu machen, „es bleibt im Salze!"

Annelie sah rasch nach der Linde und zog dann eine hochmüthige Miene; Lebrecht aber hatte kaum einen halben Blick nach dem Mädchen gethan und stopfte sich ruhig seine Pfeife.

Christian wollte das Hinterdreinspazieren nicht gefallen, er ließ seinen Kameraden los und ging an die Seite der Mädchen, wo Annelie war.

„Du," sagte er halblaut, „morgen kommst Du doch hübsch früh zum Tanze? ich hab' mir einmal was Ordentliches vorgenommen und ich tanze grausam gern mit Dir!"

„Du!" sagte Annelie, „Deine Marie geht auf der andern Seite, die laß' das nur hören!"

Christian schielte hin, Marie aber sprach heimlich mit seinem Kameraden und ihr Mäulchen ging dabei, wie ein Mühlrad.

„Ah was!" brummte Christian, „die thut schon acht Tage muckisch, schau' nur, wie sie mit dem Kasper sponsirt, nun scheer' ich mich auch nichts mehr um sie." —

Marie aber sagte zum Kasper: „'s ist schlechter wie schlecht von ihm, erst treibt er's, daß ihn Keine mit einem halben Auge mehr angesehen hätte, und nun will er noch haben, daß ich ihm das Wort wieder gebe. Und weil ich das nicht thue, läuft er der Annelie nach; aber er soll's schon merken, ich mach's jetzt ebenso. Komm' her, Du bist mein Kasper!" und dann nahm sie ihn fest unter den Arm.

Christian wurde ganz blaß vor Aerger. „Schau' einmal, Annelie, die Beiden!" sagte er, „und so ein niederträchtiges —"

Schulze's Rieke, die in der Mitte ging, mochte das Gezischel auf beiden Seiten langweilig werden, sie schwenkte herum und es ging wieder retour.

„Ne, gar nichts mach' ich mir mehr aus ihr! Annelie, morgen wollen wir tanzen! juch!" sagte Christian und wie er juch! machte, war's ihm, als müßte inwendig Alles kaput gehen; Annelie aber hatte ihre Gedanken ganz wo anders; die sah, wie Lebrecht mit einem halben Blicke herschaute und wie nun Christian ihren Arm nahm, schob sie ihn, so weit sie konnte, unter den seinen und bog den Kopf zu ihm hinüber, als hätten sie das allerzärtlichste Gespräch mit einander, und Marie, die herüber schielte, zitterte am ganzen Leibe und sagte: „Ne, so ein verflickschtes Mensch, das hätt' ich doch nicht von ihr gedacht!"

Jetzt schwenkte Schulze's Rieke die beiden Paare wieder herum und fing an zu singen:

„O Tannebaum, o Tannebaum,
Wie treu sind deine Blätter,
Du grünst nicht nur zur Sommerzeit,
Im Winter auch, wenn's friert und schneit.
O Tannebaum, o Tannebaum,
Wie treu sind deine Blätter."

Und Kasper stimmte mit ein und Marie sang, als wär's ihr wunder wie wohl um's Herz, wie aber der Vers aus war, fing auch Christian an, so laut er nur konnte, und machte ein Gesicht, als wie: Jetzt sollst Du was merken:

„O Mädelein, o Mädelein,
Wie falsch ist dein Gemüthe!"

Da riß Marie ihre Nachbarin Rieke beim Arme, daß sie Annelie fahren lassen mußte, und zog sie mit sich fort. Wie aber Annelie nicht allein bleiben wollte und hinterdrein lief, drehte sich Marie um und sagte: „was willst denn? wir wollen Dich gar nicht! Geh' nur und mach' die Burschen ihren Mädchen abspenstig, 's wird Dir schon noch gelohnt werden!"

„Was willst Du?" fragte Annelie, aber Marie gab ihr keine Antwort und zog ihre Kameradin fort.

„Nu, was der da in den Kopf gefahren ist, möchte ich auch wissen," sagte Annelie, „gethan hab' ich ihr nichts, aber zum Leben brauch' ich sie auch nicht." Und damit drehte sie sich herum und ging patzig ihrer Wege.

Kasper und Christian gingen wieder nach der Linde. „Du, Deine Marie hat einen schönen Aerger auf Dich!" sagte Kasper.

„So!" brummte Christian und sah ihn von der Seite an.

„Nu, was machst denn für ein Gesicht, 's ärgert Dich wohl, daß sie mit mir schön gethan hat?"

„Du wirst Dich freilich nicht darüber geärgert haben!" sagte Christian mürrisch.

Kasper lachte. „Du bist ein dummer Kerl," sagte er, „sie hat's nur gethan, weil Du anfingst, mit der Annelie zu sponsiren; giebst Du ihr morgen ein Wort, so ist sie wieder gut!"

Christian setzte sich an seinen Platz, schlug sich Feuer an und redete kein Wort, bis er mit den Andern nach Hause ging. —

Denselben Abend gab's Verschiedene in Ullerstadt, die sich in ihren Betten herumwälzten und nicht einschlafen konnten und nicht geglaubt hätten, wenn man es ihnen auch gesagt, daß sie es selber und allein waren, die ihr eigenes Herz quälten. — So aber geht's wohl oft noch manchen Anderen.

Den anderen Morgen stand Tobias in der Hofthür, rauchte seine Pfeife und sah sich das schöne Wetter an. Da kam Einer die Gasse herunter, hatte ein Gesicht und eine Nase so recht schön roth- und blau-blattrig, wie Einer, dem es auf ein Glas mehr nicht ankommt; der besah sich jedes Haus, als wolle er es taxiren. Wie er an Tobias heran kam, blieb er stehen, rückte an seiner Mütze und fragte, ob hier vielleicht Tobias Schmidt wohne, das Haus sei ihm so beschrieben worden. — Ja, sagte Tobias, der wohne hier, was sein Begehren sei. — Nu, antwortete der Mann, er sei der Verwalter beim Gutsbesitzer Kneiper und weil er heute nach Zäunicke hinüber zu einem Bekannten gehe, so habe ihm sein Herr aufgetragen, er solle mit bei Tobias Schmidt vorsprechen und solle einen schönen Gruß bestellen und solle sagen, sein Fritz sei noch in der Stadt, aber er komme nächster Tage wieder nach Grünthal, und da wollten sie hernach zusammen herüber kommen.

Tobias rückte an seiner Zipfelmütze und sagte: Schönen Dank, ob er nicht wolle mit in die Stube kommen.

„Wenn's erlaubt ist!" sagte der Verwalter und sie gingen mit einander hinein.

„Grünthal ist ein gut Ende von hier," begann Tobias, „und da wird's bei Euch an Hunger nicht fehlen. Meine Weibsleute sind in der Kirche, aber ich werde einmal zusehen, ob ich selber was finde."

Das thue ihm leid, meinte der Verwalter, er hätte gern einmal Tobias' Annelie, von der sein Herr ein großes Leben gemacht habe, gesehen. Tobias solle sich nur seinetwegen keine Umstände machen, er habe schon daheim gegessen und wenn er nach Zäunicke komme, werde er doch auch wieder essen müssen. Wenn Tobias aber ein Gläschen Schnaps bei der Hand hätte, das versage er nicht, das schlage die Hitze nieder.

„Nu," erwiderte Tobias, „wenn Ihr damit zufrieden sein wollt, bis meine Weibsleute kommen, das ist da!" und damit ging er über den Schrank und brachte ein Glas voll, wo allenfalls Zwei daran genug gehabt hätten.

„Blitz Donnerwetter," sagte der Verwalter, als er den Branntwein hinter gegossen, daß auch keine Fliege sich mehr hätte in dem Glase satt trinken können, „das ist ächter, den spürt man doch! Aber nu, wenn Ihr mir doch einen Gefallen thun wollt, muß ich Euch was sagen. Ich hab' mich sollen auf dem Wege mit nach einer guten Kuh umsehen, und da hatt' ich eine in Frühndorf gefunden, wie man sie nicht allerwegs sieht. Sie war aber schon halb und halb versprochen. Wenn ich aber was auf den Kauf zahlte, meinte der Bauer, solle ich sie doch haben. Da hab' ich ihm denn gegeben, was ich gerade im Sack hatte, denn so ein Stück Vieh hätt' ich nicht gleich wieder gekriegt, und hab' erst hinterdrein bedacht, daß ich selber Geld brauche. Wenn Ihr mir nur ein paar Thaler geben wollt', bis übermorgen oder Donnerstag, wo ich die Kuh holen lasse, so geschäh' mir ein großer Gefallen damit."

„Ju!" sagte Tobias, „wenn die Sache richtig ist und wenn's nicht anders zu machen geht und wenn ich mich darauf verlassen kann —"

„Nu, ich seh' doch nicht aus wie ein Spitzbube," meinte der Verwalter. „ich hätt's Euch gar nicht gesagt, wenn ich das Geld nicht für den Herrn ausgelegt hätte; ich dachte aber, weil Ihr doch der Vetter von ihm wär't —!"

„Wenn die Sache richtig ist, will ich's ja wohl thun!" sagte Tobias, ging nach dem Wandschranke und zahlte dem Verwalter fünf Thaler hin. Der strich das Geld ein, sagte schön Dank, und wenn er die Kuh holen lasse, wolle er's wieder richtig machen; nun aber habe er keine Zeit mehr, so gerne er auch Tobias' Annelie einmal gesehen hätte, sagte Adje und ging seiner Wege. Wie er aber an die Schenke kam, schwenkte er da noch einmal hinein und als er nach einer halben Stunde wieder heraustrat, glänzte sein Gesicht wie ein neuer rother

Kupferdreier. Langsam tappte er den Weg fort, sah mit den Augen stier vor sich auf die Erde, focht mit den Händen in der Luft herum und brummte ein Gott verdamm' mich! um's andere vor sich hin, daß die Leute ihm verwundert nachschauten. — —

Der Nachmittag war gekommen; Schulze's Rieke schaute im vollen Staate bei Schmidt's zum Fenster herein und fragte, ob Annelie mit zu Tanze wolle.

„Nu, wo hast denn Deine Marie?" antwortete Annelie spitz, „warum gehst denn nicht mit der?" Eigentlich war sie seelenfroh, daß Rieke kam, denn es hatte ihr schon den ganzen Morgen, selber in der Kirche, im Kopfe gelegen, wie das aussehen müsse, wenn sie allein nach dem Tanzboden gehe.

„Mir willst Du's wohl ausbaden lassen, daß mich die Gans gestern Abend fortzerrte! Ich hab's nicht gewollt!" sagte Rieke eifrig.

„Nu, man kann keinem Menschen in's Herz sehen! Wart' aber nur, ich geh' gleich mit."

's ist eine Pracht, wenn zwei reiche Mädchen Feiertags zu Tanze gehen. Mützen auf dem Kopfe, mit gezackten, halbellenbreiten Bändern und goldgesticktem Flecke, daß man nicht hinsehen kann, wenn die Sonne drauf scheint, Mützen, dreißig, vierzig Thaler das Stück; goldene Ketten um den Hals, bis auf die Brust herunter, und zum Ueberflusse auch ein paar gehenkelte Dukaten daran; seidene Halstücher, so recht schön grün, roth, gelb, man weiß selber nicht wie; seidene Rockränder und wer weiß was noch Alles von Gold, Silber und Seide drum und dran — 's ist eine Pracht und gar oft ist die Herrlichkeit auswendig mehr werth, als das ganze Mädchen selber. Das thut aber nichts, hinein in's Mädchen schauen die Burschen am wenigsten, jemehr eins außen herumbammeln hat, jemehr hat's Freier. Keiner rechnet aber von dem Vermögen ab, was verthut sie, und Keiner rechnet dazu, was erhaust sie, und so kommt Mancher, der vor der Hochzeit ein ordentlich Exempel gemacht hat, mit einer Frau, die keinen Heller Geld, aber eine gehörige Portion Rührigkeit und Ordentlichkeit gehabt, weiter, als ein Anderer mit einer reichen Schlampampe.

Wie die beiden Mädchen dahin gingen, fing Rieke an: „Ich muß Dir's nur sagen, daß Dir's nicht unerwartet kommt, wenn Du heute was merkst. Christian und die Marie haben sich wieder vertragen, heute Morgen ist er zu ihr an's Fenster gekommen und hat sie angered't; Du sollst nun ganz allein daran schuld sein, daß er's nicht eher gethan hat."

„Ich?!" sagte Annelie ganz verblüfft und blieb stehen.

„Nu ja, komm' nur; wenn Du nicht so schön mit ihm gethan hätt'st, hätt' er sie schon gestern Abend angesprochen. Eins muß immer dran schuld sein!"

„Das hat er gesagt, der verflickschte Kerl?" rief Annelie und war ganz roth vor Aerger geworden, „na wart'!" und damit nahm sie einen Schritt an, daß ihre Kameradin kaum folgen konnte.

„Du wirst doch keinen Krakehl anfangen wollen?" sagte Rieke, aber Annelie antwortete ihr nicht und ging drauf los, daß sie eine Frau, die mit dem Wassereimer vom Brunnen kam, beinahe über den Haufen gerannt hätte.

„Nu nu! Euch werden wohl noch zeitig genug die Röcke ausgeschwenkt werden!" schrie die ihnen nach, aber Annelie ließ sich nicht irre machen; wie ein Wetter ging's in die Schenke hinein und dort die Treppe hinauf.

Auf dem Tanzboden war es hagelvoll und eine Hitze zum Ersticken. Was kümmert sich aber da die Jugend drum, wenn sie sich lustig machen will. — Ueberhaupt gehört das, was um Einen her ist, gar nicht zum Lustigsein. Wer inwendig aufgeräumt ist, der hat sein Vergnügen im dicksten Gedränge und auch mutterseelenallein, im Stalle und in der Putzstube; die Lustigkeit, die von außen her kommt, ist niemals die rechte.

Christian stand eben mit kreuzfidelem Gesichte vor seiner Marie und trank ihr zu. Seit er mit ihr wieder einig war, schien sie ihm noch einmal so freundlich und hübsch.

Da kam Annelie durch die Menschen gedrängt und wie sie die Beiden ansichtig wurde, gerad' auf sie los. Ihre beiden Backen glühten, ihre großen blauen Augen schienen dunkler geworden zu sein und flimmerten, wie ein paar Leuchtkugeln. Annelie war ordentlich schön in ihrem Aerger.

„Siehst Du, Marie, hier steht er gegenwärtig!" rief Annelie halb außer Athem, als sie heran war, „der hat also gesagt, ich wär' d'ran schuld, daß Ihr nicht eher wieder einig geworden wär't? Ihr seid jetzt gut mit einander und ich will Euch weiß Gott nicht wieder verzürnen, aber verklatschen laß ich mich doch nicht! Was hab' ich zu Dir gestern Abend gesagt, Christian, und was hast Du zu mir gesagt? nun red' einmal!"

„Das brauch' ich gar nicht zu hören!" fuhr Marie auf, der die ganze Rede so unerwartet gekommen war, daß sie jetzt erst ihre Sprache fand, „ich hab' mit meinen eigenen Augen gesehen, was Du gemacht hast; ich will gar nichts mehr von Dir wissen, denn 's wär' Dir doch am liebsten, wenn wir Beide gleich wieder auseinanderführen, ein schlechtes Mädchen bist Du!" und damit nahm sie Christian's Arm und zog ihn in das Gedränge hinein.

„Was sagst Du? Bleib' einmal hier!" rief Annelie und wollte ihr nach — da sagte Einer neben ihr: „Laß sie doch, Annelie, Du machst Dir nur Unebenheiten; wenn Zwei wieder einig geworden sind, hacken sie jedesmal alle Beide auf den Dritten los!" und wie sich Annelie umdrehte, stand Lebrecht neben ihr und wollte eben wieder davon gehen, und sah sie mit seinen braunen Augen an, daß sie innerlich ordentlich erschrak. Aber gleich fuhr in ihr auch der beleidigte Stolz in die Höhe, der sie so lange schon geplagt hatte, und sie zog ein Gesicht, so hochmüthig sie nur konnte, und sagte: „Hat Er auch ein Maul? Und von wegen dem ‚Du', seit wann sind wir denn so bekannt mit einander?"

Da zuckte es in dem Gesichte des Lebrecht, alle Farbe ging heraus und die Lippen biß er auf einander, wendete die Augen fort und war mit einem Schritte in die Menge hinein. Wie sich nun Annelie umsah, stand sie ganz allein unter den neugierigen Menschen, die der Spektakel herbeigezogen hatte, und sie wurde so ärgerlich, daß sie hätte heulen mögen. Hastig wand sie sich durch das Gedränge, bis sie Schulze's Rieke stehen sah. Der fuhr sie in den Arm und zog sie zu einem leeren Flecke auf der Bank, wo die anderen Mädchen saßen.

„Na, haft Du nun Krakehl gemacht? Was haft denn davon?" sagte Rieke, sie bekam aber keine Antwort. Lebrecht lehnte mit ganz blassem Gesichte an einem Fenster, wo die Beiden vorbei mußten, den sah Annelie und wäre beinah wieder umgekehrt; Lebrecht aber schaute so still und egal über sie weg in die Menschen hinein, daß es gar nicht den Anschein hatte, als sähe er sie. — Da ging die Musik los, zwei Burschen kamen mit einem Male und wollten Annelie anfassen, daß es beinahe Streit gegeben hätte; fort ging's, aber wie lustig es auch war und wie brav auch die Musikanten spielten, auf Annelie's Herzen lag es wie ein Stein und wollte nicht herunter. Hätte ihr nur Lebrecht auf ihre Rede auch gedient und hätte Trümpfe ausgespielt! meinte sie, aber er habe sich herumgedreht, gerade als ob sie keine Antwort werth wäre, und sie wisse gar nicht, warum sie das jetzt so quäle; es könne ihr doch ganz egal sein, was der für ein Gesicht mache, und verdient habe er es auch nicht, daß sie freundlich gegen ihn sei. — Sie hätte sich gern selber in Zorn gegen ihn geredet, aber es wollte nicht recht gehen, immer lag es in ihr wie ein Gefühl, als ob sie was Unrechtes gethan hätte und als ob sie sich schämen müsse.

Als sie wieder an dem Ort vorbei kam, wo Lebrecht gestanden, war er nicht mehr da. Sie sah ihn auch den ganzen Abend nicht wieder, den ganzen Abend aber wollte es ihr auch nicht recht lustig werden und endlich mochte sie den Spektakel und die Musik gar nicht mehr anhören. Sie nahm von ihrer Kameradin Rieke gute Nacht, und wie die meinte, ein so wunderliches Mädchen, wie sie heute, sei ihr noch gar nicht vorgekommen, sagte sie, der Aerger zu Mittag habe ihr den ganzen Abend vergällt.

Wie sie hinaus trat in den warmen, duftigen Abend und die Musik und das Tanzgetöse nach und nach hinter ihr verklang, wurde es ihr so wehlich und so weich zu Muthe, als sei sie so unglücklich, wie gar kein Mensch wieder auf der Welt. An dem dunklen Himmel flimmerten die Sterne hell und prächtig, und wie sie da hinauf sah, kamen ihr Gedanken an den lieben Gott, ob der sie auch wohl sähe und wüßte, wie ihr wäre und ob er wohl auch dächte, wie ihr zu helfen sei, sie wolle ihn doch bitten, so recht aus Herzensgrunde — und wie sie so dachte, was ihr wohl helfen könne und um was sie bitten möchte, da stand Lebrecht mit seinen braunen Augen vor ihrer Seele und sah sie an — und sie wußte, was ihr fehlte, und ihr ganzes Sinnen war zusammengeflossen in einen einzigen Gedanken und der Gedanke war zu einem Gebet geworden, ohne daß sie es wußte. Und wie sie zu Haus in ihrem Bette lag, da war Himmelsfrieden und Seelenruh' über sie gekommen und hatten sie eingewiegt in festen, erquickenden Schlaf.

Wende das Auge nicht hinab zur dunkeln Erde, wenn die Sorge über Dir liegt und der Kummer Dein Gemüth bedrückt. Hinauf zu den hellen Sternen schicke Dein Gebet, und es wird klar in Dir werden und still in Deinem Herzen.

Die Tanzmusik und der Tanzjubel waren verstummt, über Ullerstadt lag die tiefe, dunkele Nacht ausgebreitet, die Nacht, an die es denken wird, so lange es steht, von der noch jetzt jedes Haus und jeder Dachziegel erzählt.

Die Morgenröthe war noch lange nicht herauf, da fing es schon an, über dem Dorfe hell zu werden. Aber das war eine unheimliche Helle. Erst war sie nur wie ein Aufflackern, das in die Höhe fuhr und bald wieder erlosch, bald aber wurde sie stärker und immer stärker und einen dicken Rauch konnte man über der einen Gasse aufsteigen sehen und ein Knackern und Prasseln hören, wie wenn Einer dürres Reisholz zusammenbricht; aber Niemand hatte ein Auge oder Ohr dafür, im tiefen Schlafe sah und hörte Keins den Feind, der mit seiner gluthrothen Fahne mitten in der Nacht das Dorf überfallen hatte. — Da mit einem Male krachte und sprühte es und eine glühende Lohe schlug hoch zum Himmel hinauf — das Strohdach eines zweistöckigen Hauses stand in hellen Flammen. Und in dem Hause rührte und regte sich nichts, wie im Todesschlaf schlief Alles darinnen, und im ganzen Dorfe war kein Auge wach, kein Laut hörbar, und immer höher schlug die Flamme und hatte schon hinüber geleckt zu den Nachbardächern, daß es auch da anfing zu qualmen, zu knistern und Funken zu sprühen.

Da kam Einer, der in dem Frühndorf zum Pfingsttanze gewesen, zum Oberdorfe hereingelaufen und brüllte „Feuer, Feuer!" und von der andern Seite kam nun auch der Nachtwächter und blies in's Feuerhorn, als wolle er sich die Lunge zersprengen. Drei brennende Dächer loderten schon hell in den Nachthimmel hinauf, und der Wind fing an stärker zu wehen und trieb die Flammen nach den Scheunen und Ställen und jagte brennendes Stroh durch die Luft; aber aus den meisten Häusern stürzten auch schon die Menschen hervor, und an die Fensterladen derer, die noch schliefen, donnerten die Fäuste und vor den brennenden Häusern liefen die Leute zusammen und schlugen die Hände in einander; aber die drinnen schliefen noch immer und schliefen, bis Thüren und Fensterladen eingeschlagen waren. Da regte es sich endlich und, das Entsetzen in den blassen Gesichtern, stürzten hier welche, kaum etwas über den Leib geworfen, und da welche im bloßen Hemde heraus, und krachend brach schon der Dachstuhl des Hauses, das zuerst aufgegangen war, zusammen und eine neue Flamme schlug aus den Hintergebäuden in die Höhe und straffer zog der Wind, daß rothglühende Strohbüschel rings herum auf die ausgedörrten Dächer flogen.

„Aber, in des Himmels Namen, wo ist denn der Schulze, wo bleibt denn die Spritze?" schrie es unter den Menschen.

„Die Spritze her! und warum stürmt es denn nicht?" schrieen Andere, „stürmt, stürmt, es kommt uns ja kein Mensch zu Hülfe!"

„Der Schulmeister ist über Land und die alte Grethe kann die Schlüssel nicht finden, wir müssen die Kirchthür einschlagen!" rief Einer, der außer Athem hergelaufen kam.

„Nu, so schlagt sie ein!" riefen zwanzig Stimmen auf einmal — aber schon klang es schrillend, in raschen Schlägen vom Thurme, daß es wie ein recht nöthiger Hülfeschrei weit in die Nacht hineintönte. Und wie nun wieder Alles nach der Spritze rief und nach dem Schulzen, da ging ein neues Feuer ein Stück im Dorfe hinunter auf und überall, wohin die fliegenden Strohbände auf die dürren Dächer fielen, fing es an zu brennen, und von den Wohnhäusern lief es zu den Scheunen und Ställen und eine Gluth wurde es, daß Niemand in der Nähe mehr aushalten konnte. Die Weiber rangen die Hände und die Kinder heulten und die Männer schrieen nach der Spritze, nach Wasser, nach Rettung; die Spritze aber war kaput und wollte kein Wasser ziehen und vergeblich standen die Burschen drum her, um anzupacken und zu arbeiten, und vergebens ließ der Schulze immer neues Wasser hineingießen, und meinte, es sei Alles nur so ausgedorrt, darum gehe es nicht. Und wie die Kunde unter die Leute fuhr, daß man es brennen lassen müsse, wie es brenne und daß, wenn nicht Gott rette und aus der Nachbarschaft schnelle Hülfe komme, Alles verloren sei, da zog ein Schreien und Jammern zum Himmel hinauf und die Leute aus dem Unterdorfe, die noch zu retten vermeinten, ehe das Feuer hinunter komme, stoben davon, im Oberdorfe aber dachte schon kein Mensch mehr daran. Da ging Haus um Haus an, lichterloh brannten schon Schule und Pfarre, daß der Kirchthurm daneben glühend im Feuerscheine wiederstrahlte; immer noch tönte von oben das Sturmläuten, aber lange dauerte es nicht mehr, da erstarb es. Und immer weiter fraß das Feuer und immer war noch keine Hülfe zu ersehen; das Vieh brüllte in den brennenden Ställen, daß es Einem das Herz hätte zerschneiden mögen, und die Menschen standen da in ihrer Ohnmacht und konnten nichts thun, als weinen und beten.

Wie aber die Leute sich so jammernd und heulend durcheinander trieben und Jedes meinte, sein Unglück sei das größte, und Keins daran dachte, daß es noch viel größer hätte werden können, denn noch konnte Niemand sagen, daß ein Menschenleben umgekommen sei — da kam ein Weibsbild hindurch gerannt, nur einen Unterrock über dem bloßen Hemde, hinter ihm drein flogen die Haare und gottesjämmerlich schrie es, daß es Jedem durch's Herz fuhr: „Helft ihr doch, sie verbrennt, sie muß verbrennen! will sich denn kein Mensch erbarmen?" — „Wer denn, wer denn?" riefen Männer und Weiber, die es hörten, und liefen trotz des eigenen Jammers herzu. „Die Annelie,

Herr Gott, die Annelie!" schrie das Weib, „sie steckt noch drin und das ganze Haus brennt schon! Schafft doch eine Leiter, helft ihr doch, sie muß ja sonst jämmerlich umkommen! ach daß Gott erbarm!" und da rannte sie wieder retour und Viele liefen ihr nach bis vor Tobias Schmidt's Haus. Da leckte schon das Feuer bis auf ein paar Fenster im Oberstock überall heraus und das brennende Dach wollte jeden Augenblick einstürzen und vor dem Hause stand schon ein Haufen Männer und Burschen und beriethen sich, und Keiner wollte hinan. Neben ihnen aber stand Tobias und schlotterte am ganzen Leibe, daß er sich kaum auf den Beinen erhalten konnte, und wie Christie wieder geschossen kam und unter sie fuhr: „Seid Ihr denn alle lauter Waschlappen, ist denn Keiner da, der ein Herz im Leibe hat?!" da drehte sich Mancher um und ging brummend weg und oben auf dem Dache fing es schon an zu knacken und Tobias konnte keinen Athem mehr kriegen und hielt Christie fest, die die Hände zum Himmel hinauf hob und aufheulte im unendlichsten Jammer.

Und wie es in dem lodernden Dachstuhle immer mehr knackte und sich schon hier und dort ein Balken bog, da kam Einer durch die Menschen gelaufen, dem troff der Schweiß vom Gesichte wie Wasser. Ueber dem Kopfe trug er in der Schwebe die Leiter aus dem Kirchthurme, an der wohl sonst Zwei zu schleppen gehabt hätten. Was dem Einen aber die Kraft gab, das sah man in seinem Gesichte; da funkelten die Augen drin und die Backen glühten und der Mund war zusammengezogen, wie in ungeheurer Angst. Das war aber der Lebrecht, der hatte schon die ganze Zeit gestürmt, weil kein Mensch anders die Gelegenheit aus der Kirche in den Thurm gewußt hatte. Wie er herzu war, warf er die Leiter auf die Erde und nun sprangen Zehn auf einmal bei, um sie an Annelie's Kammerfenster aufzurichten; doch wie es oben von Neuem zu knacken anfing und ein brennender Balken in den Hof stürzte, da stoben sie wieder auseinander. Der Lebrecht aber war die Leiter hinauf, ehe sie sich noch umsahen, das Fensterkreuz mit den gesprungenen Fenstern brach unter seinem Stoße, dicker Rauch quoll heraus, aber schon war er hinein — und unten standen die Menschen in ängstlicher Spannung und Christie hatte die Hände vor der Brust gefaltet, ließ den Blick nicht vom Fenster und holte kaum Athem, und Tobias hielt sich an ihrer Achsel, denn die Beine wollten unter ihm brechen.

Da fing oben der ganze Dachstuhl an zu schwanken, "er bricht! jetzt!" riefen die Leute. "Gott im Himmel erbarme dich!" schrie Christie auf, da erschien Lebrecht im Fenster, die besinnungslose Annelie auf der linken Schulter tragend, mit der rechten Hand hielt er sich am Fenstergesims und stieg sicher heraus auf die Leiter. "Fix, um Gotteswillen fix!" schrieen die Menschen, und wie der Lebrecht auf den Erdboden trat, da krachte es hinter ihm, prasselnd brach das Dach zusammen und schlug in den Oberstock hinein, daß Rauch und Feuer zu allen Oeffnungen heraussprühten und bald das ganze Haus nur eine lodernde Flamme war.

Und wie Lebrecht das Mädchen auf den Rasenfleck legte, wo die Leute standen, da setzte er sich selber daneben, wie halbtodt, und that Athemzüge, als könne er nicht Luft genug in die Brust kriegen. Christie aber fiel über die Annelie her und küßte ihren Mund und ihre Augen und schrie nach kaltem Wasser, daß sie wieder zu sich käme, aber da war nicht einmal ein Topf da, um Wasser beizuholen. Als Tobias sein Mädchen sah, da war es, als käme er erst ordentlich zur Besinnung und finde seine Kraft wieder; und wie Einer meinte, man solle das Mädchen doch vor's Dorf an's Spritzenhaus tragen, da sei Wasser genug, und hier fange es jetzt auch an gefährlich zu werden, da sagte er eifrig: "Ja, an's Spritzenhaus, daß sie nur wieder lebendig wird! Pack' einmal Einer mit an!" — Annelie wurde fortgetragen und erst am Spritzenhause fiel Christie ein, daß noch Keins dem Lebrecht ein Wort des Danks gesagt habe, aber der war nicht mitgekommen, und soviel sie sich auch nach ihm umsah und, wie Annelie wieder zu sich selber gekommen war, auch nach ihm lief und rief — Lebrecht war nirgends weder zu sehen noch zu hören.

Der Frühmorgen des dritten Pfingstfeiertages brach an und beschien eine Stätte des Grauens und der Verwüstung. Der unterste Theil von Ullerstedt stand noch in hellen Flammen, der oberste war ein Haufen glühender Schutt geworden. Vor dem Dorfe auf dem freien Felde standen und lagen die Leute; die aus dem Oberdorfe, wo das Feuer aufgegangen, kaum auf dem Leibe, was sie zur nothwendigsten Bedeckung gebrauchten; die aus dem Unterdorfe zwischen einzelnen Stücken Vieh und den Habseligkeiten, die sie noch zeitig genug aus ihren Häusern hatten bringen können. Und wie der Morgen weiter herauf kam und Eins das Andere erkennen konnte, da ging das Jammern unter den Weibern von Frischem los, aber auch mancher Mann hätte gern geheult, wenn er nur gekonnt hätte, denn gar Viele, die gestern in Wohlstand vollauf eingeschlafen waren, wußten mit Weib und Kind nicht, was sie heute essen, noch wohin die andere Nacht ihr Haupt legen, und die Vergänglichkeit von Geld und Gut, das ihr ganzer Reichthum gewesen, fuhr Manchem wie ein glühendes Eisen durch die Seele.

Von Frühndorf und von Zäunicke waren die Spritzen angelangt, wie schon keine Hoffnung mehr gewesen war, noch was zu retten; kein Mensch hatte eine Hand dran gelegt. Aber mit ihnen waren auch Leute die Menge gekommen und fanden mehr, als blos die Neugierde zu befriedigen. Brot und Obdach mußte für die Abgebrannten geschafft werden, bis sich anderer Rath fand, und Jedes suchte nach seinen Bekannten und schlug die Hände über den Kopf zusammen und tröstete und versprach Hülfe, wie's möglich wäre. Und wie so Eins zum Andern ging und Eins dem Andern aushalf mit Kleiderzeug und was sonst jetzt am nöthigsten that, da kam ein Zug Menschen vom Dorfe her, und wo er vorbei kam, da wurden die Leute still, still vor dem Maaß des Jammers, das noch größer war als ihres. — Dem das aber auferlegt war, der wußte es auch zu tragen, wie es nur das gottgetreue Gemüth tragen kann — das war der alte Pfarrer, vor dem trugen sie seine todte Frau her. Und Mancher sah seine Frau und seine Kinder an und kam sich nicht mehr so elend vor, und konnte nicht begreifen, warum gerade den alten Mann, den frommen, rechtschaffenen Mann das Schicksal getroffen. Aber wen der Herr lieb hat, den züchtigt er, und die obenan stehen, werden auserwählt, mit dem rechten Beispiele vorweg zu gehen.

Wie der Zug mitten unter den Menschen war, blieb er halten und die Männer legten die todte Frau in den Klee nieder. Neben dem armen Manne stand der Pastor aus Zäunicke, der war mit dem Wagen gekommen, um den Amtsbruder derweil mit hinüber zu sich zu nehmen, bis für ein anderes Unterkommen gesorgt war. Die Leute rings herum aber hatten die Augen auf ihren alten Pfarrer gerichtet, und wie er den niedergesenkten Kopf in die Höhe hob und mit dem zitternden, blassen Gesichte in den Morgenhimmel hinein schaute und hernach zu den Nächsten sprach: „Kinder, ich will Euch noch ein paar Worte sagen!" da drängte sich Alles herzu und eine Stille wurde es, wie sie oft in der Kirche nicht gewesen war und der Pfarrer holte tief Athem und sagte:

„Der Herr hat uns eine schwere Prüfung auferlegt, meine lieben Freunde, er hat uns viel, gar sehr viel genommen, aber wir wollen nicht murren über das, was er in seinem ewig weisen Rathe über uns verhängt hat. Da oben aus dem blauen Himmel schaut er zu uns herunter und will sehen, wie stark der Glaube seiner Kinder sei, laßt ihn uns nicht kleinmüthig finden, schließt das Vertrauen zu ihm recht fest in Euer Herz; zu ihm, der im Leiden die Seinen erkennt und noch Keinen, der ihm angehangen, verlassen hat. Denkt an Hiob, dessen Glaube nimmer, auch nicht im höchsten Unglück wankte, laßt uns mit ihm in treuer Ergebung ausrufen: der Herr hat's gegeben, der Herr hat's genommen, der Name des Herrn sei gelobt! Und wenn das Liebste uns verloren gegangen und wenn das Herz zerbrechen und die Seele keinen Trost verstehen will, laßt uns an ihn anklammern, an ihn, die unendliche Liebe —" und da konnte er nicht weiter reden und das Wasser brach ihm aus den Augen und den Leuten allen rollten selber die hellen Tropfen über die Backen, und Mancher, der dagesessen hatte mit stieren, trocknen Augen, dem's auf der Brust gelegen hatte, schlimmer als ein Alp, der ihm die Luft abdrücken will, fing an zu japsen und zu schluchzen, bis endlich das Heulen kam, nach dem er sich vergeblich gesehnt hatte und ihm das Herz leichter machte. Der Pfarrer aber hatte sein großes Leiden bald niedergekämpft und er hob noch einmal die Augen in die Höhe und sagte mit ruhiger Stimme: „Kinder, wir müssen jetzt auseinandergehen. Haltet fest am Glauben und verzaget nicht, dann wird Euch der Herr die rechten Wege führen und Euch halten mit seiner starken Hand. Wen er aber noch zu größern Leiden ausersehen, der denke, daß das Auge des Vaters vor Allen auf ihm ruht, der lasse sein Herz stark sein, damit es bestehe — je schwerer die Prüfung, desto schöner der Lohn! Laßt uns nun noch mit einander beten." Und damit fiel er nieder auf seine Kniee und hob die Hände zum Himmel und nieder fielen Männer und Weiber und zogen die Kinder mit zu sich herab. Und eine Stille ward es, daß man die Athemzüge hätte hören können. Hinter den Bergen aber war die Sonne heraufgekommen und stand da wie eine Riesenlampe in dem ungeheuern blauen Himmelsdome, hingestellt, dem Gottesdienste zu leuchten, und es war ein Augenblick so feierlich, daß es durch die Herzen bebte, wie die unsichtbare Nähe des Allmächtigen. Und der Pfarrer betete:

„Vater unser, der Du bist im Himmel, geheiligt werde Dein Name! Dein Reich komme! Dein Wille geschehe, wie im Himmel, also auch auf Erden; ja Herr, er geschehe, und kein Murren möge über unsere Lippen kommen. Unser täglich Brot gieb uns heute; gieb es uns, o Gott, die wir in dieser Prüfungszeit auf Dich hoffen und vertrauen, auf Dich, den rechten Vater seiner Kinder! Und vergieb uns unsere Schuld, wie wir vergeben unsern Schuldigern! Führe uns nicht in Versuchung, laß die Leidenszahl nicht zu groß über uns hereinbrechen, daß das schwache Herz irre werden möchte an Deiner Vaterhuld, sondern erlöse uns vom Nebel und laß die Sonne Deiner Gnade in unsere Seelen scheinen; denn Dein, Herr, ist ja das Reich und die Kraft und die Herrlichkeit von Ewigkeit zu Ewigkeit, Amen!"

Und „Amen!" zog es leise durch die kniende Menschenmenge und „Amen, ja, ja, es wird geschehen!" zog es durch die

Herzen und der Friede Gottes hatte sich herabgesenkt, wo kaum noch Jammer und Verzweiflung ihre Stätte gehabt. —

Die Abgebrannten fingen jetzt an nach allen vier Winden auseinander zu gehen, sich Brot und Obdach zu suchen. An dem Wege, der nach Frühndorf geht, standen zwei Weibsleute und ein Mann, die beiden Weibsleute hatten sich um den Hals gefaßt und heulten ganz jämmerlich. Das waren aber Tobias, Annelie und Christie; und Christie wollte von Annelie, und Annelie von Christie nicht lassen. Tobias schaute in das abgebrannte Dorf hinein und ließ den Kopf hängen.

„Siehst Du, Christie, ich will mit Dir gehen, weißt ja doch, daß ich auch arbeiten kann, wie Eine!" sagte Annelie und wischte sich die Augen, die gar nicht trocken werden wollten. „Vater findet geschwinder ein Unterkommen alleine, als wenn ich noch dabei bin."

„Herz-Annelie, das geht nicht!" antwortete Christie, „mein Vater ist ja so gar arm und für's Arbeiten um's Tagelohn bist Du doch nicht gemacht. Ihr geht nach Grünthal zum Vetter Kneiper, bis Rath geschafft ist, daß neu gebaut werden kann!"

Annelie sah sie mit ihren blauen Augen so trübselig an, daß Christie meinte, das Herz müsse sich ihr vor Wehmüthigkeit umdrehen. „Siehst Du, Christie," sagte das Mädchen, „ich wollte so gern auch schwere Arbeit thun und meinetwegen auch hungern, wenn's sein müßte; wenn ich nur nicht nach Grünthal sollte, ich hab' gar kein Zutrauen!"

„Was Du nur von Hungern sprichst!" sagte Christie und wurde ordentlich ärgerlich, „weißt doch, was der Pfarrer gesagt hat? und 's Unglück ist doch noch lange so groß nicht, wie's aussieht. Habt Ihr nicht Land genug und steht die Frucht nicht wunderschön? Ich armes Mensch habe mein ganzes bischen Erspartes eingebüßt und schwatze nicht so kleinmüthig wie Du, als ob kein Gott im Himmel mehr wäre. 's ist nur gut, daß der Pfarrer ein ordentliches Wort gesprochen hat, das ist mir durch's Herz gegangen wie ein kühler Wind durch den Sommerbrand. — Aber ich weiß schon, wo's bei Dir sitzt, und wenn heute 's Dorf noch ständ' und ich wüßte, was ich jetzt weiß, da sagt' ich kein Wort mehr dagegen. 's ist ein braver Bursch, weiß Gott! und wenn ich ihn wo finde, will ich's ihm sagen, gelt, Annelie?"

Und wie das Christie sagte, fing auf einmal das Mädchen wieder an zu heulen und faßte Christie um den Hals, daß die beinah' selber wieder mit angefangen hätte. „Nicht wahr, ich hab's doch gemerkt? Laß aber nur, mei Annelie!" sagte Christie, „denk' dran, was der Pfarrer gesagt hat, bete recht fleißig zum lieben Gott, wenn der will, wird's Alles gut. Heule nur jetzt nicht," fuhr sie fort und strich ihr die Backen, „geh' mit Deinem Vater nach Grünthal und mach' Dir nicht selber mit Gewalt das Herz schwer. Und nun Adje und vergiß Deine Christie nicht, bis wir uns wiedersehen."

Annelie richtete sich in die Höhe, hielt die eine Hand vor die Augen und gab ihr die andere. — „Adje, Herr Schmidt," sagte Christie zu Tobias, „laßt Euch das Unglück nicht so sehr zu Gemüthe gehen und vertraut auf den lieben Gott!"

„Adje, Christie!" sagte Tobias und gab ihr auch die Hand. „Wenn's einmal wieder bessere Zeit ist, kommst Du doch wieder!"

„Wenn's nur recht bald wär'!" antwortete Christie, „und nu in Gottesnamen adje mit einander. Na, Annelie, heul' nicht!" und wie sie das gesagt hatte, fuhr sie sich selber mit der Hand nach den Augen, drehte sich geschwind herum und lief den Weg nach Frühndorf fort, ohne daß sie sich auch nur ein einziges Mal umgesehen hätte.

„Nu komm', Annelie," sagte Tobias, „'s hilft nichts, wir müssen doch auch fort."

Annelie schneuzte sich, wischte sich die rothgeweinten Augen trocken und ging mit ihrem Vater auf dem Wege nach Grünthal vorwärts.

Wie Christie eine Viertelstunde ihre Straße gegangen war, kam Einer auf dem Fußsteige über das Feld her. Sie hatte so vielerlei Gedanken im Kopfe, daß sie's wohl gar nicht gesehen hätte, wenn der, wie er über den Weg ging, nicht stehen geblieben wäre. „Grüß' Gott!" sagte er, „wo soll's denn zugehen?"

„Herrje, Lebrecht!" fuhr Christie in die Höhe, „wo kommt Ihr denn her, wo habt Ihr denn gesteckt? ich habe Euch doch gesucht wie eine Stecknadel!"

Lebrecht blieb stehen. „Ich mußte 's Vieh von meinem Pathen weg bringen!" sagte er und schaute über das Feld hin. „Was macht denn die Jungfer Annelie?"

„Ju! sie ist, Gott sei Dank, wieder frisch auf, sie hat sich auch gewundert, daß Ihr so geschwind fort war't, Ihr habt ihr doch's Leben gerett't — Herrjes! wenn ich noch dran denke! Sie hat hernach viel geheult und nun ist sie mit ihrem Vater nach Grünthal gegangen."

„So? nach Grünthal?" sagte der Lebrecht und schaute hinter einem Fluge Tauben drein, als wolle er sie zählen, „nu da, wenn Ihr sie wieder seht, sagt ihr — ich ließ ihr eine vergnügte Hochzeit wünschen. Adje!" und damit ging er über den Weg 'nüber, den Fußsteig weiter.

Christie war's, als müsse sie ihn retour rufen und müsse ihn fragen, wie das eigentlich gemeint sei, und müsse ihm erzählen, was sie mit der Annelie zuletzt noch gesprochen. Wie sie aber ansetzte, fuhr's ihr durch den Kopf, daß sie doch die Heirathsgeschichte mit dem Vetter seinen Jungen im Dorfe herumgebracht habe, und Gedanken kamen ihr, als könne da wer weiß was draus entstehen, daß es ihr ganz heiß unter der Mütze wurde; und endlich war der Lebrecht so weit, daß sie ihn nicht mehr hätte errufen können. — Sie ging weiter, aber inwendig wurde es ihr so ängstlich zu Muthe, und sie wußte doch nicht recht warum, daß sie meinte, es schwane ihr wohl was Böses; hätte sie doch nur den Klatsch mit der Heirath nicht gemacht, oder hätte sie doch wenigstens dem alten Tobias nicht so zugeredet, mit dem Mädchen nach Grünthal zu gehen; aber mit allem „hätte ich doch" konnte sie nichts ändern; das Wort, das aus dem Munde geht, ist wie der Stein, den Einer fort wirft, von dem er nicht weiß, was er anrichten kann, wenn er einmal aus der Hand weg ist.

Tobias und Annelie gingen neben einander ihren Weg und Keins sprach ein Wort. Tobias war es ungefähr so zu Muthe, als wie seine Frau gestorben war, oder wohl noch ein

Bischen schlimmer. Die ganze Nacht zog in einzelnen Bildern vor seiner Seele wieder vorüber, und es war ihm, als höre er das Schreien und Prasseln und Jammern noch einmal mit seinen leiblichen Ohren. Hernach dachte er an die Zukunft, was wohl werden solle, wenn Vetter Kneiper nichts für sie thun wolle, und dann fiel ihm die Frucht auf seinen Feldern ein, die so eine gesegnete Ernte versprach, was damit anzufangen sei, und da entstand ein Wirrwarr von Gedanken in seinem Kopfe, daß es wie ein Mühlrad drin herum ging. Und da braucht Keiner zu denken, Tobias sei eine Schlafmütze gewesen. Er war nur Einer, der sich an Glück und Bequemlichkeit gewöhnt hatte, wie ein Anderer, der in seinem Leben nicht barfuß gelaufen ist, an seine Stiefeln oder Schuhe. Wenn der einmal mit bloßen Füßen dasteht, weiß er auch nicht, wo er hintreten soll, hier sticht's und da ist es kalt und erst wenn ihn Eins mitten hinaus auf die Straße stößt, lernt er seine Füße auch ohne Stiefeln brauchen.

Annelie dachte auch an die vergangene Nacht, aber da war nur Eins, aus dem ein trüber Gedanke nach dem andern herauswuchs, wie Zweige und Blätter aus einem Baumstamme. Das Eine aber war Lebrecht. Wie den schlechtesten Menschen hatte sie ihn behandelt und zur Wiedervergeltung hatte er sie aus dem Feuer geholt, wo sich's Keiner mehr getraut hatte. Fortgegangen war er darnach, daß ihn Christie und kein Mensch wiedergesehen hatte, als habe er's blos gethan, daß er sich als tüchtiger Kerl zeigen, mit ihr aber weiter nichts zu schaffen haben wolle. Wäre sie doch nur gestern Abend, nur das eine Mal nicht so häßlich gewesen, meinte sie, es wäre ganz sicher viel anders gekommen. Nun sehe sie ihn am Ende in ihrem Leben nicht wieder, und da sei sie allein dran schuld; und wenn sie ihn ja träfe, und er thue, als kenne er sie nicht, so könne sie auch nichts machen und müsse sich noch dazu in ihre Seele hinein schämen, und da sei sie wieder allein dran schuld — wenn sie doch nur gestern Abend, nur das eine Mal nicht so häßlich gewesen wäre. Ja, wie oft seufzt Mancher, dem eine einzige Handlung die Thür zum Glück verschlossen: Wärst du doch nur das eine Mal anders gewesen!

Die Sonne war hell und klar aufgegangen, an dem Grase und dem Getreide hingen Millionen Thautropfen wie bunte, schillernde Perlen; hoch oben in der Luft schwebten die Lerchen und sangen und trillerten, daß es eine Lust war, und es hätte Eins geradezu ein Stock oder ein Mensch mit einem bösen Gewissen sein müssen, wenn ihm die ganze Pracht von so einem Sommermorgen nicht in die Seele gegangen wäre. Was Annelie gethan hatte, war eben nur was Menschliches, das sie schon bitter genug bereute, und als sie hineinschaute in die freundliche, blühende Gottesnatur, da wurde es auch in ihr selber freundlicher; sie dachte an den vergangenen Abend, wie sie da zum lieben Gott gebetet habe, und wie wohl es ihr dabei geworden sei, und da fiel ihr wieder recht lebhaft ein, was der Pfarr' gesagt hatte, und da meinte sie, es sei doch wunderbarlich, wie der liebe Gott so genau aufpasse, daß er jeden kleinen Gedanken gleich verstände. Gestern Abend habe sie so recht inbrünstig an ihn und an Lebrecht gedacht und in ihrer höchsten Noth diese Nacht sei es Lebrecht gewesen, der ihr beigesprungen — es sei ordentlich, als habe ihr der Herrgott zeigen wollen, daß er sie verstanden habe; aber, meinte sie, sie wolle nun auch auf ihn bauen und vertrauen, und wenn's noch so schlecht komme, und wenn's wieder bis an's Leben gehen solle, wie diese Nacht; er werde ihr schon zu rechter Zeit die Hülfe schicken und — vielleicht noch einmal durch den Lebrecht; hernach wolle sie den aber nicht wieder so von sich lassen.

Und wenn ich nun Einer wäre, der die Geister leibhaftig auf der Welt umherspazieren sieht, so würde ich erzählen, daß ein Engel Annelie's Gedanken genommen und hinauf vor den Himmelsthron getragen habe, als das Gebet eines kindlichen Herzens; daß aber der Allvater noch gar viel darin gefunden, was erst die Leidensprobe bestehen müsse, damit das Gute, wie das Gold im Feuer, sich von dem Uebeln sondern könne — ich will's aber lieber unterwegs lassen, denn es giebt gar zu kluge Leute, die im Stande wären, mich zu fragen, ob ich das selber mit angesehen, daß ich so was erzähle, und mir Ausstellungen an meiner Geschichte machen könnten; wer sie aber

bis an's Ende hört, der wird's merken, daß ich nicht umsonst
zu solchen Gedanken gekommen bin. —

Es ging schon stark zu Mittag. Die Luft war heiß und
schwül geworden und einzelne schwere Gewitterwolken stiegen
am Himmel herauf. Die Beiden waren den Weg neben einander gegangen, ohne daß Eins ein Wort gesprochen hätte;
wie sie aber an den letzten Berg kamen, wo es kaum noch eine
halbe Stunde bis Grünthal ist, blieb Tobias stehen und beschaute sich den Himmel. Nach Ullerstadt zu war schon Alles
so recht schwarzblau umzogen, mittendrin aber standen, wie im
Uebermuth hineingefahren, ein paar leichte, glänzend weiße
Wolken. Tobias that einen tiefen Athemzug, und wie er sich
wieder herumdrehte und weiter ging, sagte er: „Annelie, wir
sind bald in Grünthal, sag' mir noch einmal, was der Pfarr'
heut Morgen gered't hat."

„Der Pfarr'?" antwortete Annelie, „ja das weiß ich wohl,
aber das kann ich nicht so wieder sagen!"

„Nu, sag' mir nur, wie Du's kannst!" meinte Tobias,
„ich glaube, 's wird mir besser davon, mir ist gar nicht recht
wohl um's Herz. Und wir wollen dabei ein Bischen schärfer
zugehen, sonst kommt uns noch das Gewitter über den Hals.
Wenn uns nur der liebe Gott ein gnädiges Donnerwetter
schenkt."

Und wie sie nun einen schnellern Schritt zulegten, fing
Annelie an: Der Pfarr' habe gesagt, man solle nur recht fest
auf den lieben Gott trauen, der säße da oben im Himmel und
schaue auf Jeden herunter, und je schlimmer er es Einem erst
gehen lasse, je besser mache er es mit ihm hernach, und wenn
man nur immer recht am Glauben halte, denn er wolle nur
zusehen, wie fest Einer drin sei. Und daß er keinen Menschen
verlasse, das habe sie vergangene Nacht recht deutlich gesehen,
Christie habe ihr ja Alles auf's Punktum erzählt, wenn er
da den Lebrecht nicht zu rechter Zeit geschickt und den Dachstuhl nicht gehalten hätte, bis sie aus dem Hause gewesen
wäre, so hätte sie jämmerlich verbrennen müssen, und habe er
in so großer Noth geholfen, da werde er sie anderwärts auch
nicht umkommen lassen.

Ja, sagte Tobias, wenn er auch recht sehr glauben wolle, so wisse er doch gar nicht, wie das Alles werden solle; mit Vetter Kneiper schwane ihm nichts Gutes, und die ganze Frucht stehe auf dem Felde, mit der kein Mensch wisse wohin, und noch Vieles stecke ihm im Kopfe, wo er gar nicht wisse, wie herauskommen und das mache ihm Alles so grausame Angst.

Annelie aber sagte, das meine sie anders; man könne doch dem Herrgott nicht zumuthen, daß er Jeden auf ein Wägelchen setze und hinfahre, wo Jeder hinwolle? Wenn's mit dem Vetter nichts sei, da hätten sie alle Beide noch Arme und Beine, mit denen sie für fremde Leute arbeiten könnten — das mache ihr keine Beschwerde. Und mit der Ernte sei es auch so was Gefährliches nicht, die kaufe ihm, wie heuer das Getreide stehe, Jeder auf dem Stengel ab; und wie's hernach noch werden solle — nu, da werde es auch noch Rath werden; wenn sie aber gar nicht mehr wüßten, wo hinaus, werde schon der liebe Gott kommen, wie diese Nacht bei ihr.

Das höre sich wohl Alles recht gut an, sagte Tobias, und so ein junges Ding wie sie mache sich noch keine rechten Sorgen — da fuhr aber Annelie heraus und wurde ganz roth vor Eifer, sie habe sich wohl Sorgen, und noch dazu große gemacht, wie sie aber in recht schweren Gedanken gesinnt habe, sei ihr der Gedanke an den lieben Gott in die Seele gekommen, sie wisse selber nicht wie, und da habe sie dran festgehalten und da sei ihr das Alles eingefallen, wie sie es Tobias gesagt, und daß das wahr sei, das spüre sie so recht innerlich, sie könne gar nicht sagen wie. —

Da fing schon an der Wind stärker zu ziehen, daß die Bäume am Wege rauschten, den halben Himmel hatten schon die dicken Wolken eingenommen, Grünthal lag aber auch vor den Beiden und die weißen Mauern vom Gute, gleich vorn an der Straße, sahen sie recht hell und heimlich an. Tobias legte noch einen Schritt zu und ehe das Wetter ausbrach, waren sie am Thorwege.

Es war ein stattliches Gut, das Kneiper'sche. An zwei Seiten von dem großen Hofe zogen sich die Ställe hin, links stand das steinerne, zweistöckige Wohnhaus und der Einfahrt gegenüber, an der vierten Seite, die gewaltige Scheune. Zwischen der Scheune und dem Wohnhause aber konnte man in den weitläufigen Gras- und Baumgarten hineinsehen. Die breite, gemauerte Miststätte, mit einem starken Geländer versehen, zog sich an den Ställen hin und nahm beinahe die Hälfte des ganzen Hofes ein.

Wie Tobias mit seiner Annelie in den Thorweg trat, stand Vetter Kneiper in der Hausthür und beschaute sich das heraufziehende Wetter. Er hatte einen schönen, kommoden Rock, wie man sie im Haus herum trägt, an, ein dunkelrothes Käppchen auf dem Kopfe und rauchte aus einer Pfeife mit einem großen Meerschaumkopfe. — Tobias ging mit seiner Annelie drauf los, nahm seinen dreieckigen Hut vom Kopfe und sagte: „Guten Tag, Herr Vetter!"

„J was Donnerwetter, Schmidt, wo kommt Ihr denn her?" fuhr Kneiper in die Höhe; aber mit einem Male, wie er die Beiden ordentlich anschaute, zog er ein Gesicht wie zehn Stunden schlechter Weg. Solche Kneiper's haben feine Nasen, die riechen gleich vorweg, was Einer will, und Tobias und Annelie sahen freilich nicht aus, als ob sie einen Sack voll Geld brächten. Annelie hatte einen geflickten Rock an, den ihr eine von den andern Abgebrannten geschenkt hatte, ging barfuß und hatte nicht einmal eine Mütze auf dem Kopfe. An Tobias' Kleiderzeug konnte man's aber auch sehen, daß es nicht für einen Besuch zum dritten Feiertag gemacht war.

„Wir kommen von Ullerstadt, Herr Vetter!" sagte Tobias, „das ist die Nacht bis auf den letzten Sparren abgebrannt und da sollt Ihr uns derweile aufnehmen, bis wir erst wissen, was nun zu machen ist."

Kneiper nahm seine Pfeife aus dem Munde und strich sich mit der Hand über das Kinn, vermuthlich, daß man nicht sehen sollte, wie's noch länger geworden war. „Abgebrannt seid Ihr, Schmidt? Das ist also Ullerstadt gewesen, wo wir heut Morgen noch das Feuerzeichen gesehen haben?" sagte er endlich langsam und blieb breitbeinig in der Thür stehen, „und Alles verbrannt?"

„Ju! wir würden sonst wohl in einem andern Anzuge

kommen!" antwortete Tobias, „wir wollen uns aber nicht faul bei Euch hinlegen, wir wollen gerne alle Arbeit mit thun und es soll ja auch nur vor's Erste sein, bis wir wo anders hin wissen."

Kneiper sah die Beiden an und fuhr hernach mit den Augen nach dem Himmel, steckte die Pfeifenspitze in den Mund und nahm sie wieder heraus. „Das ist eine verfluchte Geschichte!" sagte er endlich, „ich habe meine Noth so schon, daß sie mir bis obenan steht. Vergangenen Sonnabend hat der Roggen kaum zwanzig Thaler gegolten und man denkt, er muß alle Tage noch billiger werden; ich hab' aber noch alte Frucht liegen, wo ich noch gar nicht weiß, wie viel ich Schaden mache. Arbeit giebt's jetzt aber auch wenig, ich schaffe so jetzt alle unnütze Leute fort — ich weiß Gott verdella nicht, was sich da thun läßt."

„Nu, Herr Vetter!" sagte Tobias und das Blut stieg ihm in's Gesicht, „Ihr werdet uns doch nicht von der Thür weisen? Wir sind ja doch Freundschaft, und so arm, wie Ihr denkt, bin ich auch noch nicht. Ihr wißt doch, wie heuer das Getreide steht, wenn Ihr mir nun die Ernte auf dem Stengel abkaufen wollt, so sage ich nicht ne! und will Euch gerne eine Vergütung geben, daß Ihr uns jetzt bei Euch aufnehmt!"

Kneiper blieb so dickfellig stehen, wie er stand, blies große Rauchwolken in die Luft und sah in die Gewitterwolken, die immer weiter heraufrückten.

„Von wegen der Freundschaft ist es gar nicht so gefährlich," sagte er, „der Bruder Eurer seligen Frau war der erste Mann von meiner Schwester; 's ließe sich indessen mit der Ernte schon hören. Schaut aber einmal dort hinter, dort wo das Wetter niedergeht; seht Ihr die gelbe Wolke? Das ist Hagel, so wahr ich lebe! und das ist gerade da, wo heute Nacht das Feuerzeichen war!"

„Behüt's Gott, das ist wohl nicht andem!" antwortete Tobias, aber aus seinem Gesichte ging alles Blut, als er Kneiper's Finger nachschaute.

„Das ist wohl andem und Ihr werdet mir nicht sagen, was Hagel ist oder nicht!" rief Kneiper, „wenn Ihr aber noch ein Bischen Vernunft habt, müßt Ihr einsehen, daß wir hier vor dem Unglück auch nicht sicher sind, und daß man bei so schlechten Zeiten, für nichts und wieder nichts, sich nicht noch obendrein eine Last auf den Hals laden kann."

Annelie hatte die ganze Zeit ruhig neben Tobias gestanden und hatte nur mit einem bitterbösen Blicke dem alten Kneiper in's Gesicht gesehen. Jetzt aber stieß sie ihren Vater an. „Laß doch den alten Geizdrachen!" sagte sie, „wir finden noch allerwegs ein Unterkommen und Hülfe. 's ist noch gar nicht ausgemacht, daß das gerade über unserer Flur hagelt, 's sieht mir viel eher aus, als käm's über Wieserode oder noch weiter hinaus und wie schlimm oder gut das Wetter ist, weiß man auch noch nicht."

„Meinst Du?" fragte Tobias und holte tief Athem. — „Ja, ja, Ihr werdt's schon sehen; macht nur, daß wir dahier wegkommen!" drängte Annelie, „hier wird mir's ganz himmelangst!"

Da fingen an die Strohhalme im Winde zu tanzen, aus dem Garten hörte man das Rauschen der Bäume und schon fielen einzelne große Tropfen nieder. Tobias aber ging noch nicht. „Also Ihr wollt uns in dem Wetter von der Thür weisen?" fragte er, „na, so vergelt's Euch Gott, wie Ihr's verdient. Weil ich aber doch nu einmal do bin, so gebt mir wenigstens die fünf Thaler, die sich gestern Euer Verwalter bei mir geborgt hat. Die werd't Ihr mir doch wohl nicht verweigern, er hat sie auf die Kuh geholt, die er für Euch gekauft hat!"

„Was? fünf Thaler? und meinem Verwalter?" schrie Kneiper und schob sein Käppchen auf den Hinterkopf, „das Ding ist spaßig! Ihr denkt wohl Geld von mir zu schlucken, weil's nichts mit dem Dableiben ist? Ich hab' meinen Verwalter schon vor acht Tagen weggejagt, also kann auch Keiner für mich eine Kuh kaufen und sich Geld dazu borgen. Wem Ihr's gegeben habt, von dem laßt's Euch wiedergeben."

„Aber, Herr Vetter, er hat's ja doch gesagt und hat auch noch eine Bestellung dazu gebracht und wenn Ihr mir's nicht gebt, hab' ich ja nicht einmal einen Groschen, daß wir uns könnten was zu essen kaufen, wir haben so heute noch keinen Bissen im Leibe!"

„Geht mich gar nichts an und nun laßt mich ungeschoren!" sagte Kneiper und machte Miene in's Haus zu gehen.

Da kam hinter dem Hause ein feines Kerlchen her, hatte eine grüne Jagdmütze verwogen auf dem Kopfe, einen schwarzen Schnurrwichs unter der Nase, eine Reitpeitsche in der Hand und Sporen an den Stiefeln. Der pfiff und klatschte dazu, ging an den Beiden vorbei und in's Haus hinein, als säh' er sie gar nicht; Annelie aber meinte gerade, nun stehe es ihr oben 'ran und nun könne sie das nicht mehr so mit anhören, und als sich Kneiper herum drehte, sagte sie: „Wart't einmal, Herr Kneiper, erst will ich Euch noch was sagen. Ihr seid der allergrößte Geizdrache und der schlechteste Mensch, den 's nur auf der Welt geben kann. Wie wir noch reich waren, da kamt Ihr zu uns und ich sollte Euern Fritz mit Gewalt heirathen, aber blos wegen des Vermögens; nun sind wir arm geworden, nun wollt Ihr nicht einmal Freundschaft mit uns sein, wollt meinen armen Vater noch für seine Gutwilligkeit um die paar Thaler bringen; pfui, sag' ich. Wenn ein ganz Stockfremder zu uns gekommen wäre, dem's so gegangen hätte, wie uns alleweil, wir hätten ihn nicht so fortgeschickt; schämen müßt Ihr Euch! und wenn Euch der liebe Gott einmal noch schlimmer heimsucht, so denkt, Ihr habt's an uns verdient. Kämt Ihr hernach noch zu uns, wir würden's nicht so machen wie Ihr, und wenn ich Euch jetzt 's größte Unglück über den Hals wünschte, so geschäh's nur, daß ich's Euch zeigen möcht', wie man mit armen Leuten, noch dazu aus der Freundschaft, umgehen muß. Nun kommt, Vater!" Und damit faßte sie Tobias unter den Arm und wollte mit ihm fort.

Wie Annelie so angefangen hatte loszuziehen, hatte sich der mit dem Schnurrwichs in Hause umgedreht und hoch aufgehorcht, hatte in Annelie's bitterböses Gesicht, in das der Zorn wie helle Morgenröthe gestiegen war, in ihre blitzenden Augen gesehen und wie sie nun ihren Vater in den Arm faßte und fort wollte, kam er mit einem Schritte in die Thür und sagte: „Sind denn das die von Ullerstadt, wovon Ihr zu mir gesprochen habt?"

„Nu ja! Haſt Du was dawider?" antwortete der alte Kneiſer verdrießlich, „jetzt iſt es aus damit, ſie ſind vergangene Nacht abgebrannt und geh'n jetzt betteln!"

„Und die wollt Ihr ſo fortſchicken? Da ſprech' ich auch ein Wort, das Mädel iſt ſchon viel zu hübſch, als daß man ſie ohne Weiteres von der Thür wieſe." Und damit war er mit zwei Sätzen den Beiden nach.

„Vetter Schmidt, Ihr werdet doch Spaß verſtehen und nicht denken, daß wir Euch mit Eurem Mädchen ſo wegſchicken?" ſagte er. „Und dahier, meine kleine Annelie, Donnerwetter, was iſt das Mädchen groß und hübſch geworden, laß Dich doch nur einmal anſchauen!"

Tobias ſah ihm ganz verblüfft in's Geſicht und ſelber Annelie mochte nicht gleich wiſſen, wie das zu nehmen ſei; als er ihr aber mit der Hand unter das Kinn greifen wollte, fuhr ſie mit zornigen Augen zurück. „Bleibt mir vom Leibe mit Eurem Spaße!" ſagte ſie, „ſolche Art verſteh'n wir nicht, laßt uns nur ganz ruhig unſerer Wege gehen!"

„Oho, Mühmchen, nur nicht gleich zum Himmel hinaus!" lachte er, „komm her, gieb mir einen Patſch, wir werden ſchon beſſer bekannt werden. Na, Vetter Schmidt, kennt Ihr mich auch nicht? Ich ſollte ja dahier den kleinen Trotzkopf heirathen, der mich nicht haben will!"

Tobias ſah ihn noch immer an, als könne er nicht begreifen, was der ſprach. „Seid Ihr denn der Fritz?" fragte er endlich.

„Ja freilich!" antwortete der, „und nun werdet Ihr doch wohl einſehen, daß ich Euch nicht ſo fortlaſſen kann? Kommt nur herein, da wollen wir weiter reden!"

„Vater, wir gehen fort!" drängte Annelie, „das iſt mir hier nicht richtig! wir wollen ſchon anderswo unterkommen!" Tobias aber wiſchte ſich die Regentropfen von ſeinem Rockärmel und wußte nicht was machen. „Sollen wir denn in dem Wetter weiter laufen, wenn's nicht ſein muß?" ſagte er.

„Ja, macht doch hier nur nicht ſo viel Geſchichten und ſpielt nicht die Uebelnehmſchen!" meinte Fritz, „das regnet ja immer ärger! Ihr wißt doch, wie mein Alter iſt," ſagte er heimlicher, „nu also! Umgekehrt, alle Mühmchen!" und damit faßte er Tobias bei der Achsel und führte ihn nach dem Hause. Annelie aber kam erst hinterdrein, wie sie sah, daß das ihrem Vater gerade recht schien und daß er wohl nicht mit weggegangen wäre, wenn sie auch darauf bestanden hätte.

Kneiper stand in der Thür und zerbiß beinahe seine Pfeifenspitze vor Wuth. Wie nun sein Fritz mit den Beiden näher kam und sagte: „Nicht wahr, Vater, Ihr habt nicht gemeint, daß die jetzt gleich fort sollen und da mitten in's Wetter hineinkommen!" schoß er dem erst einen Blick zu, als wolle er ihn damit todt machen; hernach sah er stier in die Wolken und fing an zu sprechen, daß es klang, als wenn Einer auf der Klarinette überschnappt, oder als wenn ein junger Kickelhahn das Krähen lernt: „Wenn sie absolut nicht anders wollen, so können sie ja warten bis der Regen vorbei ist!" und damit drehte er sich um und lief mit erbostem Gesichte in's Haus.

Fritz machte die Unterstube auf und schob Tobias mit seinem Mädchen hinein. „So!" sagte er, „nun wollen wir auch was zu essen beischaffen. Laßt Euch nur das Gesicht von meinem Alten nicht kümmern, ich habe hier auch ein Wort zu reden, und wenn er sieht, daß es nicht anders ist, wird er sich schon zufrieden geben. Na, Mühmchen," fuhr er fort und sah Annelie mit ein paar Augen an, daß der das Blut in's Gesicht trat, „soll ich noch immer keinen Patsch haben?"

Annelie sah weg und gab ihm ihre Hand. Es war ihr Alles so widerwillig und ängstlich, daß sie viel lieber im Regen fortgegangen wäre, und wie Fritz zur Stube hinausging, sagte sie zu ihrem Vater: lange halte sie es hier nicht aus, was er denn gesinnt sei zu machen?

Ju, man müsse zusehen, wie der Hase laufe, meinte Tobias, der Fritz scheine ihm hier das Heft in der Hand zu haben und wenn der machen könne, daß sie dablieben, da sehe er nicht ein, warum sie erst noch in der Welt herumlaufen sollten. Ob sie denn was Besseres wisse, daß sie so kürisch thue?

Annelie drehte sich um und sah zum Fenster hinaus. Da ging mit einem Male vor der Thür ein Spektakel los, daß Mancher seine wahre Schinderfreude dran gehabt hätte.

„Ich will doch einmal zusehen, wer Herr im Hause ist!" schrie Kneiper, „und ob ich alles Lumpenpack aufzunehmen brauche, wenn ich nicht will. Weg dahier, Marthe, oder 's wird nicht gut!"

„Seid Ihr denn nicht gescheid, daß Ihr so brüllt?" rief sein Fritz dazwischen, „wollt Ihr nicht lieber vor Habsucht gleich ein Bischen überschnappen? Die Leute bleiben hier, ich mag nicht Schimpf und Schande von Euch mittragen und wenn Ihr noch viel Krakehl macht, da vergeß' ich, daß Ihr der Mann von meiner Mutter gewesen seid und werde Euch zeigen, wem eigentlich das Ganze hier gehört!"

„I so soll doch gleich ein Donner- und Hagelwetter 'neinschlagen, von meinem eigenen Sohne solche Malicen!" schrie der Alte wieder; da ging eine Thür auf und schlug wieder zu, und man hörte nichts mehr. Vermuthlich hatte Fritz seinen Vater in eine andere Stube hineingezogen.

In die Stube aber, wo Tobias saß und mit beiden Ohren zuhörte, trat eine alte Frau, hatte Brot, Wurst und Schnaps im Arme und setzte das auf den Tisch. „Das ist einmal wieder ein Spektakel!" sagte sie. „Herrje, Herrje! was nur die Leute denken müssen! Gut Tag auch mit einander!"

„Schön Dank!" sagte Tobias kleinmüthig, „'s wäre wohl am besten, wenn wir machten, daß wir fortkämen, als daß unsertwegen solcher Zank und Unfriede wird."

„Ach, ne! bleibt Ihr nur ganz stille da, das vergeht schon wieder." sagte die Frau, „ne, so ein Spektakel, und noch dazu vor fremden Leuten! und das geht nun alle Tage so; was der alte Herr zu genau ist, das ist der junge Herr zu locker, da kann's gar nicht anders kommen. Da ist hier derweil was bis zum Mittagsbrot. Wohl bekomm's!"

„Vater," sagte Annelie, wie die alte Frau wieder zur Thür hinaus war, „wir bleiben nicht da; ich hab' eine Angst, daß ich's gar nicht sagen kann."

„'s wird wohl am Ende nicht anders!" meinte Tobias und sah in die schweren Wolken hinaus, „wir wollen aber nur den Regen abwarten."

Annelie antwortete nicht, und Tobias sprach auch kein

Wort weiter. Jedes hatte mit seinen eigenen Gedanken zu thun. Draußen aber fing es an zu gießen, was vom Himmel herunter wollte.

Es giebt Zeiten, wo es Einem ist, als mache das Leben einen Abschnitt, gerade so wie wenn ich dahier in meiner Geschichte einen Strich mache und von was Neuem anfange. Da steht man vor der Zukunft, wie vor einem geschlossenen Thore, und es ist Einem bange, mehr als andere Tage, was wohl dahinter liegen mag, Gutes oder Böses; da zieht Einem das ganze eigene Leben wie einzelne Bilder vor der Seele vorbei, und wessen Leben nicht rein war, dem wird das Herz schwerer, als es ihm je seines Thuns halber geworden, daß er beinah' davor erschrickt, und die Erkenntniß kommt über ihn, wie ein gewappneter Mann.

Gerade so war es der Annelie heute; sie wurde aber gar bald aus ihren Gedanken aufgestört, denn Vetter Fritz trat wieder in die Stube und verwunderte sich, daß noch Keines was gegessen hatte. Wie nun Tobias meinte, es sei ihnen aller Hunger vergangen, sagte er:

„Ihr bleibt mit Eurer Annelie hier, Schmidt, und macht Euch keine Angst weiter; ich habe mit meinem Alten ein ordentliches Wort gesprochen. Der Verwalter ist fortgejagt, und da könnt Ihr derweile für ihn eintreten; Annelie hilft aber unserer alten Marthe in der Wirthschaft, das thut so Noth. Na, Mühmechen," fuhr er fort und trat an sie heran, „ist es so recht?"

Dabei wollte er ganz zuthunlich seinen Arm um ihren Leib legen; wie die es aber merkte, drehte sie sich kurz herum und stellte sich neben Tobias. „Wenn mein Vater da bleiben will, so kann ich's nicht ändern!" sagte sie, ohne ihn mit einem Blicke anzusehen.

„Nu, nu, Mühmechen, brauchst nicht so ratzig zu thun!" lachte Fritz, „wenn wir in einem Hause wohnen sollen, müssen wir schon zusehen, daß wir hübsch freundlich mit einander hinkommen; ich mein's nicht böse. Nu, Schmidt, wie steht's!"

„Ju, wenn's so anginge und wenn kein Zank und Unfriede draus würde, da wär's ja wohl gut für uns," antwortete Tobias, „wir wüßten ja so nicht gleich, wo anders hin."

Fritz aber meinte, wegen des Unfriedens sollten sie sich keinen Kummer machen, er wolle schon Alles einrichten, wie's sein müsse, und die Sache war abgemacht. — Tobias kam in die Stube, wo der Verwalter gewohnt hatte, und Fritz meinte, wenn ihm was fehle, solle er es ihn nur wissen lassen. Da fing Tobias an zu husten und sagte, seine Tabackspfeife wäre ihm mit verbrannt, und wer sich einmal dran gewöhnt hätte dem werde es ordentlich übel, wenn er den ganzen Tag so herumgehen solle. — Nu, davor sei bald Rath geschafft, meinte Fritz, und nach einer Viertelstunde hatte Tobias schon eine schöne Pfeife, mit einem gemalten Kopfe und einer Spitze, auf die es sich wie auf pures Eisen biß, im Gesichte stecken, und wie er wieder den Dampf vor sich herblasen konnte, kam ihm sein Unglück gar nicht mehr so schrecklich vor.

Die alte Marthe war mit Annelie in ihre Kammer gegangen und brachte ihr ganzes Kleiderzeug herbei, daß sich das Mädchen aussuchen sollte, was es gerade brauchen könnte; wenn Manches nicht recht paßte, sollte sich Annelie nur nicht kümmern, sagte sie, der junge Herr hätte versprochen, daß sie morgen Alles haben solle, wie sich's für sie schicke. So viel Marthe aber auch schwatzte, so still war Annelie, und endlich drehte sie sich gar weg und trat an's Fenster, daß die Frau ganz verdutzt fragte, ob ihr das Unglück noch so im Sinn liege, oder was sie sonst vorhabe? — Annelie biß eine ganze Weile die Zähne auf die Unterlippe, als könne sie's gar nicht sagen, was ihr fehle; mit einem Male aber holte sie tief Athem, drehte sich herum und fing an: „Nu, ich will's Euch ehrlich sagen, Frau Marthe, Ihr dürft mir's aber nicht für Dummheit oder Undankbarkeit auslegen, ich stehe hier da, wie ein Waisenkind, und wenn ich mich nicht selber versehe, rath't mir sonst Niemand. Das ist mir hier Alles nicht richtig; der Alte möchte uns am liebsten wieder zum Hause hinaus jagen; er sagt's aber doch wenigstens, wie er's meint. Der Junge macht ein freundliches Gesicht, aber wenn ich ihm in die Augen sehe, wird mir's himmelangst und 's ist mir, als müßt ich's merken, wo er eigentlich 'naus will. Ich wär' schon lange nicht dageblieben, wenn's nicht wegen meines Vaters gescheh', ich wollt aber lieber, wir wären wer weiß wo hingegangen, als gerade hierher."

"Jungfer!" sagte Marthe und kam ihr einen Schritt näher, "schrei Sie nicht so und lasse Sie das einmal jetzt gut sein. Sie ist ein gescheidtes Mädchen, die selber merkt, wie die Vögel pfeifen, da brauche ich Ihr weiter nichts zu sagen; Sie braucht sich da aber auch keine Beschwerde zu machen. Der junge Herr ist lange Zeit in der Stadt gewesen und ist da ein Bischen ein lustiger Finke geworden, wenn man das aber weiß, kann man sich schon davor in Acht nehmen, und nun will ich Ihr noch was sagen. Wer die Leiter 'nauf will, fängt bei der untersten Sprosse an. Hätte so manches Mädchen, das in's Unglück gekommen ist, nicht erst die zuckersüßen Worte angehört, sich nicht die Hand drücken lassen und wieder gedrückt, hernach das Maul hingehalten und so fort, da wär's mit Keiner so weit gekommen. Nu mache Sie sich keine so große Sorge weiter und denke Sie, daß ich im schlimmsten Falle auch noch da bin!" —

Als Annelie sich denselben Abend, zum ersten Male in ihrem Leben im fremden Hause, neben der alten Marthe in's Bett legte, konnte sie nicht einschlafen, sie mochte sich drehen und legen wie sie wollte, und kaum, daß es wie eine Art Schlaf über sie gekommen war, fing sie an zu träumen, bald daß das Haus wieder brenne, bald daß der alte Kneiper ihren Vater todt machen wolle, bald daß der junge Vetter in die Kammer komme und sie nicht schreien und sich nicht rühren könne, und da fuhr sie jedesmal hoch auf und mußte sich erst besinnen, wo sie eigentlich sei und graute sich die Augen wieder zuzumachen und endlich bekam sie eine Angst und eine Beklemmung auf's Herz, daß sie glaubte, kaum davor bleiben zu können. Und wie sie nun gar nicht mehr wußte, was machen, um Ruhe zu kriegen, da meinte sie, sie wolle an den lieben Gott denken; und da faltete sie die Hände vor der Brust und fing an zu sinnen, ob er sie wohl auch in der dunkeln Nacht sehe und auf sie merke, jetzt wo er doch so viele Menschen auf der Erde im Schlafe behüten müsse; und je weiter sie sann, je mehr war es ihr, als müsse der Herrgott ihre Gedanken verstehen, und immer klarer wurde es ihr inwendig, und immer geringer schien es ihr, was sie im schlimmsten Falle treffen könne und still war sie endlich eingeschlafen, sie wußte es selber nicht.

Ein paar Tage mochten vergangen sein, seitdem die Beiden auf dem Gute waren, und Tobias wie Annelie hatten sich fast schon eingewohnt und in ihre Geschäfte gefunden. Tobias ging mit dem jungen Vetter und dem Großknechte im Felde herum, ließ sich Bescheid auf den Böden und in den Ställen geben und meinte hernach Abends zu Annelie: der Fritz sei doch ein schnurriger Kerl, der könne erzählen, daß es nur so eine Art habe; von der Wirthschaft verstehe er freilich so viel, wie der Esel vom Tanzen, aber das könne sich noch bald genug finden, und wenn er die Annelie jetzt noch haben wolle, sei es doch nicht zu verachten, er habe schon von Weitem so gestichelt. Wie da aber Annelie sagte: Tobias solle sie nur damit jetzt in Frieden lassen, sie habe alleweil keine Gedanken zum Heirathen, und den Fritz zu heirathen erst recht nicht, da meinte er: er wisse gar nicht, was sie nur gegen den habe. Gut sei er doch auch; erst habe er sie in's Haus genommen und sich noch mit seinem Vater drüber verzürnt, und hernach, wie die Nachricht gekommen wäre, daß es mit dem Hagelschlag nicht viel zu bedeuten gehabt, habe er ihm gleich versprochen, er wolle ihm einen Käufer für die Ernte verschaffen. — Wenn aber Annelie mit deutlichen Worten drüber hätte Rechenschaft geben sollen, hätte sie es selber nicht gewußt. Sie wußte nur, daß, wenn der Fritz derheim war, er ihr auf Tritt und Schritt nachging; war sie in der Küche allein, da wollte er eine Kohle auf seine Tabackspfeife legen, war sie im Stalle, da suchte er einen Strick oder wollte den Misthaken einmal brauchen, und jedesmal hatte er mit ihr zu schwatzen und zu sponsiren, und wenn sie dumm that, fing er an zu lachen und Witze zu machen, daß sie manchmal zu ihrem größten Aerger selbst das Lachen nicht hatte lassen können. Und bei alledem wäre nichts weiter gewesen; in Annelie's Seele lag aber die Furcht vor was Schlimmerm, und manchesmal Abends, wenn sie mit ihrer Arbeit fertig war, draußen auf der Bank vor der Thorfahrt saß, an die Vergangenheit und an die Zukunft dachte, wenn da, ohne daß sie es wolle, Lebrecht mit seinen ernsthaften, braunen Augen vor ihrer Seele stand, und Fritz kam dann aus dem Dorfe heim, sagte: „Guten Abend, Mühmchen!" und schaute sie mit seinen pfiffigen Augen an, da fuhr ihr jedesmal ein Widerwille durch's Herz, daß sie am liebsten gleich aufgestanden und fortgegangen wäre. — Und wer einmal was gegen einen Menschen oder eine Sache hat, der sieht und spürt auch immer mehr als andere Leute. —

Der alte Kneiper war den Tag nach Pfingsten fortgeritten, ob aus Aerger oder wegen eines Geschäfts, das wußte kein Mensch, und wie er wiedergekommen, war er mucksch im Hause herumgegangen, hatte mit seinem Fritz kein Wort gesprochen und gethan, als sähe er die beiden Ullerstädter gar nicht. — Annelie kam das gerade vor, als wenn ein Gewitter im Anzuge ist; man sieht noch nichts am Himmel, aber man spürt's in allen Gliedern. Was es geben werde, das wußte sie freilich noch nicht, aber sie konnte den ganzen Tag eine heimliche Angst nicht los werden, und wie Abends der Fritz ihr einmal wieder in den Kuhstall nachgeschlichen kam und mit Gewalt einen Schmatz von ihr haben wollte, da ließ sie den abfahren, wie sie's wohl zu einer andern Zeit nicht so grob gethan hätte.

Den andern Tag sagte die alte Marthe, sie wolle zu ihrer Schwester im Dorfe, die sei todtkrank, und sie müsse bei ihr wachen; sie wolle den Kammerschlüssel mitnehmen, daß Annelie nicht aufzustehen brauche, wenn sie in der Nacht heim komme. —

Der Mond stand hell am Himmel und sah auf die Erde herunter, wie das Auge einer Mutter, die ihr schlafendes Kind bewacht; Annelie saß noch an ihrem Kammerfenster und machte sich schwere Gedanken über die Zukunft.

Wie sie so dasaß, hörte sie mit einem Male ihren Vater im Hofe reden, gleich darauf auch die Stimme vom alten Kneiper und die klang gerade nicht, als ob er mit dem groß freundschaftlich wäre.

„Nu!" sagte Tobias, „was stellt Ihr Euch denn in der Nacht noch dahier her, daß man einen ordentlichen Schrecken kriegt?"

„Sooo?!" machte Kneiper, als ob das Wort eine Elle lang wäre, „am Ende soll ich Euch wohl noch fragen, was ich in meinem eigenen Hause machen kann? Hier bin ich Herr, versteht Ihr mich? Und von wegen dem Erschrecken — wer ein gutes Gewissen hat, braucht nicht zu erschrecken; was habt Ihr denn mit der brennenden Laterne und noch dazu bei Mondenschein da hinten 'rum zu suchen?"

„Euer Fritz hat mir den Verwalterdienst übergeben, wenn Ihr's noch nicht wißt," sagte Tobias, „da muß ich Abends noch einmal nach dem Rechten sehen und weiter hab' ich nichts gethan; weil's mir aber war, als hört' ich was hinter der Scheune, und weil der Mond nicht hierher scheint, da habe ich die Laterne angebrannt und nachgeschaut! Das ist es, und nun möcht' ich wissen, was Ihr eigentlich gedacht habt!"

„Ich kann denken, was ich will, das geht Euch nichts an, ich bin Herr im Hause und das sollt Ihr bald merken!" krähte Kneiper und ging hinter nach der Scheune; Tobias sah ihm nach, schüttelte dann langsam den Kopf und ging in's Haus. Annelie aber, die Alles mit angeschaut und angehört hatte, wurde es noch trüber zu Sinne. Was nur der Alte im Gedanken habe, meinte sie, denn umsonst gehe er ihrem Vater nicht nach; es sei doch grausam, wenn man immer in solcher Angst leben müsse; wenn sie doch der liebe Gott nur von dem Gute wegführen wollte, hier werde es nimmer gut für sie. Sie stieg in ihr Bett, ohne sich ordentlich auszuziehen, und blieb da noch lange, den Kopf auf die Arme gestützt, aufrecht sitzen, schaute in den hellen Nachthimmel hinaus und sann, wie sie's wohl anfange, daß sie ihren Vater von hier mit fortbringe und was sie wohl hernach am besten thäten, bis der Schlaf ihr über die Augen kam und sie sich mit einem tiefen Seufzer zurücklegte.

Sie hatte noch nicht gar lange geschlafen, da ging behutsam die Kammerthür auf und mit leisen Schritten kam Eins herein. Annelie hörte es noch und verwunderte sich, daß Marthe schon so früh wiederkomme. Wie sie nun die Augen aufmachte und der einen guten Abend bieten wollte, da bog sich über sie ein Gesicht mit einem schwarzen Schnurrwichs, und ein paar

Augen sahen sie an, die ordentlich im Dunkeln leuchteten, und Annelie, wie sie erkannte, wer's war, that einen Schrei, den man gewiß durch zehn Stuben gehört hätte, wenn sich nicht der Schnurrwichs blitzschnell auf ihren Mund gedrückt hätte. Und dazu legten sich ein paar Arme um ihren Leib, und Annelie war's, als wolle ihr das ganze Blut zum Kopfe hinaus, als müsse sie geradezu auseinandergehen vor Zorn und Scham; und in Fritze's Gesicht hinein fuhren die Fäuste, daß man gewiß den andern Tag noch die Flecken gesehen hat, und wie eine Stahlfeder, die Einem unter der Hand fortspringt, schnellte sie zwischen seinen Armen und aus dem Bette heraus und packte mit beiden Händen desperat nach dem, was am nächsten war, nach dem hölzernen Schemel vor ihrem Bette. Die Stimme war ihr erstickt von einer Wuth, vor der sie beinahe keinen Athem kriegen konnte, und so hieb sie gerade drauf los, daß der Musje bis an die Thür zurückprallte; wie sie aber nachsprang und zum zweiten Male ausholte und meinte, er werde nun machen, daß er aus der Kammer komme, da faßte er zu, riß ihr den Schemel aus der Hand und ehe sie sich noch besinnen konnte, fühlte sie schon wieder seine Arme um ihren Leib.

„Hülfe, Hülfe!" schrie Annelie und packte mit beiden Händen, wo sie hinkam, „Hülfe, ich schreie Feuer!" wie sich aber Fritz an nichts kehrte und sie wie vorhin wieder zum Schweigen bringen wollte, da kam's über Annelie wie eine ordentliche Verzweiflung; mit einem Ruck war sie frei, riß das Fenster auf und schrie hinaus, was sie schreien konnte: „Feuer, Hülfe, Feuer!"

„Bist Du denn verrückt, Mädchen?" rief Fritz und wollte sie vom Fenster reißen, aber wie in Todesangst hatte die sich an den Rahmen festgeklammert und schrie: „Hülfe, Feuer!" hinaus, bis zuerst Einer von den Knechten aus dem Pferdestalle stürzte, und dann der alte Kneiper, mit der Zipfelmütze auf dem Kopfe, zum Fenster herausgefahren kam — aber, was war das? Wie durch Annelie's Feuergeschrei herbeigerufen, zog's mit einem Male wie ein rother Streifen über der Scheune hin, ein spitziges, dünnes Flämmchen stach in die Luft, noch einmal fuhr's heraus und nun kam dicker Rauch nachgequollen. „Da, da, die Scheune brennt, Feuer!" brüllte Kneiper aus seinem Fenster; Fritz sah, ganz bleich vor Schrecken, einen Augenblick hin und sprang hernach zur Kammer hinaus. Annelie aber wurde es, als finge das Haus und der Hof und die ganze Welt an, mit ihr rundum zu gehen, schwarz wurde es ihr vor den Augen, und wie zusammengebrochen stürzte sie auf den Erdboden.

Die Sonne stand am andern Morgen schon hoch am Himmel, als Annelie erst wieder recht zu sich selber kam. Sie lag auf ihrem Bette und neben ihr stand die alte Marthe, die die Hände zusammenschlug, einmal um das andere „ach Du lieber Gott, Du lieber Gott!" schrie und sich bethat, als könne sie vor Jammer gar kein anderes Wort herausbringen. In Annelie's Kopfe sah es so wüst aus, wie früh Morgens in einer Schenkstube, wo Abends zuvor eine General-Prügelei gewesen; sie konnte noch gar keinen Gedanken fassen. Da klang's auf einmal aus dem Hause herauf, wie wenn ein paar Säbel in den Scheiden rasseln; Pferde trappelten und Marthe schrie von Frischem auf: „ach Du lieber Gott, Du lieber Gott!" und schlug die Hände in einander und sprang jammernd an's Fenster. Durch Annelie's Seele fuhr es wie ein ungeheures Unglück, wie etwas Furchtbares, das sie selber noch nicht kannte, das jagte sie auf von ihrem Bette und der alten Frau an die Seite. Im Hofe neben der Scheune, von der nur ein Stück Dach weggebrannt war, stand ein Haufen Leute und mitten drunter hielten zwei Dragoner auf ihren Pferden; zwischen denen aber stand ein Mann, dem waren die Hände auf den Rücken gebunden, der ließ den Kopf so schlaff auf die Brust herunter hängen, als habe er die Kraft nicht mehr, ihn in die Höhe zu richten — und das war Tobias, und eben setzten sich die Dragoner in Marsch und schleppten ihn mit sich zum Thorwege hinaus.

Wenn ein Mondsüchtiger Nachts auf dem Dache spazieren geht und wacht da oben mit einem Male auf, und weiß nicht, wo er ist, noch wie er dahin gekommen, sieht aber vor sich den Abgrund, in den er eben stürzen will, so mag's dem ungefähr

so zu Muthe sein, wie es Annelie jetzt war. Denken konnte
sie gar nicht, sie sah nur das Entsetzliche, Unbegreifliche, das
hereingebrochen war, wie eine Räuberbande in's schlafende Haus,
ihren Vater, den sie eben wie einen Mörder davon führten,
that einen Schrei, daß er klang, wie ein wahrer Todesschrei
und stürzte zur Kammerthür hinaus.

Im Hofe standen die Leute und sahen und redeten dem
Forttransportirten nach. Der Großknecht schüttelte den Kopf
und meinte, das sei ihm doch ein kurioses Ding, er für seine
Person möchte den alten Schmidt nicht angegeben haben; ein
Anderer aus dem Dorfe aber sagte, es werde schon richtig sein,
dem größten Hallunken habe man's immer am wenigsten angeschaut. Von Kneipern und seinem Fritz war nichts zu sehen.
Da kam Annelie, bleich wie der Kalk an der Wand, aus dem
Hause geschossen, hinter ihr her flogen ihre Haare, daß sie wie
das Bild des ungeheuersten Jammers anzusehen war, und die
Menschen wichen auf die Seite und sie jagte vorbei, und wie
sie die Dragoner eingeholt hatte, fiel sie dem vordersten Pferde
in die Zügel und brach, ohne ein Wort sprechen zu können, in
die Kniee zusammen. Die Dragoner stutzten; was sie hier aber
sahen, das sprach von selber so lebendig, daß sie keinen Menschen, sondern nur ihr eigenes Herz zur Erklärung brauchten,
denn die Dragoner, Gensd'armen, Gerichtsdiener und die noch
Alle dazu gehören mögen, haben auch ein Herz unter ihrer
Montour, gerade wie andere Leute, nur daß sie es das zehnte
Mal nicht merken lassen dürfen; Tobias aber hob langsam den
Kopf in die Höhe und ließ ein paar Augen sehen, so trübe und
geradeweg, als wisse er von gar nichts etwas. Wie's nun aber
bei der Annelie herausbrach: „Vater, Vater — um Gottes
Jeses Willen — was habt Ihr denn gemacht — was ist denn
geschehen?" da fing's an bei ihm im Gesichte zu zucken
und ein paar Mal setzte er an zu sprechen und es kam nichts
heraus. — „Annelie!" sagte er endlich so recht gottesjämmerlich,
und wie er das heraus hatte, da zog sich sein ganzes Gesicht
zusammen, und er fing an zu heulen wie ein kleines Kind, —
„ich — ich soll die Scheune angesteckt haben!" Und Annelie,
bei der das Heulen eben auch ihrem Herzen hatte Luft machen

wollen, erschrak, daß sie wie vor einem Gespenste zurückfuhr, und in ihrem Kopfe fing es an, wieder rundum zu gehen, wie gestern Abend; dem ersten Dragoner aber wurde jetzt die Zeit lang und er legte einen Deckel auf sein Herz und fuhr ungeduldig heraus, das Mädchen solle nun machen, daß sie fortkomme, er könne sich hier nicht mehr länger aufhalten; und aus dem Thorwege kam Marthe mit zwei neugierigen Mägden gelaufen, gerade noch zeitig genug, um Annelie in ihre Arme zu nehmen, denn die that, als habe sie kein Bischen Kraft mehr und wolle eben quer über den Weg fallen.

Fort ritten die Dragoner, Tobias zwischen sich, und auf's Gut zurück führten sie Annelie. Die sah aus wie eine Blume, die Einer umgeknickt, hatte das bleiche Gesicht auf die Brust hängen und wie die Mägde sie in ihre Kammer gebracht und auf ihr Bett gelegt hatten, lag sie da, so blaß und still wie eine Todte und die Marthe sah sie an, schüttelte den Kopf und sagte, dem sein Gewissen möge sie nicht haben, der das einmal verantworten müsse. Hernach aber meinte sie, sie wolle nur zum Balbier laufen und was Niederschlagendes für das Mädchen holen, sonst habe der Schrecken noch wer weiß was für Folgen für sie, und die Mägde gingen mit ihr zur Kammer hinaus.

Ueber Annelie lag eine Mattigkeit, daß sie meinte, keinen Finger heben zu können; aber je länger sie lag und je mehr es ihr war, als brenne ihr Leben nur noch wie ein kleines Flämmchen, desto stiller und klarer wurde es ihr inwendig. Sie sah jetzt, was der junge Vetter eigentlich im Willen gehabt, wie er so freundlich gethan und es durchgesetzt hatte, daß sie dablieben, und daß ihr so was auch gleich zu Anfange geschwant hatte, nur daß es ihr nicht deutlich vor die Gedanken gekommen war; sie sah so deutlich, als erzähle es ihr Eins, wie der alte Kneiper die Gelegenheit angepaßt hatte, um seinen Haß an Tobias auszulassen und daß nun ihres Bleibens nicht einen Tag mehr hier sein könne, daß sie nun keinen Menschen mehr habe, der ihr helfen möchte. Was aber jetzt werden und wo es mit ihr und ihrem Vater hinaus solle, das sah sie nicht; aus ihrer tiefsten Seele aber kam ein Gedanke herauf, wie ein

Licht im dunkeln Walde für Einen, der sich verirrt hat. Jetzt sei wohl so eine Zeit gekommen, dachte sie, wo man selber nichts mehr thun könne und wo der Herrgott sehen wolle, ob man auch recht fest glaube; aber sie wolle es ihm schon zeigen, wie es mit ihr bestellt sei. Untergehen werde er sie doch nicht lassen, sonst hätte er ihr ja gar nicht aus dem Feuer zu helfen brauchen, und sie wolle sich auch darum keine Sorgen machen, wie es mit ihr und ihrem Vater gehen werde und blindlings hinnehmen, was komme. Wenn's nicht so sein müsse und nicht gut wäre, würde es der liebe Gott gewiß anders gemacht haben. — Und der Gedanke wurde immer heller in ihr und es war ihr endlich ordentlich, als sähe sie des Herrgotts Gesicht, wie es mit freundlichen Augen auf sie niederschaue, und immer stiller wurde es in ihr, bis sie vor Mattigkeit eingeschlafen war.

Es war Abends, da wollte die alte Marthe zum vierten Male in die Kammer gehen und zusehen, ob Annelie noch nicht aufgewacht sei, daß sie das Pulver vom Balbier einnehmen könne. Hinter ihr drein kam Einer die Treppe herauf gepoltert und fing an zu schreien, daß Annelie aus dem Schlafe auffuhr. „Ist das Mädchen fort? Nicht? Na, Gott verdella, da werd' ich ihr selber die Wege weisen!"

„Aber, ich bitt' Euch doch um Gottes Jeses Willen, **Herr Kneiper!**" rief Marthe ängstlich und hielt die Kammerthür zu. „Ihr macht ja das Mädchen geradezu todt, wenn Ihr sie jetzt aus dem Hause stoßt: hernach habt Ihr ihr Leben auch noch auf dem Gewissen!"

„Geht mich gar nichts an, ich bin Herr im Hause und ich leide die Mordbrennergesellschaft nicht länger hier!" schrie Kneiper. „Wie der alte Hallunke die Scheune angesteckt hat, ist es ihm auch einerlei gewesen, ob Jemand umkommen könne oder nicht."

„Nu, 's ist ja noch gar nicht gewiß, daß er es gethan hat," — sagte die Frau, „und ich glaube, Ihr schlieft auch sanfter, wenn Ihr was Andres gemacht hättet, als gerade den alten, guten Mann anzugeben."

„Werde Sie nicht maliziös!" krähte Kneiper, „sonst kann Sie auch Ihrer Wege gehen; und wenn das junge Mensch heute Abend noch im Hause ist, da lasse ich sie morgen früh auf andere Art 'naus bringen, das kann Sie ihr sagen!" und damit tappte er die Treppe wieder hinunter. Wie Marthe nun leise in die Kammer trat, machte Annelie die Augen wieder zu, als schliefe sie noch. Sie wollte ihrer Wege gehen, ohne daß ein Mensch wüßte, wo sie hin sei; ihr war so zuversichtlich und tröstlich zu Muthe, daß auch der Spektakel von dem alten Kneiper sie nicht anfocht; dazu meinte sie, die alte Frau werde doch nur anfangen sie zu bejammern, und das wolle sie jetzt gar nicht hören. Marthe ging leise wieder zur Kammer hinaus.

Wie die Sonne hinunter war, daß es schon anfing schummerig zu werden, stand Annelie von ihrem Bette in die Höhe, strich sich die Haare glatt und setzte ihre Mütze auf, band sich die Röcke fester um den Leib, zog die Jacke an, die sie mitgebracht hatte, und wie der Mond über dem Dorfe heraufstieg und die alte Marthe mit dem Milcheimer nach dem Kuhstalle gehen sah, trat sie mitten in die Kammer, legte die Hände zusammen und sagte: „Nu, lieber Gott, nu hilf mir und halte mich mit Deiner starken Hand!" Dann ging sie zur Thür hinaus, vorsichtig die Treppe hinunter, und wie sie durch die offene Hausthür keinen Menschen im Hofe sah, schlich sie an dem Gebäude hin, zur Thorfahrt hinaus und wanderte, den Weg nach Frühndorf einschlagend, in die Nacht hinein.

Hat Eins von den Lesern in einer ruhigen, klaren Sommernacht schon einmal einen Gang über die Felder gethan? Kein Laut regt sich, kein Blatt bewegt sich, eine heilige Stille liegt über der ganzen Welt und es ist, als ob selber die Lüftchen schlafen gegangen wären. Wenn nun der Mond am Himmel einhergetreten kommt, wie der Wächter, um die schlafende Erde zu behüten, und sein blaues Licht darüber herfließen läßt, da überkommt es Einen ganz seltsam. Ruhe wird's in der eigenen gedrückten Seele und was im Herzen gewirthschaftet und Einem Beschwerde gemacht, das wird mit stille.

Annelie war schon beinahe zwei Stunden ihren Weg gegangen; aber immer langsamer ging es mit ihr. Ihre Beine waren müde, wie sie's früher gar nicht gewußt, ihre Seele war müde und es kamen ihr Gedanken, wie schön es doch wäre, wenn sie sich daher lege, einschlafe und gar nicht wieder aufwache, und je mehr sie sich das vorstellte, je mehr kam sie die Lust an, sich hinzulegen, wo sie gerade war.

Aber wie sie nun eben stehen bleiben wollte, da kam ihr Lebrecht vor die Seele und es fiel ihr ein, daß sie ja nur so in die Welt hineinlaufe, weil's ihr gewesen war, als müsse sie ihn finden, und da gings vor ihr auf, wie ein wunderschöner Traum und sie tappte fort, halb wachend und halb im Schlafe, sie überlegte nicht mehr, wie weit und wo sie sei und nur manches Mal, wenn's ihr wie ein Schauer über den Rücken lief, oder wenn sie sich an einen Holper im Wege stieß, fuhr sie in die Höhe. Nach einer Weile bekam sie Wiesenboden unter die Füße; sie dachte nicht daran, ob das der richtige Weg sei; das ging sich so weich darauf und auf dem Rasen mußte es sich so schön liegen — nur ein klein Weilchen hinsetzen wollte sie sich, sie war so matt und marode: und wie sie nun drin saß in dem Grase, den Kopf auf die Kniee gestemmt, da war's ihr, als könne sie gar nicht wieder aufstehen; immer blasser wurde der Mondschein vor ihren Augen, immer undeutlicher sah sie die Weidenbäume an ihrer Seite und was sonst noch um sie war, und die Augenlider waren ihr endlich zugefallen, ehe sie es selber gemerkt hatte.

Als der Hirte in Frühndorf den andern Morgen das Vieh austrieb, wußte er gar nicht, was er heute aus seinem Hunde machen sollte. Der schnüffelte auf dem Riede herum, wie ein Jagdhund, der einem Wilde nachspürt, und das Thier hatte noch in seinem Leben keinen Merks für solche Sachen gehabt. Da blieb er mit einem Male am Wassergraben stehen und bellte in einemweg, und hörte auf kein Pfeifen und Rufen, und der Hirte lief endlich hinzu, um nachzusehen, was da eigentlich los sei. — Hart neben dem Graben lag ein Mädchen mit dem Gesichte gegen die Erde gekehrt, die Mütze war ihr vom Kopfe gefallen, die Hände hatten das Gras gepackt, als wollten sie sich daran festhalten, die Glieder schlugen ihr wie im grausamsten Fieber, und so sehr sie der Hirte auch anschrie, sie antwortete nicht und schien weder zu sehen noch zu hören. Und

wie nun der Mann wohl erkennen mochte, wie viel die Glocke
geschlagen, und daß da schnelle Hülfe nothwendig sei, und das
Mädchen in die Höhe hob, da bekam er vor ihrem Gesichte
einen ordentlichen Schreck. Aber kurz resolvirt nahm er sie
auf seine Arme, ließ den Hund bei dem Vieh zurück und lief
mit seiner Last nach dem Dorfe, als hänge von einer Minute
das Leben ab. — Im Hirtenhause war kein Mensch mehr daheim und als er das Mädchen in der Stube auf das Bett gelegt hatte, wo er mit seiner Frau schlief, lief er in's Dorf hinein, um Jemanden von seinen Weibsleuten beizuholen. Es
dauerte auch nicht lange, da kam eine geschossen, als wenn's
zu Hause brenne, in die Stube hinein und an's Bett, und
wenn der Hirte nicht hinterdrein gekommen wäre, hätte sie sich
gewiß auch darüber hergeworfen. „Annelie, ju meine Annelie!"
schrie sie auf, wie sie das kranke Mädchen sah, „wer hat Dir
denn das gethan?!" und wollte immer wieder über sie herfallen
und konnte sich gar nicht zufrieden geben, und der Mann hatte
seine Noth, sie von dem Bette wegzubringen.

„Schrei' nicht und bethu' Dich nicht so!" sagte er, „davon
wird's nicht besser. Zieh' das Mädchen aus und steck' sie
recht warm in's Bett, ich will derweile was für sie besorgen,
das ihr gut thun soll!"

's wird es wohl Jedes schon gemerkt haben, wer die war,
der Annelie's Leidwesen so zu Herzen ging, und 's wird sich
wohl auch Keins verwundern, daß sie that, wie nicht recht klug.
War doch Christie wie Annelie's Mutter und konnte sie sich
doch gar nicht denken, was da Alles passirt sein mußte, ehe es
mit dem Mädchen so weit gekommen war. Annelie selber
konnte ihr nichts sagen, denn die lag hinter den Vorhängen im
Bette und das Fieber hatte sie gepackt, daß sie das eine Mal
mit den Zähnen klapperte und mit allen Gliedern schlug, das
andere Mal aber wie im Feuer glühte, verwirrtes Zeug redete,
zum Bette heraus wollte und Christie ihre wahre Noth mit
ihr hatte. Wie Annelie hernach ruhiger geworden war, schickte
Christie einen kleinen Jungen fort, der ihre Arbeit absagen
mußte, setzte sich neben das Bett, gab dem kranken Mädchen
ein, was ihr Vater gebracht hatte, legte ihr die Kissen zurecht,

und wenn sie ihre Annelie so vor sich liegen sah, kam es ihr manchmal beinahe vor, als sei sie noch bei Tobias Schmidt im Hause und was dazwischen war, sei gar nicht passirt. — Wie's nun Abend wurde und ihre Mutter von der Arbeit heim kam, und die fertig geworden war mit Bewundern und Bejammern, da trug Christie das eigene Bett in die Stube und nahm nur die überflüssigen Kissen hinaus; vorsichtig legten sie die kranke Annelie hinein und machten die Vorhänge von dem Bette der alten Leute drum, daß keine Luft an sie komme und die Sonne ihr nicht in die Augen scheine. Christie aber machte sich auf der Erde, so gut es gehen wollte, aus Stroh und Betten ein Lager zurecht und wachte da die ganze Nacht durch, immerfort in Sorge, daß es dem Mädchen an nichts gebräche. Und wie der andere Tag kam, da war Annelie noch nicht besser und den dritten Tag war's so schlimm geworden, daß auch die alte Hirtenfrau mit derheim bleiben mußte, denn wenn die Hitze kam, war Christie nicht im Stande, das Mädchen allein im Bette zu erhalten. Und so dauerte es sieben Tage, und sieben Tage und Nächte schlief Christie fast nicht und hatte nur immer Angst, daß Alles gethan werde, wie's ihr Vater anbefahl. Was bei ihrer Armuth werden sollte, wenn das Mädchen wieder gesund sei, daran dachte sie jetzt mit keiner Sylbe. —

Es war an einem wunderschönen Nachmittage und die Sonne schien hell im Hirtenhause zum Fenster hinein, da war's Annelie, als wache sie aus einem bösen, schweren Traume auf. An den rothgestreiften Vorhängen vor ihrem Bette spielte der Sonnenschein, um sie her war es mäuschenstill, und das that ihr so wohl, wie sie's hätte gar nicht sagen können. In ihr selber war es so matt und still, daß ein deutlicher Gedanke noch gar nicht in ihr aufstieg und daß es ihr nicht einmal in den Sinn kam, wo sie denn eigentlich sei. Wie sie so da lag, schwach und abgespannt, daß sie nicht den Kopf auf eine andere Stelle hätte legen können, aber so wohl und so ruhig, wie's ihr in ihrem Leben noch nicht gewesen, da gingen ganz behutsam die Bettvorhänge auseinander und herein bog sich ein Gesicht mit besorglichen Augen, und Annelie sah es an und über ihre Mienen zog es, wie wenn der Mond hinter den

Wolken vortritt, und **ganz leise, daß man's kaum hören konnte,
sagte sie: „Christie!"**

Wie die aber in Annelie's helle Augen sah, und das Wort
hörte, da wurde sie mit einem Male ganz roth und fiel bei‍
nahe auf das Mädchen drauf, und fing an, daß es wie ein
wahrer Herzensjubel klang: „Ju — ju — mei Annelie, kennst
Du mich denn wieder? Hast Du's denn nun überstanden?"
und das Wasser war ihr in die Augen geschossen, daß sie kaum
schnell genug ihren Schürzenzipfel herauf langen konnte. Annelie
aber sah ihr still in das treue, bewegte Gesicht und fühlte
nur, daß sie das ganz glücklich mache; sie hätte immer so liegen
bleiben und ihre Christie ansehen mögen; einen Gedanken an
das, was sie bis jetzt überstanden, hatte sie noch gar nicht. —
So, denk' ich mir, muß es Jedem sein, der nach dem Tode im
Himmel wieder aufwacht und zu allererst in die lieben Gesichter
von denen sieht, die schon vor ihm hinübergegangen sind, und
nun alles Elend der Erde vergessen ist. —

Annelie war im Hirtenhause und noch nicht im Himmel
aufgewacht, und wie die alte Hirtenfrau hereingetreten kam und
über Christie's Achsel schaute, da sah das Mädchen die ganz
verwundert an, richtete dann ihre Augen hinaus in die kleine,
armselige Stube und ein Schatten zog über ihr Gesicht, wie
eine böse Erinnerung. Nachher machte sie die Augen zu, als
wollte sie über Etwas nachsinnen und nach einer kleinen Weile
war sie still wieder eingeschlafen. Und tief und fest schlief sie
fort bis den Abend, und Christie wischte ihr behutsam den
Schweiß von der Stirn, der in großen, hellen Tropfen heraus‍
getreten war, und ging nicht von dem Bette, daß Annelie
gleich ihr Gesicht finden sollte, wenn sie wieder aufwache. Wie
aber der Hirte nach Hause kam und das Mädchen sah, sagte
er, Christie sollte sich heute nur ganz unbekümmert schlafen
legen, Annelie sei nun so gut wie gesund und werde auch so‍
bald nicht aufwachen. Und die schlief auch richtig in einem
fort, die ganze Nacht bis beinahe den andern Tag Mittag.
Wie da Christie die Kartoffeln zur Mittagssuppe schälte und
sich damit an Annelie's Bett gesetzt hatte, richtete die sich mit
einem Male kerzengerad in die Höhe, rieb sich die Augen, und

wie sie sich dann hell in der Stube umgeschaut und Christie neben ihrem Bette sah, fing sie an: „Christie, sag' mir doch nur — wo ich bin!"

„Bei mir bist Du, meine Annelie; in Frühndorf, bei Deiner Christie!" antwortete die und legte das Mädchen wieder zurück; „bleib' nur ganz still liegen, sonst verkält'st Du Dich und wirst wieder krank!"

„In Frühndorf?" fragte Annelie nach einer Weile, „aber Christie, wie bin ich denn dahin gekommen? was soll ich denn hier?"

„Ju, mein lieb', gut' Annelie, wenn Du's nicht weißt, ich kann's doch nicht wissen?" sagte Christie, und fing an zu erzählen, wie ihr Vater Annelie auf dem Riede gefunden und heim getragen habe, wie sie hernach todtkrank geworden sei und wie sie selber sich beinahe den Kopf kaput gedacht habe, was mit Annelie Alles passirt sein müsse, ehe sie dahin gekommen; Annelie möge sich doch nur besinnen, meinte sie, nunmehr müsse es ihr doch wieder einfallen; wo denn ihr Vater sei, und warum sie nicht bei dem geblieben? und wie das Christie gesagt hatte, fing Annelie mit einem Male hell zu heulen an, daß Christie von ihrem Stuhle ganz erschrocken auffuhr. „Herrje, Annelie, mei Annelie, was hast denn?" rief sie, aber Annelie antwortete nicht und schluchzte immer ärger, und erst wie Christie sich über sie bog und ihr die Backen strich und mit einer wahren Angst sagte: sie bäte sie doch um Gotteswillen, sie solle doch nur sagen, was sie vorhabe, ob Christie ihr denn was gethan hätte? da schüttelte sie mit dem Kopfe und meinte, sie wisse nun auf einmal Alles, Christie solle sie nur jetzt zufrieden lassen, sie müsse sich erst selber Alles in ihren Gedanken ordentlich zurecht legen. Und da wischte sie sich mit der Bettdecke die Augen und legte den Kopf auf die andere Seite; und so blieb sie liegen den ganzen Nachmittag und dachte und sann, und wie den Abend Christie sich wieder über sie bog, da sah Annelie sie mit klaren Augen und ruhigem, freundlichem Gesichte an und sagte, morgen früh wolle sie Christie Alles erzählen.

Und den andern Morgen saß Christie wieder neben dem

Bette und hatte schon Alles gehört, jammerte über das grausame Unglück, schimpfte auf den alten Kneiper und seinen Jungen, wollte sich nicht zufrieden geben, daß sie Tobias zugered't, nach Grünthal zu gehen, und meinte zuletzt, sie wisse doch gar nicht, was nun werden solle. Sie wären so grausam arm und könnten Annelie nichts anbieten; 's wär' doch ein wahres Leiden, wenn Eins so arm sei, Jeder könne Einem gleich die Erbärmlichkeit auf dem Gesichte lesen, und wenn Eins daneben sehe, was reiche Leute Alles ausrichten und durchsetzen könnten, da müsse man Respekt vor denen haben, man möge wollen oder nicht. Jetzt spüre sie's einmal wieder so recht, und wenn sie denke, wie sehr sie Annelie helfen könnten, wenn sie nur ein klein Bischen reich wären, da möchte sie ordentlich mit dem lieben Gott hadern.

Annelie aber machte dazu ein Gesicht, als lächerte sie Christie's Reden, und wie die endlich mit einem tiefen Seufzer stille schwieg, sagte sie:

„Nicht wahr, Christie, Kneiper in Grünthal ist reich, und wir sind's auch gewesen? Siehst Du, wie Du mir erzählt gehabt hast, daß ich ohne Euern Hund und nachher ohne Deinen Vater da draußen vielleicht gestorben wäre, und wie ich hernach über Alles gesinnt und gedacht habe, da ist mir es in den Sinn gekommen, als müßt' ich's verstehen, warum es mir und meinem Vater so ergangen ist. — So lange wir reich waren, haben wir kaum an den lieben Gott gedacht, kaum einmal in der Kirche; und die armen Leute haben wir nicht geacht't, und ich habe Schulmeisters Lebrecht, wie gut er's auch meinte, vor den Kopf gestoßen, blos weil er ein armer Kerl war, und hab's selber nicht gemerkt, wie ich eigentlich gewesen bin. Da hat's uns der liebe Gott nun wohl zeigen wollen, daß Reichthum gar wenig, und was ein armer Mensch werth ist, und wie so Einer aussieht, der nur an sein Geld denkt. Da hat er uns arm werden lassen, daß wir ihn erkennen sollten, und hat Lebrecht geschickt, daß er mich aus dem Feuer holen solle, und hat uns in Kneiper's Hände gegeben, daß wir erführen, wie's dem Armen bei dem Reichen zu Muthe ist, und hat mich nachher zu Euch gebracht, daß ich so recht den Unterschied spüre. — Siehst Du, Christie, das hab' ich gedacht und das ist wohl auch so richtig, und weil ich's nun Alles erkannt habe, fürcht' ich mich auch nicht mehr vor dem, was kommt. Und Du brauchst Dir auch keine Angst zu machen. Wenn ich erst wieder gesund und nicht mehr so schwach bin, such' ich mir Arbeit und will schon allein durchkommen, bis der liebe Gott meint, 's ist nun genug, und wieder bessere Zeiten schickt." —

„Nu aber, Mädchen, wo hast Du denn die Weisheit und die Standhaftigkeit her?" sagte Christie, der es ganz verwunderlich zu Muthe geworden war, wie Annelie mit ihrer Auseinandersetzung angefangen hatte, „Du sprichst ja gerade wie ein Buch, wer hat Dir denn das gesagt?" Annelie aber meinte, sie wisse gar nicht, was Christie für ein Leben mache, sie habe doch nichts Besonderes geredt't, es sei ihr Alles so von selbst in den Sinn gekommen. Wenn's anders klänge, als wie sie früher gesprochen, da sei ihr das gerade lieb; es komme nur daher, weil sie in den paar Tagen so viel durchgemacht und dabei so viel an den Herrgott gedacht und gestern in einemweg gesinnt habe, was er wohl mit dem Schicksale sagen wolle. —

Christie ging es den Tag über von dem Reden der Annelie ganz kurios im Kopfe herum und sie meinte endlich: die Gedanken seien bei dem Mädchen wohl noch von der Krankheit her; sie glaube und denke doch auch an den lieben Gott, die thue ja aber gerade, als könne sie ihn mit ihren leibhaftigen Augen sehen und halte Gespräch mit ihm. Wenn sie ordentlich wieder gesund sei und die Noth gehe los, da werde man ja sehen, wie weit es Stand halte. —

Acht oder zehn Tage mochten vergangen sein, da standen an einem Morgen Annelie und Christie vor Frühndorf, gerade, wie sie vor dem abgebrannten Ullerstadt gestanden hatten, heulten alle Beide und wollten gar nicht von einander lassen. Annelie sah noch ganz erbärmlich von der Krankheit aus, aber sie wollte doch fort und sich auf den Dörfern weiter hinein Arbeit suchen, sie hatte gut genug gemerkt, wie es im Hirtenhause knapper war, als es sie Christie merken lassen wollte. In Frühndorf aber und den Dörfern herum gab es keinen Verdienst für sie, denn da stak schon Alles ganz voll abgebrannter Leute aus Ullerstadt, und mancher Bauer hatte aus Mitleid mehr Arbeiter gedungen, als ihm hinterdrein lieb gewesen war.

Annelie hatte nichts weiter als ein Stück Brod und Käse in der Tasche und wie sie Christie nun noch zum Abschiede versprochen hatte, daß sie wiederkommen wolle, wenn's ihr zu schlecht ergehe, wanderte sie damit in die Welt hinein.

Eine Stunde war Annelie gegangen, da spürte sie schon, wie kaput sie die Krankheit gemacht hatte. Sie mußte sich an ein paar Weidenbäume neben dem Wege setzen und ausruhen. — Wie sie so dasaß und in die Zukunft hinein dachte, kam eine ordentliche Neugierde über sie, wie das zuletzt nur noch ausgehen solle und ob sie wohl den Lebrecht treffen werde. Angst hatte sie gar nicht, denn jetzt war das so fest in ihr geworden: der Gott, der ihr nun schon zweimal aus der größten Noth geholfen, werde sie auch weiter den rechten Weg führen und auch ihren Vater frei machen, wenn's an der Zeit sei, daß sie meinte, sie könne die Leute gar nicht begreifen, die sich so grausame Sorge und Beschwerde über ihr zukünftiges Schicksal machten.

Wie Annelie ihr Frühstück aufgegessen hatte, machte sie sich von Neuem auf den Weg, aber es wollte mit ihr lange nicht so vom Fleck, wie in früherer Zeit, und wie sie schon die zweite Stunde gegangen war, hatte sie erst das nächste Dorf erlangt, wo Christie schon ausgekundschaftet hatte, daß es nichts mit der Arbeit war.

Langsam ging Annelie vorbei; die Sonne brannte so heiß, daß das Mädchen mit jedem Schritte matter wurde, und wie sie eine halbe Stunde über die Häuser hinaus war, mußte sie schon wieder nach einem Platze zum Ausruhen suchen, denn sie meinte kaum mehr von der Stelle zu können.

Ein Stück von ihr entfernt zog sich ein Schlehengebüsch hin, das war das Einzige, wo sie Schutz vor der Sonne finden konnte und auch da nur, wenn sie sich längelang davor hinlegte. Annelie resolvirte sich kurz, ging über den Weg hinüber und legte sich auf den kurzen Rasen zwischen zwei Büsche hinein. Da lag sich's wunderschön. Die Blätter glänzten in der Sonne beinahe wie durchsichtiges Glas, die Fliegen und Mücken summten durch die Büsche, als wollten sie das Mädchen in den Schlummer singen, und Annelie meinte, wenn sie ein Bischen schlafe, werde es nachher mit dem Laufen besser gehen; machte die Augen zu und war weg, ehe sie sich's versah.

Die Sonne war nahe am Untergehen, als Annelie erst aus ihrem Schlafe aufwachte. Wie sie sich unter den Büschen hervorgerappelt hatte, erschrak sie ordentlich, daß es schon so spät war; sie schüttelte das dürre Laub von den Röcken und ging ihren Weg fort, so scharf sie konnte; aber es wurde schon dämmerig, ehe sie das nächste Dorf erreichte. Es waren ihr besorgliche Gedanken gekommen, ob sie wohl in der kurzen Zeit bis zur Nacht ein Unterkommen finden werde; es wäre doch schlimm, daß sie gerade jetzt so lange habe schlafen müssen; und dazu fing ihr Magen an zu knurren, denn Annelie hatte das Mittagbrot überschlagen müssen; sie meinte aber, man wisse nicht, wozu auch das gut sein könne; vielleicht träfe sie gerade jetzt recht gute Leute, die sie den Tag über nicht zu Hause gefunden hätte, oder sonst so was. — Wie Annelie nun bei den ersten Häusern stand und in eins hineingehen sollte, da pochte ihr das Herz, als wollte sie eben ein Schelmstück begehen. Es war ihr erstes Mal, daß sie fremde Leute um Etwas ansprechen wollte. Sie hatte die Hausthür von einem stattlichen Gehöfte aufgemacht und blieb da stehen, und getraute sich mit ihren zitternden Knieen keinen Schritt weiter zu thun. Sie wäre am Ende wohl gar unverrichteter Sache wieder umgewandt, wenn die Bauerfrau nicht zum Glück aus dem Hofe ins Haus getreten wäre und sie gefragt hätte, was sie wolle.

„Habt Ihr nicht vielleicht Arbeit für mich, oder braucht Ihr nicht etwa eine Magd?" fragte Annelie und der Athem wäre ihr beinahe dabei vergangen; wie die Frau sie nun aber ansah, machte die ein Gesicht, als komme ihr Annelie's Frage ganz kurios vor. „Ihre Arbeit möcht' ich auch sehen," sagte sie, „Sie kann ja kaum auf den Beinen stehen! Ne, damit ist nichts!" und so ging sie in die Stube hinein; Annelie aber fuhr's wie ein Krampf durch's Herz und sie stand wieder auf der Straße, sie wußte kaum, wie sie dahin gekommen war.

Im nächsten großen Hause ging's ihr nicht besser und wie sie endlich ihr ganzes Herz zusammengenommen und auch noch in's dritte gegangen und auch da abgefahren war, weil sie so gar schwach und erbärmlich aussah, da wollte ihr doch die Angst in's Herz kommen, was sie nun anfangen solle, was sie essen und wo sie die Nacht bleiben werde. Und dabei fuhr es ihr durch die Seele, es sei doch grausam, wie reiche Leute gegen die Armen wären; sie hätte aber doch selber nimmermehr geglaubt, daß ein unfreundliches Wort so wehe thun könne. — Es war jetzt schon so dunkel geworden, daß hier und da in den Häusern Licht angebrannt worden war, Annelie's Magen knurrte so vernehmlich, daß sie es trotz ihrer Angst spürte — aber in noch ein Haus zu gehen, sich noch einmal anfahren oder gar auslachen zu lassen, und hernach wieder, und noch einmal und so vielleicht das ganze Dorf durch, das war doch gar zu erschrecklich für sie — aber es half nichts, denn ein Unterkommen mußte sie haben und essen auch. Da kam eine Frau das Dorf herunter und ging in ein Haus; und Annelie meinte, das sei vielleicht ein Wink, den ihr der liebe Gott gebe, und ging hinter ihr in die Thür hinein; die Bauerfrau aber drehte sich herum, und wie sie das unbekannte, erbärmliche Gesicht sah, fragte sie übellaunig, was sie wolle. „Ach, Du lieber Gott," sagte Annelie, „ich möchte gerne Arbeit haben, ich würde sie gewiß ordentlich machen; aber weil ich die letzte Zeit 's Fieber gehabt habe und so elend aussehe, will mir kein Mensch welche geben. Habt Ihr denn nicht vielleicht welche für mich?"

„Nu, das fehlt mir noch!" fuhr die Frau auf, „daß man noch kranke Leute in's Haus nähm' und am Ende ein Lazareth draus machte; ich kann Sie nicht brauchen!" und damit wollte sie in die Stube hinein. Annelie aber war vor Aerger und Desperation das ganze Blut zum Kopfe gestiegen und wie sich die Frau herumdrehte, konnte sie sich nicht mehr halten und fuhr heraus, wie es sich wohl auch Keine, die Arbeit suchen geht, getraut. „Frau, wartet einmal! Wenn Euch nun der Herrgott strafte und schickte Euch Unglück in's Haus, daß Ihr nichts mehr hättet, und schickte Euch nachher in's Fieber; wie thät's denn Euch, wenn Ihr Arbeit haben wolltet, um nicht zu verhungern, und die Leute führen Euch so an, wie Ihr mich?! Und Ihr seid auch nicht davor sicher; ich hatt's vor ein paar Wochen auch nicht gedacht, daß es mir so gehen sollte!"

„Nu, schreien kann Sie noch genug!" sagte die Frau, „Ich kann Ihr doch keine Arbeit geben, wenn ich selber schon mehr Leute im Hause habe, als ich brauche? wo ist Sie denn her?"

„Ich bin aus Ullerstadt, das ist ganz und gar abgebrannt, Ihr werdet's wohl schon wissen!" sagte Annelie, „und wenn Ihr mir keine Arbeit geben wollt, so schenkt mir wenigstens ein Stück Brot und laßt mich in der Scheune schlafen; ich habe seit dem Morgen nichts gegessen und weiß nicht, wo ich die Nacht bleiben soll!"

„Auch aus Ullerstadt, das ist freilich ein schlimmes Ding!" meinte die Frau, „wir haben schon Zweien aus Ihrem Dorfe Arbeit aus purer Barmherzigkeit gegeben, die wir recht gut selber thun könnten. Nu, setze Sie sich derweile hierher!" Sie ging über den Schrank und schnitt ein Stück Brot ab. „Was doch so ein Mordbrenner für grausame Noth auf seinem Gewissen hat; weiß Sie's denn aber schon, daß sie ihn jetzt gefaßt haben?"

„Wen denn?" fragte Annelie, die sich müde auf eine Bank in den Hausflur gesetzt hatte.

„Nu, der das Dorf angesteckt hat! Mein Mann hat's aus der Stadt mit heimgebracht. Man spricht, es soll Einer aus Ullerstadt selber sein und Tobias Schmidt heißen; in Grünthal hat er hernach seinem eigenen Vetter die Scheune angesteckt, sie haben ihn aber dabei erwischt. Sie muß ihn ja kennen. Sein Mädchen haben sie fortlaufen lassen, und die soll auch nicht besser sein wie der Alte, unsere Ullerstädter können gar nicht genug auf sie schimpfen, und so lange sie die noch nicht haben, möchte man mit Angst und Sorgen zu Bette gehen."

Damit nahm die Frau das Oellicht vom Schranke und ging in die Stube; Annelie aber saß da mit offenem Munde, mit Entsetzen in den Augen, und den Rücken fing's ihr an herauf zu gramseln, und auf dem Kopfe war's, als wolle sich

jedes Haar einzeln in die Höhe richten — davon laufen wollte
sie, schreien wollte sie: das sei ein Hallunke, der das sage, und
solche verfluchten Lügen kämen auf der Welt gar nicht wieder
vor! aber die Beine waren ihr wie abgehackt und aus der
Kehle konnte sie keinen Ton bringen. Da kamen Stimmen
auf die Hausthür zu und Annelie wollte der Athem stehen
bleiben. Das war Wenkmann's Christian mit seiner Marie,
das waren sie, die nicht genug auf sie und ihren Vater hatten
schimpfen können. So sehr sie konnte, drückte sie sich an die
Wand, als die Beiden hereintraten — sie sahen das Mädchen
in der Dunkelheit nicht. Da trat aber die Frau mit dem an-
gebrannten Lichte aus der Stube.

„Dort ist noch Eine aus Ullerstadt!" sagte sie, und wie
sich Marie umgedreht und auf Annelie einen Blick geworfen
hatte, kreischte sie auf, wie wenn Einer plötzlich was sieht, auf
das er's schon lange gemünzt: „Das ist ja das Mensch, die
Mordbrennerin!" und fuhr auf sie los wie eine wüthende
Katze; Annelie aber war in der ungeheuersten Angst von der
Bank auf und zur Thür hinausgefahren, ohne daß sie es beinahe selber gewußt; fort rannte sie; aber hinterher schrie es:
„Halt auf! halt auf! die Mordbrennerin! halt auf!" und — „die
Mordbrennerin!" schrieen die Leute nach, die vom Felde heim-
kamen und aus den Höfen stürzten aufgeschreckte Männer und
Weiber; Annelie aber schoß durch das Dorf, wie die Todesangst
läuft, Steine, Knittel flogen hinter ihr her und an ihrem Kopfe
vorbei, Zwei wollten ihr den Weg verrennen, aber vorbei war
sie, ehe die sich's versahen, sie fühlte ihre Beine nicht, in ihr sauste
und schwirrte es, wie wenn eben der Wahnsinn über sie kommen
wollte, in's Freie hinaus jagte sie und hinter ihr her fluchend und
schreiend das halbe Dorf — da fing's an mit ihr rundum zu gehen,
schwarz wurde es ihr vor den Augen — nur ein einziger Gedanke fuhr noch durch ihre Seele: „jetzt hilf, Du Herrgott im
Himmel!" und da brach sie zusammen. —

Nun kann ich jetzt aber beim besten Willen nicht sagen, wie das mit der Annelie weiter geworden ist. Erst muß ich von Einem erzählen, der auch mit zu der Geschichte gehört, und muß da beim dritten Pfingstfeiertage wieder anfangen.

Also:

Seefeld liegt zwei Stunden von Ullerstadt und eine Stunde von Zäunicke, wer's noch nicht weiß. Es war ein wunderschöner Sommermorgen und der Himmel sah gerade aus wie ein blaues, durchsichtiges Zelt, das über die Erde ausgespannt ist. Die Sonne war schon eine ganze Weile herauf, konnte aber in Seefeld fast noch keinen Menschen gewahr werden. Aus einzelnen Schornsteinen nur kräuselte sich ein blauer Rauch in die Luft; die Schwalben aber schwirrten und zwitscherten schon über den Dächern, die Hühner krähten auf den Höfen und die Enten wackelten nach der Pfütze.

's war dritter Feiertag heute, und der war in der Zeit, von der ich rede, noch nicht abgeschafft. Ob dazumal die drei Feiertage mehr zur Frömmigkeit thaten, als heutzutage die zwei, weiß ich nicht; in Seefeld wenigstens brauchten sie den dritten nicht zur Erbauung; sie ruhten da von der Last und und dem Krakehl aus, den sie den Tag vorher gehabt, der Pastor predigte in der Regel vor leeren Bänken, und Knechte und Mägde hatten noch das Privilegium Nichts zu thun.

Auf dem Wege, der von der Höh' hinunter nach dem Dorfe geht, kam ein stämmiger Bursche gegangen. Der sang:

„Drei Wochen vor Ostern, da geht der Schnee weg,
„Da heirath't mei Schatz und da hab' ich 'n Dreck!"

„Grad' so wird's ungefähr sein, aber 's ist einmal nicht anders, und ich will mir nun auch den Teufel nichts draus machen!" Damit blieb er stehen, schaute sich eine Weile in der Gegend um, schob hernach die Mütze zurück und kratzte sich in den Haaren. „Wenn ich aber jetzt nur gleich wüßte, was überhaupt mit mir werden sollte!" sagte er, „ich komme mir gerade vor, wie in die Welt 'reingeschneit. Arbeiten, nu ja, wenn die Arbeit nur schon da wär'!"

Auf der Höhe oben lag ein großer Stein am Wege, auf

den setzte er sich und sah nach dem Dorfe hinunter, als wisse er noch nicht recht, ob er hingehen solle oder nicht.

Nun sehe ich, für meine Person, wohl den Burschen dasitzen, als geschähe es mit meinen leibhaftigen Augen, weil ich ihn kenne; andere Leute aber, die meine Geschichte lesen, nicht, und darum will ich nur gleich von vorn herein sagen, daß es kein Mensch anders als Lebrecht war, und weil der nunmehr auch zu unserer Geschichte gehört, wollen wir ihn ein bischen deutlicher ansehen. — Wenn jetzt Eins aus Seefeld an ihm vorbeigegangen wäre, hätte es ihn auch nicht mehr angeschaut, als jeden Andern, denn Lebrecht sah kein Haar anders aus, als seine Kameraden, ob er auch zehnmal in Erfurt gewesen und ein Schulmeisterssohn war. In Erfurt mochte es ihm bei dem Sitzen und Federfuchsen so wie so nicht gefallen haben, und mit der Gelehrtheit, die er profitirt hatte, war's wohl auch nicht so weit her. Wenigstens hatte er, wie er sich aus dem Leidwesen bei seines Vaters Tode wieder aufgerappelt, und wie ihm sein Pathe angekündigt hatte, daß er sich die Erfurter großen Rosinen aus dem Kopfe schlagen müsse, gar kein betrübtes Gesicht gemacht, ging mit an den Acker und zog seine Furchen gerade wie ein Alter, hatte bald mit allen seinen früheren Bekannten wieder Kameradschaft gemacht und konnte sich nur ungeheuer ärgern, wenn ihn Einer mit dem „Studenten" oder mit den vielen Sachen, die er in Erfurt spitz gekriegt haben müsse, aufzog. Ob Annelie mit dran schuld war, daß er gern in Ullerstadt blieb, wußte kein Mensch; Möglichkeit war es; aber gesagt hatte er es Niemandem und auch nicht einmal merken lassen. Lebrecht war ein ganz armer Kerl, aber er hatte auch seinen Stolz, und wie es hieß: der Junge vom reichen Kneiper heirathe die Annelie, da hätte er, und wenn ihm das Herz dabei gebrochen wäre, nicht merken lassen, wie gut er ihr sei; lieber ging er ihr aus dem Wege und that, als gehe ihn die Geschichte gar nichts an, und hob den Kopf noch einmal so hoch und ging noch einmal so gerade als sonst, daß er ihr zeigen wollte, wenn er auch die Tasche nicht voll Thaler habe, sei er doch ein so gehöriger Bursche, wie nur Einer, und brauche ihrethalben sich noch lange nicht das Leben zu nehmen.

So einen Stolz, wo nicht gleich ein voller Geldbeutel dabei ist, nennen die Reichen Bettelstolz und machen dem Armen den größten Vorwurf damit. Und doch ist das der recht eigentlich edle Stolz, der einzige Stolz, der zu was Gutem führt und den sich kein armer Mensch nehmen lassen sollte. So ein Stolz sagt ihm, daß er als Mensch gerade so viel und vielleicht noch mehr werth ist, als mancher reiche Dickwanst, der schon denkt, es falle ihm eine Perle aus der Krone, wenn er einen gemeinen Mann nur ansehen muß; so ein Stolz bewahrt Jeden, auch in der allergrößten Armuth, vor was Schlechtem und Ehrlosem, läßt Keinen so weit sinken, daß er, um Geldes willen, zum falschen Heuchler und Schmeichler gegen den Vornehmen wird, oder sich wie ein Hund von ihm treten läßt; läßt Keinen aus einem armen, auch einen elenden und schlechten Kerl werden.

Wie Lebrecht die Annelie zum ersten Male, seit er wieder in Ullerstadt war, auf dem Tanzboden angesprochen hatte und sie ihn so hochmüthig und maliziös hatte abfahren lassen, da war ein Aerger über ihn gekommen, daß er sich's hoch und theuer zugeschworen hatte, die solle keinen Blick, geschweige denn ein Wort wieder von ihm kriegen; aber schon die nächste Nacht, beim Feuer, hatte er gesehen, wie ihm das Mädchen eigentlich an's Leben gewachsen, und es war ihm gewesen, als müsse er selber ihr in's Feuer nachspringen, wenn sie hätte d'rin umkommen müssen. — Wie er aber nun den andern Morgen von Christie hörte, daß Annelie mit ihrem Vater nach Grünthal gegangen sei, wie er sich kein Wort, nicht einmal einen freundlichen Blick von ihr verdient hatte und es ihm durch den Kopf fuhr, daß er sie doch nur für den Jungen vom reichen Kneiper, von dem man eben nichts weiter wisse, als daß er viel Geld habe, der noch nichts für sie gethan hatte und dem sie ordentlich wie auf dem Präsentirteller hingetragen wurde, gerettet habe, da war's ihm so bitter in der Seele geworden, wie in seinem Leben noch nicht; zum ersten Male war der Groll in ihm aufgestiegen, daß er so arm sei und es hatte lange gedauert, ehe ihm andere Gedanken gekommen waren.

Erst als er im trüben Sinnen beinah' zwei Stunden seinen Weg gegangen, war der Stolz wieder in ihm munter geworden und hatte gemeint: Annelie müsse doch nun gewiß gemerkt haben, wie gut ihr Lebrecht sei; wenn sie sich aber so wenig aus ihm mache, daß sie nun ganz kaltblütig zu ihrem Versprochenen gehen könne, da habe er auch noch Kraft genug, daß er sie ganz und gar vergessen könne, und das müsse und werde er auch thun — und wie Lebrecht auf der Höhe vor Seefeld stand, wie er mit sich selber einig war, mit keinem Gedanken mehr an das Mädchen zu denken — da sei er mit einem Male die ganze Geschichte los — wie er in den jungen, wunderschönen Morgen hineinschaute, da war's wieder klar in seiner Seele geworden und nun fing er erst an zu überlegen, wo er wohl hingehen solle, sich Arbeit zu suchen.

Also Lebrecht saß auf seinem Steine und überlegte, was er nun am gescheidtesten anfange. Sein Pathe Müller war nach Wieserode zu seinem Bruder gegangen, der selber nicht reich war; da hatte er nicht mit hingehen können; es blieb also weiter nichts übrig, als sich jetzt Arbeit zu suchen, das war geschwind überlegt; nunmehr aber, wo gleich Arbeit her; denn um jene Zeit gab's nirgends viel zu thun, und was Lebrecht gerettet hatte, war nicht darnach, daß er lange damit hätte leben können.

Ein paar Manchesterhosen und ein paar Stiefeln, zwischen denen das stramme, bloße Bein durchsah, denn er hatte bei dem Feuerlärm nicht einmal Strümpfe mitgenommen; eine Tuchjacke, in der sein lederner Geldbeutel mit den paar Groschen stak, die er vom zweiten Feiertag übrig behalten, und eine Mütze — das war sein ganzer Reichthum.

Wie er so da saß, kam Einer denselben Weg her, hatte ein recht schön roth- und braunblattriges Gesicht, als ob's ihm auf ein Glas mehr nicht ankomme, hatte die Mütze drei Viertel auf zwölf auf dem Kopfe und die Haare sahen aus wie ein Haferfeld, das der Hagel zerschlagen hat. An seiner Schößenjacke und seinen Hosen aber hingen Strohhalme und Staub, als habe er sein Nachtquartier mitten auf dem Fahrwege aufgeschlagen.

„Guten Morgen!" sagte er, wie er an Lebrecht heran war, „gehen wir einen Weg?"

„Schön' Dank," sagte Lebrecht und stand auf, „bis in's Dorf wenigstens; wo's hernach weiter mit mir geht, weiß ich selber noch nicht."

„Nu, Blitzsapperment! das geht mir gerade so!" lachte der Andere und ging neben Lebrecht her, „'s ist kurios, wie man manchmal zusammentrifft!" Lebrecht aber sah den von der Seite an und dachte in seinen Gedanken: „Du bist mir eine schöne Prise!" denn der roch nach Schnaps, daß man's kaum aushalten konnte.

„Wo habt Ihr denn gelegen?" sagte er nach einer kleinen Weile und sah den Andern von der Seite an.

„Wie's Einem gehen kann!" meinte der und beschaute sich mit schläfrigen Augen hinten und vorn. „'s ist eine ganz verfluchte Geschichte, und ich bin ein ganz unglücklicher Kerl — und blos, weil ich's immer mit den Leuten zu gut gemeint habe: ich bin nämlich Verwalter beim reichen Kneiper in Grünthal gewesen."

„So? beim reichen Kneiper?" sagte Lebrecht und spannte auf.

„Ja! kennt Ihr den Hallunken? nu da wird Euch die Geschichte nicht verwundern."

„Der Junge soll ja jetzt auf dem Gute sein!" sagte Lebrecht.

„Ja," sagte der Verwalter und fuhr sich mit der Hand über's Gesicht, als wollte er sich die Müdigkeit herauswischen, „auf dem Gute ist er, aber d'rum bekümmert hat er sich noch nicht, 's wär' sonst vielleicht besser gewesen! Der bekümmert sich blos um die Jagd, des Tags auf dem Felde und des Nachts im Dorfe nach den hübschen Mädchen."

Lebrecht wurde es, als zöge sich seine Brust zusammen.

„Ja," fuhr der Verwalter fort und riß das Maul zum Gähnen auf, als solle ein Fuder Heu hinein fahren, „wenn ich dem Alten einmal was auswische und der Junge kriegt's mit, da kann ich nichts davor!"

Lebrecht hatte die Faust geballt, das Gesicht finster zusammengezogen und sah aus, als steige eben auch ein Gedanke, wie Jemandem eins auswischen, in ihm auf.

„Aber," sagte der Verwalter und schauerte in die Höhe, „habt Ihr nicht vielleicht einen Schnaps? 's ist Einem ganz schwachherzig zu Muthe, wenn man so die ganze Nacht auf der freien Straße gelegen hat."

„Ne," antwortete Lebrecht, „'s Dorf ist aber nicht mehr weit. Ihr wolltet mir ja die Sache mit dem alten Kneiper erzählen!"

„Ja richtig! und da werdet Ihr auch gleich merken, warum ich jetzt so aussehe! Seht Ihr, ich bin Verwalter, und jeder Verwalter hat seine Nebensportelchen, und wenn man nu gar bei so einem Kerle, wie bei dem Kneiper, ist, der Einen verhungern ließe, wenn man sich selber nichts nähme, da macht man sich vollends kein Gewissen d'raus. Nu hatt' ich einen Kameraden bei dem Amtsrath Krausewitz in Buchweiler, dem hatte ich ein paar gute Freunde von mir zugewiesen, die ihm immer abnehmen, was von der Frucht und so weiter für ihn gerade abfiel; der war nun ein Rindvieh, ließ sich von seinem Herrn bei seinen Sportelchen erwischen, ließ sich zum Teufel jagen und hatte auch in seiner Angst von mir geschwatzt. Was wird's? Krausewitz reitet zu meinem Herrn, erzählt ihm die Geschichte und was er von mir weiß, und wie ich den einen Tag heimkomme, steht Kneiper mit einem kirschbraunen Gesichte in der Thür, schimpft mich einen — nu ich will's nicht wieder erzählen, was er Alles sagte, aber gutgeschrieben bleibt's ihm! — spricht: meine ganzen Sachen behalte er als Schadenersatz; wenn ich aber noch viele Geschichten mache, werde er die Sache auf's Kriminal bringen und jagt mich wie einen Hund vom Hofe. Daß ich den Schubiak nicht gleich todtgeschlagen habe, begreif' ich alleweile nicht, 's thut aber nichts, aufgeschoben ist nicht aufgehoben! und wenn er einmal von seinem Gute laufen muß, wie ich, ohne einen Dreier in der Tasche, für den er sich einen Schnaps kaufen könnte, da kann er an mich denken! Und dem Amtsrathe bleibt's auch nicht geschenkt!"

Wie Lebrecht dem Verwalter jetzt in's Gesicht sah, wurde es ihm ordentlich graulich. Die Blattern auf seinen schlaffen

Backen waren ganz feuerroth geworden, die abgespannten Augen hatten rothe Ränder gekriegt und sahen stier vor sich auf den Weg.

„Donnerwetter," sagte er nach einer Weile und schauerte in die Höhe, „'s ist doch ganz verflucht, wenn man früh keinen Schnaps hat, und wenn mir's nur in Seefeld nicht eben so geht wie in Zäunicke. Ja, wie mir's da erging. — Ich gehe also in meiner Wuth von Grünthal weg, borge mir in Ullerstadt fünf Thaler von einem Bekannten und trinke da in meinem Aerger einen gehörigen Schnaps. In Zäunicke wohnte der Kilian, ein guter Freund von mir, mit dem ich manches Geschäftchen gemacht und der manchen Thaler an mir und meinem Kameraden aus Buchweiler verdient hatte; zu dem gehe ich hernach, treffe noch einen Bekannten dort und erzähle den Beiden, wie mir's ergangen. Nun thun die Kerle wunder wie sehr's ihnen leid thue, lassen zur Herzstärkung und daß mir die Alteration nichts schaden solle, noch einen kleinen Kümmel holen, und wir trinken zusammen bis es Nacht ist; ich aber kriege richtig einen Rausch und schlafe ein. — Kann man sich nun wohl eine größere Niederträchtigkeit denken? Ich wache auf, liege mitten im Fahrweg auf der Gasse und der Nachtwächter hat mich aufgeweckt. Wie ich nun aber denke, es ist nur ein dummer Spaß gewesen und beim Kilian an's Haus poche, schaut der nach einer langen Weile zum Fenster heraus, schimpft über den Spektakel mitten in der Nacht, meint, er kenne mich gar nicht, ich solle mich zum Teufel scheren, und wie ich ihm seine Schlechtigkeit vorwerfen will, schlägt er das Fenster zu. Wenn ich nicht gemacht hätte, daß ich zum Dorfe hinausgekommen wäre, hätte ich noch Krakehl mit dem Nachtwächter gehabt, und da habe ich denn hernach auf dem Felde meinen Rausch vollends ausgeschlafen. Heute Morgen erst merkte ich, daß mir die Spitzbuben auch noch die paar Groschen, die ich hatte, abgenommen haben. So geht's Einem nun, wenn man gegen Jemanden gut ist. Der Kilian, das ist Nummer drei, der soll auch an mich denken, und jetzt wollen wir zusehen, wie's mit dem hier im Dorfe ist. — Ja! — Nun wo seid Ihr denn aber her, Landsmann?" sagte er nach einer Weile und wischte sich wieder mit der Hand über's Gesicht.

Lebrecht sah den Verwalter gar nicht mehr an. So Einer, meinte er, sei ihm doch noch nicht vorgekommen, und mit dem möge er nichts zu thun haben, wenn er nur erst von ihm weg wäre. „Aus Ullerstadt bin ich," sagte er und ging schärfer zu, um bald in's Dorf zu kommen, „'s ist diese Nacht abgebrannt, und da will ich mir einen Dienst suchen."

Wie Lebrecht „abgebrannt" sagte, fuhr der Verwalter ordentlich zusammen. „Abgebrannt? und habt nichts davon gebracht?" sagte er, und seine Nase und die Blattern in seinem Gesichte fingen an, sich wieder ganz roth zu färben, „wenn's doch dem Grünthaler Hallunken nur so ginge! Nun, 's ist noch nicht aller Tage Abend, und wenn er einmal von seinem Gute laufen muß, und hat keinen Dreier zu einem Schnapse mehr, hernach wird er an mich denken!"

Lebrecht lief es ganz eiskalt über den Rücken. Der Mensch kam ihm vor, wie aus dem Tollhause entsprungen, oder wie dem Galgen entlaufen; er sagte kein Wort mehr und schritt nun schärfer zu, und wie sie Beide am Dorfe waren, sagte er:

„Adje, wir gehn nun doch nicht weiter zusammen!" bog kurz vom Wege ab und ging an den Zäunen lang, bis wo's auf der andern Seite in's Dorf hinein ging. Es war ihm ordentlich leichter, wie er sich wieder allein sah.

Ein paar Häuser hinein stand das Wirthshaus; da wollte sich Lebrecht erst ein Bischen ausruhen, denn er war von der Anstrengung in der Nacht und dem Wege hierher ganz kaput; vielleicht, meinte er, könne ihm der Wirth auch einen guten Rath geben, wo er sich Arbeit verschaffen könne. Die Wirths= stube war bei so früher Zeit noch leer, aber schon gekehrt und aufgeräumt und frische Luft drin. Man sah, daß ein ordent= licher Wirth da war, und da denkt Jedes gleich, das Essen und Trinken und alles Andere müsse auch gut sein. Wenn man aber früh in eine Wirthsstube tritt, und es riecht noch nach Tausend und Allerlei, daß man lieber gleich wieder umkehren möchte; wenn sich die Tische und Bänke noch in dem Bier und

Schnaps von gestern baden, und hier und da eine Karte d'rauf 'rumschwimmt; wenn man sich erst die Lunge ausschreien muß, bis Jemand hört, und endlich die Viehmagd hereinkommt und spricht, man solle nur ein Bischen warten, der Herr liege noch im Bette — da kann auch Jedes d'rauf schwören, dahier kommen nur echte Sauf- und Spielbrüder her und der Wirth ist der allerschlimmste; da kann nur Jeder gleich wieder Kehrt machen, der nicht blos Schnaps haben will.

Lebrecht setzte sich auf eine Bank an der Fensterecke und ließ sich Käse, Brod und einen Trunk Bier geben. Er konnte den Verwalter gar nicht wieder aus dem Kopfe bringen, und wenn er d'ran dachte, was so ein Kerl im Stande wär', der Keinem was vergessen mag, der Jedem seinen Aerger und Haß nachträgt, bis er ihn nach Gefallen auslassen kann und immer giftiger wird, je länger es dauert; wie so ein Kerl, wie der, der es noch dazu mit der Ehrlichkeit nicht zu genau nimmt, es leichtlich am Galgen zu Ende bringen kann, da wurde es ihm ganz schauerlich. Lebrecht's Sache war es auch gerade nicht gewesen, es gleich zu vergessen, wenn er auf Einen einmal eine Bosheit gehabt, es wäre ihm wie eine Feigheit vorgekommen; und dem Jungen vom reichen Kneiper hatte er noch heute Morgen in Gedanken zugesagt, daß wenn er ihn einmal treffe, der sich vor ihm in Acht zu nehmen habe — er kam sich ordentlich vor, als habe er schon den Anfang gemacht, auch so Einer zu werden.

Dazu fuhr ihm eben noch durch den Kopf, daß er bei so einem Geizhals, wie Kneiper, sich am Ende auch kein Gewissen d'raus gemacht hätte, den, gerade weil er so ein Geizdrache wäre, einmal zu beschummeln — da kam der Wirth zur Thür herein, sagte: „Wohl bekomm's!" und setzte sich neben ihn. Wenn Einer aus einem fremden Ort in das Wirthshaus kommt, muß er in der Regel über woher und wohin, und was er sonst Besonderes weiß, berichten: kein Mensch braucht mehr Neuigkeiten als die Barbiere und die Wirthe, das sind die lebendigen Zeitungen, und Mancher begreift oft nicht, wie Leute weit im Lande drin etwas von ihm wissen und erfahren haben können.

Lebrecht wurde aus seinen Gedanken herausgerissen und mußte von dem Feuer erzählen. Es war ihm gerade recht, denn dabei konnte er auch sagen, wie schlecht er jetzt d'ran sei und fragen, wo er wohl im Dorfe Arbeit bekomme. Der Wirth gab ihm aber übeln Trost. Jetzt werde Lebrecht hier wohl keinen Verdienst finden, meinte er, es gäb' so viel arme Leute im Dorfe selber, die Jedem um Arbeit beinahe das Haus einliefen; es sei überhaupt ein böses Ding, vor der Ernte brodlos zu sein und er glaube auch kaum, daß er um jetzige Zeit auf den andern Dörfern was finden werde. Zu Johanni, wo Ziehzeit sei, werde er eher als Knecht unterkommen können, jetzt aber wisse er keinen Menschen für ihn, und er kenne doch die Leute im Dorfe alle.

Lebrecht war ganz still geworden, kratzte sich hinter den Ohren und meinte bei sich, das sei eine verfluchte Geschichte, und wie der Wirth von ihm wegging, zählte er heimlich seine paar Groschen und rechnete und rechnete, und zählte wieder von vorn, aber so viel er auch rechnete und zählte, und so knapp er auch leben wollte, länger als drei Tage konnte er damit doch nicht ausreichen.

Wie Lebrecht so da saß, kam Einer vor die Schenke geritten, das mußte ein Gutsbesitzer oder ein Pachter sein, wenigstens sah er mit seinem dicken Bauche und seinem breitkrämpigen Hute, mit seinen Sporenstiefeln und seiner Reitpeitsche so aus. Er stieg ab, ließ das Pferd vom Knechte in den Stall führen, und wie er in die Stube trat, zog der Wirth seine weiße Zipfelmütze vom Kopfe und sagte: „Willkommen, Herr Amtsrath! Was Wetter, wo kommen Sie denn schon her?"

„Ach, Christian, ich bin verdrießlich, hab's ganze Leben satt!" antwortete der und warf die Reitpeitsche auf den Tisch, „gieb mir einen Schnaps, aber einen kleinen, der die Hitze niederschlägt, ehe ich was anders trinke. Hol' doch der Kukuk die ganze Welt, wenn man sich auf keinen Menschen mehr verlassen kann!"

„Nun, nu!" sagte der Wirth und ging über den Schrank, wo er den Branntwein halte, „wieder was Neues!"

„Ach ne!" sagte der Amtsrath und setzte sich am Tische nieder, „da ist mir eben der nichtsnutzige Kerl vom Grünthaler Gute begegnet, und 's hätte nicht viel gefehlt, so hätte ich ihm mit der Reitpeitsche Eins über sein versoffenes Gesicht gegeben, so fuhr mir wieder der Aerger durch den Kopf, als ich ihn sah. — Siehst Du, Christian, seit ich die Geschichte an dem Wilhelm habe erleben müssen, ist mir's ganze Leben vergällt; keinem Menschen kann man mehr recht trauen, auf keinen sich ordentlich verlassen, ich wenigstens mag's nicht mehr, und da muß ich nun, auf meine alten Tage, Herr, Inspektor, Verwalter und wer weiß was noch alles selber sein, habe keine recht fröhliche Stunde mehr, denke, Jeder geht nur darauf aus, mich zu betrügen, und da ist der Grünthaler Schuft eigentlich allein dran Schuld. — 's war eine bessere Zeit, Christian, wie Du noch bei meinem Vater seliger auf dem Gute warst, da war von Saufen, Spielen und Bestehlen zuletzt noch keine Rede!"

Das war also der Amtsrath Krausewitz aus Buchweiler, von dem Lebrecht heut Morgen schon gehört hatte.

„Nu, nu, 's giebt wohl auch jetzt noch brave Kerle!" meinte der Wirth und setzte sich daneben an den Tisch, „man darf nicht alle in eine Brühe werfen und sich selber 's Leben schwer machen."

„Ach was, 's giebt!" sagte der Amtsrath, „hast Du meinen Wilhelm ordentlich gekannt? Das war der ehrlichste und beste Mensch, den's geben konnte, den hatte ich schon als Jungen auf's Gut genommen und dachte, mir was an ihm zu erziehen. — Da wird er mit dem Grünthaler Verwalter bekannt, lernt Spielen und Trinken und bestiehlt mich am Ende hinter meinem Rücken. Das hat mir den Knax gegeben. Wenn der's so machen konnte, da bin ich auch bei keinem Andern sicher, und wenn auch Einer besser wär' als viele Andere, so hielt er doch eben so wenig Stand, wenn einmal die Versuchung käme, oder wenn er aus Ehrlichkeit was einbüßen sollte; 's ist ein wahrer Jammer! — Bedächte doch ein Kerl nur vorher, daß er seinem Herrn tausendmal mehr Schaden an seiner Ruhe und Zufriedenheit macht, als das werth ist, um was er ihn betrügt, daß nun euch alle andern Leute unter seiner

Schlechtigkeit mit leiden müssen. — Besorg' mir was zu essen, Christian!"

Lebrecht hatte die ganze Zeit gethan, als schaue er zum Fenster hinaus, hatte dabei aber mit beiden Ohren auf das Gespräch gehorcht. Wie nun der Wirth hinaus ging, stand er von seinem Platze auf und setzte sich an den Tisch, wo der Amtsrath saß. „Mit Verlaub!" sagte er, „Herr Amtsrath, 's giebt wohl noch brave Kerle in der Welt, die auch die Versuchung aushalten!"

Krausewitz drehte sich nach ihm um. „So?" sagte er und es zog wie ein halber Spott über sein Gesicht, „und von den braven Kerlen ist Er wohl der Erste?"

Lebrecht wollte sich beinahe über die Miene ärgern, die der zog, aber er unterdrückte es und meinte: „das habe er nicht gesagt, 's könne wohl genug bessere als er geben, für sich könne er aber nur alleine stehen."

„Das sei wohl recht gut gesprochen," sagte der Amtsrath, und wurde wieder verdrießlich; „so rede aber ein Jeder, und die sich selber am meisten lobten, mit denen sei gerade das Wenigste los."

In Lebrecht fing der Aerger schon wieder an aufzusteigen. „Nu," sagte er, „wenn sich kein Mensch um Einen bekümmert, da muß man's doch selber sagen, an der Nase kann's Einem doch Keiner absehen?! ich würd's nicht gesagt haben, wenn ich nicht müßte!"

Der Amtsrath sah ihm in seine braunen, treuherzigen Augen, beschaute ihn dann von oben bis unten und fragte, wie er das meine und wer er eigentlich sei.

Lebrecht fing an zu erzählen, er sei der Schulmeisterssohn aus Ullerstadt; er habe einmal was Anders als Knecht und auch als Schulmeister werden sollen; aber so und so sei es ihm ergangen; er habe wieder von Erfurt zurück gemußt, und habe gedacht, wenn er mit seinem Pathen zusammen wirthschafte, sich nach und nach selber eine kleine Wirthschaft zu erarbeiten. Nun sei aber das Feuer gekommen. Jetzt denke noch nicht einmal Jemand an's Aufräumen, geschweige denn an's Aufbauen; hernach komme die Ernte, da könne auch Niemand aus der Nachbarschaft helfen, und nach der Ernte komme es noch darauf an, wer Geld zum Bauen kriegen werde, und ob sein Pathe sich gleich wieder aufhelfen könne. Da bleibe ihm nichts übrig, als sich jetzt zu vermiethen. Nun werde der Amtsrath wohl sehen, warum er sich wohl selber herausstreichen müsse, denn es gehe ihm jetzt schlecht und wenn er nicht bald einen Dienst kriege, wisse er gar nicht, was anfangen. Wolle es Jemand mit ihm probiren, und ihn zu Besserem als zum Knecht brauchen, nun, da werde er schon zeigen, daß, wenigstens mit dem Schreiben, Lesen und Rechnen und was sonst noch dazu gehöre, er es mit Manchem aufnehme. Von wegen der Ehrlichkeit habe er seine eigenen Gedanken; manchmal wären die Herren selber dran schuld, wenn die gehörigsten Kerle sich an dem vergriffen, was nicht ihre wär' — der Amtsrath solle ihm das nicht übel nehmen, ihn kenne er nicht — aber wahr sei es doch oft genug.

Krausewitz hatte sich ordentlich von seinem Stuhle in die Höhe gerichtet, und schaute den Lebrecht mit großen Augen an.

„Was ist das für Zeug?" sagte er endlich, „Er macht's noch besser als mein Spitzbube! nun sollen also die Herren dran schuld sein, wenn Einer stiehlt und betrügt? und der will von seiner Ehrlichkeit schwatzen?"

Dem Lebrecht fuhr das ganze Blut in's Gesicht. „Von mir habe ich nicht gesprochen," sagte er, und man sah es ihm an, daß er den Aerger mit Gewalt niederdrückte, „ich selber, glaube ich, könnte mich nicht wieder im Spiegel ansehen, wenn ich Einen nur um eine Stecknadel betrügen könnte, aber was ich gesagt habe, habe ich gesagt. Ich will keinem Menschen was nachreden, aber wenn Einer ein Geizhals ist, Keinem die Butter auf dem Brote gönnt und am liebsten säh', wenn es seine Leute alle trocken äßen; wenn er nun vollends in Jedem einen Faullenzer oder gar einen Spitzbuben vermuthet, Jedem auf Tritt und Schritt nachgeht und nachzählt und nachrechnet und bei jedem Quarke einen großen Krakehl anfängt, da kann dem besten Kerle, wenn er ganz taktfest ist, der Teufel durch den Sinn fahren: gerade, weil der Herr so sei, solle er nun erst recht beschummelt werden, oder, was er sich nehme, habe er zehndoppelt verdient und brauche sich kein Gewissen d'raus zu machen — schlecht ist und bleibt das immer und wenn Einer einen Herrn, der nicht so ist, bestehlen kann, da ist es vollends mehr als Schande werth; ich habe aber nur sagen wollen, wie sich die Herren manchmal selber unehrliche Leute machen."

Der Amtsrath sah ihn mit einem ganz kuriosen Blicke an. „Also," sagte er, „Er meint, Er sei ehrlich und werde es bleiben, wenn Er keinen solchen Herrn hätte, und werde ihm treu sein und nur auf seinen Vortheil sehen?"

„Ja!" antwortete Lebrecht, und man hörte es, daß er es mit dem ganzen Herzen sagte, „und ich glaube, wenn ich auch einen Geizdrachen zum Herrn hätte, ich ging lieber fort, als daß ich mich an was vergriff."

„So," sagte Krausewitz und ließ die Augen, die ordentlich schlau geworden waren, nicht von Lebrecht's Gesicht, „und Er braucht nothwendig Arbeit und würde zu mir in Dienst kommen?"

„Ja gleich, wenn Sie mich brauchen können."

„Nu, da will ich Ihm was sagen!" meinte der Amtsrath und fing an heimlicher zu sprechen. „Ich habe ein paar böse Feldnachbarn, derenhalber kann ich nur Einen brauchen, der blos auf meinen Vortheil sieht; geizig bin ich nicht und es hat's Einer gut bei mir, wenn er mir immer zu dem verhilft, was mir gehört. Zu meines Vaters seligen Zeiten haben die Schufte die Grenzsteine von unserer Flur verrückt; das habe ich aber erst gemerkt, wie ich das Gut übernommen habe, und kann ihnen nur nichts beweisen. Wollt' ich sie verklagen, gäb's einen langen Prozeß und das mag ich nicht. Da mein' ich nun, es wäre besser, wenn ich nach und nach, gerade so, wie ich d'rum gekommen bin, wieder dazu kommen könnte, ohne daß Jemand gerade was merkte. Hm? 's käme nur darauf an, daß man 's ein Bischen gescheidt anfing: glaubt Er wohl, daß er das könnte?"

Lebrecht sah den Amtsrath ganz verdutzt an; wie er aber den in die pfiffigen Augen schaute, sagte er: Krausewitz wolle ihn wohl zum Narren haben, so eine Geschichte habe er noch nicht gehört. Der Amtsrath aber meinte: er habe jetzt keine

Laune, Einen zum Narren zu halten oder Spaß zu machen; was er gesagt habe, sei sein purer Ernst, und wenn Lebrecht es mit seinem Herrn wirklich so treu meinen wolle, daß er nur auf den seinen Vortheil sehe, so wollten sie gleich mit einander in's Reine kommen. Ein Gewissen brauche er sich wegen der Geschichte nicht zu machen; er, der Amtsrath, nehme Alles auf sich, er solle es auch so gut wie Keiner bei ihm haben, und er habe ihm ja auch schon gesagt, daß er nur zu seinem Eigenthum wieder kommen wolle.

Wie Krausewitz so redete, dachte Lebrecht nicht an seine paar Groschen im Sack und nicht, daß er einen Dienst haben müsse, gut oder schlecht, und nicht, daß der Wirth gesagt hatte, jetzt werde er schwer Arbeit finden; es schoß ihm nur durch den Kopf, was sich der Mensch wohl einbilde, daß er ihm so ein Spitzbubenwerk zumuthen könne, und was der wohl überhaupt von ihm denke, möge es nun Spaß oder Ernst gewesen sein. Die Augen des Amtsrathes ruhten auf seinem Gesichte, gerade wie wenn Einer Einem etwas zu rathen aufgiebt und darauf wartet, ob der's wohl klein kriegt, und das ärgerte Lebrecht noch mehr.

„Hören Sie einmal," sagte er und wandte sich halb weg, „wenn Sie etwa denken, Sie wollen mich auf die Probe stellen, da kommen Sie zum Unrechten; ich finde schon einen Dienst bei Leuten, die mir auf's Wort glauben; mit solchen Geschichten ist es nichts bei mir. Wenn Sie's aber im Ernst meinen, so ist es erst recht nichts, und da schwatzen Sie um Gotteswillen nicht mehr so viel von der Ehrlichkeit!" Und damit drehte er sich ganz weg und schaute zum Fenster hinaus.

Der Amtsrath sah aus, als wisse er nicht, was er für ein Gesicht machen solle. „Nu, nu!" sagte er endlich, „was will ich denn von Ihm? Andere Leute würden Ihn gar nicht erst d'rum gefragt haben; man merkt's Ihm an, daß er noch nicht gedient hat; wenn Er denkt, Er kann überall nur Alles nach seinem Kopfe machen, da ist er schief. Wie ich Ihn vorhin fragte, ob Er blos auf meinen Vortheil sehen wolle, sagte Er gleich ja, nun sieht man's, wie weit's damit her ist."

Lebrecht drehte sich herum und wollte mit was von „Spitzbubenarbeit" 'rausfahren, aber er besann sich noch und sah den Amtsrath nicht einmal an.

„Ja, da ist's freilich nichts mit uns," fuhr der fort, stand auf und griff nach seinem Hute, „da wird Er in der jetzigen Zeit lange laufen, ehe Er einen ordentlichen Dienst kriegt." Und damit nahm er seine Reitpeitsche und wollte zur Stube hinaus.

Wie er die Thür aufmachte, rannte er beinah' gegen den Grünthaler Verwalter, daß er ordentlich zurückprallte. Der Verwalter aber stellte sich mitten in die Stubenthür und glotzte den Amtsrath mit einem paar Augen an, wie ein abgestochenes Kalb. Der wartete erst ein klein Weilchen, ob er 'raus oder 'rein gehen werde, wie's ihm aber zu lange dauerte, und der Mensch gar nicht that, als wisse er, daß er Jemandem im Wege stehe, schoß ihm das Blut nach dem Kopfe, er nahm die Reitpeitsche in die Höhe und schrie ihn an: „Will Er wohl aus dem Wege gehen, oder soll ich Ihm Eins über sein versoffenes Hallunkengesicht ziehen?"

Da fuhr der Verwalter in die Höhe, als wäre er im Traume gewesen, oder als sehe er jetzt den Amtsrath, trat einen Schritt zurück, und Krausewitz ging an ihm vorbei, ohne ihn noch mit einem Blicke anzusehen. Aber der Verwalter sah dem Amtsrathe desto länger nach, und wie er in die Schenkstube trat, schlug er mit der Faust auf den Tisch, als wolle er ihn von einander schlagen, und machte ein Gesicht dazu, so ingrimmig, wie es nur ein versoffener, niederträchtiger Kerl in seiner Wuth machen kann, setzte sich nachher an den Tisch, stemmte den Kopf auf die Arme und stierte in einemweg vor sich hin. Lebrecht meinte, der müsse bei seinem Kameraden wohl einmal über den Durst gefrühstückt haben, stand auf und setzte sich wieder an seinen frühern Platz.

Der Himmel hatte angefangen, sich mit dicken Gewitterwolken zu überziehen, die Luft war schwül und drückend geworden, man spürte es selbst in der Stube, und über Lebrecht, der die ganze Nacht kein Auge zugethan, die ganze Nacht gearbeitet und frühmorgens den Weg nach Seefeld gemacht hatte, kam eine gewaltige Müdigkeit. Er sah die Leute nach der Kirche ziehen und meinte, wenn er auch jetzt nach einem Dienste im

Dorfe gehen wollte, so treffe er doch keinen Menschen zu Hause, legte die Arme auf den Tisch und den Kopf darauf und wollte ein Bischen schlafen; aber die Hitze ließ ihn nicht dazu kommen. Da zog er die Jacke aus, that sie neben sich auf die Bank und bald war er in einen wahren Todesschlaf gefallen.

Die Kirche wurde aus und es ging auf Mittag; Lebrecht schlief fort und der Wirth ließ ihn ruhig liegen. Die Schenkstube fing an, sich mit Burschen und Männern anzufüllen; Lebrecht in seiner Ecke saß Niemandem im Wege und kein Mensch weckte ihn, und erst spät Nachmittag, als sich Welche an seinen Tisch setzten und Einer die allerneueste Neuigkeit, den Ullerstädter Brand, bei dem er mit gewesen war, auskramte und dabei in seiner Begeisterung das Bierglas von seinem Nebenmanne umwarf, daß das Bier wie ein Gewitterregen Lebrecht in's Gesicht spritzte, fuhr er erschreckt in die Höhe. Erst sah er sich schlaftrunken um und mochte nicht gleich wissen, wo er war; aber wie er die an seinem Tische lachen sah, und wie sie das Bier wegwischten, wie er die Nässe in seinem Gesichte spürte, da kam ihm die Besinnung schnell genug. „Schafköpfe!" brummte er, wischte sich mit dem Hemdärmel das Gesicht ab und zog dann seine Jacke an.

Draußen goß der Regen in Strömen nieder; Lebrecht sah nach der verräucherten Wanduhr hinter dem Ofen, es war schon bald um Vier, und wie er nun hinaus in das Wetter schaute, wurde es ihm nicht ganz wohl zu Muthe. In der Stube saßen alle Tische voll Männer und Burschen, entweder hinter den Karten oder hinter ihren Bier- und Schnapsgläsern, und die so und so viel rauchenden Tabackspfeifen hatten schon ein gehöriges Quälmchen gemacht. Lebrecht meinte, da könne doch Mancher d'runter sein, wo er vielleicht ein Unterkommen finde; er wolle den Wirth fragen, daß er ihn zu Einem oder dem Andern hinweise. Er griff nach seinem Geldbeutel, um gleich seine Zehrung zu bezahlen; wie er aber in seine Jacke fuhr, wurde er mit einem Male kreideweiß; hastig fuhr er in seine andere Tasche und dann noch einmal in die erste — einen Augenblick war's, als hätte ihn Einer Hände und Füße kaput geschlagen, nachher aber schrie er mit einem Male auf: „Ich bin bestohlen, 's hat mir Eins meinen Geldbeutel gemaust!" daß die Burschen an seinem Tische ordentlich zusammenfuhren. „Mein Geldbeutel, mein Geldbeutel!" schrie er in einemfort und griff wie ein Verzweifelter in seinen Taschen herum, „meinen Geldbeutel hat Einer gestohlen!" In der Stube hatte mit einem Male jedes andere Gespräch aufgehört; die Kartenspieler, die Trinker, Alles fuhr mit den Augen nach dem Platze, wo es „bemaust, gestohlen" ließ, und der dem Lebrecht am nächsten saß, sprang mit blitzrothem Gesichte in die Höhe. „Was will Er? halte Er sein Maul von wegen bestohlen, sonst wird's nicht gut!"

„Ich hab's Ihm nicht schuld gegeben," sagte Lebrecht in seiner Angst, „aber gestohlen ist mein Geldbeutel, ich hab' ihn noch in der Tasche von der Jacke gehabt, ehe ich eingeschlafen bin!"

„Halte Er sein Maul, sage ich Ihm noch einmal," schrie der Andere und legte die Faust auf den Tisch, „ich sitze hier neben Ihm und so lange wir hier sind, ist kein Mensch weiter hergekommen!"

„Nu, er ist doch fort, und ich will's tausendmal beschwören, daß ich noch, ehe ich eingeschlafen bin, mein Geld durchgezählt habe!" rief Lebrecht; da kam der Wirth herbei.

„Mache Er hier keinen Krakehl!" sagte er, „die Burschen dahier kenne ich miteinander, die brauchen Seine paar Pfennige nicht! Er hat aber schon seit dem Morgen geschlafen, da sind fremde Leute genug in der Stube gewesen, und wenn Ihm was gemaust ist, hätte Er sich besser in Acht nehmen sollen."

„Aber, Du Herrgott," sagte Lebrecht, „was soll ich denn anfangen? 's war ja mein ganzes Geld d'rin, was ich vom Brande davon gebracht habe, draußen gießt's wie mit Mollen und ich kann ja nicht einmal nach Arbeit gehen, daß ich Brod und ein Unterkommen kriege."

Der Wirth zuckte die Achseln und sagte, 's wäre schlimm, aber er könne ihm nicht helfen; er hätte sich besser in Acht nehmen sollen; und wenn er darauf gebaut habe, daß er hier im Dorfe unterkommen werde, solle er sich die Hoffnung nur vergehen laffen, hier gäb's nichts, da könnte er Alle fragen, die da fäßen.

Lebrecht wußte nicht, ob's ihm wüthig oder angst und bange werden sollte und er fuhr endlich heraus: das sei ihm auch ein schönes Haus, wo man sich nicht einmal hinsetzen könne, ohne bestohlen zu werden; da wurde der Wirth aber böse und sagte: er solle froh sein, wenn er ihm die Zehrung schenke, mache er aber noch viel Geschichten, so wolle er ihm zeigen, wo der Zimmermann das Loch gelassen habe.

Lebrecht biß die Lippen aufeinander, setzte sich an ein Fenster, wo kein Mensch saß, sah in den Regen hinaus und überlegte, was er nun anfangen solle. Die Andern in der Stube hatten sich, wie's zu keinem weitern Spektakel gekommen war, wieder zu ihren Karten und Gläsern gekehrt, und Keins bekümmerte sich weiter um den armen, abgebrannten, bestohlenen Kerl.

Lebrecht sinnte und sinnte, was er machen solle, wohl eine Stunde lang, daß ihm zuletzt der Kopf ordentlich weh that, aber es wollte und wollte sich nichts finden; die Angst und der Schrecken hatten ihn wie ganz dämlich gemacht. — Wie er so dasaß, kam der Wirth wieder an ihn heran und sagte, er solle einmal mit herauskommen. Lebrecht meinte, dem sei vielleicht etwas für ihn eingefallen, nahm seine Mütze und folgte.

„Nu sag' er nur einmal," fing der Wirth an, wie sie Beide in der Hausflur in einer Ecke standen, „warum hat Er denn eigentlich den Dienst bei dem Amtsrath Krausewitz nicht angenommen? Besser kriegt Er's und wenn Er zehn Jahre 'rumläuft, doch nirgends."

Lebrecht sah den Wirth von der Seite an. „So! woher wißt Ihr denn, daß ich ihn nicht gewollt habe?"

„Der Amtsrath hat in meiner Stube Mittagsbrod gegessen und hat mir Alles erzählt; wir kennen uns schon von Kind auf. Ich will Ihm was sagen. Geh' Er jetzt noch nüber nach Buchweiler, da ist Er gleich unter; sonst kann Er noch lange laufen und kann zu guter Letzt noch betteln gehen; ich mein's gut mit Ihm!"

„Nu," sagte Lebrecht, „wißt Ihr denn auch, was der mir zugemuth't hat?"

„Hör' Er einmal!" meinte der Wirth, „wenn man so weit ist wie Er, wenn man nicht weiß, was essen und wo schlafen, da kann man nicht zusehen, ob jedes Ding vorn und auch hinten hübsch glatt ist, darf nicht so kürisch sein, als hätte man die Tasche voll Thaler und muß zugreifen, wo was zu kriegen ist. Was der Amtsrath Ihm anbefiehlt, mag der auch verantworten, und um weiter hat Er sich nichts zu kümmern!"

„Und nun will ich Euch sagen," sprach Lebrecht und schwenkte seine Mütze hin und her, „daß man solche Arbeit nur einem Hallunken zumuth't, und daß Ihr, wenn Ihr die Geschichte mit dem Andern abgekartet habt, gerade so ein Spitzbube wie der Amtsrath selber seid! Das könnt Ihr ihm sagen, Adje!" Und damit hatte er resolut seine Mütze auf den Kopf gesetzt und wollte an dem Wirthe vorbei. „Halt' einmal, Er will also nicht?"

„Aus dem Weg! mit so einer Art mag ich nichts zu thun haben!" rief Lebrecht, stieß beinahe den Wirth über den Haufen, daß er gegen die Wand flog, und war zur Thüre hinaus, ehe der sich's versah.

„Das ist doch ein verfluchter Kerl!" sagte der Wirth und sprang nach der Hausthür. „He, Er! wart' er doch einmal!" schrie er ihm nach, aber Lebrecht ging, ohne zu hören, starken Schrittes das Dorf hinunter; in der Wirthsstube schrieen sie nach Bier und Schnaps, klapperten mit den Gläsern und trommelten auf die Tische, und der Wirth ging, sich in den Haaren kratzend, wieder in's Haus hinein.

Keine fünf Minuten waren vergangen, da trat der Amtsrath in die Stube und schaute sich um, als suche er Jemand. „Nun?" sagte er, wie der Wirth auf ihn loskam; der aber machte ein Gesicht, von dem man nicht wußte, ob's ärgerlich oder lustig, sauer oder süß sein sollte. „Das ist ein Kerl!" sagte er, „der hat mich mit meinen schönen Vorschlägen über den Haufen gerannt, ehe ich mich's versehen, und fort ist er! wohin? das mag nun der liebe Gott wissen!"

„Donnerwetter!" rief der Amtsrath und stampfte mit dem Fuße auf die Erde; „fort ist er? das ist doch ganz verflucht; siehst Du, Christian, das wär' vielleicht Einer für mich gewesen, und nun muß der gerade so übelnehmisch sein. Wo ist denn der Bursche hingelaufen?" Er war von der Nachricht ordentlich roth geworden und wie nun der Wirth meinte, Lebrecht sei gerade das Dorf hinausgegangen, ließ er sich das Pferd aus dem Stalle ziehen und ritt hinterdrein. —

Dem Gewitterregen war ein wunderschöner Abend gefolgt. Auf dem Grase, den Blumen und Getreidehalmen lagen überall noch große, schwere Regentropfen, aber die untergehende Sonne schien so hell darauf, daß die ganzen Felder wie Regenbogen blitzten und schillerten. Lebrecht war zum Dorfe hinausgelaufen, den ersten Weg, der sich vor ihm aufthat. Wie er sich nun endlich umschaute, wo er eigentlich gehe, sah er einen Fußweg, der sich vor ihm hinstreckte. Auf der Höhe fing Wald an, da schien er sich d'ran hinzuziehen. —

Wo Lebrecht jetzt hinwollte, wußte er selber nicht; das, meinte er, sei aber auch alleweil ganz egal; in ein Dorf komme er doch bestimmt wieder, und wenn er heute Abend nichts mehr für sich finde, werde doch Keins einem Abgebrannten ein Nachtbrot und eine Schlafstelle auf dem Heuboden versagen. Jetzt freue er sich aber nur, daß er die Beiden, den Amtsrath und den Wirth, so abgeführt habe; die sollten schon ein ander Mal Respekt vor einem ehrlichen Kerle haben, und wenn er noch zehnmal ärmer wäre und sie die Tasche noch zehnmal mehr voll Geld hätten. Und da ging er strammen Schrittes in den kühlen, duftigen Abend hinein, und wer ihn hätte gehen sehen, hätte nicht gedacht, daß er keinen Pfennig im Sacke und weder Mittag- noch Nachtbrot im Leibe habe.

Die Sonne war hinunter, aus den Wiesen fingen an die Nebel in die Höhe zu steigen, und Frösche und Heupferde machten ringsherum die schönste Musik. Lebrecht ging am Rande des Waldes, der eben sein Ende erreichte, und sah vor sich, ob nicht bald ein Dorf komme. Mit einem Male blieb er stehen, hob den Kopf und horchte stark seitwärts. — „Hülfe!" schrie es von Weitem, wie wenn Einem eben der Athem ausgehen will, und dann war Alles wieder still; Lebrecht aber besann sich nicht lange, fuhr wie ein Donnerwetter quer über die Aecker weg und dann in's Gebüsch hinein. —

An der Straße, die durch den Wald geht, lag ein dicker Mann, japste und stöhnte, denn auf seiner Brust kniete Einer, der hatte die Faust an seiner Kehle und ließ ihm kaum so viel Athem, daß er nicht erstickte.

„Lieg' still, Hallunke, sonst drück' ich Dir schon jetzt den Blasebalg zu!" sagte der mit halb unterdrückter Stimme. „Dir hilft Gott und der Teufel nicht mehr. Erst mußt Du mir in mein versoffenes Gesicht sehen, bis Du Dich d'rüber halbtodt geärgert hast, und nachher mach' ich Dich ganz todt, weil Du mich um meinen Dienst, um's Brot und um Alles mit einander gebracht hast! Das hab' ich Dir hoch und theuer zugeschworen und das halt' ich!"

Der Dicke machte mit verzweifelter Anstrengung einen Versuch, sich zu befreien; aber mit einem Drucke hatte ihm der Andere die Luft genommen; roth und grün wurde es ihm vor den Augen, die Todesangst krallte sich in sein Herz, er wollte schreien, er konnte nicht, enger und enger schlossen sich, wie mit eiserner Kraft, die Hände um seinen Hals; er wollte nicht sterben, er durfte nicht sterben, hatte denn der Himmel keinen Blitz für den ungeheuren Frevel, gab's denn keinen Gott im Himmel mehr, oder schaute er nicht hierher? Die Brust wollte ihm springen, wie ein Feuermeer wogte es vor seinen Augen — da rauschte das Gebüsch, da flog eine Faust, schwer wie ein Zentnerstück, dem Mörder in's Genick, daß der, wie weggeputzt, auf die Straße stürzte. Hinter ihm drein sprang Lebrecht, der gerade zu rechter Zeit gekommen war, aber trotz der ungeheuren Ueberraschung war der Andere doch, schnell wie eine Katze, wieder auf den Beinen, sprang in das Strauchwerk hinein und war in der Dunkelheit verschwunden.

Noch halb außer Athem, mit heißen Backen und verdrießlich, daß der Schuft entwischt war, kehrte Lebrecht um; der Dicke saß, kirschbraun im Gesichte, auf der Straße, hielt beide Hände gegen die Brust gedrückt und that, als könne er keinen Athem wieder kriegen.

„Nu, das ist doch ein wahres Glück, daß ich noch dazu gekommen bin!" rief Lebrecht, „hat denn hier herum schon Jemand so eine Schandthat gehört? So ein Hundsfott, so ein verdammter, fort ist er! aber er wird wohl dem Galgen nicht vorbeilaufen. Y't seht nur zu, ob Euch nichts am Leibe kaput ist?" und damit faßte er den Andern unter den Arm und half ihm wieder auf die Beine. „Geht's?" fragte er, als der Dicke nach mancher Anstrengung wieder stand; der aber schüttelte nur mit dem Kopfe, hatte den Lebrecht fest beim Arme gepackt und konnte noch kein Wort herausbringen.

Erst wie er eine ganze Weile geächzt und gejapst hatte, fing er endlich an: „Daß — daß Er mir nicht fortläuft! — Donnerwetter — keine Sekunde mehr, da ging das Licht aus!"

Lebrecht schaute dem Manne genauer in's Gesicht. „Sie sind's, Herr Amtsrath?" sagte er gerade nicht sehr freundlich, und wollte seinen Arm aus dessen Hand ziehen; aber der hielt ihn, so fest er konnte.

„Daß — daß Er mir nicht fortläuft — Schwerenoth — die Bestie — der Hallunke — nu, jetzt soll er d'ran glauben. Halt! Er läuft mir nicht davon!" rief er, als Lebrecht sich von Neuem losmachen wollte, „Er soll mit mir zufrieden sein!"

„Hat gar nichts zu sagen, ich brauche von Ihnen Nichts!" sagte Lebrecht, „seien Sie froh, daß Sie so davon gekommen sind und lassen Sie mich meiner Wege gehen!"

„Will Er wohl — laß' Er mich doch nur zu Athem kommen!" rief Krausewitz, „ich hab' ja mit Ihm Spaß gemacht! Sei doch nicht gar so dumm, Kerl, und höre ein ordentliches Wort!"

„Nu, was soll's denn noch?!" fragte Lebrecht ungeduldig, „von Ihren Geschichten mag ich nichts wissen und mit Ihnen mag ich nichts mehr zu thun haben!"

„Kerl!" sagte der Gutsbesitzer und faßte ihn bei beiden Armen, „Du bist doch eine kreuzbrave Seele, aber thue mir den Gefallen und sei nicht dumm. Siehst Du denn nicht ein, daß ich blos habe probiren wollen, wie weit's eigentlich mit Deiner Rechtschaffenheit geht? Und hättest Du nicht in Deiner verteufelten Hitze den Wirth über den Haufen geschmissen und wärst fortgerannt wie ein wildes Thier, so hätt'st Du's schon dort erfahren. Nu, sieh' mich nur nicht an, wie das achte Weltwunder und mache keine langen Geschichten mehr, daß wir bald heim kommen; Du hast Hunger im Magen und mir thun alle Rippen im Leibe weh. Mein Brauner wird uns schon angemeldet haben. Zu Hause wollen wir zusehen, was weiter wird. Na, will Er mitgehen? Vorwärts marsch!"

Lebrecht ging neben dem Amtsrathe her und hatte, wie sie schon die Lichter in Buchweiler sahen, noch kein Wort gesprochen. Das Ding war ihm so die Quer in den Kopf hineingefahren, daß er selber noch gar nicht recht wußte, wie es ihm eigentlich war; der Amtsrath aber schimpfte in einemweg auf den Hallunken, der ihn überfallen. „So ein Himmelhund! komme ich da ganz ruhig hergeritten, und ärgere mich nur, daß Dich der Wirth hat davonlaufen lassen; mit einem Male packt mich was hinten am Rock und rautsch! fliege ich auf die Erde, daß ich denke, alle Knochen sind mir kaput, und ehe ich mich noch besinnen kann, spüre ich schon ein Knie auf meiner Brust und fünf Finger an meiner Kehle. Aber erst, wie ich sah, daß ich den Grünthaler Galgenvogel vor mir hatte, wie der mir den Hals zudrückte, als wolle er einen Scheffelsack zuschnüren, da erst merkte ich, woran ich eigentlich war, und hatte mich schon auf alles Mögliche gefaßt gemacht. Jetzt soll er aber was spüren, so ein Schandkerl, solches Rabengezücht!" Und so ging es fort, bis sie das Gut vor sich liegen sahen. Lebrecht wollte auch was sprechen, aber er wußte gar nicht, wie und wo anfangen; erst hatte es ihm nicht recht scheinen wollen, daß der Amtsrath ihn nur habe probiren wollen; hernach meinte er aber: wolle der einen Spitzbuben haben, so finde der ja zehn für einen und brauche es nicht gerade auf ihn zu münzen, und endlich war er mit sich Eins geworden, mitgehen thäte er, er könne ja immer noch machen, was er wolle, und auf alle Fälle gäb's ein Nachtbrot und ein Schlafquartier.

Es war den andern Morgen. Die Sonne beschien schon seit drei Stunden das stattliche Wohnhaus des Amtsraths, und gerade so lange wartete Lebrecht schon, daß er ihn rufen würde. Er war den Abend vorher in die Verwalterstube quartiert worden, und die Wirthschafterin hatte ihm ein Nachtbrot aufgetragen, wie's gerade für seinen ausgehungerten Magen gepaßt hatte, ein Stück Rindfleisch, drei Fäuste groß, und eine Zwiebelbrüh', daß Lebrecht das Wasser im Munde zusammengelaufen war. Wie er sich nun nicht lange dazu hatte nöthigen lassen, hatte sich die Wirthschafterin zu ihm gesetzt und ihm die Würmer aus der Nase ziehen wollen, hatte nicht genug erzählen können, wie sie sich erschrocken gehabt hätten, als der Braune, der doch so fromm wie ein Lamm sei, mit einem Male ohne Reiter angekommen wäre, und wie sie doch gar zu gerne wissen möge, was dem Amtsrathe eigentlich passirt sei, sie mache sich ordentlich Angst d'rüber und wisse doch nicht warum. Wie nun Lebrecht nicht darauf gehört, hatte sie geradezu gefragt, wo er denn her sei, er solle wohl der neue Verwalter werden, gehörig genug sehe er dazu aus; er wisse doch gewiß auch, was dem Amtsrathe geschehen sei, daß er habe zu Fuß herlaufen müssen. — Lebrecht aber hatte in seinen Gedanken gedacht: „Weil Du so neugierig bist, sollst Du gerade nichts wissen!" hatte mit vollgestopften Backen immer d'rauf losgegessen und wenn die Wirthschafterin gefragt, ganz ernsthaft nur immer: „ja! ja!" gesagt. Wie die das aber endlich verdrossen gehabt, und sie zu ihm gesagt hatte, er höre wohl nicht gut, daß er weiter nichts zu sprechen wisse, da hatte er geantwortet: ja, er sei nun mit Essen fertig, es habe ihm wunderschön geschmeckt; jetzt aber sei er müde und wolle schlafen gehen! und die Wirthschafterin hatte bei sich gemeint, ein so dickfelliger Kerl sei ihr doch noch nicht vorgekommen, und war mucksch abgezogen.

Also Lebrecht wartete schon seit Sonnenaufgang, daß er erfahren sollte, was der Amtsrath mit ihm vorhabe. Die Zeit fing ihm eben an ein Bischen lang zu werden, und er dachte daran, daß er sich derweil den Hof und die Ställe ansehen wolle, da kam Krausewitz zum Thorwege hereingeritten, der war schon auf dem Felde gewesen, und gleich darauf kam eine Magd und sagte Lebrecht, er solle zum Herrn kommen.

Wie Lebrecht zum Amtsrath in die Stube trat, stand er da und brannte sich die Morgenpfeife an. „Nu," sagte er und blies große Dampfwolken vor sich her, „gut geschlafen?"

„Ja, warum denn nicht?" antwortete Lebrecht, „daran hat's mir noch nicht gefehlt."

„Er ist aber schon früh wieder auf dem Zeuge gewesen, hab's schon gehört!" sagte der Amtsrath, „das ist gut und nun wollen wir einmal zusehen, was weiter mit uns wird. Dort steht Dintenfaß, Feder und Papier, da schreib' er einmal die Geschichte auf, wie mich gestern der Mordsackermenter angefallen hat; das will ich in's Kriminal schicken; wenn er was davon nicht weiß, will ich's ihm sagen. Hernach rechne er mir einmal aus, wie viel wir dies Jahr Samenkorn zur Wintersaat brauchen, und was wir, nach den jetzigen Fruchtpreisen, künftiges Jahr im Mittelsatz daran profitiren können. Was Er wissen muß, habe ich dort aufgeschrieben."

Das sollte also ein ordentliches Examen werden, und mit manchem Burschen, heut zu Tage noch, wär's schlecht bestellt gewesen, wenn ihm Einer mit solchen Geschichten gekommen wäre. In der Zeit, von der ich erzähle, stand's aber damit noch ein Bischen schlechter, und wenn Lebrecht auch gemeint hatte, mit dem Lesen, Schreiben und Rechnen wolle er es mit Manchem aufnehmen, so wurde es ihm doch bei der Rede des Amtsraths etwas schwül, vollends wenn er d'ran dachte, daß er beinahe ein Jahr nur den Dreschflegel und den Pflugsterz in der Hand gehabt hatte.

„Nun," sagte der Amtsrath, „wird Er das können?"

„Ich will's ja wohl machen," antwortete Lebrecht, „aber mit dem Schreiben an's Kriminal, mit den Titeln und was da noch Alles dazugehört, das ist Advokatenarbeit, die versteh' ich nicht; wenn's genug ist, daß ich die Sache mit dem Grünthaler Verwalter aufschreibe, wird's wohl gehen!"

„Nu ja, mehr verlang' ich auch nicht; das Schreiben dazu soll mir der Gerichtsdirektor aufsetzen. Schreibe Er nur, als wäre Er ich selber, und Ihm wäre die Sache passirt. Was Er nicht weiß, kann Er fragen."

Aber Lebrecht meinte, er habe schon von der Geschichte so viel gehört, als er brauche, setzte sich an den Tisch, probirte eine Feder und fing an d'rauf los zu schreiben.

Was man einmal gelernt hat, das vergißt sich nicht so

geschwind wieder, und was man einmal in sich hat, das kann Einem kein Mensch nehmen, das kann auch nicht wie Haus und Hof abbrennen.

Je weiter Lebrecht schrieb, je mehr kam er wieder in Zug und je besser ging's, und wie er endlich fertig war und stillvergnüglich die vollgeschriebene, große Seite überschaute, da meinte er bei sich, er hätte doch nicht gedacht, daß ihm die Schreiberei noch einmal so zu Nutzen kommen werde.

Nun ging's an's Rechnen.

Der Amtsrath war unter der Zeit in der Stube hin und wieder gegangen und hatte seine Pfeife dazu geraucht. Wie er sah, daß Lebrecht zu rechnen anfing, griff er ihm behutsam über die Achsel und nahm die geschriebene Sache weg, holte sich eine Feder und setzte sich damit an den Tisch, machte hier noch ein Tippelchen und da noch ein Strichelchen hinein und wartete dann, bis Lebrecht auch mit dem Andern zu Ende war.

„Fertig bin ich!" sagte der und stand auf, „ist es aber nicht ganz recht, da nehmen Sie's nicht übel; wenn ich erst wieder in die Schnurre hineinkomme, wird's besser gehen, und wenn man weiß, daß Einem Jemand auf die Finger sieht, wird's so immer schlechter, als man's eigentlich kann!"

Wie der Amtsrath mit dem Nachrechnen zu Ende war, legte er das Papier auf den Tisch, faßte den Lebrecht bei beiden Armen und sagte: „Bist ein ganzer Kerl und das hätt' ich Dir nicht zugetraut. Das Leben hast Du mir gerettet und das hätt' ich Dir vergolten, so gut's gegangen wäre, nun aber kann's werden, wie ich's mir gewünscht. Bleib' so treu und rechtschaffen, wie Du bist, und wenn Dir Jemand wieder die Würmer aus der Nase ziehen will, so mach's wie gestern Abend mit meiner dicken Kathrie; das Schwatzen taugt den Teufel nichts und ich hab' mich gefreut, daß Du die hast abfahren lassen. Nun verwundere Dich aber nicht, daß ich das schon weiß, und nimm's auch nicht krumm, daß ich Du zu Dir sage, ich sprech's nur zu Welchen, die ich lieb habe! — Jetzt machen wir einen Ritt durch die Flur, da sollst Du noch mehr hören, und nachher wollen wir in die Stadt, daß Du ordentliches Zeug auf den Leib kriegst!"

Es war einer von den Sommernachmittagen, wo die Sonne ruhig und klar auf der stillen Landschaft liegt; vor den Thüren ruht hier und da ein Kind, über seinem Spiele eingeschlafen, das Köpfchen in beide Arme gelegt; der Storch steht auf einem Beine in seinem Neste und träumt, und selbst die Fenster der Häuser sehen wie verträumte Augen aus; der Fuhrmann auf der Landstraße schlendert mit halb zugedrückten Augen neben dem bestäubten Fuhrwerke her; die Schafe in den Horden stehen bewegungslos zusammen und haben die Köpfe, Schatten suchend, unter einander gesteckt — da kam Lebrecht langsam den Weg von Zäunicke her geritten. Wenn ihm jetzt Eins aus Ullerstadt begegnet wäre, hätte das gewiß vor Verwunderung das Maul aufgerissen, denn Lebrecht, auf seinem Mohrenschimmel, war ein Kerlchen geworden, an dem Alles nur so knackte, und kein Mensch hätte ihn in dem knappen, proppern Zeuge, in dem er selber wie ein Gutsbesitzer aussah, gleich wieder erkannt. Sein Gesicht aber wollte gar nicht recht dazu passen; das sah ganz trübselig vor sich auf den Sattelknopf, daß man hätte meinen mögen, er sei wunder wie unglücklich. Als er nach dem Brande mit leerem Beutel und leerem Magen in die Welt hineingelaufen war, hatte er ganz anders d'rein gesehen.

Den Abend zuvor war der Amtsrath aus der Stadt heimgekommen, und wie er sich mit Lebrecht zum Nachtbrote hingesetzt, hatte er den gefragt, ob er nicht einen gewissen Schmidt in Ullerstadt gekannt habe. — Ja, hatte Lebrecht gesagt, das sei sogar ein Nachbar von seinem Vater gewesen, was denn mit dem sei? — Nun, ein feiner Kunde müsse das sein, war die Antwort gewesen; er sei, nach dem Brande, nach Grünthal zum Gutsbesitzer Kneiper gegangen, das sei ein Vetter von ihm gewesen, und dem habe er, zum Danke, daß er ihn aufgenommen, die Scheune angesteckt. Kneiper habe ihn aber dabei attrapirt und sei er auf's Kriminal gebracht worden. — Da hatte Lebrecht den Amtsrath angesehen und war mit einem Male aufgesprungen, daß der Stuhl hinter ihm auf die Erde geflogen war.

„Schmidt?!" hatte er gerufen, „Schmidt soll das gewesen

sein? Nu, da will ich auch ebenso gut glauben, daß ich und Sie und die ganze Welt Räuber und Mordbrenner werden können. Das ist nicht wahr, so gewiß als ich selber ein ehrlicher Kerl bin!"

„Nun, bist Du denn nicht gescheidt, Mensch?" hatte der Amtsrath, der ordentlich erschrocken gewesen, gesagt. „Was machst Du denn für ein Geschrei? Im Kriminal sitzt er, das ist gewiß!"

Lebrecht hatte Messer und Gabel hingelegt, seinen Stuhl aufgehoben und war vor Krausewitz hingetreten. „Herr Amtsrath, nehmen Sie mir den Spektakel nicht übel; aber ich bitte Sie um Gottes Willen, ist die Geschichte wirklich wahr? und was ist denn aus der Annelie geworden?"

Krausewitz hatte ihn wohl verwundert angesehen, war aber der Meinung gewesen, der Schmidt müsse ein guter Freund von Lebrecht gewesen sein und hatte gesagt: Im Kriminale sitze der Schmidt, das sei gewiß; hätte er aber gewußt, daß ihn die Nachricht so erschrecken werde, so würde er nicht so geradezu damit 'rausgefahren sein.

„Was ist denn nu aber aus der Annelie geworden?" hatte Lebrecht gefragt, und es war gewesen, als wolle er dem Amtsrathe die Antwort aus dem Munde herausziehen.

„Annelie?" hatte der gesagt, „wenn das etwa dem Schmidt sein Mädchen ist, so ist sie in die Welt hineingelaufen, kein Mensch weiß wohin! Nu sag' mir doch aber nur, was Dich die Geschichte so ungeheuer angeht? Du bist ja so blaß geworden wie der Kalk an der Wand."

Dem Lebrecht war es aber auch wirklich gewesen, als habe ihm Einer das Herz zugeschnürt und wie er jetzt mit Erzählen angefangen, hatte er gemeint: einmal müsse er sein Herz leer machen, sonst könne er's nicht mehr aushalten, und so gut wie der Amtsrath meinte es doch kein Mensch wieder mit ihm. Und da hatte er über Alles treulichen Bericht gegeben, wie er mit der Annelie aufgewachsen und wie es hernach gegangen; und wie er einmal im Zuge gewesen, war er so warm und so offenherzig geworden, daß der Amtsrath bis auf's Tippelchen gemerkt hatte, wie's in ihm aussah. Was aber bei der

Geschichte zu machen sei, hatte der Amtsrath auch nicht gewußt; das Einzige war gewesen, daß er mit dem Kriminalrichter sprechen und genaue Nachricht hatte einholen wollen.

Die ganze Nacht hatte Lebrecht geträumt, so viel und so toll, wie in seinem Leben noch nicht. Feuer und der Grünthaler Verwalter, Annelie und das Kriminal, das war Alles konterbunt durch einander gegangen, und wie er den Morgen nach Seefeld ritt, um mit dem Oelmüller ein Geschäft wegen des Rapses abzuschließen, war es ihm in seinem Kopfe noch ganz wüst. Von Seefeld ritt er nach Zäunicke hinüber, wo er auch zu thun hatte, und als er nun auf dem Heimwege war und die Gedanken nicht mehr zusammen zu nehmen brauchte, wie er d'rüber nachdachte, was der Amtsrath erzählt, da fing es in seinem Herzen an zu webeln und aufzutauchen, was sein Stolz bis jetzt mit Gewalt niedergedrückt hatte. Annelie stand vor ihm, Annelie mit ihren rothen Backen und ihren kornblumenblauen Augen; aus ihrer Heirath war also nichts geworden, und wenn er nicht d'ran gedacht hätte, wie schlecht es ihr jetzt vielleicht ergehe, hätte er sich über die Geschichte freuen können. Aber nu — wo mochte das Mädchen in ihrer Angst hingelaufen sein? — Was Schöneres, meinte er, könne ihm doch nicht passiren, als wenn er jetzt den Weg fortreite und er sehe vor sich ein Mädchen gehen, und wenn er sie eingeholt habe und ihr in's Gesicht schaue, da sei es die Annelie, die gar nicht mehr wisse, wohin. Und je mehr er sich das dachte, je mehr wurde es ihm, als müsse das so kommen und wie er endlich drüben auf dem Fußsteige eine alte Frau, die ganz krumm unter ihrem Tragkorbe ging, wandern sah, hätte er beinahe seinem Pferde die Sporen gegeben und wäre querfeldein auf sie losgeritten. Wenn er nun aber die Annelie auch wirklich getroffen hätte, da — ja wie er das dachte, war's ihm, als gieße ihm Eins kalt Wasser über sein Herz. Hatte er sie doch aus dem Feuer geholt, hatte sein eigenes Leben d'ran gesetzt und keinen Dank davon getragen — er hatte es ja ganz vergessen, daß sie sich gar nichts aus ihm machte; was hätte 's ihm denn geholfen, wenn er sie auch getroffen? —

Solche Gedanken waren es, die, einer nach dem andern, durch Lebrecht's Seele gingen, und darum machte er zuletzt ein Gesicht so trübselig, als sei er wer weiß wie unglücklich.

Wie er so langsam dahin ritt, hatte er schon lange eine Spur bemerkt, als ob ein angeschossenes Wild den Weg gelaufen sei, hatte aber in seinen Gedanken nicht darauf geachtet. Je weiter er aber ritt, je häufiger und dicker waren die Blutstropfen auf dem harten Wege, und wie er endlich auf die Höhe kam, wo der Buchweiler Forst anfängt, wo es rechts tief und steil in's Thal, zur Unstrut hinunter, geht, da wurde er doch aufstützig, denn da lief die Blutspur wie ein dünner Strick hart am Abhang weg, und endlich gar da hinunter. Sonderbar war das; denn ein Wild, das so stark hätte schweißen können, hätte nicht immer den Weg verfolgt. Lebrecht ritt näher hinzu, wo die Spur den Weg hinunterging — da lag, zwei Schritte vom Wasser, ein Mensch vor zwei Sträuchern, die ihn wahrscheinlich beim Sturze hinunter aufgehalten hatten; er hätte sonst unrettbar in die Unstrut fallen müssen.

Lebrecht kriegte bei dem unerwarteten Anblicke einen wahren Schrecken; mit einem Sprunge aber war er vom Pferde, ging fort bis zum Abhange, und sah schärfer hinunter. Wenn nicht Zwei bis auf's Tippelchen egale Kleider hatten, so war das kein Mensch anders, als der Grünthaler Verwalter, und wie Lebrecht das erkannt hatte, durchfuhr es ihn wie ein kalter Schauer.

Aber mit dem Hinunterschauen war bei der Sache nichts gethan; der da unten war entweder schon todt, oder wenn er's noch nicht war, that ganz gewiß die eiligste Hülfe noth; ihn aber herauf zu bringen, war ein gefährliches Stück Arbeit. Der Abhang war lauter loses Erdgeröll, das keinen festen Fußtritt erlaubte, und hart unten floß die Unstrut mit einem Zuge, daß ein Schwimmer von Profession seine Noth drin gehabt hätte. Lebrecht sah sich nach Leuten auf dem Felde um, aber da war keine Menschenseele zu sehen, und sein erster Gedanke war, heimzureiten und Jemanden zur Hülfe beizuholen. Wie er aber eben auf's Pferd steigen wollte, fiel ihm ein, daß das doch immer eine, auch anderthalb Stunden dauern konnte;

unter der Zeit wäre der Verwalter, wenn er noch lebte, vielleicht gestorben; wenn auch ein schlechter Kerl, blieb er doch immer ein Mensch, und Lebrecht hätte sein Leben auf dem Gewissen gehabt. Noch einmal sah er rings herum, ob Niemand da war, der ihm hätte beistehen können, und wie sich kein Mensch blicken ließ, band er das Pferd an den nächsten Baum und machte sich allein an die Arbeit, hinunter zu kommen. Vorsichtig grub er sich bei jedem Schritte mit dem Absatze tief in die Erde hinein, hielt sich an den einzeln stehenden Sträuchern fest und war bald da, wo er sein wollte.

Der Verwalter rührte kein Glied und that keinen Athemzug mehr, aber er war noch warm und Lebrecht hörte das Herz noch schlagen. Erst konnte der gar nichts bemerken, woher das Blut auf dem Wege eigentlich gekommen war; wie er sich aber eine feste Stellung gegeben hatte und den Menschen bei beiden Armen in die Höhe richtete, da wurde er es auf eine grauliche Art gewahr. Der Boden unter dem Verwalter war ganz mit Blut gesättigt und am Hinterkopfe konnte man vor Blut und Erde keine Haare mehr sehen. Lebrecht schüttelte sich erst einmal; nachher aber faßte er ihn unter die Arme und hob ihn ein Stück den Abhang hinan, so weit es ging; dann machte er sich neben ihm wieder eine feste Stellung, packte wieder zu und hob ihn ein neues Stück hinauf, und so ging's fort, bis er ihn glücklich oben hatte. Nun konnte er nichts weiter thun, als den halbtodten Menschen mit auf seinen Schimmel nehmen und so heim reiten; das ging aber nur, wenn Lebrecht ihn, wie der Metzger das Kalb, vor sich auf den Sattel nahm, und wie er ihn auf die Art behutsam über das Pferd gelegt hatte und selber darauf gestiegen war, nahm er den Kopf des Menschen in seinen linken Arm und ließ das Pferd langsam davon gehen. Noch konnte er Buchweiler nicht sehen, da fing der Verwalter an zu stöhnen und zu grunzen, und wie der Gaul einmal einen falschen Tritt that und Lebrecht mit dem Arme in die Höhe fuhr, schrie und wimmerte er so gotteserbärmlich, daß Lebrecht seelenfroh war, als er endlich in den Amtshof einritt. —

Es war gegen Abend. In einer Kammer, die immer nur

benutzt wurde, wenn Jemand Fremdes auf dem Gute zur Nacht blieb, lag der halbtodte Verwalter auf dem Bette und hatte den Kopf dick mit Tüchern verbunden.

Als Lebrecht mit ihm angelangt, war der Amtsrath auf dem Felde gewesen, und wie er heimgekommen und den eingebrachten Vogel und den Balbier, den Lebrecht hatte holen lassen, gesehen hatte, wäre er beinahe ärgerlich geworden, daß Lebrecht so viel Umstände mit dem Kerle gemacht hatte. Auf den Mist gehöre so Einer, hatte er gemeint; zum Sterben werde es so nicht gleich mit ihm sein, denn der sei Keilereien und Löcher im Kopfe gewöhnt, wie der Hund die Flöhe. Wie aber der Balbier den Kopf abgewaschen und die Haare kahl abgeschnitten und der Verwalter dabei geschrieen hatte, als wenn er am Spieße stäke; wie der Balbier den Schädel untersucht und dazu ein Gesicht gemacht und mit der Hand geschlenkert hatte, als ob ihm die verbrannt sei; wie er gemeint hatte, so was sei ihm doch noch nicht vorgekommen, die Hirnschale sei kaput geschlagen wie ein hohler Topf, er könne nichts weiter thun, als etwa ein kühlendes Pflaster d'rauf legen, und er glaube nicht, daß der den andern Morgen erleben werde — da hatte der Amtsrath doch andere Saiten aufgezogen.

Kaum war der Kopf verbunden gewesen und der Verwalter wieder niedergelegt, so war es über ihn gekommen, wie ein furchtbares Fieber. Zeug hatte er geredet, von dem kein Mensch ein Wort verstanden, und immer schneller war das gegangen, bis er endlich mit Händen und Füßen um sich geschlagen und sich gebehrdet hatte, wie ein Tollwüthiger. —

Jetzt lag er, ganz still und kaput von seinem Toben, da, wimmerte nur manchmal und sprach dazwischen heimlich vor sich hin. Neben dem Bette stand Lebrecht und horchte auf die verwirrten Reden, und der Amtsrath, der eben nicht meinte, daß der Kerl so viel Mitleiden verdiene, verwunderte sich, wie Lebrecht so grausam viel Theilnahme haben könne. Der aber machte ein Gesicht, wie wenn Einer auf den Marder paßt, der im Taubenschlage steckt, und wie der Amtsrath anfangen wollte zu sprechen, winkte er haftig mit der Hand und bog sich noch tiefer zu dem Munde des Verwalters.

Der war wieder unruhiger geworden. „Fortjagen?" murmelte er zwischen den Zähnen, „ho, ho! ich tränk' Dir's schon wieder ein! — Trink', Bruder, 's ist kalt — bist Du fertig? — wirf den Schwefel 'nein, dahier auch noch was! — 's brennt, 's brennt, siehst Du das schöne Feuerchen? — Kneiper, jetzt kneipe ich Dich, jetzt — Hallunke, Hallunke!" schrie er mit einem Male auf, fiel aber auch gleich mit einem dumpfen Schmerzensschrei wieder zurück. Erst stöhnte er wieder eine Weile, hernach ging's aber wieder los, erst langsam, dann immer und immer geschwinder.

„Trink' doch, Brüderchen — wir machen wieder gute Geschäfte — dem Dicken drück' ich die Kehle zu, und dem Andern haben wir ein Fäckelchen angebrannt — was willst Du? Zum Teufel scheeren soll ich mich? — Du, Du Hundsfott, da hast Du's! — Mein Kopf, o! o! mein Kopf!" schrie er wieder gerade hinaus, „Kilian, schlag' nicht mehr! denk' an die alte Freundschaft! ooh!" heulte er im wüthenden Schmerze auf und schlug wieder tollwüthig mit Händen und Füßen um sich; mit einem Male aber schnellte er in die Höhe, Lebrecht sprang erschrocken zurück, und krach! stürzte er aus dem Bette auf die Erde. Der Balbier sprang herbei und hob ihn mit Lebrecht wieder auf's Bett — ein-, zweimal hob er noch den Arm, stöhnte noch einmal, verdrehte die Augen und that keinen Athemzug mehr.

„Solche Höllenbrut!" fing jetzt der Amtsrath an, „wenn ich's nicht gehört hätte, glaubt' ich's nicht — was kommt da Alles an's Tageslicht!"

Lebrecht rieb sich die Stirne. „Da liegt der Mensch!" sagte er endlich, „und der alte Schmidt liegt im Kriminale. Haben Sie's nun gehört, wer die Scheune in Grünthal angesteckt hat?"

Der Amtsrath sah Lebrecht groß an. „Schock Element!" sagte er mit einem Male, „da dran hab' ich ja gar nicht gedacht! Ich lasse den Gerichtsdirektor holen und der Kerl muß ausführlich beichten oder ich thue was anders!"

„Der spricht kein Wort mehr!" sagte der Balbier und

richtete sich von dem Verwalter in die Höhe, „der ist in Jammer und Sünde hinüber gefahren; Gott sei seiner armen Seele gnädig!"

———

Es giebt Einrichtungen in der Welt, vor denen man sich ordentlich fürchten möchte, weil sich Keins davor verwahren kann, und die doch sein müssen. Da passirt zum Exempel irgend ein Spitzbubenstreich, eine Mordthat oder eine Brandstiftung, und Einer, der mir nicht grün ist, läßt ein paar Worte fallen, als scheine es ihm bei mir gar nicht richtig; ich sei zu selbiger Zeit, wo das passirt, nicht daheim gewesen, und das und das komme ihm verdächtig vor — rrr! sind die Polizeidiener da und nehmen mich mit, ich mag sagen, was ich will. Werde ich nun auch unschuldig befunden, so ist doch mein guter Name zum Teufel; „er hat gesessen!" heißt's, und die mich nicht leiden können, zucken die Achsel und sprechen: „Sie haben freilich nichts auf ihn bringen können, aber es läuft mancher Spitzbube 'rum, dem man auch nichts nachweisen kann, und von dem doch alle Leute wissen, was er für Einer ist!" — Und wenn es nun lange gedauert hat, bis ich losgekommen bin und mein Geschäft ist derweile kaput gegangen, da giebt mir noch nicht einmal Eins ein gutes Wort dafür, ich mag davon sterben oder verderben. — Das ist ein bös Ding und doch kann's nicht anders sein und wird nicht anders werden, so lange noch Kriminal und Polizei zu sorgen und zu arbeiten haben, daß die ordentlichen Leute ruhig schlafen können, und so lange nicht Jeder ein Guckfensterchen im Kopfe hat, wo man schauen kann, was jeder Mensch für Gedanken hat.

So war Tobias Schmidt auch hingesetzt worden, und das Gericht hatte nicht fragen können, ob ihm das was schade oder nicht. Wer ihn schon nach acht Tagen wiedergesehen hätte, der hätte ihn kaum wiedererkannt, so hatte ihn die Geschichte heruntergebracht, und wie der Amtsrath und Lebrecht auf's Kriminal kamen, um anzuzeigen, was sie von Kneiper's Verwalter vor seinem Sterben gehört, und wie sie den armen Tobias zu sehen kriegten, da schlug Lebrecht vor seinen hohlen Backen und zitternden Beinen die Hände zusammen und sagte: das werde der Kneiper in seinem Leben und einmal im Himmel nicht verantworten können.

Tobias war nun wohl in ein leichteres, freundlicheres Gefängniß gebracht worden, aber mit dem Freisprechen war es noch lange nichts gewesen; die Worte, die Einer im Fieberwahnsinn ausstößt, sind für den Kriminalrichter keine Beweise; erst mußte noch gar Vielerlei untersucht und festgestellt werden, und das Erste war, daß der Kilian aus Zäunicke, von dem der Verwalter mit geredet hatte, in Untersuchung kam.

Lebrecht und der Amtsrath mußten zufrieden sein mit dem, was sie ausgerichtet und ritten wieder heim. Sie schwatzten mancherlei unterwegs über die Geschichte, und der Amtsrath meinte endlich: wenn's dem Lebrecht so sehr am Herzen läge, daß es dem alten Schmidt gut ergehe, so könne der ja, wenn er freigesprochen, nach Buchweiler kommen; Lebrecht wisse ja doch, daß er bei ihm nur zu verlangen brauche. — Der Amtsrath sei doch gar zu gut, sagte Lebrecht, wenn er das thun wolle, so nehme er ihm einen großen Stein vom Herzen, er habe ihn schon darum bitten wollen, aber es sei ihm gar zu unverschämt vorgekommen. Die Annelie müsse sich doch auch einmal wiederfinden und hernach wisse die doch auch wohin.

„Ach, ja so!" sagte der Amtsrath und lachte vor sich hin, als komme ihm eben ein wunderhübscher Gedanke in die Seele, „da hatte ich gar nicht d'ran gedacht; nu, 's ist schon recht!"

Lebrecht wurde roth wie ein Mädchen, aber da lachte der Amtsrath noch mehr, gab seinem Braunen die Sporen und galoppirte voraus.

Die Beiden waren jetzt in der Höhe von Wieserode; das ist, wenn man aus der Stadt kommt, der letzte Ort vor Buchweiler, und von der Straße führt ein Fußsteig hinüber nach dem Dorfe. Wie Lebrecht eben ansetzen wollte, um dem Amtsrathe nachzutraben, kam Einer mit Hacke und Grabscheit über das Feld her und wie der Blitz fuhr's dem Lebrecht über das Gesicht. Schrittchen für Schrittchen ritt er, bis der heran war, und wie er über die Straße ging, rief Lebrecht: „Guten Tag, Christian, was machst Du denn?!"

Der fuhr in die Höhe, als hätte ihm Eins einen Puff gegeben und sah den Reiter und das Pferd, und das Pferd und den Reiter an, als wär' das ein Wunderding; „Schwerenoth, Lebrecht!" sagte er endlich, „bist Du's denn auch? Kerl, wie siehst Du denn aus? Dir hat wohl der Teufel geholfen?"

„Ja, wie seh' ich aus!" antwortete Lebrecht und hielt den unruhigen Mohrenschimmel an, „der Teufel hat mir nicht geholfen; aber wenn Du's doch wissen willst, so sperr' die Ohren auf — der ‚Studente' hat's gethan, weißt Du's nun?"

Fort tanzte das Pferd und Christian schien vor lauter Verwunderung das Gehen verlernt zu haben, denn wie die beiden Reiter kaum mehr zu sehen waren, stand er noch immer an der Straße, sah ihnen nach und überlegte, was der Lebrecht mit dem „Studenten" habe sagen wollen. Wahrscheinlich, dachte er endlich, habe ihn der nur auszuzen wollen, weil er ihn, von wegen seiner Erfurter Gelehrtheit, früher immer zum Narren gehabt; so klug sei er auch, um zu wissen, daß sich Keiner mit dem Federfuchsen, und was dazu gehöre, so ein Pferd und solches Zeug auf den Leib schaffen könne. Verwunderlich, meinte er, bleibe die Geschichte immer, und so ging er kopfschüttelnd seinen Weg weiter. —

's giebt viele solche Christian's noch heut zu Tage in der Welt, die nicht begreifen können, wie sich Einer durch solche Sachen helfen kann, und die sich lieber von zehn Pfiffköpfen anschmieren lassen, als daß sie sich einmal selber um das Schreibe- und Lesezeug und so weiter bekümmerten. — —

Lebrecht saß den Abend in seiner Stube und kratzte sich in den Haaren. Er dachte darüber nach, was ihm der Amtsrath auf dem Heimwege versprochen, und je mehr er darüber nachdachte, je lieber hätte er's gesehen, wenn die Geschichte nicht so gekommen wäre. Annelie und er in einem Hause, an einem Tische — das war ein bös Ding! und was daraus werden sollte, wußte er gar nicht. Annelie, meinte er, mache sich nichts aus ihm, und wenn etwa der Amtsrath denke, aus ihnen Beiden solle ein Paar werden, wie's ihm heute beinah' geschienen, da werde er nimmermehr Ja dazu sagen; er wolle und werde sich keinem Mädchen aufdrängen und aus Barmherzigkeit solle ihn auch keine heirathen! Sie aber immer und immer zu sehen, alle Tage, bis in's Blaue hinein, und nicht sagen zu dürfen: „Herz-Annelie, ich habe Dich lieb wie mein Leben!" und es am Ende mit anzuschauen, wie der erste, beste Dummbart eine Geschichte mit ihr anfange, das könne er nicht ertragen, und lieber werde er seiner Wege gehen und zusehen, wo anders anzukommen.

Als er sich in's Bett geworfen hatte, konnte er lange nicht einschlafen; hier stand Annelie, da stand Annelie, und wie er endlich doch in Schlummer fiel, träumte er tausenderlei verrückte Dinge, aber überall war die Annelie mit dabei. —

Seit Lebrecht auf's Gut gekommen, war Alles gegangen, daß der Amtsrath nur immer seine wahre Lust daran gehabt. Hatte er manchmal gemeint, das und das müsse morgen wohl gemacht werden, da war es gestern schon fertig gewesen; hatte er nach dem und jenem sehen wollen, da war vom Lebrecht schon überall Ordnung geschafft. Hof und Ställe waren immer aufgeräumt wie eine Putzstube, Knechte und Mägde thaten ihr Tagewerk wie am Schnürchen, und Alles ohne großen Spektakel und Krakehl, daß es auf dem Gute so ruhig und friedlich zuging, wie in einer wohlgeschmierten Uhr.

Jetzt aber war's beinah, als habe den Lebrecht Eins vor den Kopf geschlagen. Manchmal ging er herum wie im Traume und gab verkehrte Antworten, wenn ihn Jemand fragte; nachher wurde er verdrießlich und fuhr die Leute an, wo sie's nicht verdient hatten, und wenn er es manchmal merkte, wie er war, schien er sich über sich selber zu ärgern und sich aufrappeln zu wollen, aber es dauerte immer nicht lange, da stand er wieder da und sah stier vor sich auf einen Fleck und fuhr erschrocken in die Höhe, wenn ihn Eins anred'te.

Der Amtsrath sah das mit an, sagte aber kein Wort dazu und machte nur ein Gesicht, als wisse er Bescheid. —

Drei oder vier Tage mochten so vergangen sein, da kam einmal Abends der Amtsrath heim und ließ Lebrecht zu sich rufen. „Du," sagte er, „wir müssen wieder in's Kriminal, der alte Schmidt wird in den nächsten Tagen freigesprochen. Besorge Alles, daß wir morgen wegbleiben können. Geht's, so nehmen wir den armen Kerl gleich mit her, und wollen hernach ein Ausschreiben machen, daß wir sein Mädchen auch bald finden. Was? Ist es so recht?"

Lebrecht wurde erst roth und dann wieder blaß. „Wie — ist denn das auf einmal so geschwind gekommen?" fragte er endlich.

„Nu, Schock Element!" sagte der Amtsrath und schüttelte den Kopf, „Du thust ja gerade, als wäre Dir damit ein Leides geschehen! — Dem Kilian aus Zäunicke haben sie im Kriminale wahrscheinlich gehörig zugesetzt, denn er hat gestern die ganze Geschichte gestanden. Mit dem Verwalter zusammen hat er die Scheune angesteckt; der Eine hat sich rächen und der Andere beim Brande stehlen wollen. 's ist eine schöne Gesellschaft! Wie's nun nichts geworden ist, hat der Kilian sich den Verwalter vom Halse schaffen wollen; der hat das aber krumm genommen und hat dem Kilian Abends aufgelauert. Der Kilian aber hat was gemerkt, hat einen von seinen Kumpanen mitgenommen, und wie der Verwalter ankommt, decken sie ihn so jämmerlich zu, daß sie am Ende denken, sie haben ihn todtgeschlagen. Damit die Geschichte nicht hat 'rauskommen sollen, haben sie ihn bis zu der Unstrut getragen und hineinwerfen wollen, haben es aber in der Dunkelheit nicht gesehen, daß er da hängen geblieben ist, wo Du ihn gefunden hast. Nun will ich Dir was sagen, Lebrecht; setz' Dich einmal hierher und hör' mir ordentlich zu. Siehst Du, ich habe keine nahen Verwandten, kein Kind und kein Kegel, das mich lieb hat. Wie das so gekommen ist, erzähle ich Dir ein ander Mal. 's ist mir schon manchmal im Kopfe und auch im Herzen 'rumgegangen, und ich habe oft den ärmsten Bauer beneidet, wenn ich's gesehen habe, wie er Abends vom Felde gekommen ist, wie die Kinder ihm entgegen gelaufen sind und sich an seine Arme und Beine gehängt haben, wenn dann seine Frau mit einem Schreihals auf dem Arme aus der Thür getreten ist und der ihm auch noch seine kleinen Arme entgegengestreckt hat. — Hätte mir Wilhelm nicht durch Spitzbubenstreiche vergolten, ich hätte den vielleicht an Sohnesstatt angenommen — da ist auch nichts draus geworden. Was ich nun an Dir kennen gelernt habe und was Du mir von Deiner Annelie erzählt hast, das hat mir gar wunderhübsche Gedanken gebracht. Horch einmal, was meinst Du dazu? Das Mädchen soll erst eine Weile hier sein, und hernach, wenn's ihr gefällt, heirathet Ihr Euch einander und bleibt bei mir bis ich einmal sterbe. Und daß Ihr später genug habt, werde ich auch bei Zeiten sorgen. Na, was?"

Dem Lebrecht wurde es, als solle ihm das ganze Herz auseinander gehen. „Lieber, guter Herr Amtsrath!" sagte er, und das helle Wasser trat ihm in die Augen, „das Mädchen kann mich ja nicht leiden; sie will mich ja gar nicht!"

„Was, nicht leiden?" rief der Amtsrath, „hat sie Dir das schon ordentlich gesagt?"

„Nu, wenn auch nicht gesagt," meinte Lebrecht und besah seine Finger, „so habe ich's doch genug merken können!"

„Ach, dummes Zeug!" sagte der Amtsrath, „das wollen wir erst sehen. Wenn sie keinen andern Schatz hat, muß sie Dich gern haben. Bist Du nicht ein Kerl, an dem Gott und die Welt ihre Freude haben? Hat denn schon ein Anderer für sie unternommen, was Du gethan hast?"

„Ach, das zieht Alles nicht, Herr Amtsrath, so ein Mädchen ist ein Ding, aus dem gar kein Mensch ordentlich klug wird!" antwortete Lebrecht trübselig.

„Dummes Zeug! verdirb mir meine Freude nicht!" sagte der Amtsrath. „Besorg' Alles, daß wir morgen bei Zeiten wegkommen, und setz' Dir keine Fliegen in den Kopf, die nicht 'nein gehören!"

Wie Lebrecht über den Hof ging, war's ihm, als solle er gerade zum Himmel hinaufjauchzen, und zu gleicher Zeit, als solle er sich mit beiden Fäusten vor den Kopf schlagen. Wenn heute die Leute auf dem Gute nicht selber gewußt hätten, was zu machen war, so wäre gewiß Alles konterbunt durcheinander gegangen, denn von dem Lebrecht konnte Keins ein gescheidtes Wort erfahren.

Es war den andern Tag; die Sonne war schon hinunter und die Dämmerung breitete sich wie ein grauer Schleier über die Gegend aus, da ritten der Amtsrath und Lebrecht wieder aus der Stadt heim. Schmidt's Freisprechung war wohl erfolgt, aber nach Buchweiler hatte er nicht mitgekonnt; der alte Tobias war krank geworden; die Angst, der Gram, die vielen Gedanken und das lange Einsperren hatte er mit der Zeit nicht ertragen können. Jetzt hatte ihn der Amtsrath in einen Gasthof bringen lassen, wo er bekannt war, und wollte morgen einen Wagen schicken, der ihn holen sollte.

Von den Beiden sprach Keins ein Wort. Der Amtsrath sah so recht stillvergnüglich in die Welt hinein und mochte an eine Zukunft denken, die er sich wer weiß wie schön ausmalte. Lebrecht aber sah vor sich auf den Sattelknopf, dachte an die Dinge, die da kommen sollten, und das Herz war ihm so voll, daß er am liebsten geheult hätte, wenn ihm das nicht gar zu erbärmlich vorgekommen wäre. Der Amtsrath hatte die Sache mit dem Ausschreiben richtig besorgt, und auf dem Gerichte hatten sie gemeint, wenn das Mädchen nicht geradezu nach Amerika gegangen sei, werde sie sich gar bald wieder finden. Kam sie nun nach Buchweiler und der Amtsrath wollte die Heirathsgeschichte in Ordnung bringen und sie sagte nein! dazu, da, meinte Lebrecht, müsse er doch vor Aerger und Scham gerade in die Erde hineinkriechen, das ertrage er nicht, und lieber wolle er dem Amtsrathe sagen, daß er von der Sache gar nicht anfange. Eine Ewigkeit könne es doch nicht dauern, bis Ullerstadt wieder aufgebaut sei und bis dahin werde er schon ein gleichgültiges Gesicht machen können, sollte ihm auch das Herz dabei wer weiß wie weh' thun. Ja, wenn Annelie noch so gewesen wäre, wie zu der Zeit, wo sie mit der Ziege zusammen Hochzeit gespielt, wo sie sich ein Haus auf dem Heuboden gebaut hatten; wenn sie ihn jetzt noch so mit ihren blauen Augen ansehen würde — —

„Aber Lebrecht! Du! Lebrecht!" schrie der Amtsrath neben ihm, „hörst Du denn gar nicht? Zweimal habe ich Dich schon gefragt, und Du hast mir keine Antwort gegeben. Hörst Du denn nicht den Spektakel drüben in Wieserode? Das schreit ja wie nicht gescheidt! Haben die schon Kirms oder was ist da sonst los?"

Lebrecht fuhr aus seinen Gedanken in die Höhe und brauchte einen Augenblick, um sich zu besinnen, wo er eigentlich war. „Das klingt mir verdächtig!" sagte er, wie er eine kurze Weile gehorcht hatte; „das ist ein Unglück oder sonst so was; wollen wir 'nüber?"

„Ja, ja!" nickte der Amtsrath und im scharfen Trabe gingen die Pferde auf dem Fußsteige über das Feld. Sie waren noch nicht ganz am Dorfe, da stürzte hinter den Häusern eine Weibsperson hervor und jagte in fliegender Hast über die Felder; hinter ihr her aber stürmte eine wilde Rotte mit Fluchen und Schreien: „Halt auf! schlagt sie todt, die Mordbrennerin!"

Lebrecht wurde blaß wie eine Leiche und parirte das Pferd, daß es beinahe auf den Hinterbeinen zusammenknickte. — Da brach vorn die Weibsperson zu Boden und mit Hurrah! sprangen die Wieseroder drauf los. „Das ist Annelie, so wahr Gott im Himmel lebt!" schrie Lebrecht mit einem Male; hoch auf bäumte sich sein Pferd und mit drei Sätzen war er zwischen dem Mädchen und ihren Verfolgern. Die prallten vor dem sausenden Schimmel zurück; aber Lebrecht hatte für sie keine Augen; vom Pferde springen, neben das bewußtlose Mädchen knieen und sie in die Höhe richten, war bei ihm eins. „Annelie, liebe gute Annelie, lebst denn noch?" rief er, wie ganz außer Athem, „komm' doch zu Dir, es soll Dir kein Mensch was thun!" Annelie aber lag in seinen Armen, sah und hörte, rührte und regte sich nicht, und nur ein ganz schwaches Athemholen zeigte, daß sie noch nicht ordentlich todt war.

Den Wieserodern war dies so unerwartet gekommen, daß sie wahrscheinlich nicht gleich wußten, was sie machen sollten, erst den Lebrecht und das Mädchen, dann sich einander ansahen; wie aber der Amtsrath, der die Polizei über Wieserode mit hatte, herbeikam und vom Pferde sprang, da wichen sie doch zurück.

„Schock Schwerenoth! Kerls, was macht Ihr denn für Krakehl!" fuhr der heraus, „was hat Euch denn das

Mädchen gethan, daß Ihr sie gerade wie ein Rudel Hunde den Hasen jagt?"

"'s ist die Mordbrennerin!" schrie Einer in dem Haufen, "dahier, der kennt sie ganz genau!"

"Ja, 's ist die Mordbrennerin aus Ullerstadt!" fing Wenkmann's Christian, der zuvorderst stand, an, "und die muß ich kennen, ich bin selber aus Ullerstadt! Wir wollen sie festhalten und da braucht sich gar Niemand 'nein zu mengen!"

"So, Musje Naseweis?" sagte der Amtsrath und faßte ihn bei der Schulter. "Er hat wohl die ganze Geschichte angezettelt? Wenn ich Ihm nun aber sage, daß das Mädchen gerade so unschuldig ist wie ich und Er, und sie ihn aber auf's Gericht fordern wird, und daß Er, wenn Er nicht das Sühne- und Schmerzensgeld bezahlen kann, in's Loch gesteckt wird? He? Ich soll mich nicht 'nein mengen? werde's ihm gleich weisen! — Ihr gebt mir auf den da Acht', daß der mir nicht davon läuft!" — rief er den Andern zu, "sonst müßt Ihr mir selber für den ganzen Krakehl stehen!"

"'s ist Keiner aus dem Dorfe, Herr Amtsrath, 's ist ein Fremder!" schrie Einer.

"Ja, 's ist ein Fremder, Herr Amtsrath!" schrieen Andere.

"So! und von dem laßt Ihr Euch solches Zeug vorschwatzen? Schämt Euch doch Alle miteinander, daß Ihr nicht witziger seid! Allo, packt einmal mit an, daß wir das arme Mädchen in die Schenke bringen, und dankt Gott, wenn sie wieder lebendig wird!"

Zwanzig Hände faßten auf einmal zu, hoben das Mädchen in die Höhe und trugen sie nach dem Dorfe; Andere führten die Pferde nach.

Waren die Leute schon zusammengelaufen, wie sie Annelie zum Dorf hinausgejagt hatten, so liefen sie erst recht herzu, wie sie sie wieder hereinbrachten.

Der Balbier, der niemals fehlte, wo's was Neues gab, war der Erste mit, der in die Stube der Schenkwirthin trat, wo das Mädchen auf's Bett gelegt wurde. Dahier müsse gleich Ader gelassen werden, sagte er und zog seinen Balbiersack aus der Tasche; eine Frau aber meinte, das Mädchen sei vor Hunger umgefallen, sie habe den Tag über noch nichts gegessen, das wisse sie von ihr selber. Indem kam Lebrecht mit frischem Wasser angelaufen und der Amtsrath schob den Balbier bei Seite. „Kinder, thut mir den Gefallen und geht Eurer Wege!" sagte er, wie endlich Alles so voll war, als gäb's das größte Wunderding zu schauen, „wer nicht helfen kann, hat auch hier nichts zu suchen!" und die Leute räumten bis auf die Wirthin und den Balbier die Stube.

Der Amtsrath hatte das Mädchen mit kaltem Wasser besprengt, und wie's mit dem Aderlassen nichts gewesen war, hatte der Balbier Schwamm aufgeschlagen und hielt ihn unter Annelie's Nase; Lebrecht aber stand daneben und konnte kaum Athem holen; so beklommen war es ihm nicht gewesen, als er in das brennende Haus gestiegen war. Da that Annelie einen tiefen Athemzug, nieste ganz herzhaft und schlug die Augen auf. „Prost! und wohl bekomme Dir's!" rief der Amtsrath; Annelie aber sah eine Weile gerade in die Stube hinein und hernach mit ängstlichem Blicke auf den Amtsrath, den Balbier und die Wirthin. Wie Lebrecht ihre Augen wieder sah, dachte er, das Herz müsse ihm von einander gehen und er meinte, er wolle doch nur hinter den Andern vortreten, daß Annelie wenigstens ein bekanntes Gesicht sehe. „Bleib' Sie nur ruhig, Jungfer, Sie ist bei guten Freunden!" sagte er, so gut es gehen wollte, denn es war, als könne seine Stimme gar nicht heraus; wie aber Annelie den Ton hörte, fuhr sie mit einem Male mit dem Kopfe herum, ihre Augen fingen an hell aufzuleben, „Lebrecht!" schrie sie, daß es den Andern in der Stube ordentlich in's Herz hinein fuhr, „Lebrecht!" und damit schnellte sie auf dem Bette in die Höhe und fuhr auf ihn los, ehe der noch wußte, wie ihm eigentlich geschah. Da fühlte er aber ihre beiden Arme um seinen Hals geschlungen, er fühlte ihr Gesicht an seiner Backe, und ihm ward's, als müßte Alles in ihm rebellisch werden. „Lebrecht, Lebrecht!" weinte Annelie, „bleib' bei mir, sonst muß ich sterben und verderben! Sie haben meinen Vater fortgeschleppt, sie haben mich gehetzt wie ein wildes Thier; ich laß Dich nicht wieder, Lebrecht, sei gut, stoß' mich nicht fort!"

„Ju — ju — Annelie, Herzannelie!" rief Lebrecht, dem das helle Wasser in die Augen geschossen war, er wußte selber nicht wie, — — „ich hab' ja nichts dawider, — ich hab' Dich ja lieb wie mein Leben selber — wenn Du mich leiden kannst — ich meinte ja, Du wolltest nichts von mir wissen!"

„Ach, Lebrecht," schluchzte Annelie und drückte ihr Gesicht auf seine Schulter, „ich bin Dir ja gut gewesen vom Anfange, so gut, daß ich's gar nicht sagen kann wie, und ich hab's schwer genug büßen müssen, daß ich so häßlich gewesen bin."

„Meine Annelie, mein Leben, nun wird Alles gut!" jauchzte Lebrecht in die Höhe, und wenn jetzt die ganze Stube voll fremder Leute gewesen wäre, er hätte sich nicht mehr halten können; mit beiden Armen faßte er sie um ihren Leib und fing an das Mädchen zu herzen und zu küssen, daß er und sie und sie und er die ganze Welt um sich herum vergaßen. Der Amtsrath stand daneben, rieb sich die Hände und lachte mit dem ganzen Gesichte, die Wirthin hatte die Hände über die Schürze zusammengelegt und schaute ganz stillvergnügt drein; der Balbier aber hatte sich halb auf die Zehen gestellt, den Hals vorgestreckt und machte ein Gesicht, wie wenn ein Hungriger eine recht extra delikate Mahlzeit dastehen sieht und nicht davon essen darf. —

Wie die Annelie nun wieder in die Höhe schaute, erst tief hinein in Lebrecht's braune Augen, die gar nicht aus ihrer Seele gewollt hatten, hernach aber auf die Andern und die so dastehen sah, da schoß ihr doch das ganze Blut ins Gesicht, und sie wußte gar nicht, wo geschwind genug damit hin.

„Schäme Dich nicht, Mädchen!" lachte der Amtsrath, „hast den hübschesten und bravsten Burschen im ganzen Lande geküßt und weißt noch gar nicht, wie er's um Dich verdient hat. Herzt und küßt nur derweile zu und erzählt Euch was, ich will heimreiten und einen Wagen holen, die Zeit wird Euch wohl nicht zu lang werden!" Und damit hatte er den Balbier beim Arme genommen und zur Stube hinausgeführt, ehe er nur wußte, was das eigentlich werden sollte; die Wirthin hatte auch gemerkt, was der Amtsrath wollte und war hinterdrein gekommen; Annelie aber sah wieder hinauf in ihres Lebrecht's braune Augen, und — ja, nun sind sie alle Beide allein drin, und was sie da mit einander gesprochen haben, weiß ich nicht. Was ich aber nicht weiß, kann ich nicht erzählen, denn meine Geschichte ist keine solche, wie sie Einer in seinem Kopfe aushecft; die zur Zeit des Ullerstädter Brandes in Ullerstadt und Buchweiler bekannt gewesen sind, werden sich auf alle die Sachen, die ich erzählt, noch ganz gut besinnen und mir die Wahrheit bezeugen können.

———————

Nunmehr könnte ich sprechen: „Lieber Leser, wenn Dir's einmal recht grundschlecht geht, so denke an Annelie und an ein anderes Ding: Gottvertrauen läßt nicht zu Schanden werden!" und könnte von Rechtswegen mein Buch zumachen; denn was nun kommt, kann sich Jedweder an seinen fünf Fingern abzählen. Es fällt mir da aber noch was Anderes ein, und das soll auch noch mit dastehen.

Es war ungefähr sechs Jahre später. Die Franzosen waren in's Land gekommen, und wo nicht aufgetragen wurde, daß der Tisch knackte, machten die Parlewuh's nicht viel Federlesen mit ihren Wirthen.

Da saß eines Abends vor der Hausthür auf dem Buchweiler Gute eine Weibsperson und hatte ein kleines Mädchen von ungefähr vier Jahren auf dem Schooße. In ihrem Gesichte war schon manche Furche, und unter der Mütze sah hier und da ein graues Haar hervor. Daneben saß ein alter Mann, hatte eine Tabackspfeife im Munde und blies die Dampfwolken nachdenklich in die stille Abendluft hinein. Das war aber kein Mensch anders als Tobias Schmidt und, die daneben saß, die alte treue Christie. Tobias war nicht wieder nach Ullerstadt gezogen; dort, hatte er gemeint, wäre sein guter Name doch kaput, und er müsse bei jedem scheelen Blicke und bei jedem halben Worte denken, es wolle Eins auf's Kriminal sticheln, und das könne er nicht ertragen. Zu seinen Grundstücken hatten sich Käufer die Menge gefunden, und da war er bei seinen guten Freunde, dem Amtsrath, und bei seinen Kindern in Buchweiler geblieben. — Daß aber Christie bei der Annelie auf dem Amtshofe war und da gute Tage hatte, wird wohl Niemand Wunder nehmen. Wem das kleine Mädchen gehörte, das sie auf dem Schooße hatte, wird sich auch Jeder selber denken können; hätte es noch eine Mandel Jahre mehr gehabt, so wäre es, mit seinen blauen Augen, rothen Backen und blonden Haaren, die lebendige Annelie gewesen.

Wie die so dasaßen, kam ein alter Kerl zum Thorwege herein, hatte einen zerrissenen Rock und zerrissene Hosen an und sah sich scheu auf dem ganzen Hofe um. Langsam kam er endlich auf die Beiden los. „Guten Abend," sagte er, „ist denn die Herrschaft wohl daheim?" Tobias fuhr ordentlich zusammen, als der anfing zu sprechen; es war ihm gerade, als müßte er den Mann kennen, aber er wußte gar nicht, wo er ihn hinthun sollte. Christie aber sah ihn verdächtig von der Seite an und fragte ihn, was er wolle.

Ja, sagte der, er müsse die Herrschaft selber sprechen, er wäre ein Vetter von ihr.

„Was Schock Stern!" fing Tobias an und kratzte sich in den Haaren, „Ihr seid doch nicht etwa — ich kann mir's gar nicht denken — Kneiper?"

„Ja, das bin ich, Vetter Schmidt," sagte der Mann, „man erkennt mich freilich nicht wieder, mich haben die letzten acht Tage kaput gemacht. Ich hatte das ganze Haus voll Franzosen, und weil ich mich nicht zu Grunde richten lassen wollte und nicht mit Allem 'rausrückte, was das Soldatenpack verlangte, haben sie mich beinahe todt geschlagen und mir zuletzt das Haus über dem Kopfe angesteckt. Nun bin ich acht Tage 'rumgelaufen in Kummer und Elend, und kein Mensch hat mich aufnehmen wollen."

„Und nu kommt Ihr dahier her?" fing Christie mit einem Male an, setzte das Kind auf die Erde und stand auf, „sagt einmal, schämt Ihr Euch denn nicht in Eure eigene Seele hinein? wißt Ihr denn gar nicht mehr, wie Ihr's mit meinem Herrn dahier und mit der armen Annelie getrieben, wie Ihr sie alle Beide so niederträchtig in's Elend gebracht habt? Und

Ihr traut Euch noch hier auf den Hof und habt keine Angst, daß Ihr mit kaput geschlagenen Knochen wieder hinausfliegt? J, so ging' ich doch lieber in's nächste Wasser, als daß ich zuletzt noch so ohne alle Scham und Scheu daher käme. Habt Ihr denn nun einmal Euern Lohn gekriegt, hat Euch denn nu einmal Euer Geiz nu selber den Hals gebrochen? Und warum laßt Ihr Euch denn nicht von Eurem schönen Jungen ernähren, der so gehörig war, daß es keinen besseren geben konnte, he?"

Der alte Kneiper stand in seinem zerrissenen Zeuge da und zitterte an Händen und Beinen.

„Dem hab' ich sein Geld, was er von seiner Mutter zu fordern hatte, 'rausbezahlt," sagte er endlich, „das hat er aber hernach durchgebracht — ist nach Amerika gegangen — und ich habe nun keinen Menschen mehr auf der ganzen Welt!"

„Ihr seid eine schöne Gesellschaft mit einander, und wer an Euch jetzt Barmherzigkeit übt, greift ordentlich dem lieben Gott in's Handwerk! Wenn ich was zu sagen hätte, ich wies Euch die Wege gerade so, wie Ihr sie meiner armen Herrschaft gewiesen habt; eigentlich habt Ihr noch vielmehr verdient!"

„Was hast Du denn da vor, Christie?" fragte mit einem Male eine klare Stimme aus der Hausthür, und heraus trat die junge Hausfrau, in der gleich Jeder unsere Annelie wieder erkannt hätte. Sie war nur ein Bischen voller und beinah' noch hübscher geworden.

„Na, dahier! wenn Du was erleben willst!" sagte Christie, „dahier steht Kneiper aus Grünthal, den haben die Franzosen aus seinem Gute getrieben und nun sollt Ihr ihn aufnehmen!"

Da lief's der Annelie wie Blut über's Gesicht. „Kneiper?" sagte sie; weiter aber konnte sie in dem Augenblicke nichts herausbringen.

Und Kneiper? Der stand da wie ein armer Sünder, konnte die Augen nicht von der Erde thun und zitterte vor Angst, Hunger und vielleicht auch vor Scham.

Aber Annelie nahm sich mit Gewalt zusammen. „Kommt nur herein, Vetter Kneiper," sagte sie, „'s Nachtbrot ist gerade fertig, eßt erst und dann könnt Ihr meinem Manne oder dem Herrn Amtsrathe sagen, was Ihr etwa sonst noch wollt!"

Da war's doch gerade, als schlüge Eins das harte Herz des Geizhalses mitten von einander. Thränen, vielleicht die ersten in seinem Leben, preßten sich aus seinen Augen, Thränen, die ihn gewiß wie höllisches Feuer gebrannt haben. Matt und niedergebeugt ging er der Annelie in's Haus nach.

Christie sah ihm nach und schüttelte den Kopf. „Ne!" sagte sie nach einer Weile, „was die Annelie für eine Frau ist, das begreif' ich nicht!"

„Laß gut sein!" antwortete Tobias und fuhr sich mit der Hand über die Augen, als hätte er da was wegzuwischen, „sind wir doch allzumal Sünder und der Herrgott hatt's mit uns zuletzt auch gut gemacht!"

Drei Tage aus dem Leben eines Schullehrers.

Erster Tag.

Ein duftiger Oktoberabend lag über der Erde. Zwischen den kahlen, von der untergehenden Sonne beleuchteten Stoppelfeldern wanderte ein junger Mann dem vor ihm liegenden Dorfe zu und ließ das Auge nicht ab von den freundlichen Häusern und den sie umgebenden Bäumen, deren buntschattirtes Laub der Landschaft einen eigenen Reiz verlieh. Nur wenn hier und da eine Magd mit einer Tracht Klee oder Futterkraut auf dem Rücken, ein Bauer mit dem heimkehrenden Gespann oder Pflug an ihm vorüberzog, wandte er den Blick von den Gebäuden auf die Menschen, dankte herzhaft auf jeden Gruß und sah den Leuten nach, als wolle er sie studiren.

Unweit des Dorfes holte er einen langsam dahinschreitenden, breitschultrigen Mann ein. Die weiße Zipfelmütze auf dem Kopfe und die behaglich auf dem Rücken zusammengeschlagenen Hände zeigten, daß der Mann eben nur einen Abendspaziergang gemacht, seine Felder zu besehen oder dergleichen — der Bauer kennt keinen zwecklosen Spaziergang; — der wohlgenährte Leib aber, die silbernen Knöpfe auf der Manchesterweste, das seidene Halstuch und die sichere Ruhe und Gewiegtheit in dem braunen Gesichte verriethen, daß er zu den „Fetten" im Dorfe gehören müsse.

Der Herankommende trat mit einem frischen „Guten Abend" an die Seite des vor ihm Gehenden. Der nahm einen Augenblick die brennende Tabackspfeife aus dem Munde, rückte unmerklich die Zipfelmütze und musterte mit einem Blicke den schmächtigen Körperbau, sowie den abgetragenen aber reinlichen schwarzen Frack des Ersteren.

„Sie können mir wohl sagen, wo ich am nächsten zur Pfarre und nachher in's Schulhaus komme?" fragte dieser.

„O ja," war die Antwort; „grad' aus ist die Kirche, auf der einen Seite die Pfarre, auf der andern die Schule. In der Schule wohnt aber jetzt Niemand."

„Ich weiß wohl," erwiderte der junge Mann mit einem Lächeln, „ich will selbst hineinziehen, ich bin nämlich der neue Lehrer."

„Soo?" zog der Dicke, warf einen wiederholten musternden Seitenblick auf seinen Nachbar, blies eine gewaltige Tabackswolke vor sich her und sah dann eine ganze Weile grad' aus in das Dorf hinein. Um seinen Mund spielte es wie ein höhnisches Lächeln. „Nun, da halten Sie's nur brav mit dem Pfarrer!" sagte er endlich und strich sich mit der Hand das Kinn.

Der Lehrer sah, von dem Tone betroffen, in die Höhe. „Was ist mit dem Pfarrer?" fragte er.

Der Andere antwortete nichts und blies nur stärkere Wolken vor sich her. „Dort steht die Kirche," sagte er nach einer Weile, „Sie können sie gar nicht fehlen. Adje!" und damit bog er in einen Seitenweg ein, der hinter den Zäunen des Dorfes wegführte.

Der neue Schullehrer sah ihm einen Augenblick nach und schüttelte dann den Kopf. „Die Bauern muß man erst kennen lernen, sonst mag sie der Geier verstehen!" brummte er und schritt nachdenklich in das Dorf hinein. — Die Pfarre hatte er bald gefunden und die Magd wies ihn nach der Studirstube „des Herrn".

Einen Augenblick stand er an der Thür, ehe er anklopfte und die Klinke in die Hand nahm. Es überkam ihn das Gefühl einer gewissen Beklommenheit, er trat seinem nächsten und für ihn bedeutendsten Vorgesetzten entgegen und wie dieser sich zu ihm stellte, so gestaltete sich sein ganzes Loos für die nächste Zukunft — es war die erste Schulstelle, die er antrat. —

Der Pfarrer saß mit dem Rücken gegen die Thür am

Schreibtische und wandte beim Eintreten des neuen Lehrers den Kopf halb herum. Als er indessen die fremde städtische Figur erblickte, erhob er sich langsam und schien eine Anrede zu erwarten.

„Mein Name ist Hermann Fischer," begann der Eintretende mit unwillkürlich ehrerbietiger Körperhaltung, „ich bin zur Uebernahme der hiesigen Schulstelle beordert und habe nicht verfehlen wollen, sogleich bei meiner Ankunft dem Herrn Pfarrer meine Aufwartung zu machen."

„Ah — so!" entgegnete dieser schleppend und ließ das Auge über die ganze Figur des jungen Mannes laufen. „Setzen Sie sich, ich werde bald fertig sein."

Der Pfarrer schien noch ziemlich jung zu sein; demohngeachtet waren seine Sprache und alle seine Bewegungen so gemessen, so bedächtig und langsam, und standen mit den kleinen, blitzenden Augen so im Widerspruch, daß Fischer sich eines unangenehmen Eindrucks nicht erwehren konnte. Dieser wurde noch erhöht, als der Geistliche sich endlich erhob und die Augen auf ihm ruhen ließ, als wolle er in seiner Seele lesen.

„Haben Sie sich bereits in Ihrer Wohnung eingerichtet?" fragte der Pfarrer.

„Ich lange soeben erst an; meine Habseligkeiten folgen morgen. Das Schulhaus habe ich noch nicht betreten."

Ueber des Predigers Gesicht flog es wie eine gewisse Befriedigung. „Es ist mir lieb," sprach er nach einer Weile in seiner langsamen eintönigen Weise, „daß Sie noch nicht mit den Bauern im Dorfe verkehrt — meine Meinung werde ich Ihnen nachträglich sagen und daran manchen wohlgemeinten Rath für Sie knüpfen. Man sagte mir, Sie hätten das Seminar nicht lange erst verlassen!" fuhr er fort und ließ den Blick über Fischer's kräftige Glieder laufen.

„Das hat schon seine Richtigkeit," erwiderte dieser. „Ich habe indessen vorher das Gymnasium besucht. Der Tod meines Vaters, der gerade eintrat, als ich nach Prima übergehen sollte, zwang mich abzugehen, da mir nun die nothwendigen Geldmittel zum Studiren fehlten."

Der Pfarrer zog die Augenbrauen in die Höhe und wieder

zusammen. „So — hm — Sie sind also Gymnasiast gewesen! — Sie werden sicher schon wissen, daß die hiesige Schulstelle nicht zu den brillantesten gehört — ich will damit nicht sagen, daß ein gottergebenes Gemüth und ein demüthiges Herz nicht glücklich darin sein könnten, ich rede nur zu Ihnen nach Ihren Weltbegriffen — wenn man aber mit allerhand Bedürfnissen herkommt, so scheinen die 50 Thaler jährliches Gehalt kaum zur Fristung des Lebens hinreichend."

„Ich habe in den letzten Jahren entbehren gelernt," erwiderte Fischer, ohne recht zu begreifen, wo die Rede des Predigers hinaus wolle, „ich habe auch wenig Bedürfnisse und gedenke die Zeit, in der ich hier arbeiten soll, eben so überwinden zu können, wie es mein Vorgänger gethan."

„Ihr Vorgänger war zehn Jahre hier im Orte, fast so lange, als mir der Herr im Himmel das Amt verlieh, ihn zu verkünden; die Verbesserungen kommen nicht immer so schnell, als man meint — ich glaube aber nicht, daß er unzufrieden mit seiner Lage gewesen ist. Er hing treu an der Kirche und dem Worte Gottes, ließ die Reden der Zweifler und Ungläubigen sich nicht anfechten, und der Herr sandte mir bald Gelegenheit, seinen Eifer in Etwas zu belohnen. Es kommt darauf an, in wie weit Sie die Kindschaft der Welt von sich weisen und den gläubigen Sinn in sich aufnehmen, in wie weit Sie mir in meinem geringen Streben beistehen werden, das göttliche Wort, die fromme, gottgefällige Einfalt und die zerknirschte, sündenbewußte Demuth in die störrischen Herzen dieser Bauern einzuführen, ob der Herr auch Ihnen die Gelegenheit, Ihre irdische Lage zu verbessern, senden wird. Ihr Vorgänger ist jetzt als Stadtschullehrer mit 300 Thalern angestellt, und die weitere Anerkennung seines gottseligen Lebens wird ihm nicht entgehen."

Fischer verbeugte sich schweigend. Sein Gesicht hatte sich während des Pfarrers Rede etwas verfärbt.

„Der Teufel geht umher wie ein brüllender Löwe!" fuhr der Pfarrer mit erhöhtem Tone fort, „das ist von keiner Zeit mehr zu sagen, als von der unsrigen, und die Auserwählten des Herrn müssen sich zusammen schaaren, daß sie nicht einzeln verschlungen werden. Eine Saat hat der Böse auf die Erde geworfen, und sie ist aufgesproßt zu Gottlosigkeit, Unglauben und Verderben und sie überwuchert dichter und dichter die Herzen, daß das Wort der treuen Hirten, welche die Teufelsschlingen bei Zeiten ausgerauft und sich rein erhalten haben, kaum mehr hindurchzudringen vermag. Und die Unglücklichen und Verstockten jubeln über den Höllenschmuck und sehen und riechen nicht den Unflath, aus dem er gemacht, denn der Teufel hat ihm einen wohlklingenden, bethörenden Namen gegeben, und was vorher Gottesleugnung, Kirchenschändung und Todsünde hieß, heißt jetzt Aufklärung. O, in dem Worte liegt der Extrakt alles satanischen Hohnes. Es ist eine Aufklärung, aber wenn endlich die volle Aufklärung vorhanden sein wird, werden sie sehen, wo sie sind und wo sie stehen und daß das Licht, das sie jetzt so jauchzend begrüßen, nichts als der Schein des höllischen Flammenpfuhles gewesen ist!"

Die Stimme des Predigers war stärker und stärker geworden, seine Augen blitzten, in dem graublassen Gesichte war ein leises Roth aufgestiegen. — Aus Fischer's Gesicht aber war alle Farbe gewichen, der Ausdruck einer peinlichen Angst lag darauf; er sah in des Pfarrers Gesicht wie der Vogel, der die Klapperschlange sich im Grase ringeln sieht.

„Selbst bis in die Dörfer," fuhr der Geistliche nach einer Weile fort, die er gebraucht hatte, um seine Aufregung zu dämpfen, in der aber auch Fischer zu sich selbst gekommen war, „selbst bis in die Dörfer hat sich dieser Geist des Trugs verbreitet und der Staub unter diesen groben, hartnäckigen und widerspenstigen Bauern, zu dem mich der Herr berufen, ist kein leichter, um so weniger, als selbst in meiner Nachbarschaft Diener des göttlichen Wortes ihrer Sendung treulos werden und in aller heillosen Verblendung dieser sogenannten Aufklärung in die Hand arbeiten. Kaum eine Stunde von hier ist ein solcher Heerd, von wo aus der Stoff in unser Dorf getragen wird und hier ansteckend wirkt, wie die Pest. Aber ich werde auf meinem schweren Stande ausharren und kämpfen zur Ehre des Herrn, und je schwerer es wird, um so freudiger; ich werde ermahnen mit Sanftmuth und strafen mit der Geißel des göttlichen Wortes. Hören Sie also nicht auf diese Bauern und schneiden Sie jede Gemeinschaft mit ihnen entzwei, ehe Sie noch eine solche angeknüpft; stellen Sie den Katechismus oben an in Ihrem Unterricht, durchdringen Sie die Kinder mit den heiligen Sätzen der Kirche und den unumstößlichen Wahrheiten des christlichen Glaubens, das, und das allein muß die Hauptsache sein in dieser bösen Zeit, damit nicht auch die neue Generation verloren gehe, und alles Andere muß nur darauf hinarbeiten helfen. Kümmern Sie sich nicht um die Eltern, es sind hartnäckige, verstockte Seelen, ihr Mißfallen sei Ihr Stolz, ihr Haß Ihr Triumph, denn es ist der natürliche Haß des Bösen und Gemeinen gegen das Gute und Edle."

Je länger der Pfarrer sprach, je mehr Sicherheit und Selbständigkeit gewann Fischer's Gesicht.

„Ich komme nicht so unvorbereitet hierher, als Sie vielleicht glauben," sagte er jetzt in bescheidenem Tone, hielt aber ruhig den Blick des Geistlichen aus. „Mag mir die praktische Erfahrung fast ganz abgehen, so trete ich doch mit dem Vertrauen meine Stelle an, das reger Wille und fleißige Vorbereitung geben; auch habe ich fremde Erfahrung nicht ungenutzt an mir vorübergehen lassen. Ich meine dies besonders in dem Verhältniß der Schule zum Haus. Es dürfte wohl nicht ganz unrichtig sein, daß, wo der Lehrer nicht Freund des Hauses und die Eltern nicht Freunde der Schule sind, alles Lehren nutzlos ist und die guten Eindrücke in der Schule von den stärkeren im elterlichen Hause vernichtet werden. Ich hatte deshalb den kleinen Wirkungskreis gesegnet, der mir es möglich machen würde, durch selbständiges, ausdauerndes Streben Beides, als einander ergänzend, zu vereinen. — Der Religionsunterricht ist ferner gewiß einer der Hauptunterrichtsgegenstände, aber es giebt doch auch noch so vieles Andere für das praktische Leben, was wenigstens nicht auf Kosten desselben vernachlässigt werden darf. —"

„Die Schule ist Dienerin der Kirche und wird es ewig bleiben; das ist ihr natürlicher Platz!" rief der Pfarrer, ihn heftig unterbrechend, „sie ist aus der Kirche entsprungen, wird nur durch sie gehalten, und deren Interessen müssen ihr ewig die höchsten sein. Thun Sie indessen was Sie wollen, ich glaube Sie vollkommen zu erkennen. In Ihnen steckt noch alle Hoffahrt der Welt, Ihre eigenen Gedanken sind noch die Götter, vor denen Sie knieen; von der Erkenntniß der Erbärmlichkeit Ihres Wissens, von der Demuth, die sich mit Allem, was sie hat, vor dem Herrn niederwirft und ihm allein die Ehre giebt, sind Sie noch entfernt, wie ein Pol vom andern — gehen Sie hin!" rief er, sich vom Stuhle aufrichtend und den Kopf stolz zurückwerfend, „gehen Sie hin und lernen Sie Demuth und Ihren jungen Nacken beugen, lernen Sie erst den Herrn über alle Eitelkeit und alles Wissen der Welt erheben, dann kommen Sie wieder!"

Er deutete nach der Thür und ging nach seinem Schreibtische. Verdutzt verließ Fischer die Stube. Erst als er auf der freien Straße war und der leise Wind seinen heißen Kopf kühlte, als er überlegen wollte, wohin er jetzt zuerst zu gehen habe, stiegen einzelne Gedanken über die vereinsamte, unsichere Stellung, in die er hineingerathen, eine leise Furcht vor dem unbesonnten Felde, das er bearbeiten sollte, in ihm auf. Er ging langsam mit gesenktem Kopfe über die Straße, an der Kirchhofsmauer und der Kirche hin. Die eben erlebte Scene zog noch einmal Wort für Wort an seiner Seele vorbei; sein Kopf hob sich, es wurde nach einer Seite wenigstens klarer in ihm, hier erkannte er, wie er stand. Wohl wollte die Furcht sich höher heben, aber mit ihr rang ein starker Entschluß, der mit jedem Schritte an Kraft gewann — und eine Freudigkeit, zu kämpfen, zu leiden für das, was er als Recht erkannte, zog endlich ein in seine Seele, vor der alles Das, was ihn erwarten konnte, seine Macht und seine Schranken verlor.

Er war an dem Kirchhofe vorüber. Vor ihm lag ein einstöckiges Haus. Ein Blick in ein offenstehendes Fenster zeigte ihm hölzerne Bänke und Tafeln und er wußte, daß er vor seiner neuen Heimath, vor seinem künftigen Reiche stand. Die Thür war offen und Fischer schritt hinein. Er betrat zuerst die Schulstube. Von den erblindeten, theilweise zerbrochenen Fenstern, von den eingeräucherten Wänden und dem schmutzigen

Fußboden sah er nichts, in ihm war ein Gefühl lebendig, das seine ganze Brust erhob — er betrat zum ersten Male den Bereich eines eigenen, selbständigen Wirkungskreises, vor seinem Geiste saß die Dorfjugend, die Bänke füllend, horchte seinen Worten und beugte sich vor dem haselnen Scepter, den er über sie schwang. Und als er endlich auch für den trüben, unschimmern Raum, in welchem er seine Phantasie tummelte, Augen bekam, da war sein Gefühl nur ein angenehmes, denn er dachte an alle die Aenderungen und Verbesserungen, die er vornehmen wollte.

Der Schulstube gegenüber war seine Wohnung und was dazu gehörte. Die Stube mochte einmal gelb angestrichen gewesen sein, jetzt erschien sie aber vom schmutzigen Gelb durch alle Farbentöne bis zum Steingrau, wo die ganze Wandbekleidung abgefallen war, gehend. Der Ofen war defekt, durch ein zerbrochenes Fenster zog kühlende Luft herein. Die Kammer und die kleine Küche daneben waren kaum in besserem Zustande, aber Fischer wanderte hindurch und schien an andere Dinge, als den traurigen Zustand der Wohnung zu denken — er machte im Geiste seine ganze Einrichtung, und als er bis in den Hof gelangt, einen dürftigen Ziegenstall erblickte, konnte er sich nicht enthalten, die Thür zu öffnen und hinein zu sehen. Erst als er wieder in die Wohnstube zurückkehrte, dachte er daran, an wen er sich wende, um eine Ausbesserung und Renovirung des Schadhaften zu erlangen, und jetzt erst fiel es ihm auf, daß, da man doch seine Ankunft gewußt, nichts vorher dafür gethan worden sei. Eben wollte er sich anschicken, das Haus zu verlassen, da ging hinter ihm die Thür auf und eine krähende Stimme fing an zu leiern:

„Der Herr der himmlischen Heerschaaren segne Ihren Einzug und schütte das Füllhorn seiner göttlichen Gnade über Sie aus, für und für!"

Fischer wandte sich rasch herum und ein bejahrtes, aber noch rüstiges Bauernweib sah ihn mit triefenden, fromm verdrehten Augen an. Ueber seinen Rücken lief es wie ein Schauer, er wußte selbst nicht recht warum.

„Was will Sie?" fragte er eben nicht zu freundlich.

„Ich bin die Haushälterin des alten Herrn Schullehrers, den der Allmächtige zum Werkzeug gebraucht, um auch mich verlornes Schaf auf den Weg der Gnade zu führen," begann das Weib von Neuem, die Augen zur Decke aufschlagend, „und weil mir des Herrn Pfarrers Lisel gesagt hat, daß der neue Schullehrer angekommen, so habe ich mich auf die Beine gemacht, um ihn im Namen des Herrn willkommen zu heißen und von wegen der Aufwartung mit ihm zu reden."

Fischer betrachtete die Frau von oben bis unten. „Warum verdreht Sie denn die Augen wie ein abgestochenes Kalb, wenn Sie redet?" fragte er nach einer Weile.

Das Weib sah ihn verdutzt an. „Sind Sie denn nicht der neue Schullehrer?" fragte sie endlich.

„Ja, versteht sich!" erwiderte dieser.

„Nun," fuhr die Frau fort, die Augen wiederum zur Decke aufschlagend, „da wird Ihnen ja wohl der Herr Pfarrer von der Christiane Schwarzen gesprochen haben, die in sich gegangen und zerknirscht ist in ihren Sünden und der unser Herr Pfarrer die Aufwartestelle bei dem neuen Herrn Schullehrer versprochen hat."

„So? hat er sie versprochen? Nun, da mag er sie Ihr geben, ich kann Sie aber nicht brauchen!" rief er und drehte sich weg.

Die Frau sah ihm erst eine kurze Weile mit offenem Munde nach. „Was? Sie können mich nicht brauchen?" schrie sie dann, „das wollen wir doch sehen. Die Barthel-Marie ist wohl schon dagewesen, das schlechte Thier, und hat sich angeboten? Aber daraus wird nichts! Ich bin fromm und singe, bete und bereue alle Tage, die will aber nichts davon wissen und ist verstockt in ihren Sünden, und der Herr Pfarrer hat mir die Stelle versprochen!"

„Und ich sage Ihr, daß Sie jetzt den Augenblick das Loch trifft!" rief Fischer, dem das Blut zu Gesicht stieg; „ich habe mit Ihr und Ihrem Singen und Beten nichts zu schaffen."

Aus des Weibes Augen schossen ein paar Giftblicke. „Er thut wohl gar, als wolle Er nichts vom Frommsein wissen? Er will's wohl gar mit den Andern halten?"

„Sie soll Ihrer Wege gehen, ich habe mit Ihr nichts zu schaffen."

„Nu!" lachte sie grimmig auf, „halten Sie's nur mit den Andern! Der Herr Gott aber wird gefahren kommen in seinem Zorne und wird zerschmettern, was nicht zu ihm gehalten hat, und ich will noch das jämmerliche Ende von all' dem schlechten Volke erleben!" Damit war sie zur Thür hinaus und warf sie schallend hinter sich zu.

Ueber Fischer's Gesicht flog der Ausdruck einer Empfindung, die aus Widerwillen und Verachtung gepaart schien. Lange stand er noch in Gedanken am Fenster der Wohnstube und erst als die Dämmerung schon tief hereingebrochen war, verließ er das Schulgebäude und ging nach dem Wirthshause, das er schon bei seiner Ankunft bemerkt hatte.

Das Dorf liegt an einer frequenten Straße, das Wirthshaus ist ein schönes zweistöckiges Haus mit einem Garten und einer Kegelbahn dahinter, und dem Wirthe, der die Hände auf den Rücken gelegt, in der Hausthür stand, sah man es an, daß er gute Nahrung hatte und sich nichts abgehen ließ.

Als er den Lehrer herankommen sah, flog ein Lächeln über sein Gesicht. „Guten Abend, Herr Schullehrer," sagte er, als Fischer grüßend auf ihn zuschritt, „Sie wollen doch nicht etwa hier in unsern Sündenpfuhl, wie's der Pfarrer schimpft?"

Fischer sah auf, in das Gesicht des Mannes — es war derselbe Dicke, den er auf dem Wege in's Dorf getroffen. Jetzt war ihm dessen Benehmen klar.

„Ich will sogar eine ganze Nacht dableiben, wenn Sie mich behalten wollen," erwiderte er, „und mit dem Sündenpfuhle wird's ja wohl nicht so arg sein. Ich meine, Jeder, für den das Wirthshaus so ein Teufelsort wird, macht es sich selber dazu. Ich trinke gerne alle Sonntage mein Glas Bier, wenn's gut ist, werf' auch einmal mit in die Kegel, wenn ich einen Groschen riskiren kann, und denke doch, 's soll mir nichts schaden."

„Na, s' Bier können Sie sogleich probiren, und wenn's schmeckt, soll's mich freuen. Kathrie!" rief er, „einen Teller Fleisch oder eine Bratwurst, was am nächsten ist! — 's Bier dazu sollen Sie frisch vom Fasse haben, Herr Schullehrer, gehen Sie nur 'rein!"

„Das Fleisch ist doch nicht etwa für mich?" fragte Fischer, den Wirth hastig am Arme festhaltend, „ich wollte blos etwas Brod und Butter."

„'s ist schon gut, nehmen Sie's nur!" rief der Andere lachend, „ich geb's gern, und es werden Abende genug kommen, wo Sie trocken Brod essen müssen!" Damit hatte er die Schenkstube aufgemacht, ein Bund Schlüssel vom Nagel genommen und war davon gegangen. Fischer trat in die Stube Er ärgerte sich über des Wirths Freundlichkeit mehr, als über dessen frühere ratzige Weise; sein Stolz empörte sich gegen eine Gabe, die so plump und beleidigend geboten wurde, und als er bereits zwei Männer mit den brennenden Pfeifen in der Stube sitzen sah, ward sein Vorsatz um so fester, eine Demüthigung der Art auf jeden Fall zurückzuweisen.

Die beiden Männer saßen, die Biergläser vor sich, schweigend einander gegenüber, kaum daß dann und wann einer zum Fenster hinaussah und eine kurze Bemerkung hinwarf. Fischer setzte sich mit einem „guten Abend" nicht weit von ihnen nieder und bald kam auch der Wirth, das Bier und zwei Lichter auf den Tisch stellend. „Dahier, Gevatter, das ist unser neuer Schullehrer!" sagte er zu dem Aeltesten der Beiden, „ich glaub' 's ist Einer, wie wir ihn haben müssen!"

Die Beiden drehten die Köpfe und der Angeredete nickte still und ernsthaft vor sich hin, den Lehrer langsam von oben bis unten betrachtend. „Das ist nämlich der Schulze," fuhr der Wirth zum Lehrer fort, „und wir wissen's schon, wie Sie's meinen. Die Schwarzen Christiane hat's in ihrer Wuth gleich im ganzen Dorfe ausgeschrieen, wie Sie sie haben abfahren lassen und Pfarrers Liesel hat dazu erzählt, Sie hätten ihren Herrn grausam geärgert, daß der ganz desperat über Sie wäre. Nun trinken Sie, wohl bekomm's!"

Fischer zog seinen schlaffen Geldbeutel. „Was kostet's?" fragte er.

„Lassen Sie doch Ihr Geld stecken, Sie werden's schon brauchen!" wehrte der Wirth. „Sie dürfen mir das nicht übel nehmen, Herr Schullehrer," fuhr er fort, als er den finstern Zug bemerkte, der sich über Fischer's Gesicht verbreitete, „ich mein's gut, wenn ich's auch nicht so fein sagen kann, als Sie's vielleicht in der Stadt gewöhnt sind. Sie halten nicht zum Pfarrer und nicht zum Frommsein, was mir nebenbei gesagt immer so vorkömmt, als wenn Einer kalt Wasser trinkt und sich selber und den Leuten vormachen möchte, er habe sich damit einen Rausch angetrunken — und da werden Sie verflucht knapp leben müssen. Den vorigen Schullehrer hat der Pfarrer zum Gutsherrn gebracht, wo er Arbeiten und Schreibereien bekam, die sie ihm gut bezahlten, hatte ihm auch außerdem von seiner vornehmen Bekanntschaft allerhand zugewandt, damit wird's aber bei Ihnen Alles nichts sein."

„Aber, 's gäb' doch noch immer Nebenverdienst genug," sagte der Schulze, „wenn nur Einer welchen haben wollte. Das was so'n Schulmeister-Posten einbringt, ist freilich nicht darauf berechnet, daß Einer ganz davon lebt. Jetzt will aber Keiner neben der Schulmeisterei noch was Anders treiben und hat auch nichts weiter gelernt. Zu meiner Zeit war Einer Leinenweber und verdiente, wenn keine Schule war, einen ganz hübschen Thaler; Einer war Schneider, und wer nicht so Etwas gelernt hatte, machte den Feldhüter, den Nachtwächter, ging mit auf's Feld oder verdingte sich als Drescher. Jetzunder will aber Keiner mehr daran, wenn's ihm auch schlecht ergeht. Ich weiß nicht!"

„Jetzt wird vom Lehrer auch mehr verlangt, Herr Schulze," erwiderte Fischer, und eine leichte Röthe stieg in sein Gesicht, „und was jetzt Ihre Jungens brauchen, um in der Welt ordentlich fortzukommen, lernen sie von keinem Drescher oder Nachtwächter!"

Der Schulze zuckte die Achseln. „Ich bin mein Lebtag fortgekommen, und komm' auch heut' noch fort!" sagte er. „Wenn jetzt der Schulmeister blos Gelehrsamkeit treiben soll, müßte er auch mehr kriegen, sonst fällt er mit seiner Hoffahrt in den Dreck! Ich gebe meinem Großknecht noch einmal so viel und der schämt sich doch nicht der Arbeit; weiß also nicht, warum's der Schulmeister thun soll." Er schwieg; Fischer aber biß auf seine Unterlippe.

„Können Sie mir denn nicht sagen, Herr Schulze," begann er nach einer Weile, in der er mit sich selbst gekämpft und seine bitteren Empfindungen überwunden zu haben schien, wieder, „was das mit dem Schulhause wird. Es sieht gräulich darin aus. Von den Wänden ist der Kalk abgefallen, die Fenster sind zerbrochen und die Fußböden wie ein Stall. Wer läßt denn das wohl in Ordnung bringen?"

„Das weiß ich nicht; die Gemeinde braucht ihr Geld anderwärts nöthig!" erwiderte der Schulze.

„Nun, ich kann doch den Winter nicht bei zerbrochenen Fenstern sitzen? Und Ihre Kinder sollen doch auch nicht frieren? Sei'n Sie einmal vernünftig, Herr Schulze — Sie wissen, wie ich mit dem Pfarrer stehe, dem kann ich nichts sagen und nun dürfen Sie mich wenigstens nicht ganz und gar verlassen!"

„Ja, Gevatter, das ist wahr!" warf der Wirth ein. „So lange der Pfarrer krakehlte, war's schon recht, daß Du Dir nichts abluxen ließ'st — jetzt aber, jetzt wird er kein Wort mehr sagen, und nun gerade sollten wir ein Staatshaus aus der Schule machen!"

„'s ist all' gut!" erwiderte der Schulze, den Kopf hin und her wiegend. „Die Fensterscheiben, das hat etwa seine Richtigkeit; weiter laß ich aber nichts machen, und wenn ich sonst noch was thue, so geb' ich's Geld zum Kalk. Zu meiner Zeit hat sich Keiner geschämt, seine Stube anzustreichen, und ein groß Kunststück ist es auch nicht gewesen."

„Soll ich mir nicht lieber auch die Stube selbst scheuern?" fragte Fischer bitter.

„Das ist keine Mannsarbeit!" erwiderte der Schulze, ohne aus seiner Ruhe zu kommen; „behalten Sie sich die größten Mädchen in der Schule da, die scheuern Ihnen 's Haus vom Boden bis in den Keller."

„Also Sie meinen wahrhaftig, ich soll selbst den Maurer machen?" fragte Fischer und das Blut trat ihm wieder in's Gesicht. „Denken Sie nicht wenigstens daran, wo der Respekt bei den Kindern bleibt, wenn sie sehen, wie ich der Schuhwisch von allem Möglichen bin?"

Der Schulze schüttelte wieder langsam den Kopf. „Ich lade meinen Mist, mache mir hernach meine Schuhe selber rein, und sie haben doch alle Respekt vor mir. Das ist bei uns nicht wie in der Stadt. Je mehr Einer arbeitet, je mehr ist er angesehen, und was Einer für sich thut, schneidet ihm kein Stückchen von seiner Ehre ab."

In diesem Augenblick steckte sich ein Weibergesicht zur Stubenthür herein, ließ den Blick einen Augenblick auf den vier Männern ruhen und verschwand sodann wieder. Der Wirth hatte sich umgesehen.

„Das war die Schwarzen Christel," sagte er verwundert; „was die mit ihren verdrehten Augen in unserem Sündenpfuhle will, möcht' ich auch wissen. — Ich laß mich hängen," fuhr er nach einer kurzen Weile fort, „das Weib hat nur spintisiren wollen. 's ist gut, Herr Schullehrer, daß der Pfarrer schon weiß, wie er mit Ihnen d'ran ist, sonst erführ er's heute Abend noch. Kommt mir das Hexenauge aber noch einmal über die Schwelle, so kann sie was erleben!"

Fischer antwortete nichts, er sah vor sich auf einen Fleck. Der Schulze dampfte nachdenklich seine Pfeife und blickte in's Licht; sein Nachbar malte mit den Fingern Figuren auf den Tisch. So saßen sie eine ganze Weile schweigend neben einander, bis die Magd einen Teller Fleisch und Brod für den Lehrer brachte und der Wirth ihn mit der Aufforderung zuzugreifen aus seinen Gedanken weckte. — „Ich nehm's mit Dank an," sagte er, „aber lassen Sie mir's stehen bis morgen früh, ich kann heute Abend nichts essen, und wenn Sie mir einen Gefallen thun wollen, so bringen Sie mich in mein Bett."

„'s ist schon recht, Sie werden vom Wege müde sein!" sprach der Wirth und ging nach dem Ofen, die Blechlampe zu holen und damit dem Gaste in sein Zimmer zu leuchten. Fischer reichte dem Schulzen die Hand und wünschte „Gute Nacht". Der schüttelte sie ihm herzhaft.

„'s scheint ein guter Kerl zu sein," sagte er nachdenklich zu seinem Nachbar, als der Lehrer mit dem Wirthe das Zimmer verlassen hatte, „und wenn er erst die Vornehmheit abgerieben hat, kann man ihn schon mit was helfen, daß er nicht am Ende fromm wird, weil er muß. 's wird freilich noch Kappen setzen!"

Fischer lag in seinem Bette mit offenen Augen und überdachte den heutigen Tag. Er sah zurück in die Vergangenheit und eine unendliche Bitterkeit zog durch seine Seele. Ein blauer, sonniger Frühlingstag stand vor ihm. Da war er fortgegangen aus dem elterlichen Hause, dem Seminare zu und hatte der Welt seiner Sehnsucht und seiner Träume, der Welt der akademischen Herrlichkeit, — hatte allen Hoffnungen einer glänzenden Zukunft, aller Anwartschaft auf ein hohes Ziel den Rücken gekehrt. Und vor ihm lag die Aussicht auf eine niedere, einförmige Lebensstellung, eine Stellung voller Entbehrungen, in der ihm selbst die Möglichkeit auf ein Emporarbeiten abgeschnitten war. Fischer aber nahm nicht das Gefühl zertrümmerter Hoffnungen, nicht die Unzufriedenheit getäuschter Erwartungen mit in seine neue Stellung, er hatte abgeschlossen mit seiner Vergangenheit und sich durchgekämpft zur Klarheit: er hatte ein anderes Ziel, ein anderes Glück gefunden, das ihm auch die niederste Stelle bot: — er wollte das ganz sein, was er einmal war, er wollte im Selbstgenügen sich ein inneres Glück gründen. Und so schritt er in ruhiger Heiterkeit seiner neuen Bestimmung entgegen.

Das war das erste Mal, wo er sich selbst überwunden hatte, aber der Tage des Kampfes kamen noch viele. — Der Seminardirektor war ein strenger Mann, dessen erstes Gebot Demuth hieß, der in jedem aufgerichteten Kopfe unziemlichen Trotz und verdammliche, selbständige Gedanken suchte, die gebeugt werden mußten durch Stubenarrest und Carceriren. Und Fischer kam in einen Kreis von Genossen, unter denen Duckmäuserei, Heuchelei und Liebedienerei als erlaubte Klugheitsmaßregeln galten, die aber auf heimlichen Wegen dem Verbotenen um so eifriger nachgingen; sein offener, freier Sinn empörte sich dagegen, sein Stolz kämpfte gegen die über ihn verhängten Demüthigungen und bald war er in stetem Konflikte mit seinen Kommilitonen, die er verachtete und die ihn dafür offen und heimlich vergalten, und mit dem Direktor, der keine Gelegenheit vorübergehen ließ, „den trotzigen Sinn des Gymnasiasten" zu beugen. — Und wieder kämpfte er einen ehrlichen Kampf und beugte sich unter Verhältnisse, die er nicht überwinden konnte. Und sie wurden ein Läuterungsfeuer in seinem Innern. Leise zog er sich in sich selbst zurück, arbeitete fleißig und fand in stiller Selbstgenügung eine Zufriedenheit, die er in diesen Verhältnissen nicht für möglich gehalten. Und als das erste Jahr vorüber war, da leuchtete ein Stern in sein beschränktes Dasein hinein, eine ganze Frühlingswelt darin hervorrufend.

Beim Abgange eines Theiles der Zöglinge ward eine allgemeine Umquartierung angeordnet. Das Seminar, früher ein Kloster, enthielt keine allgemeinen Arbeits- und Schlafsäle, sondern einzelne Zellen, und Fischer, der früher mit mehreren seiner Kollegen eine derselben getheilt, erhielt jetzt ein kleines Gemach für sich, nach der Straße hinaus. Nur dies Alleinbewohnen erschien ihm als eine Verbesserung, denn die öde Straße bot ihm wenig Ersatz für die grünen Bäume des Seminargartens, auf die er früher die Aussicht gehabt. Den einzigen Ruhepunkt fand jetzt sein Auge an einem Fenster im zweiten Stock des gegenüberstehenden Hauses, vor dem auf einem Blumenbrette ein ganzer Flor von Frühlingskindern blühte. Dorthin wandte sich sein Blick auch beim Erwachen zuerst, aber schon den zweiten Morgen begann das Fenster ein größeres Interesse als das eines bloßen Augenpunktes für ihn zu gewinnen. Hinter den Blumen hervor hatte er ein frisches, rosiges Mädchengesicht sich biegen sehen, glatt und sauber, trotz des frühen Morgens, und kein Auge von dem Topfe aufschlagend, mit dem sie ihre Pfleglinge tränkte. Dann war es wieder verschwunden und, so gespannt auch Fischer wartete und lauschte, nicht wieder zum Vorschein gekommen, bis ihn der Unterricht abgerufen hatte. Aber als es Abend geworden war und er wieder in seiner Stube saß, da hatte er nicht lange zu warten gebraucht und die Scene vom Morgen hatte sich wiederholt. Seitdem hatte er jeden Morgen und jeden Abend die Blumenwärterin belauscht und den Tag über freute er sich auf den Abend, und wenn er einschlief auf den Morgen, wo er sie sehen würde. Ein einziges Mal im Verlauf der ersten Woche hatte sie die Augen aufgeschlagen; als sie aber den eifrig zuschauenden Fischer bemerkt, war ihr das Blut in die Wangen geschossen und sie hatte ein so bitterböses Gesicht gemacht, daß der Lauscher vom Fenster getreten war wie ein ertappter Sünder. — Von nun an saß er seitwärts des Fensters, wenn er auf die ihm liebgewordene Erscheinung wartete; sie kam wohl wieder, aber kein Blick erhob sich mehr zu seinem Fenster. So kam der Sonntag heran. Fischer hatte sich angezogen, um einen Spaziergang zu machen, und überlegte eben, wohin er seine Richtung nehmen wolle, da ging die Hausthür drüben auf und sein Augentrost, den Strohhut auf dem Kopfe, sonntäglich geputzt, schritt an der Seite einer älteren Frau heraus. Beide nahmen die Richtung dem neuen Thore zu, und der Seminarist hatte wie ein Wetter den Hut auf dem Kopfe und stand auf der Straße, ehe die Nachbarinnen noch das Ende derselben erreicht hatten. In einer Entfernung, die sein Nachfolgen nicht auffällig erscheinen lassen konnte, schritt er hinter ihnen her — bald sich hinter den dazwischen gehenden Menschen versteckend, wenn ein Kopf der Beiden sich bewegte, als wolle er sich umdrehen — bald wieder emsig spähend, wenn er sie in der Menge der übrigen Spaziergänger aus den Augen verloren hatte. So kamen sie nach dem nahegelegenen „Wäldchen" mit seinen Tischen und Bänken, wo die Bürgerfamilien den Sonntagnachmittag bei Bier und Kaffee verbringen, und Fischer sah bald die Verfolgten an einem leeren Tische Platz nehmen.

Sein Lebtag hatte er sich noch nicht viel um Frauen gekümmert und erst nach langem Zögern und mit Herzklopfen trat er heran und bat um die Erlaubniß, sich mit hersetzen zu dürfen. Die Alte gab sichtbar geschmeichelt ihre Zustimmung, das Mädchen aber hatte kaum den Blick in Fischer's Gesicht geworfen, als ihr auch ein hohes Roth in das Gesicht trat und sie sich mit demselben bitterbösen Ausdrucke, wie er ihn schon früher bemerkt, wegwandte. Fischer aber begann ein Gespräch mit der Alten, über das schöne Wetter, dann über die

Spaziergänger, und die Frau meinte endlich, wie gut es doch viele Menschen hätten, die jeden Sonntag in's Freie könnten, ihr werde es nicht so geboten. Und Fischer sagte, sein Leben wäre auch gerade nicht zu beneiden, er hadere aber nicht mit dem Schicksale. Der Aermste könne sich oft in seiner engen Stube und in der drückendsten Arbeit ein besseres Glück schaffen, als der Reiche mit seinem vielen Gelde, er habe es an sich selbst erlebt. Dann erzählte er, daß er Seminarist geworden sei, und wie er das geworden; erzählte auch von den harten Stunden, die er durchgekämpft — er wußte selbst nicht wie er dazu kam, seine innersten Geheimnisse gegen stockfremde Leute auszusprechen; ihm gegenüber hatte sich aber das rosige Gesicht des Mädchens wieder hergedreht und ließ die Augen auf ihm ruhen. Er fühlte ihren Blick, denn hin zu sehen getraute er sich nicht, er wußte selbst nicht warum. — Die Alte aber erzählte dagegen, sie wohne dem Seminare gegenüber und sei Wittwe, die sich mit ihrer Lene das tägliche Brot durch Nähen verdiene. Und es dauerte nicht lange, da wußte auch Fischer die Verhältnisse seiner Nachbarn so genau, als sie seine eigenen, und es war ihm so wohl auf der hölzernen Bank, daß er gar nicht fort gemocht hätte. Aber der Zeiger seiner Uhr wies bereits auf sechs, die Zeit, wo sein freier Nachmittag zu Ende war, und er mußte Abschied nehmen. Wieder erröthete Magdalene, als er seinen letzten Blick tief in ihre Augen senkte, aber sie lächelte — und als er des andern Morgens früh ihrer am Fenster harrte, da wandte sich ihr erster Blick nach ihm und sie lächelte wieder.

Vierzehn Tage darauf folgte Fischer der Mutter mit ihrer Tochter wieder in's Wäldchen nach und er wurde begrüßt wie ein alter Bekannter; diesmal hatte er sich aber Urlaub bis neun Uhr ausgewirkt, und sie gingen zusammen im Mondschein nach Hause. —

Mit dem neuen Jahre kam ein anderer Direktor in das Seminar, und mit ihm zog ein anderer Geist ein. Aber es war kein besserer. Der Direktor gehörte der frömmelnden Richtung an und Fischer pries sich glücklich, mit Ostern sein Abgangsexamen machen zu können. „Strick ist entzwei, und ich bin frei!" jauchzte er mit Luther, und zum ersten Male ging er, den Kopf hoch aufgerichtet, die Straße hinüber in das Haus, wo zwei Treppen hoch ein grünes Blumenbrett des Frühlings harrte. — Die Alte schien von seinem Besuche etwas überrascht, die Tochter war blutroth geworden, er aber erklärte, daß er nur komme, Abschied zu nehmen, daß er jetzt nach Hause gehe, aber bereits Aussicht auf eine Schulstelle habe. —

Und erst Abends kam er wieder in seine Zelle zurück — und war glücklich. Mutter Meißner hatte ihn genöthigt, zum Kaffee dazubleiben, und als sie selbst sich in die Küche gestellt, um Ehre einzulegen bei ihrem Gast, hatte er die Zeit wahrgenommen und das Mädchen, das ihm so lange als heller Stern geleuchtet, frei und offen gefragt, ob sie ihn lieb haben könne und ob sie einmal mit ihm das kärgliche Leben eines Schulmeisters theilen wollte. Und Magdalena hatte die großen hellen Augen zu ihm aufgeschlagen und hatte nichts gesagt als: ja! und wie er ihr nun die Hand geboten, da war sie ihm mit einem Male um den Hals gefallen und war in helle Thränen ausgebrochen, als sei jetzt erst die Hülle ihres Herzens gesprengt, und sie habe nicht Raum in der Brust für ihre überquellenden Empfindungen. — Und als nun die Mutter mit dem fertigen Kaffee hereingekommen war, da hatte sie bald in das vor Freude schier übermüthige Gesicht des Schulamtskandidaten, bald in die schwimmenden Augen ihrer Lene gesehen, sie hatte aber nichts gesagt und Fischer auch nicht, denn Lene hatte ihn gebeten, ihr alle Schritte bei ihrer Mutter zu überlassen.

Des andern Morgens bei guter Zeit trat Fischer, ein glänzendes Zeugniß in der Tasche, den Weg nach seiner Heimath an. Vergebens hatte er noch auf einen Blick seiner Lene gehofft, kein Auge erschien in dem Fenster und fast verstimmt mußte er sich endlich zum Abmarsch entschließen. Als er aber an's Thor kam, stand Lene mit ihrer Mutter dort, ihn erwartend. Sie geleiteten ihn fast eine Stunde weit und als sie endlich unter Thränen und Küssen schieden, gelobte Fischer, sie baldigst zum Besuche bei seiner eigenen Mutter nachzuholen. Und er hatte Wort gehalten.

Das Alles ging in den einzelnen Bildern an seiner Seele

vorüber. Er hatte nun die erhoffte Stelle, seine Magdalene wartete daheim auf Nachricht! — Und wie ein ungeheurer Hohn erklangen des Schulzen Worte in seinen Ohren wieder. —

Zweiter Tag.

Aus Fischer's Tagebuch.

Den 23. Dezember.

Ich bin ruhig und gefaßt, aber ich kann noch nicht schlafen. Als ich heute meine Zeugnisse hervorsuchte, fiel mir mein Tagebuch in die Hand, das ich seit dem Tage, an dem ich hier eingezogen bin, nicht vervollständigt habe. Es ist wohl Unrecht. Mancher Kampf und manches Leid sind an mir vorübergegangen, die leichter wurden, wenn ich sie dem Papiere anvertraute; es mag dieselbe Erleichterung sein, die das Aussprechen gegen einen befreundeten Menschen gewährt. Aber auch das Ordnen der Gedanken und Empfindungen beim Niederschreiben, die Nothwendigkeit, sich abgesondert vom eigenen Schicksale hinzustellen und scharf jeden Punkt desselben in's Auge zu fassen, hat seinen großen Theil daran. Wie mancher Selbstmord ist begangen worden, den nicht die Größe des Leidens, sondern die verlorene Klarheit mit sich selbst, der verlorene Ueberblick der eigenen Verhältnisse herbeigeführt. Jeder Gedrückte sollte sich ein Tagebuch halten. Lese ich, wie oft ich in meinem kurzen Leben schon an der Grenze der Verzweiflung gestanden, und dennoch immer wieder froh geworden bin, so schwindet mir fast die Furcht vor Allem, was noch kommen kann, und ein recht freudiges Vertrauen zu dem, der die Herzen der Menschen lenkt wie Wasserbäche, steigt in meiner Seele auf.

Wie ist doch die Empfindung so verschieden von der, die das Händefalten, Augenverdrehen, die biblischen Reden und die hochmüthige Demuth unserer Frommen hervorbringen können! Die Leute dünken sich die auserwählten Kinder Gottes — es haftet ein Fluch auf denen, die sich zu den Auserwählten machen. Das „auserwählte Volk Gottes" kreuzigte den Heiland, die „auserwählte" Kirche baute Scheiterhaufen und die „auserwählten Kinder Gottes" würden es nicht besser machen als beide, wenn sie Macht hätten. Gott verzeihe ihnen Irrthum und Heuchelei, — noch weiß ich nicht, welches das richtigere ist; — ich vergebe ihnen all' die bittere Noth und Sorge, die sie mir schon bereitet.

Und so will ich denn nachtragen und will das Jahr, das ich hier verlebt, an mir vorübergehen lassen, will meine Verhältnisse und Sorgen fest in's Auge fassen und mir Rechenschaft von mir selbst ablegen; ich werde Klarheit und Beruhigung finden, wie früher schon oft.

Ich war wohl recht böse auf den Schulzen, der mir am Abend meiner Ankunft in seiner derben Manier die Meinung gesagt, und zerfallen mit mir und dem Schicksal; aber ich hatte in sehr vielen Stücken Unrecht. Ich verstand noch nicht die schwere Kunst, sich den Verhältnissen anzubequemen und wußte noch nicht, daß der Mensch immerdar unzufrieden bleibt, der sie nicht gelernt hat. Es war wohl die bitterste Nacht meines Lebens, die ich verlebte, denn ich sah nicht allein meine ganzen Hoffnungen und Träume zu Grunde gehen, ich glaubte auch meine innere Würde und mein Ziel, das ich durch so manchen Kampf mir aufgerichtet, zertreten.

Ich wäre vielleicht recht unglücklich geworden und, noch mit frischer Kraft, den Verhältnissen erlegen, wenn nicht die beiden Mädchen des Wirthes schon am frühen Morgen angefragt hätten, ob die Schule heute gescheuert werden solle, sie wollten es bei den größten Mädchen herum sagen. Das riß mich zur Thätigkeit auf und schon eine Stunde darauf stand ich zwischen einem Dutzend halbwüchsiger Jungfern und hatte Noth, meine schwarzen Hosen vor der Sündfluth, die das Schulhaus überschwemmte, zu schützen, und die Ausgelassenheit der wilden Hummeln zu wehren. Meine neue ungewohnte Stellung fing an mich zu interessiren, dazu schien die herbstliche

Morgensonne so hell und warm herein und ich vermochte es, dem Schulzen, der mit seinem Ackergeräth vor dem Fenster stillhielt und einen guten Morgen herein rief, ein freundliches Gesicht zu zeigen.

„Nu, das geht ja schon!" sagte er, „der Kalk ist auch da, und der Maurer-Christel hat versprochen, auf'n Mittag die Löcher in der Wand zuzuschmieren. Wenn Sie sonst nichts zu thun haben, Herr Schullehrer, und Sie wollen einmal Ihr Kartoffelland sehen, so will ich's Ihnen weisen."

Ich ging mit, mochte aber nicht fragen, wer das Umgraben, Samenlegen und Hacken besorge, ich hatte noch genug von dem Abend zuvor. An uns vorüber gingen die Leute oder zogen mit den Pferden in's Feld und Alle grüßten so freundlich. Das that mir wohl, es schien mir schon das beginnende Vertrauen auszudrücken. Wenn ich mich aber in meinem pedantischen Fracke ansah, da war mir's beinahe, als müsse noch manche Schranke fallen, ehe ich ein Zutrauen so unumschränkt genießen würde wie es als nothwendig in meiner Idee stand. Zwei Männer, die nach dem Acker zogen, blieben bei dem Schulzen halten und frugen über Steuer- oder Gemeinde-Angelegenheiten, und der Schulze deduzirte mit der Peitsche in der Hand, als stände er in der Gerichtsstube. Den Leuten aber stand die Achtung vor seinen Worten auf dem Gesichte geschrieben. Ich bekam mancherlei Gedanken, und als Nachmittags der Maurer-Christel kam, um die Wandbekleidung auszubessern und sich gutwillig erbot, er wolle mir auch beim Anstreichen helfen, da schien mir die Arbeit lange nicht mehr so entwürdigend als den Abend zuvor. Der Maurer-Christel erzählte mir viel, denn er schwatzt gern, ich erfuhr aber dadurch schon am ersten Tage Mancherlei über die hiesigen Verhältnisse. „'s ist doch gleich ein ganz ander Zutrauen," sagte er dabei, „wenn man sieht, daß Einer die gemeinen Leute und ihre Arbeit nicht verachtet. Daß ein gelehrter Herr mehr weiß als wir auf dem Dorfe, wissen wir von selber, es braucht sich aber dieserhalb Keiner so apart hinzustellen, als wäre nur alles Andere Lumpenzeug. Da hat die Freundschaft ein Loch von vornherein. Wir wissen auch, was wir sind." Ich bekam nach dieser Aeußerung noch mehr Gedanken. Warum geht das gewöhnliche Volk lieber zum Hirten als zu einem ordentlichen Doktor? Warum vermag ein Hetzer in einem Dorfe mehr als die vernünftigsten Vorstellungen des Landraths? Muß man nicht vollständig aufgehen im Volke, um wirklichen Einfluß zu erringen?

Als es Abend wurde, war meine Wohnung im Stande. Freilich war alles nur gelb und weiß gestrichen, aber es war doch sauber und rein. Der Maurer-Christel hatte mir außerdem um Thüren und Fenster schwarze Striche gezogen. Auch die Mädchen waren wieder gekommen, hatten die Fenster gewaschen, die Farbenflecken weggescheuert und den Heerd in der Küche roth gefärbt. Hätte ich meine wenigen Sachen schon zur Stelle gehabt, ich hätte mich fast heimisch fühlen können. Ich hätte am Morgen dieses Tages nicht geglaubt, daß ich am Abend mit so frohem Sinn das Wirthshaus, wo ich noch eine Nacht über bleiben mußte, wieder betreten würde. Wohl dachte ich an meine Lene — aber ich hatte heut schon so viel gelernt, daß es mir fast war, als müßte ich auch noch erfahren, wie man mit 50 Thalern Frau und Kind erhalten kann. Wie oft macht sich doch der Mensch durch die eigene Anschauung der Verhältnisse selbst glücklich oder unglücklich; kann ich nicht auch die Sorge, die heute auf mir lastet wie Zentnergewichte, morgen vielleicht mit ganz anderen Augen ansehen? Und lebt nicht der alte Gott noch? aber ein anderer, als ihn unsere „Auserwählten" lehren! Warum soll ich verzagen?

Ich war den zweiten Tag nach meiner Ankunft eben beschäftigt, meine Habseligkeiten — ein Bett, das Pianoforte meines seligen Vaters, einen Tisch, zwei Stühle und den Kasten mit Wäsche und Büchern, — die endlich eingetroffen waren, in meine Wohnung einzuräumen und freute mich der Gefälligkeit meiner Nachbarn, die alle zueilten, um mir behülflich zu sein, als der Pfarrer mich rufen ließ. Ich gestehe offen, daß mir das Herz auf dem Wege etwas schlug. Ich verleugnete mir es nicht, der Pfarrer war mein Feind, denn ich kannte den Charakter dieser Leute bereits. Aber ich nahm mir vor, fest bei dem zu beharren, was meine Ueberzeugung als wahr und richtig bezeichnete und stärkte mich an diesem Vorsatze. — Der Pfarrer saß auf dem Sopha, als habe er bereits auf mich gewartet, und ließ mich auf einen Stuhl ihm gegenüber niedersitzen. Sein Gesicht hatte viel von dem Salbungsreichen, das ich früher wahrgenommen, verloren; fast schien mir etwas, wie halb verhaltener Spott darin zu liegen.

„Sie gehen ja, wie ich gehört habe, der Gemeinde mit recht gutem Beispiele voran," begann er, „Sie sind fast noch nie aus dem Wirthshause herausgekommen."

„Nur die Zeit, die ich zum Essen und Schlafen gebraucht, habe ich mich dort aufgehalten; meine Wohnung kommt erst jetzt in Stand!" antwortete ich und verschluckte Alles, was ich gern noch angebracht hätte, um mir nicht unnöthig noch mehr böses Blut zu machen.

Der Pfarrer schien mich mit seinen Augen durchstechen zu wollen. „Ich erkenne Sie und Ihre Absicht vollkommen," sagte er nach einer Weile. „Sie haben sich dem Schulzen attachirt, entblöden sich nicht, sich durch niedere Arbeiten den Bauern gleichzustellen und wollen auf Kosten der nöthigsten Würde Popularität und einen gewissen Einfluß erringen."

„Ich leugne gar nicht, Herr Pfarrer, daß ich Beides für unumgänglich nothwendig halte, um mein Amt mit Segen zu verwalten!" erwiderte ich. „Der wahren Achtung aber glaube ich durch äußerliches Gleichstellen nicht entgegen zu arbeiten. Cincinnatus baute seinen Kohl selbst und war doch als römischer Dictator hochgeehrt."

„Ich will mich mit Ihnen in keine Diskussion über die Stichhaltigkeit Ihres Beispiels einlassen," sagte der Pfarrer, und der Spott trat deutlicher auf sein Gesicht, „ich will nur einmal mit Ihnen in Ihrer Weise reden und nach Ihrer weltlichen Ausdrucksweise ‚ein vernünftiges Wort' mit Ihnen sprechen. — Sie glauben wahrscheinlich viel zu gewinnen, wenn Sie sich zum Manne des Volkes in unserem Dorfe machen."

„Ich will nichts gewinnen, Herr Pfarrer, als das Bewußtsein, nicht vergebens zu arbeiten, als die Aussicht, daß meine geistige Aussaat einmal Früchte trägt."

„Lassen Sie mich ausreden!" unterbrach er mich. „Sie glauben vielleicht mich zu täuschen, ich sage Ihnen aber, daß ich Sie durchschaue und daß ich Sie nach dem bisher Beobachteten für viel zu klug halte, als daß ich denken sollte, Sie wollten ein moderner Märtyrer für Ihre Einbildungen werden. Sie können hier grau werden und sterben, mit Ihren 50 Thalern — unter Kummer und Sorgen grau werden und als Mann des Volkes selbst verbauern und versauern! Das überlegen Sie!"

Ich mochte vielleicht bei dieser Aussicht etwas blaß geworden sein, denn über sein Gesicht zog es wie eine geheime Zufriedenheit.

„Ich weiß," fuhr er fort, „welcher Geist unter den Schülern der Gymnasien herrscht, wie er sich gegen unser Streben, gegen unsre Lehren stemmt. Unsere Entäußerung aller Lust an der Welt, unsere hingebende Demuth gegen den Herrn, unsere Verachtung aller Klügeleien des schwachen Geistes können natürlich der ungezügelten Jugendkraft, die am liebsten die ganze Welt umwürfe, nicht zusagen. Sie können sich nicht mit einem Male davon losmachen — der Herr befiehlt, mit den Schwachen Geduld zu haben, und ich werde es auch mit Ihnen thun. Ich halte Sie, wie gesagt, für zu klug, um aus Eigensinn oder verkehrten Ansichten sich selbst jede Aussicht für die Zukunft abzuschneiden, Ihre ganze Bildung unter unsern Bauern vermodern zu lassen und sich zu einem Leben voll Entbehrungen und zum nothgedrungenen Cölibate zu verdammen. Das muß aber kommen, sobald Sie sich von mir, Ihrem natürlichen Verbündeten, lossagen und Ihren eigenen Weg gehen wollen. Das überlegen Sie!"

Ach lieber Gott, ich hatte schon viel, sehr viel überlegt, und ich bewundere heute noch die Schnelle, mit der mir in der kurzen Zeit der Rede tausend Gedanken durch den Kopf gefahren waren. Also: Entweder Mucker werden, oder mich unglücklich machen und meiner Lene das Herz brechen.

Der Pfarrer mochte wohl meine Gedanken errathen und mich gerade heiß genug zum Schmieden halten, denn er fing nach einer kleinen Weile, in der er unter seinen Papieren gesucht hatte, wieder an: „Ihr Vorfahr hat bei dem gnädigen Herrn die Stelle eines Sekretärs versehen und dafür 100 Thaler bezogen. Der Gutsherr ist aber ein Mann nach dem Worte Gottes und will auch nur mit einem solchen zu thun haben. Ich möchte Ihnen wohl eine gleiche Vergünstigung wie Ihrem Vorgänger zuwenden, aber ich muß erst wissen, wie ich mit Ihnen daran bin, ehe ich Sie empfehlen kann. — Es würde außerdem noch Manches für Sie abfallen, das Ihnen die Gründung Ihres Hausstandes erleichterte, denn ich darf wohl annehmen, daß Sie nicht immer ohne Frau bleiben wollen — Sie brauchen nicht darüber zu erröthen, ein eheloser Stand ist ein gottloser Stand, denn der Herr hat das Weib selbst zur Gehülfin und Gefährtin des Mannes geschaffen! Ueberlegen Sie und geben Sie mir künftige Woche eine klare Antwort. Jetzt noch das Nöthige wegen des morgenden Gottesdienstes, an dem Sie gleich fungiren können, wenn auch Ihre formelle Einführung noch nicht stattgefunden."

Und das Nöthige wurde mir mitgetheilt. Es war ein Wunder, daß ich von dem Nöthigen das Allernöthigste behielt, denn mein Kopf brannte und in mir jagten sich und kämpften Gedanken und Empfindungen, Rathlosigkeit und Entschlüsse, und ich war froh ...

Eine Stunde später.

Ich bin unterbrochen worden und meine Sorge ist gewachsen. Gott und Vater, wenn Du eine Prüfung noch härter, als Du sie mir schon auferlegt, über mich verhängt hast, so gieb mir Kraft, sie muthig zu tragen, um ihrer willen, die mir in's Elend gefolgt ist als mein Trostengel, um meiner Lene, um meines Weibes willen!

Ja, sie war mir in's Elend gefolgt und sie hatte, trotz unserer Armuth, unser Haus zu einem Tempel häuslichen Glücks gemacht, wenn der Feind geruht hätte, unsern Frieden zu vergiften.

Ich hatte auf die 100 Thaler Gehalt vom gnädigen Herrn

verzichtet, **ich hatte nach** hartem Kampfe allen andern Lockungen
widerstanden **und meine Ueberzeugung bewahrt.** Der Pfarrer
hatte nichts gesagt als: „Thun Sie nach Ihrem Gefallen!"
und schien nur durch eine verächtliche Behandlung mich seinen
Unwillen empfinden zu lassen. Ich ließ mich das wenig anfechten, hielt meine Schule nach bestem Gewissen, bürgerte mich
immer mehr unter meinen Bauern und in ihre Gunst ein, ging
mit in die Spinnstuben und verbannte oftmals durch die span-
nende Geschichte aus einem guten Buche Unwesen und schlechte
Gespräche. Ich trank wohl auch im Wirthshause mein Glas
Bier und berichtigte im Schwatzen manche schiefe Ansicht und
manches Vorurtheil. Ich begann mit jedem Tage zufriedener
zu werden und aß jeden Abend mein Stück Käse und Brot
mit demselben Frohsinne, als ob es Braten gewesen wäre. Es
war die Zufriedenheit treuer Pflichterfüllung. Und nun suchte
ich eifrig mir Wege zu eröffnen, meine geringen Mittel durch
Nebenverdienst zu vermehren; ich erhielt auch durch einen Freund
meines verstorbenen Vaters Gelegenheit, mich schriftstellerisch
zu versuchen und Beiträge für das Schulblatt zu liefern; sodann unterrichtete ich die Tochter des Försters im Klavier-
spielen. Für das Erstere wurde mir von dem Buchhändler die
Erlaubniß, an seinem Lesezirkel Theil zu nehmen, was mir sehr
viel werth war, und auch einmal für eine Kindererzählung eine
baare Bezahlung von fünf Thalern. Vom Förster erhielt ich
für meinen Unterricht dreimal in der Woche den Mittagstisch
und monatlich ein Pfund Taback. Die übrigen Tage aß ich
nicht gekocht; meine Schulkinder brachten manches Brot, und
auch wohl noch etwas mehr, das ich nicht zu kaufen brauchte.
Jede Woche aber schrieb ich meiner Lene, sprach ihr von meinen Hoffnungen und schuf mir dadurch immer selbst neue. Wollte
einmal ja eine trübe Stimmung über mich kommen, so setzte
ich mich an mein Pianoforte, das Vermächtniß meines Vaters,
und spielte meinen Lieblingschoral: „Befiehl du deine Wege",
und arbeitete ihn durch alle Tonarten, bis ich meine trübe
Stimmung selbst durchgearbeitet hatte. Was ist doch die Musik
für eine wahre Menschentrösterin; ich hätte mich wohl ihr ganz
widmen mögen. Schon als ich noch Gymnasiast war, sagte

mir Mancher, ich hätte viel Talent und der Musiklehrer im
Seminar meinte, es wäre ein Musikdirektor an mir verdorben,
ich könne von ihm nicht viel mehr lernen — nun, ein Schulmeister ist ja ein halber Musikdirektor und wenn ich einmal
Kantor werde, habe ich auch einen musikalischen Titel. Um
mein Schulchor hätte ich es schon verdient. Die Bauern meinten beim Neujahrsingen, so hätte es noch kein Jahr geklappt,
sie hätten das in ihren Jungens gar nicht vermuthet, und es
gab so viel Eier, Wurst und Speck, wie vielleicht noch kein
Jahr. Auch etwas Geld erhielt ich. Die Viktualien schickte
ich zum großen Theile meiner Lene und ihrer Mutter.

Es war im März, und ich hatte in meinen Freistunden
gerade begonnen, mein Kartoffelland umzugraben, da erhielt ich
eine Ladung zum Pfarrer. Ich ging mit reinem Gewissen und
diesmal ohne Furcht. Er verbot mir mit kurzen schnöden Worten den Besuch der Spinnstuben und des Wirthshauses als
meiner unwürdig. Er zeigte mir zugleich an, ich sei von mehreren Gemeindemitgliedern angeklagt worden, ich lehre ihren
Kindern nicht die rechte Religion und mache sie vom wahren
Glauben abwendig. Als ich aber auf Nennung der Namen
drang, gab er den Schneider im Dorfe, Einen der Wenigen
seines Anhanges, und die Christiane Schwartzen an. Fast
schien es mir, als könne er meinen geraden Blick nicht aushalten und es gehe ein schwaches Schamroth über sein Gesicht.
Er sagte, daß er andern Tages eine Untersuchung anstellen
werde und entließ mich. Andern Morgens acht Uhr, beim Beginn der Religionsstunde war er da; ich sprach zu meinen Kindern furchtlos, wie andere Tage, und bemerkte das immer röther
werdende Gesicht des Pfarrers erst, als er mich plötzlich unterbrach und mich vor den versammelten Kindern anfuhr: „Herr,
nennen Sie das Religion? Ich weiß aber schon, woran ich
bin und werde mir durch eigene Fragen Ueberzeugung verschaffen!" Und nun faltete er die Hände gegen die Decke,
sprach ein Gebet voll heiligen Unsinns und wandte sich dann
mit einer Frage an einen der Knaben. Der mochte wohl nur
das Augenverdrehen und Geberden des Pfarrers, nicht aber
seine Frage beachtet zu haben, und lachte, nach kurzem Ver-

suche den Reiz zu unterdrücken, dem heiligen Manne in's Gesicht. Ihm folgte die ganze Bank.

Der Pfarrer schien vor Entsetzen starr zu werden; dann aber wandte er sich mit einem kalten maliziösen Lächeln nach mir. „Das sind also die Früchte Ihrer Aussaat? Nun, wir werden uns weiter sprechen!" Und damit ging er zur Thür hinaus. — Ich mußte den übrigen Theil des Morgens alle meine Fassung zusammennehmen, um den ferneren Unterricht abzuhalten. Ich ließ endlich die Kinder gehen. Kaum aber waren die letzten aus der Thür, so stürzte der Pfarrer wie ein wahnsinniger Mensch aus dem Hause und trieb die Kinder wieder in die Schulstube. Ich wußte im ersten Augenblicke nicht recht, wie mir geschah und was das werden sollte — brauchte aber nicht lange auf die Erklärung zu warten.

„Ist das Ordnung? ist das Eifer für Ihren Dienst?" fuhr der Pfarrer auf mich los. „Noch fehlen zehn Minuten oder wohl gar eine Viertelstunde an elf, wo Sie erst schließen dürfen! Können Sie die Zeit nicht erwarten, um Ihrem weltlichen, verdammlichen Treiben nachzulaufen?"

So war ich zum zweiten Male vor meinen Schulkindern blamirt und was ich von meinem geistlichen Vorgesetzten zu fürchten oder zu hoffen hatte, wußte ich nunmehr. Das Schrecklichste war mir der Verlust meiner Achtung im Dorfe, denn daß keins der Kinder ein Wort von dem Geschehenen verschweigen, daß es schnell genug in allen Mäulern sein würde, war klar genug vorauszusehen. Hätte ich den Pfarrer zur Thür hinausgeworfen, so hätte ich als ganzer Kerl gegolten und wäre noch höher als vorher gepriesen worden — daß ich aber wie ein dummer Junge vor versammelter Schule heruntergemacht worden war und Alles ruhig eingesteckt hatte, das mußte der guten Meinung über mich den Hals brechen. Und konnte ich anders? — ich ging lange mit mir zu Rathe, setzte mich endlich hin und schrieb an den Pfarrer. Ich wahrte so gehorsam, als ich es nur zu Wege bringen konnte, aber auch so fest als möglich meine Ehre. Ich verwahrte mich ferner gegen den Eingriff in meine außeramtlichen Verhältnisse, über die er nach seinen Ansichten nicht Richter sein könne, und erklärte mich bereit, dem Superintendenten oder dem Konsistorium Rechenschaft von jedem meiner Schritte abzulegen. Ich deutete ihm zugleich an, daß wenn es zu einem äußersten Schrittte käme, ich auch nicht ohne Schutz und Hülfe dastände.

Ich dachte dabei an manchen Freund meines Vaters, der, wenn er auch keinen Heller zur Unterstützung für den Sohn des Gestorbenen hätte ausgeben mögen, doch vielleicht ein Wort an der rechten Stelle für mich angebracht hätte.

Dann ging ich nach dem Wirthshause, wo man mich erwartet zu haben schien. — Das Aufsehen über die Sache war groß und man drängte sich um mich, um den Vorfall recht genau und mit allen Einzelnheiten zu hören. Hier hatte ich mich geirrt. Ich traf Theilnahme und keine Mißachtung und als ja einige von den Jüngeren meinten, sie hätten an meiner Stelle dem Schwarzrocke alle Knochen zerschlagen, da schüttelte der Schulze, der neben mir saß, den Kopf und sagte: „Er hat's recht gemacht! In Schulsachen hat der Pfarrer zu befehlen, das weiß ich, denn ich gehöre zur Schulkommission, da muß der Schulmeister einmal was hinnehmen — es stirbt Keiner davon und wir wissen doch Alle, was zu unserm Schullehrer und auch was zu unserm Pfarrer ist. Kommt's zu arg, so giebt es einen Superintendenten und ein Konsistorium und wir sind auch noch da und können reden. — Thun Sie, was recht ist, Herr Schullehrer, Sie wissen's besser, als ich's Ihnen sagen könnte, und kümmern Sie sich um das Andere nicht zu sehr, das ist eine gar gute Arzenei gegen den Aerger. Wir bleiben Ihre guten Freunde, so lange Sie bei uns sind, da machen Sie sich keine Sorge darum!"

Wie aber der Schulze noch so sprach, da ging's vor dem Fenster: „He! Halt einmal, was hat Sie zu spintisiren?" Und gleich darauf ging die Thür auf, und der Wirth führte die Schwartzen-Christel am Arm herein. „Ho, das ist also die, die den wahren Glauben hat?" rief Einer. „Steht denn in dem Glauben auch etwas vom Horchen und Spintisiren?" rief ein Anderer. Die ganze Gesellschaft lachte, daß die Fenster zitterten, das Weib wehrte sich mit aller Macht, aber der

Wirth hielt sie mit eiserner Faust fest. „Schwarzen-Christel, jetzt horch' Sie mir zu, ich sag's Ihr hier vor allen Männern!" rief er und hielt die Faust in die Höhe. „Treff' ich Sie noch einmal des Abends hier herum schleichen und horchen, so hau' ich Ihr das Fell so voll, daß es rauchen soll. Das kann Sie auch dem sagen, der Sie geschickt hat." Damit ließ er sie los und unter Schimpfen fuhr das Weib zur Thür hinaus.

„Thun Sie was Recht ist und kümmern Sie sich um das Andere nicht zu sehr!" Das war wirklich Arznei, die mich wieder fest machte. Ein gutes Gewissen, und das Andere Gott anheimgestellt. Ich saß den Abend noch eine halbe Stunde vor meinem Pianoforte und ging zufrieden und einig mit mir zu Bette.

Andern Morgens kam ein Brief von meiner Lene. Es war gut, daß er mich nicht gestern Morgen in meiner verzagten Stimmung angetroffen.

Vor fünf Tagen schon war meine Schwiegermutter gestorben. Lene stand ohne Anhalt in der Welt. Sie hatte aber bereits Aussicht, als Kammermädchen bei einer Herrschaft, die auf Reisen ging, unterzukommen. Sie frug an, was sie thun solle und ob ich nicht auf einen Tag nach der Stadt könne.

Da stand ich nun, sollte rathen, Muth und Tröstung einem verzagten Herzen bringen und hatte weder Rath noch Trost für mich. So ging ich nach der Kirche, denn es war Sonntag; ich setzte mich auf die Orgelbank und arbeitete das alte Werk zusammen, daß die Jungen kaum mit den Bälgen fertig werden konnten; ich mußte mich ausspielen — als es aber nun nach und nach in mir selbst stiller und klarer wurde, als ich meinen riesigen Fugensatz hinüber gearbeitet hatte in ein ruhiges Largo, da sah ich erst nach dem Liede, um es einzuleiten. Was kümmerte mich der Text. „Befiehl du deine Wege!" hieß die Melodie, es war wie ein Ruf vom Himmel herunter — ich war mit einem hohen freudigen Entschlusse fertig, und ich spielte das Lied ohne Quinkelei und ohne große Zwischenspiele mit der Inbrunst, wie es in mir selber klang.

„Befiehl du deine Wege,
Und was dein Herze kränkt
Der allertreusten Pflege
Deſſ', der den Himmel lenkt!"

Meine Lene ſollte nicht als Kammerjungfer auf Reiſen, ich wollte ſie heimführen als mein Weib, und das Uebrige dem anheimſtellen, der die jungen Raben füttert.

Als ich aus der Kirche über den Gottesacker ging, trat der Förſter an mich heran. Er hatte noch einen Herrn bei ſich, der mir als ganz abſonderlicher Muſikfreund vorgeſtellt wurde. Sie lobten mein Orgelſpiel gewaltig und ich wurde für den Nachmittag zum Förſter gebeten, der ein recht gutes Pianoforte hatte. Ich ſchlug das natürlich nicht aus; es wurde aber doch etwas ſpät, ehe ich hin kam, denn ich ſchrieb zuvor meiner Lene einen Brief, drei Bogen lang, verſprach ihr auch in den nächſten acht Tagen zu kommen — eher konnte ich nicht fort, weil nächſten Sonntag die Einſegnung der Kinder war — und dann, wenn ſie meine Armuth theilen wolle, ſo ſchnell als möglich Hochzeit zu machen.

So ward ſie, ehe der Mai zu Ende ging, mein Weib. Wir ließen uns in der Stadt trauen. Das ganze Dorf bethätigte ſeine Theilnahme an mir. Schon vor der Einſegnung hatte ich hier und da ein Wort fallen laſſen und die Gaben der Einſegnungskinder waren reichlicher geweſen, als es ſonſt wohl der Fall ſein mag. Ich hatte das nöthige Geld zu einem neuen Fracke für mich, zu einem wollenen Kleide für meine Lene und auch noch zu einer Ziege in das Ställchen. Mehr brauchten wir nicht, denn die Wirthſchaft meiner Schwiegermutter, die mir Lene zubrachte, war zwar arm und klein, enthielt aber doch das Nöthigſte. Am Hochzeitsabend, als wir hier ankamen, fanden wir das ganze Schulhaus mit Maien geſchmückt, die Wohnſtube aber mit einem Schatze von Viktualien und manchem ſchönen Wirthſchaftsgeräth angefüllt. Wenige Familien im Dorfe, die Kinder hatten, mochte es gegeben haben, die nicht wenigſtens Etwas gebracht hatten. Und wir beſahen, ordneten und blickten uns an — und waren im

Himmel! Das war der glücklichste Tag meines Lebens! Die Armuth ist wahrlich nicht das trübste Loos auf Erden, wer sie nur ordentlich zu fassen weiß. Der Mann, der reich gewesen und in dürftige Verhältnisse gerathen ist, der sich seiner Dürftigkeit schämt und den Schein seines Wohlstandes um jeden Preis erhalten will, der in steter Sorge lebt, daß er noch überall seine wahren Verhältnisse zudecke und sich „anständig" erhalte, der Mensch, der hoch hinaus will, und durch sie am Boden gehalten wird — Allen, die gegen die Armuth kämpfen und sich abmühen, ihr zu entrinnen, mag sie ein Feind, ein hartes Schicksal sein. Wer sich aber mit zufriedenem Herzen ihr ergiebt, wer sich ihrer nicht schämt, dem wird sie eine treue Mutter, die mehr wahrhaftiges Glück giebt, als der Reichthum zu bieten vermag, die die Herzen ihrer Kinder frömmer, edler und menschlicher macht, als es in der Fülle des Wohllebens möglich ist.

Wir wußten, wie wir standen und was wir hatten. Wir waren zufrieden und richteten uns danach ein. Gab es auch oft schmale Bissen, und mein Herz wollte sich zusammenziehen, meiner Lene halber, so war sie doch immer diejenige, die guten Trost und fröhliche Laune hatte, die mich, je weniger wir hatten, mit um so größerer Liebe umspann. Dazu war sie bald überall bekannt im Dorfe, und überall geliebt. Kaum war durch die Förstersfrau ihre Kunstfertigkeit im Nähen kund geworden und meine Klavierschülerin erhielt Nähunterricht bei meiner Frau, so kam bald ein Mädchen von wohlhabenden Eltern nach dem andern und wollte Nähstunden haben; selbst manche von den erwachsenen Jungfern wollte noch anfangen. Dazu gab's bald allerhand Arbeit, die früher in der Stadt gefertigt war und die jetzt meine Frau übernahm. Es gab ganz hübschen Nebenverdienst und wir waren ein Vierteljahr lang glücklich. Da rührten sich die Feinde wieder.

Ich will nicht davon sprechen, wie oft die Schneidersfrau, der jetzt mancher Groschen entging, oder die Schwarzen-Christel meine Frau beleidigten und kränkten, wo es nur anging, wie oft sie Redereien und Klatschereien anzettelten, die ihr den guten Namen und uns einen Theil des Verdienstes hätten kosten können, die ich zwar stets noch zeitig genug todttreten konnte, oder die an dem gesunden Sinne unserer Bauern scheiterten, die aber jedes Mal einen Schnitt in die Zufriedenheit meiner Lene thaten; ich will nur die nächstliegenden Sachen berühren.

Ich hatte meine Frau schon mehre Mal, wenn ich vom Kartoffelhacken nach Hause gekommen war, mit verweinten Augen getroffen, ohne mehr als eine allgemeine Antwort auf meine theilnehmende Frage erhalten zu haben. Ich muthmaßte nichts Arges dabei und dachte an einen körperlichen Zustand meiner Lene, der wohl Verstimmung oder ungewöhnliche Weichheit mit sich führt.

Aber eines Tages fand ich sie in hellen Thränen und so aufgeregt und erschüttert, daß ich erschrak und ein großes Unglück vermuthete. Lange war sie nicht im Stande, auf meine drängende Frage zu antworten. Endlich aber brach sie in einen neuen Thränenstrom aus und schluchzte an meinem Halse, ob es denn wahr sei, daß ich an keinen Gott und an keinen Jesus glaube?

Mir fing es an wie ein Licht aufzugehen, das mir die dunkeln Schleichwege meiner Feinde hell machte. Ich beruhigte meine Lene, so viel ich es durch wenige Worte vermochte, nahm sie auf meinen Schooß, daß sie sich ausweine und ließ mir dann erzählen. Da erfuhr ich denn, daß der Pfarrer ihr einmal im Felde begegnet sei, daß er gar theilnehmend mit ihr geredet und sich nach mir erkundigt. Er habe auch gesagt, es sei um mich jammerschade, daß ich hier zu Grunde gehen sollte, ich könne eine Stelle von 200—300 Thalern haben, wenn ich nur wolle und meine Ansichten etwas ändere, ich hungere aber lieber und ließe meine Frau darben, als ich nur etwas nachgäbe. Der Pfarrer hatte dazu gebeten, mir nichts zu sagen, da ich es ihm als Feindschaft auslegen könne. Zwei Tage darauf, als ich im Felde gewesen, war der Pfarrer in meine Wohnung gekommen und hatte nach mir gefragt. Das war aber nur ein Vorwand gewesen, denn er hatte sich niedergesetzt und gegen meine Frau das alte Thema wieder aufgenommen, hatte ihr Vorschläge gethan, wie sie mich andern Sinnes

machen und ihren Einfluß auf mich anwenden solle. Das dritte
Mal war er ihr, als sie Gras für die Ziege holte, nachgegangen und wie zufällig zu ihr getreten, hatte ihr die Gefahr ge-
schildert, in der meine irdische Stellung schwebe, denn ich habe
keinen Glauben und werde bei Gott und beim Konsistorium
übel bemerkt. Er machte es ihr zur Gewissenssache, mich nicht
untergehen zu lassen, daß das arme Weib vor Angst nicht
hatte bleiben können.

Und das Licht in meinem Kopfe loderte zur Fackel auf.
Ich zog meinen Rock an und ging geraden Wegs in's Pfarr-
haus. Was ich dem Manne gesagt, weiß ich nicht mehr, daß
ich ihn aber andonnerte, daß er vor Schrecken hinter sein Arbeits-
pult sprang und den Weg zu sich mit einem Stuhl versperrte,
das weiß ich noch. — Meine Lene aber machte ich klar über
das nichtswürdige Treiben, das ich ihr, um ihre Heiterkeit nicht
zu stören, bisher verheimlichte, und nahm ihr das Versprechen
ab, mir künftig nichts, auch nicht das kleinste Wort mehr zu
verschweigen.

Und als nun der Pfarrer sah, daß alle seine Mühe an
mir verloren war, da ging er auf mein Verderben aus. — Im
Herbst erhielt ich eine Warnung vom Superintendenten, mich
eines angemesseneren Betragens dem Herrn Pastor gegenüber
zu befleißigen. — Ich machte mich auf die Beine und schüttete,
Auge gegen Auge, dem Superintendenten mein Herz aus —
es mochte aber nicht viel gefruchtet haben, denn im November
erhielt ich eine Vorladung zu dem Letzteren, und da wurde mir
auf den Kopf schuld gegeben, in meinem Unterrichte von der
vorgeschriebenen Religionslehre abgewichen zu sein und dafür
neue, freigeistige Ideen eingeschwärzt zu haben. Ich verthei-
digte mich mit aller Kraft, ich verlangte spezielle Nachweise,
ich beleuchtete den Standpunkt meines Anklägers, des Pfarrers,
ich ward warm und habe vielleicht noch nie so gut gesprochen.
Aber eiskalt entließ mich der Superintendent und sagte nichts,
als: er werde über mich berichten.

Bald nachher verbreitete sich das Gerücht im Dorfe, ich
würde meine Stelle verlieren. Woher es kam, konnte ich mir

denken und ich beruhigte meine Lene mit der Sicherheit eines reinen Gewissens.

So ist der heutige Tag herangekommen, von dem ich noch nicht weiß, was sich aus ihm entspinnen wird. Wie ein dunkler Wolkenberg liegt die Zukunft vor mir, aber ich verzage nicht und sollte das Schlimmste kommen.

>Der Sonne, Stern' und Winden
>Giebt Wege, Lauf und Bahn,
>Der wird auch Wege finden,
>Wo dein Fuß gehen kann!

Es war heute Morgen gegen zehn Uhr, da traf ein großes Schreiben des Konsistoriums, durch den Superintendenten an mich gesandt, ein. Als Beilage war das neueste Heft des Schulblattes, und ein Aufsatz darin von mir roth angestrichen. Es war eine Kritik der neuesten pietistischen Bestrebungen mit Hinblick auf die von ihren Vertretern gebrauchten Mittel zum Zwecke. — Das Konsistorium ließ sich in der bittersten Weise über den Artikel aus, gab dem Superintendenten den Auftrag, zu untersuchen, ob ich, den das Gerücht als Verfasser nenne, es wirklich sei und mich in diesem Falle sofort zu suspendiren. — Morgen soll ich nach der Stadt und mich erklären — ich werde sprechen, wie es in meinem Herzen steht, und ich danke mit vollem Herzen der Freundlichkeit des Superintendenten, daß er zart genug war, mir mein Urtheil nicht durch den Pfarrer vorlegen zu lassen.

Ich habe natürlich meinem Weibe den Stand der Dinge nicht verschweigen können, so gern ich es gethan hätte, denn sie ist hochschwanger. Es hat sie sehr erschüttert, obgleich die verschiedenen Redereien im Dorfe sie auf die Möglichkeit eines solchen Schicksals vorbereitet hatten. Sie mußte sich den Nachmittag in's Bett legen.

Morgen ist Weihnachts-Heiligerabend. Es wird ein trauriges Fest werden. Wenn nur meine Lene nicht kränker wird und sich wieder ermannt. Wo soll ich mit der kranken Frau hin, wenn ich das Schulhaus verlassen muß?

Dritter Tag.

Es war der Neujahrsmorgen. Die Luft zog scharf über die beschneiten Felder und die Rauchsäulen aus den Schornsteinen des letzten Dorfes vor der Stadt stiegen rasch und leicht gegen den kalten, unumwölkten Himmel. Da kam eine Gestalt des Weges daher, der man schon auf fünfzig Schritte weit den Frost ansah. Schwarzer Frack und dito Beinkleider bildeten einen schlechten Schutz gegen die kalte Luft, der Kopf, tief in die Schultern gezogen, war mit einem Tuch um die Ohren und mit einem schwarzen Hut versehen, die Hände bargen sich in den Hosentaschen.

Mit einem frostigen Trappeln kam der Mann auf die Schenke am Wege los und mußte, als er in die warme Stube getreten, sich augenscheinlich erst von dem schnellen Wechsel der Hitze auf die beißige Kälte erholen. Endlich löste er das Tuch von den Ohren — es ging ungeschickt und langsam, denn die Hände waren fast ohne Gefühl; dann zog er ein Stück Brod aus der Tasche und forderte „einen kleinen Schnaps".

Nach und nach schien die Wärme ihren Einfluß auf den Mann geltend gemacht zu haben. — Als er einen Theil seines Brotes gekaut und den Branntwein nur halb ausgetrunken hatte, begann er in einer wohlthuenden Erschlaffung Arme und Füße zu recken, stützte dann den Kopf auf den Ellenbogen und überließ sich der über ihn kommenden Mattigkeit, halb Schlaf, halb Wachen.

Der Schullehrer Fischer war es; ob es aber mit dem „Schullehrer" noch seine volle Richtigkeit hatte, hätte er selbst nicht mit Gewißheit sagen können.

Ein trauriges Weihnachtsfest war es gewesen, das er durchlebt hatte. Den heiligen Abend war er nach der Stadt zum Superintendenten gegangen, um sich zu vertheidigen und zu rechtfertigen. Seine kranke Frau hatte er unter Obhut einer Nachbarin gelassen. Aber der Superintendent hatte weder von einer Vertheidigung noch von einer Rechtfertigung etwas wissen wollen, nichts als die einfache Angabe, ob Fischer der Verfasser des roth angestrichenen Artikels im Schulblatte sei oder nicht. Das bejahte dieser und erbot sich, zu jedem Satze darin schlagende Belege herbeizuschaffen. Da zuckte der Vorgesetzte die Achseln und sagte, in diesem Falle könne er nichts thun, als der Verfügung des Konsistoriums Folge zu geben; — Fischer habe binnen vierzehn Tagen das Schulhaus zu räumen, da beim Wiederbeginne der Schule vorläufig ein Substitut für ihn eingestellt werden würde.

Fischer war auf diesen Ausgang vorbereitet gewesen, als er aber seine Verurtheilung mit kalten, klaren Worten vernahm, da war es ihm, als müsse ihm das Herz stille stehen. Wo sollte er in vierzehn Tagen eine andere Stellung, andere Subsistenzmittel herschaffen, wo alles das Nöthige erschwingen, was die nächste Zukunft seiner Frau erheischte? Wenn er an seine Frau dachte, stand das Kommende vor ihm wie ein ungeheurer Jammer.

„Und da ist nichts mehr zu ändern? — Keine Rücksicht auf meine Zeugnisse und mein übriges unbescholtenes Leben — auf die Verhältnisse und meine jetzige Noth?" fragte Fischer und preßte die Lippen auf einander. „Ich muß jetzt betteln gehen, Herr Superintendent, und meine Frau erwartet in den nächsten Tagen ihre Niederkunft."

Der Geistliche zuckte die Achseln. „Ich kann nichts thun, als der Verfügung des hohen Konsistoriums gehorchen — ich werde das Nöthige berichten, jetzt indessen —!" — Ein erneutes Achselzucken ergänzte seine Rede, eine Handbewegung verabschiedete den Lehrer.

Fischer ging heimwärts, tausend Pläne und Gedanken durchkreuzten seinen Kopf, aber einen verwarf er mit dem andern. Wäre er allein, oder wäre seine Lene nur gesund und arbeitsfähig gewesen, dann hätte sich wohl eher Rath und Auskunft gefunden. Sein Gesicht glühte vor innerer Aufregung trotz der kalten Luft; er mochte nicht nach Hause kommen, ohne seinem Weibe neben der Unglücksbotschaft auch einen Ausweg aus Kummer und Noth zeigen zu können; aber schon ging der Tag zu Ende, sein Dorf lag vor ihm und noch hatte er nichts erklügelt. Da, wo er zuerst bei seinem Einzuge auf den Wirth getroffen, blieb er stehen und ließ die Augen über die beschneiten Dächer und Bäume schweifen, die ganzen Erlebnisse seit jenem Tage fuhren an ihm vorüber. Dann sah er hinauf in den trüben Winterhimmel; seine Augen wurden klarer, seine umwölkte Stirne freier — ein tröstender Gedanke schien ihn zu durchwärmen, — „Und er wird's wohl machen!" sprach er endlich in stillem Sinnen und betrat ruhig und gefaßt das Dorf.

Aus dem Fenster des Wirthshauses sah der Schulze. „Herr Schullehrer, kommen Sie doch einmal 'rein!" rief er ihm zu, „wir haben schon eine ganze Weile auf Sie gewartet!"

„Dauert's lange?" fragte Fischer, „meine Frau ist krank, und ich bin schon den ganzen Tag weg!"

„Weiß schon!" erwiderte der Schulze, „kommen Sie nur 'rein!"

Fischer folgte der Einladung mit dem festen Vorsatze, sich nicht lange aufhalten zu lassen.

In der Gaststube saßen neben dem Wirthe der Schulze, einer von den Schöppen und der Schmied, alle vier die Augen auf den eintretenden Lehrer gerichtet. „Nu, wie steht's?" begann der Schulze, sichtlich gespannt.

„Womit?" fragte Fischer verwundert, denn er hatte Niemand von dem Zwecke seiner Wanderung etwas gesagt.

„Na, womit!" rief der Schulze, „wir wissen die ganze Geschichte und mit uns brauchen Sie nicht heimlich zu thun, wir meinen's gut. Sie haben was geschrieben und drucken lassen, und haben unsern Pfarrer darin abgemalt und nun sollen Sie um die Stelle kommen. Der Pfarrer hat das Gedruckte selbst an den Superintendenten und an's Konsistorium geschickt, hat Sie dabei tüchtig schlecht gemacht — das werden Sie wahrscheinlich noch nicht wissen — und nun sind Sie heute beim Superintendenten gewesen, um ihre Meinung über die Sache zu sagen. Das ganze Dorf weiß schon um die Geschichte, die Schwarzen-Christel hat's in ihrer Freude erzählt, wer's nur hat hören wollen, also wie steht's nun?"

„Ich bin abgesetzt!" erwiderte Fischer gedrückt aber ruhig.

„Da sollen sie erst fragen, ob wir's zufrieden sind!" brach

mit einem Male der Schmied los und schlug auf den Tisch, daß die Platte dröhnte; "wir sind die Schulkommission, und wir wollen keinen Andern!"

"Wenigstens mein' ich, wir haben auch ein Wort dazu zu reden!" sagte der Schulze und seine Augen nahmen einen jugendlichen Glanz an. "Ich habe mir so etwas gedacht, aber jetzt sollen Sie sehen, Schullehrer, daß Sie nicht umsonst mit uns und dem Dorfe Freundschaft gehalten haben."

"Ich danke für den guten Willen," erwiderte Fischer und bot den Männern die Hand, die Alle mit einem Male drücken wollten, "es wird aber nicht viel helfen. Wenn Sie was thun wollen, so helfen Sie mir zu einem Unterkommen für meine Frau, wenn ich bis dahin noch kein anderes Brod haben sollte."

"Da bin ich da!" fiel der Wirth ein; "haben Sie unsern Sündenpfuhl, dem Pfarrer zum Torte, wieder ehrlich gemacht, so will ich's auch vergelten. Die Leute da werden aber schon was Anderes ausrichten."

"Das denke ich," sagte der Schulze.

"Und da sollte sonst gleich was Anderes drein schlagen!" murrte der Schmied.

Fischer ging heim zu seinem harrenden Weibe. Er hatte trotz der Ueberzeugung, daß die drei Männer der Schulkommission nichts für ihn ausrichten würden, einen Trost und eine Ruhe in der Brust, von der er sich selbst keine Rechenschaft geben konnte.

Die drei Bauern aber blieben noch zusammen, bis die andern Gäste sich einfanden und da gab es Berathungen und Debatten bis in den späten Abend. --

Und zu Hause feierte Fischer den heiligen Abend bei einem Sechserlichte am Bett seiner kranken Frau. Er hatte ihr als Möglichkeit die Aussicht gestellt, daß er die Schulstelle aufgeben würde, hatte aber zugleich von einer Menge anderer Hoffnungen geredet, wie der Augenblick sie ihm in den Mund gegeben. Er hatte von Aussichten gesprochen, die freilich nur in seinem Kopfe vorhanden waren, aber je mehr er sich bemühte, seinem Weibe sonnenklar zu beweisen, daß ihm eine so erbärmliche Stellung wie die gegenwärtige überall offen stehe, daß er mit seinen Kenntnissen um eine bessere nicht verlegen sein werde, und daß es eigentlich ein Glück für ihn sei, wenn er den ärgerlichen undankbaren Posten eines Schulmeisters mit 50 Thalern Gehalt los werde — um so mehr wurde er selbst voll Muth und Zuversicht und sprach endlich mit einer so inneren Ueberzeugung, daß aus dem Gesicht seiner Lene sich mehr und mehr Sorge und Aengstlichkeit verloren, daß sie zuletzt meinte, er habe doch eigentlich Recht, wenn sie sich nur noch durchgeschlagen hätten, bis ihre Niederkunft vorüber sei, dann brauchten sie ja nur nach ihrer Vaterstadt zu ziehen — sie nähe wieder und er gäbe Privatstunden, da ständen sie noch immer besser als hier, und hätten nicht all' den Aerger. Und Fischer erzählte nun, wie lieb ihn das ganze Dorf habe und wie sich die vier Leute in der Schenke eben gegen ihn ausgesprochen — um Unterhaltungsmittel für die nächste Zeit sei er deshalb nicht besorgt, das Neujahrsingen sei auch vor der Thüre und das werde ihm jetzt sicherlich etwas Erkleckliches einbringen — und oben im Himmelsthrone lebe ja der alte Gott noch! Und so sprachen sie weiter, überlegten und erwogen für die Zukunft — das Sechserlicht brannte trübe, aber sie sahen es nicht, ihre Augen hingen an dem Weihnachtsbaume, den ihnen Gott selber in ihrem Lebensdunkel aufgerichtet und glänzend behangen hatte, mit Liebe, Vertrauen und fröhlicher Hoffnung.

Am ersten Feiertage früh schickten die Bauern Kuchen, Taback, Zucker und Kaffee die Menge und Mancher auch ein Stück Geld. Fischer versah seinen Dienst in der Kirche und ließ sich von dem höhnischen Blicke des Pfarrers nicht irre machen. Den dritten Feiertag wanderten die drei Männer der Schulkommission nach der Stadt, um sich bei einem Schreiber eine Eingabe machen zu lassen. Der größte Theil der Hausväter im Dorfe hatte versprochen zu unterschreiben. Fischer ließ es geschehen, er betrachtete es als eine Rechtfertigung gegen seine bisherigen Vorgesetzten. Den Tag darauf lag das Schreiben zur Unterzeichnung in der Schenke aus, wurde mehr als zwanzigmal vorgelesen, begutachtet und belobt, denn der Schullehrer und der Pfarrer waren beide darin in's rechte Licht gesetzt, und wurde trotz der Meinung des Schmieds, daß das Ding noch nicht derb genug zuschlage, und daß auch die Schwarzen-Christel nicht hätte fehlen sollen, mit Unterschriften bedeckt. Wer nicht schreiben konnte, machte seine drei Kreuze und der Schulze attestirte die Eigenhändigkeit dabei. Schon den folgenden Morgen ging der Brief an den Superintendenten ab.

Lene hatte sich wieder erholt und Fischer, der durchaus an keinen Erfolg der Bemühungen Seitens der Bauern glaubte, beschloß, mit Beginn des neuen Jahres sich nach anderm Brote umzusehen. Er wollte zuerst nach der Stadt, zu einigen frühern Gönnern seines Vaters, hohen Beamten, und die hoffte er am Neujahrstage selbst am besten sprechen zu können. Das Neujahrsingen begann er deshalb schon am Sylvester Nachmittag und machte wie gewöhnlich den Anfang beim Pfarrer, diesmal unter Zusammenlauf des halben Dorfes. Aber die Jungen hatten schon zum dritten Male ihr „Hallelujah" mit immer stärkerer Kraft gesungen und am Fenster des Pfarrhauses hatte sich noch Niemand blicken lassen. Es schien wie ausgestorben. Da zog der Schulmeister mit seinem Chor unter lautem Pfeifen und „ho! ho!" der Begleitung ab, vergebens suchte er zu beschwichtigen. Erst als beim Schulzen der Gesang von Neuem begann, schwieg der Spektakel.

Fischer hatte sich nicht verrechnet, das Singen brachte ihm fast noch mehr ein als das Jahr vorher. Nur bei den Wenigen, die zu des Pfarrers Anhang gehörten, blieben wie auf Verabredung Fenster und Thür fest verschlossen, und es bedurfte des Schullehrers ganzer Autorität, sowie seiner beruhigenden Worte, um die begleitenden Bauernsöhne und Knechte von thätlichen Demonstrationen abzuhalten. —

Nur kurze Zeit hatte Fischer am Neujahrsmorgen sich in dem letzten Wirthshause vor der Stadt der Einwirkung der Wärme überlassen. Als er sich einigermaßen wieder erholt, machte er sich wieder auf die Beine, um zeitig die Stadt zu erreichen. Kaum noch eine Stunde Wegs hatte er vor sich, aber diese Stunde schien ihm nach der gekosteten Wärme schwerer zu überwinden, als die zurückgelegten drei. Die Sonne war im Aufgehen und drückte die Kälte gegen die Erde, daß die eisige Luft durch Fischer's dünne Beinkleidung zog, als hätte er nichts auf dem Leibe. Er ging so scharf zu als er es vermochte, und erreichte endlich die Stadtthore halb erstarrt. Die Glocken läuteten zur Kirche als er seinen Einzug hielt, das schien ihm eine gute Vorbedeutung, er rüttelte sich zusammen und ging so straff als möglich durch die geputzten Leute. Als er in die nächste Straße einbog, schritt der Superintendent in voller Amtstracht über die Straße nach der Schloßkirche; Fischer zog tief seinen Hut ab, aber der Geistliche maß ihn mit einem vernichtenden Blicke vom Kopfe bis zu den Füßen und neigte kaum merklich das Baret. Dem Lehrer war dieser Blick in die Kniekehlen gefahren, er wußte nicht wie, daß er sich gerne gesetzt hätte, wenn eine Bank in der Nähe gewesen wäre, und er mußte sich erst ordentlich besinnen, daß ihn von dieser Seite her nicht viel Schlimmeres als Amtsentsetzung treffen konnte, ehe die alte Kraft in ihm wiederkehrte. Abgesetzt zu werden war ihm nichts Fürchterliches mehr, und er ärgerte sich jetzt, daß er nicht größere Fassung und Stärke gezeigt hatte.

Ob diese Begegnung auch eine Vorbedeutung war? Eine Ermuthigung vielleicht, einen Stand zu verlassen, dessen Aufgabe die höchste im Staate ist und dem doch geistiger und körperlicher Druck Zeitlebens die Glieder lähmt. Lange aber grübelte Fischer vergebens, woher diese demüthigende Behandlung kam, da doch noch am Weihnachtsabend der Superintendent, wenn auch nicht freundlich, doch höflich gegen ihn gewesen war. Er ging im Geiste Alles durch, was zwischen damals und heute lag, bis er zu der Eingabe seiner Gemeinde kam. Hier mochte der Knoten sitzen. Wahrscheinlich vermuthete man seinen Betrieb oder seine Mitwirkung. Aber diese Vermuthung, die immer mehr Gewißheit erlangte, je länger Fischer darüber nachdachte, gab ihm nur eine größere Festigkeit. „Rückwärts ist verschlossen, also vorwärts!" das war der Schluß seiner Gedanken und damit bog er in den nächsten Gasthof ein, um die Zeit zu erwarten, wo er seine Besuche machen könnte. —

Elf Uhr war vorüber, als er gehörig durchwärmt und

durch ein tüchtiges Butterbrod, mit dem er den Mittag überdauern wollte, gestärkt seine Wege antrat. Sein erster Gang war zu einem Rathe. Er ward nach Nennung seines Namens vorgelassen, der offene Bericht seiner Erlebnisse und seine Bitte, ihm zu einer Unterbringung, sei es auch in einer noch so geringen Stellung, behülflich zu sein, angehört und dann bedauert, im Augenblicke nichts thun zu können, vielleicht werde in der Zukunft eher etwas möglich. — Fischer ließ sich nicht „niederschlagen und ging zu einem zweiten Gönner seines Vaters, welcher dem Verstorbenen vielfache Verbindlichkeiten schuldig war. Dort wurde er freundlich aufgenommen, sein Unglück beklagt und Hülfe, wenn sie in der Möglichkeit läge, zugesichert. Als nun Fischer wohlgemuth mit seiner Bitte vorrückte, so war dies allerdings gerade eine, die sich, wenigstens für den Augenblick, nicht erfüllen ließ, das Einzige, was sich nach vielfacher Ueberlegung fand, war die Stelle eines Bedienten, für die freilich nur ein unverheiratheter Mensch gebraucht werden konnte. Indessen möge Fischer nach einem Vierteljahre einmal wieder zufragen, habe sich in dieser Zeit etwas gefunden, so solle es ihm nicht entgehen, darauf könne er sich verlassen.

Fischer ging zum Dritten. Der behauptete, nach Anhörung seines Vortrags, die ganze Geschichte schon von dem Superintendenten, seinem speziellen Freunde, erfahren zu haben und meinte, er könne sich nicht veranlaßt sehen, für einen jungen Mann, der seinem Vorgesetzten in dieser Weise die Stirn biete, etwas zu thun.

Bei dem Vierten ward Fischer gar nicht vorgelassen, und schon nach einer Stunde war er mit seinen Hoffnungen, auf die er, wenn nicht Alles, doch viel gebaut hatte, zu Ende. Er drückte die Kleinmuth, die sich seiner bemeistern wollte, mit Macht zurück. Er versuchte, wie früher schon oft, durch ein starkes Gottvertrauen sich Muth und Freudigkeit zu erhalten. „Nur der Mensch ist verloren, der sich selbst aufgiebt!" sagte er sich, „und es wäre ein jämmerlich Ding, die Zuversicht zur Vorsehung, wenn sie bei jedem Fehlschlagen menschlicher Hoffnungen brechen sollte!" — Er begann auf dem Wege nach dem Gasthofe über andere Aussichten zu seinem Fortkommen zu grübeln, er dachte an Lene's Vorschlag — als er aber dessen Ausführung für möglich gehalten, hatte er freilich nicht gedacht, daß er, um Privatstunden zu erhalten, guter Zeugnisse seiner Vorgesetzten bedurfte. Dieser Plan zerrann, wenn er an den Blick des Superintendenten dachte, es blieb ihm nichts mehr, als etwa die unsichere Existenz eines Lohnschreibers und der Verdienst seiner Frau, und weiter vermochte er auch, trotz des angestrengtesten Sinnens nichts aufzufinden. —

Es war Mittagszeit, als Fischer in das Gasthaus trat. Fast reute es ihn, schon jetzt hierher zurückgekehrt zu sein, denn ein Bratengeruch durchduftete das Haus, der trotz des vorgelegten Butterbrodes seinen ganzen Magen rebellisch machte. Und er wollte doch auf jeden Fall die Kosten für das Mittagsbrot sparen. Wäre es nur nicht so kalt auf der Straße gewesen, er hätte gern eine Promenade gemacht, um einestheils der Versuchung hier zu entgehen und anderntheils mit sich und seinen Gedanken allein zu sein. Noch unschlüssig, was er thun solle, war er, ohne die Fremden in der Stube zu beachten, an's Fenster getreten, da schlug plötzlich eine Hand auf seine Schulter. „Guten Tag, Herr Schullehrer, auch einmal in der Stadt?"

Fischer drehte sich um und sah den Mann, den er als absonderlichen Musikfreund in des Försters Hause kennen gelernt, den Rathsherrn und Kirchenvorsteher Melzer, wie er ihn damals hatte nennen hören, vor sich, der ihm jetzt die Hand entgegenstreckte. „Nun, sind Sie etwa gekommen, um uns was auf der Orgel zum Besten zu geben? Ich sage Ihnen, wir haben hier in der Stadt ein Kapital-Werk, schade nur, daß so viel darauf herumgepfuscht wird. Ein Männchen wie Sie sollte einmal drüber kommen, das müßte eine wahre Herzenserhebung sein! Unser alter Organist — nun er kann nichts dafür, daß er alt und schwach wird, aber wenn sich junge Schulfüchse darüber erbarmen und mit falschen Quinten und Oktaven darauf 'rum fuhrwerken, da möchte ich jedesmal die Orgelbank mit Ohrfeigen rein machen, um das Werk vor Entweihung zu bewahren."

Fischer mußte über den Eifer des absonderlichen Musikfreundes lächeln, aber es beschlich ihn bei den Worten desselben fast eine Sehnsucht, ein solches Kapital-Werk einmal unter die Finger zu bekommen und sich in die Wogen seiner Töne versenken zu können. Er erzählte, daß er Geschäfte in der Stadt zu verrichten gehabt und bald nach Hause wolle, sein Weg sei der weiteste, und er müsse deshalb auf das Orgelspiel verzichten, so gern er auch einmal ein solches Werk durcharbeiten möchte.

„Na, so bleiben Sie wenigstens bis Nachmittag hier und essen Sie mit uns, daß wir noch ein Stückchen plaudern können. — Es wird schon aufgetragen und Sie haben in der ganzen Stadt keinen besseren Tisch. Hagestolze, wie ich, haben darin ein Urtheil!"

Fischer zuckte verlegen die Achseln, redete etwas von „schon gegessen" und von „seiner Frau, die auf ihn warte", aber der Rathsherr mochte der Verweigerung auf den Grund sehen.

„Dummes Zeug!" rief er, „Sie sind heute mein Gast, das laß ich mir nun einmal nicht nehmen; Ihre Frau wird schon ein bischen warten. Wenn Sie heute durchaus nicht spielen wollen, so muß ich mich wohl bis zum nächsten Mal vertrösten lassen, aber ich sage Ihnen, Sie sollten die ganze Schulmeisterei an den Nagel hängen und nichts thun als Orgelspielen. Wie Sie auf das Nest hinausgekommen sind, und was Sie dort auf dem lahmen Positive machen wollen, möcht' ich auch eigentlich wissen!"

Fischer ließ einen heimlichen aber tiefen Seufzer aufsteigen und folgte seinem neuen Gönner zu Tische. Der Rathsherr schien es darauf abgesehen zu haben, seinem Gaste etwas zu Gute zu thun, ließ Wein bringen und schenkte ein, daß dem Schullehrer von dem ungewohnten Getränk bald der Kopf glühte, daß sich unter den gutmüthigen Fragen seines Nachbars sein ganzes Herz aufthat und der Rathsherr schon nach einer halben Stunde Fischer's Leiden und Schicksale bis auf's Pünktchen wußte.

Der Rathsherr schüttelte, als jener zu Ende war, den Kopf, verzog das Gesicht und redete eine ganze Weile kein Wort. Endlich sah er nach der Uhr und nickte.

„Schulmeister," sagte er dann, „jetzt wird's Ernst. Ich bringe Sie nach der Stadtkirche, da sehen Sie sich unsere Orgel und Registratur ein bischen an. Ist die Kirche aus, kommen Sie wieder her und machen die Hände ordentlich warm. Wir haben kaum hundert Schritte bis hin."

Fischer sah den Mann an und wußte nicht recht, was er aus dessen Reden machen sollte. Der aber hatte schon den Mantel umgeworfen, brachte selbst Fischer's Hut und sagte: „Jetzt kommen Sie!"

„Aber liebster, verehrter Herr, ich habe doch gar nicht —!" stotterte Fischer.

„Thun Sie, was ich Ihnen gesagt habe, und das Uebrige werden Sie schon hören!" erwiderte der Rathsherr und schob den Schullehrer ohne Weiteres zur Thür hinaus. —

Fischer stand an der Orgelbank in der Stadtkirche und wußte nicht, ob er verrathen oder verkauft sei. Sein Führer war ohne ein Wort der Erläuterung wieder gegangen und die Umstehenden sahen den blassen Menschen, den der allbekannte Rathsherr neben die Orgel gestellt, mit großen Augen an. Bald aber wurde Fischer's Aufmerksamkeit von sich selbst auf die Klaviatur daneben gelenkt. Der junge Mensch, der davor saß, mußte wahrscheinlich einer von denen sein, die sein neuer Freund mit Ohrfeigen von der Bank jagen wollte, denn wenn Fischer auf die Sudelei horchte, meinte er, sich selbst die Ohren zuhalten zu müssen. Es war das Schlußlid, das eben begonnen wurde, der herrliche Choral: „Allein Gott in der Höh' sei Ehr'," und Fischer hielt in zehn Versen alle falschen Bässe und Fortschreitungen heldenmäßig aus, wenn es ihm auch bei jedem Bocke in allen Fingern zuckte, in die Tasten mit hineinzugreifen. Als aber der vorletzte Vers zu Ende war und der Organist sich anschickte, den Schlußvers eben herunterzuspielen, wie die übrigen, da meinte er sich nicht mehr halten zu können. Schon lange hatte er die Register überschaut, und ehe der Mensch auf der Orgelbank sich eines Ueberfalls versah, saß Fischer neben ihm. „Herr, lassen Sie mich den Vers spielen!" raunte er ihm in die Ohren und damit war der auch schon heruntergedrängt. Fischer's beide Hände flogen durch die Register, und in gewal-

tiger Majestät im tausendstimmigen Jauchzen brach der Strom
der Töne los, daß die Köpfe auf dem Chor sich verwundert
umdrehten, und der abgesetzte Organist den Mund aufriß.
Aber Fischer achtete weder auf das Eine noch das Andere.
Die gewaltige Kraft der Stimmen war ihm erschütternd durch
und durch gegangen. Aber diese Wirkung war nur kurz; eine
Lust, eine Begeisterung blitzte in ihm auf, die wie ein warmer
Strom durch alle seine Glieder fuhr; er setzte sich noch einmal
recht fest auf der Bank, kräftig und würdig spielte er den Vers
zu Ende, als aber der Schlußakkord verklungen war, als die
Menschen sich aus ihren Sitzen erhoben, da nahm er den ersten
Satz des Chorals in der rechten Hand als Thema auf, ihm
folgten die Bässe der linken Hand, das Pedal setzte ein und
in einer riesigen Fuge begann Fischer das prachtvolle Orgel-
werk durchzuarbeiten, mit einer Sicherheit, Keckheit und Kraft,
die plötzlich wie helle Springquellen zum Leben hervorbrachen.
Er gab sich keine Rechenschaft, woher sie kamen, sein ganzes
Denken und Fühlen war Musik, begeisterte Freudigkeit geworden,
er spielte und verfolgte sein Thema in hundert Wendungen
und Verschlingungen, es grollten die Bässe, es kämpften die
Stimmen gegen einander, daß Nacht und Chaos hereinzustürzen
drohte, daß die Seele verzagen wollte — da hoch oben in der
Pickelflöte brach sich das Thema eine helle Bahn, ihm schloß
sich Stimme für Stimme an, bis alle in einem Chor auf-
brausten zum Lobe und Preise des Höchsten. — Und Fischer
that einen tiefen Athemzug, er ließ die Hände von den Tasten
gleiten und senkte den Kopf. Um ihn her war es mäuschenstill. Eine kleine Weile blieb er so sitzen, dann richtete er sich
wieder auf. Er begann mit sanften Stimmen eine einfache
Melodie, aber in den Harmoniegängen lag eine Weichheit
und Melancholie, daß man hätte weinen mögen, es war wie
das Klagen einer zertretenen Seele. Dann kam die Ergebung
mit mildem, frommem Troste und der Glaube trat hinzu und
erhob das verzweifelnde Herz, und wie mit Engelsstimmen er-
klang es: „Befiehl du deine Wege" und als Fischer den Choral
unter einem einfachen Nachspiel beschlossen hatte, da strich er
sich mit der Hand über's Gesicht und erhob sich langsam.

Und hinter ihm standen sechs bis acht Herren mit gewichtigen, aber wohlwollenden Mienen, der Rathsherr und Kirchenvorsteher Melzer in ihrer Mitte, der aber hatte die Augen voll Wasser und lächelte den Schullehrer an, wie ein Seliger, bis er plötzlich über Fischer's noch halb träumerisches, halb verblüfftes Gesicht laut auflachte und ihn mit beiden Händen beim Kopfe faßte. „Gespielt wie ein Meister, wie ein Engel, Schulmeister. Wir kamen gerade noch recht zum Ausgange, als Sie mit Ihrer Fuge losfuhrwerkten. Das hier ist unser Herr Bürgermeister, das ist unser Herr Musikdirektor, der Herr Organist, unsere Herren Raths-Assessoren und so weiter, ich habe sie alle vom Mittagstisch geholt, daß sie Sie spielen hören sollten, ich habe schon, seit ich Sie auf Ihrem lahmen Positiv und dann beim Förster gehört habe, von Ihnen geschwatzt die Möglichkeit!" Fischer verbeugte sich verlegen einmal um das andere, der Organist aber sagte: „Ich hatte da eine Händel'sche Fuge mitgenommen, die hätte ich von dem Herrn eigentlich gern einmal spielen hören mögen, aber ich glaube, es ist wohl jetzt nicht mehr nöthig?"

„Haben Sie was gemerkt?" lachte Melzer, „nicht wahr, mein Unterstützungsvorschlag war nicht schlecht? Nun aber, meine Herren, nehmen Sie bei mir mit einer Tasse Kaffee vorlieb, wie sie die Wirthschaft eines alten Junggesellen geben kann. Einen Flügel finden wir dort, da kann unser Herr Schullehrer uns noch etwas zum Besten geben und wir können mehr sprechen!"

Fischer war wie im Traume mitgegangen, als er aber in des Rathsherrn Wohnung eintreten sollte, da fuhr er in die Höhe. „Aber liebster, verehrter Herr, ich muß ja nach Hause, meine Frau wartet gewiß schon mit Angst auf mich, ehe ich heimkomme!"

„Schulmeister, sei'n Sie vernünftig!" erwiderte der Rathsherr, ihn beim Arme in's Haus führend. „Sie bleiben diese Nacht mein Gast, und ich schicke einen Boten nach Ihrem Dorfe, daß Ihre Frau sich nicht ängstigt. Bleiben Sie!" rief er, als jener noch immer zögerte, „Sie können nicht wissen, zu was Ihnen die Bekanntschaften hier nützen, und zu Hause versäumen

Sie doch nichts!" Fischer fühlte die Wahrheit, er blieb. — Bald saß er an dem schönen Erard'schen Flügel des Rathsherrn, zu seinen beiden Seiten der Musikdirektor und der Organist, ihn einmal um das andere in kritische Gespräche verwickelnd und Fragen stellend, die fast den Charakter einer Examination annahmen. Fischer aber antwortete leicht und unbefangen, wurde endlich warm und gerieth mehr als einmal in Redefluß und Erörterungen, daß der Musikdirektor mit dem Kopfe nickte, der Organist staunend den „Schulmeister" betrachtete und der Rathsherr sich in stiller Freude die Hände rieb. —

Der Abend kam schnell heran, der Rathsherr hatte einen Imbiß herbeischaffen lassen, welcher der Wirthschaft eines Junggesellen alle Ehre machte. Als aber der Braten vorüber war, und die Gläser frisch gefüllt vor Jedem standen, da warf der Wirth des Hauses einen fragenden Blick auf die Gesichter seiner Gäste und sprach sodann: „Sie haben uns heute Ihr Talent und Ihre Kenntnisse gezeigt, Herr Schullehrer, die das noch übertroffen haben, was ich bereits von Ihnen gehört und den anwesenden Herren längst mitgetheilt hatte. Unser alter Freund, der Herr Organist hier, hat nun die Räthe der Stadt und den Vorstand der Kirche schon längst angegangen, ihm eine jugendliche Kraft als Unterstützung zuzugesellen, in dessen Hände er einmal sein Amt ganz niederlegen könne. Wir mochten aber unsere Orgel, auf die wir mit Recht stolz sind, gern nur in tüchtigen Händen sehen, und wir hatten uns bis heute noch zu keiner Wahl entschließen können. Jetzt, Herr Schullehrer, bin ich von den hier versammelten Herren beauftragt, da ich durch Alles, was ich von Ihnen früher schon vernommen, geglaubt habe, für Ihre moralische Qualifikation bürgen zu können, Sie zu fragen, ob Sie vorläufig die Stelle eines Substituten unseres Herrn Organisten mit 300 Thaler Fixum annehmen wollen, und wäre ich in diesem Falle zugleich ermächtigt, Ihnen die Aussicht zu stellen, daß in zwei Jahren, wo das Dienstjubiläum unseres alten Freundes hier eintritt, Ihre Einführung in den Posten desselben stattfinden würde!"

Fischer war bleich geworden wie die Wand, seine Hände

zitterten und als der Rathsherr schloß, da rollten zwei große einzelne Thränen über seine Backen, er wollte sich erheben, aber er vermochte es nicht; in seinen Mundwinkeln zuckte es, als mühe er sich, das Weinen mit Macht zurückzudrängen, er wollte sprechen — aber im ausbrechenden Schluchzen drückte er die Serviette vor das Gesicht.

„Schulmeister!" rief der Rathsherr und sprang halb lachend, halb von der Rührung überwältigt, von seinem Stuhle auf, „was machen Sie da für Tollheiten?" aber Fischer hatte sich schon ermannt. „Verzeihen Sie, meine Herren," sagte er gefaßt, wenn auch noch mit unsicherer Stimme, „das Unglück hat mich immer bereit gefunden —"

„Ach was Unglück, davon wird heute nicht gesprochen," rief der Rathsherr. „Das Glas genommen, hier, getrunken, unser neuer Herr Substitut soll leben, hoch!"

Und die Gläser klangen — manchen von den Herren war es ganz kurios zu Muthe geworden — so eine Anstellung hatten sie noch nicht erlebt. —

Es war spät, als Fischer sein Bett, das der Rathsherr für ihn im Gasthofe bestellt hatte, suchte. Aber die Aufregung ließ ihn noch nicht darin ausdauern. Er öffnete das Fenster und sah nach der Gegend hin, wo er seine Lene wußte. Ob sie sein Glück wohl ahnte? Dann aber blickte er hinauf in den dunkeln Nachthimmel, wo die Miriaden blitzender Sterne zu ihm niederschauten.

Sie gedachten es böse mit ihm zu machen, aber Er hatte es gut gemacht.

Traumkönig und der reiche Schneider.

In Erfurt, im Thüringer Lande, lebte einmal, es mögen ein Jahrer fünfzig her sein, ein Schneider. Der hatte mitten in der Stadt, am Anger, ein stattliches Haus, über der Thür hing ein mächtiges Schild und darauf stand mit großen goldigen Buchstaben:

Friedrich Schulze

Schneidermeister,

früher in Paris und London.

Das wollte aber zu der Zeit mehr sagen als heut zu Tage, wo sich jeder dumme Stöpsel nur auf die Eisenbahn und dann auf's Dampfschiff zu setzen braucht, um mir nichts dir nichts nach Frankreich und England zu kutschiren. Dazumal blieb noch Jeder hübsch im Lande und nährte sich redlich, und wer auf der Wanderschaft ja einmal außer Deutschland oder wohl gar auf's Meer gekommen war, der wußte davon zu erzählen sein ganzes Lebenlang. —

Wer also über den Anger ging und das Schild las, verwunderte sich, und wer was Rechtes sein wollte und einen Thaler mehr auf einen neuen Rock wenden konnte, der ließ ihn beim Schneider Schulze machen. Und wenn auch die andern Schneider zehnmal sagten, sie könnten nichts Besonderes an seiner Arbeit finden, so ließ sich doch dadurch kein Mensch irre machen; Schulze war in Paris und London gewesen, die Anderen nicht, und man brauchte nur zu ihm hinzugehen, um gleich zu sehen, daß es bei dem was ganz Anderes war.

Fünfundzwanzig Gesellen hatte er sitzen und außerdem noch einen besondern Werkführer und Zuschneider. Neben der Werkstelle war ein großes Tuchlager, da konnte sich Jeder aussuchen, was ihm gefiel; vor dem Lager aber war eine schöne Stube, mit sammtnem Sopha und Goldrahmenspiegel, deren sich kein Graf geschämt hätte, wenn er d'rin hätte wohnen sollen, da wurde den Kunden Maß genommen. Nur zu den größten Herrschaften machte sich der Meister selbst auf die Beine; was er aber für solche Gänge nahm, das konnte sich zuletzt Jeder selbst auf der Rechnung heraussuchen. — Das war in Paris so Mode und wer's nicht glaubte, oder wohl gar meinte: ein Schneider bleibe ein Schneider und dürfe nicht den Hochnäsigen spielen und die Kunden zu sich kommen lassen, der konnte selber nach Paris gehen und nachschauen. Außerdem gab Schulze Kredit, wie es ihm in ganz Erfurt Keiner nachthun konnte, Manchem bis in's Blaue hinein; das war auch Pariser Mode und die gefiel den Leuten noch am besten. —

Als Schulze nach Erfurt gekommen war, das Meisterrecht erworben, das Haus gekauft und sein Geschäft eingerichtet, da hatten Viele den Kopf geschüttelt. Schulze war, wie man's dort zu Lande nennt, eine Erfurter Buffbohne, ein Erfurter Kind, und die Meisten konnten sich noch recht gut darauf besinnen, wie er vor zehn Jahren als ein luftiger Bruder, mit einem dürftigen Ränzelchen auf dem Rücken, in die Fremde gegangen war und ein Mädchen, ein blutjunges Ding, mit einem Kinde hatte sitzen lassen. Jetzt stand er da, wie ein gemachter Mann, und kein Mensch konnte begreifen, wie er das geworden, und wo er das Geld zu Allem hergenommen haben müsse. Einige nur, die ihn genauer gekannt hatten, wollten die Sache natürlich finden. Schulze sei nämlich ein Sonntagskind, meinten sie, und das wäre ja eine alte Sache, daß denen alles Glück im Schlafe zufiele. Schulze aber kehrte sich weder an die Rederei, noch an die verwunderten Gesichter und führte ein Leben nach Pariser Mode.

Das war aber so: Früh um acht, im Winter auch wohl um neun, stand er auf, brannte sich seine lange Pfeife an, trank Kaffee und schaute durch's Fenster ein Stündchen nach

dem Wetter aus. Dann mußte der Werkführer kommen, mußte
erzählen, was Neues passirt war, und hören, was Herr Schulze
zu befehlen hatte. Um elf hatte er sich in Wichs geworfen
und ging frühstücken. Das gehörte mit zum Geschäft, denn
Schulze ging nur hin, wo reiche Leute, Barone, Räthe und
Bankiers waren, da machte er Bekanntschaften und neue Kunden. Hatte er sich nun den Kopf ein Bischen voll getrunken,
so schlief er zu Hause ein paar Stunden und um drei machte
er im „römischen Kaiser" Mittag. Nachmittags aber ging er
nach dem Steigerwald spazieren und trank dort Kaffee; das
gehörte auch mit zum Geschäft, dort konnte man in den Lauben
und an den Tischen alle Tage die hübschesten und reichsten
Mädchen von ganz Erfurt sehen und Schulze ging stark mit
Gedanken zu einer reichen Heirath um. Abends war er wieder
im römischen Kaiser oder an sonst einem Orte, wo vornehme
Leute verkehrten, da aß er, trank Bier, spielte Billard und
machte neue Bekanntschaften. So ging's Sonntag wie Alltag.

Ueber solches Pariser Leben schüttelten nun freilich wieder
Viele die Köpfe und meinten, wo der Herr nicht selber zu
Hause die Augen habe, sei kein Segen, und wenn Einer das
Geld nach auswärts trage und verludere, und jedem vornehmen
Herumtreiber, der nur vom Schuldenmachen lebe, Kredit gebe,
da könne es nimmermehr ein gutes Ende nehmen; — erzählte
das aber Jemand dem Schneider, so zuckte er nur die Achseln
und sagte, er müsse über die Einfalt der guten Erfurter
lachen. — —

In derselben Zeit wohnte in der Brühler Vorstadt eine
Mutter mit ihrer Tochter, die sich Beide kümmerlich durch die
Welt schlugen. Die Tochter nähte Weißzeug und die Mutter
hatte Aufwartestellen. Die Tochter mochte schon hoch in den
Zwanzigen sein; daß sie aber einmal gewaltig hübsch gewesen
war, konnte man ihr noch jetzt ansehen, so sehr auch Sorge,
Gram und Noth an ihrer Blüthe gezehrt hatten.

War sie einmal außer dem Hause zu erblicken, etwa Sonntags, wenn sie mit niedergeschlagenen Augen nach dem Dome
ging, so konnte es gar nichts Netteres und Reinlicheres geben,
als ihren Anzug und ihr ganzes Wesen, von dem durchsichtigen

Häubchen bis zu dem kleinen Fuße mit dem schneeweißen
Strumpfe hinab; und wäre ihr Einer nach Hause nachgegangen,
bis hinein in das kleine Stübchen, da hätte er auf den weißen
Dielen, in den hellen Fenstern, an dem blankgeputzten Hausgeräthe, so ärmlich das auch war, nur dasselbe wiedergefunden
und Jedem hätte dadrinnen nur recht heimlich und zufrieden
werden müssen. Sah man nun den Frieden und die Eintracht,
in der Mutter und Tochter mit einander lebten und arbeiteten,
so mußte wohl Jeder glauben, daß Beide, trotz ihrer Armuth,
ein paar recht glückliche Menschen seien. Und doch war es
nicht so. Ein Wurm nagte an ihrer Zufriedenheit und ließ
keine rechte Lebensfröhlichkeit aufkommen. Das war aber die
Verachtung der ganzen Brühler Vorstadt, denn die Tochter
war ohne den Segen des Priesters zu einem Kinde gekommen,
und die Mutter ward mit verachtet um solcher Tochter willen.

Das war eine böse Zeit gewesen, als Mutter Gertrude
Müllern den Schaden an ihrer Lene inne geworden! und obgleich das Kind von einer mitleidigen Base in Ohrdruff weg-
genommen wurde, damit die Schande den Leuten nicht vor den
Augen herumlaufe, und obgleich es kurz darauf gestorben war,
so hatte es doch manches Jahr gebraucht, ehe die Alte dem
Mädchen vergeben und sich in die hingeschundene Ehre gefügt
hatte, ehe die einträchtige Liebe wieder in ihre kleine Stube ein-
gekehrt war.

Seit zehn Jahren lebte sie nun, zurückgezogen von der
hämischen Vorstadt, Lene fast immer in sich gekehrt, still arbeitend und still wirthschaftend, und nur wenn Mutter Müllern
einmal einer Nachbarin in die Haare gerieth und dafür die
eigene Unehre vorgehalten bekam, gab's zur Abwechselung
ein paar brummige Stunden und ein Andenken an Lene's
Unglück.

In dieser Zeit setzte sich Schulze, nur der reiche Schneider
genannt, in Erfurt, und kaum war das Gerücht von ihm und
seinem Reichthume in die Brühler Vorstadt gedrungen, so hatte
es auch in der Wirthschaft der alten Müllern eine ordentliche
Revolution hervorgebracht. Der Lene war die Nadel aus der
Hand gesunken, als die Mutter die Nachricht heimgebracht,

leichenblaß und wieder roth war sie geworden, die Stube war mit ihr ringsherum gegangen und sie wäre gewiß vom Stuhle gefallen, wenn sie die Alte nicht auf ihr Bett gebracht hätte. Und wie sie sich endlich wieder erholt, hatte sie angefangen zu weinen und zu schluchzen, als ob sie für die vergangenen zehn Jahre, für allen Jammer und alle Schande sich auf einmal hätte ausweinen wollen, und wie sehr auch Mutter Müllern geredet und geschimpft, daß so ein schlechter Kerl, wie der Schulze, des Heulens nicht werth sei — Lene hatte sich nur um so weniger zufrieden geben können, bis sie endlich thränenmatt und todtmüde eingeschlafen war. — Da that Mutter Müllern ihren Mantel um, suchte ihr ingrimmigstes Gesicht hervor und ging leise zum Hause hinaus. Vor zehn Jahren hatte Schulze sein Mädchen in Jammer und Schande sitzen lassen; das war aber Lene gewesen und jetzt ging Mutter Müllern mit resoluten Schritten nach dem Anger, um ihm das Gewissen scharf zu machen. —

Meister Schulze hatte gerade vom Mittag ausgeschlafen und zupfte sich vor dem Spiegel das Halstuch zurecht, um nach dem römischen Kaiser zu gehen. Dann setzte er seinen Hut auf den Kopf und probirte, wie er wohl am unternehmendsten aussähe. Er hatte sich große Dinge vorgenommen. Gestern hatte das holdselige einzige Töchterchen des reichen Tuchhändlers Meyer sich mit ihm am Steiger unterhalten, hatte sich von Paris und London, von seinem Geschäft und seiner Kundschaft erzählen lassen, daß ihm jetzt noch das Herz rubberte. Das wäre ein Bissen gewesen! Schulze leckte mit der Zunge, als habe er eben Zucker gegessen und beschaute sich noch einmal vom Kopfe bis zu den Füßen. — Da ging die Thür auf und der Altgeselle trat mit einem Gesichte herein, das halb wie Angst, halb wie Lachen aussah.

„Herr Schulze," sagte er, „'s ist eine alte Frau in der Werkstelle, die will Sie mit Gewalt sprechen. Der Zuschneider hat gesagt, Sie wären zu Hause und da will sie sich nicht abweisen lassen."

„Ich muß jetzt essen gehen!" fuhr Schulze verdrießlich heraus, „fragt sie, was sie will und sagt mir's morgen früh!"

„Bst! schreien Sie nicht so!" winkte der Geselle mit dem pfiffigsten Gesichte, das er nur machen konnte, „'s ist die alte Müllern aus dem Brühl, von wegen ihrer Lene, Sie wissen doch noch —?!"

Nun war der Geselle ein Kamerad aus alter Zeit und außerdem eine kreuzbrave Haut. Als Schulze gelernt hatte, war er schon als Geselle in derselben Werkstelle gewesen, hatte ihm Manches nachgesehen, wie es sonst nicht der Gesellen Mode ist, manchen seiner dummen Streiche vertuschen helfen und ihm die Prügel vom Meister erspart, daß Schulze keinen Menschen lieber gehabt als ihn. Wie er endlich selber Geselle geworden, hatte ihn der Andere unter seine Flügel genommen, und wie Schulze endlich von seiner Wanderschaft wieder nach Erfurt gekommen und seinen Kameraden noch immer dort und gerade nicht in den besten Verhältnissen getroffen, hatte er ihn mit gutem Lohne in seine Werkstelle gesetzt. Der war nun auch in ganz Erfurt der Einzige, dem er manchmal vertraute, was ihm auf dem Herzen lag, freilich nur so, wie es etwa ein Herr mit einem alten Bedienten thut, denn seit Schulze in Frankreich und England gewesen, dünkte er sich mehr, als alle Meister und Gesellen in ganz Erfurt zusammen. —

Schulze sah den Gesellen an und war weiß geworden, wie eine Kalkwand. „Die Müllern ist's?" fragte er endlich ganz kleinlaut.

„Ja, die Müllern ist es, Er nichtsnutziger Kerl! die Müllern!" fuhr mit einem Male die alte Gertrud zur Thüre herein, und wenn sie auch vor dem feinen Schulze, der doch ganz anders aussah, wie der liederliche Fritz vor länger als zehn Jahren, im ersten Augenblicke verblüfft dastand, so hatte sie doch schnell das alte Gesicht wieder herausgefunden, und als sie nun einen kurzen Blick durch die schöne Stube geworfen, da ging in ihr erst recht die Wuth in die Höhe.

„So, dahier sitzt Er wie ein Baron, hat sich aufgeschnierelt wie ein Graf und will wohl fort, um wieder andern Mädchen die Köpfe zu verrücken? die Müllern bin ich, ja die Müllern! weiß Er Lumpenprinz, was ich will? Zehn Jahre hat die Lene in Jammer und Schande um ihn hingebracht, zehn Jahre, und die hat Er ihr gestohlen, die Ehre, 's Glück, die Freude, Alles hat Er ihr gestohlen, und jetzt sitzt Er dahier, denkt nicht an sie, nicht an den Jungen, den Er in die Welt gesetzt hat, und meint wohl, weil Er den Vornehmen spielt, Müllerns Lene wär' Ihm zu schlecht? he? — Was soll's werden?! ich geh' nicht eher von hier weg, bis Er mir klar Wasser eingeschenkt hat!"

Der Geselle stand an der Thür und sah den Meister an, was er wohl gesonnen sei zu thun; Schulze's Gesicht aber war einmal blaß und einmal roth, halb weichmüthig und halb wüthig geworden.

„Frau Müller, lassen Sie den Spektakel!" sagte er, als die Alte endlich schwieg, „setzen Sie sich her, wir wollen ruhig mit einander sprechen!"

„Ach was setzen!" fuhr die von Neuem heraus, „ich setze mich nicht bei Ihm, ich will wissen, ob Er jetzt meine Lene wieder zu Ehren bringen will, oder nicht; bei mir kommt Er nicht mit schönen Reden davon, und wenn Er sich etwa wieder herausdrehen will, da werd' ich Ihm was sagen: Morgen soll die ganze Stadt Seine Niederträchtigkeit wissen, in alle Häuser will ich's tragen, daß die Leute Ihn anspucken und sich vor Ihm in Acht nehmen, Er Jungfernschänder, Er Mädchenverführer Er!"

„Aber liebste Mutter Müller, schreien Sie nur nicht so!" beschwichtigte sie Schulze ängstlich, „ich muß doch ordentlich mit Ihnen sprechen, ich muß Ihnen doch sagen, wie's eigentlich mit mir steht, und wenn Sie immer d'rauf losschimpfen, kann's doch nichts werden! — Geh' an die Arbeit, Gottlob, und laß Dir nichts merken!" sagte er zu dem Gesellen und als der zur Stube hinaus war, that er seinen Hut wieder ab und setzte sich mit einem tiefen Athemzug auf's Kanapee.

„Mutter Müller, setzen Sie sich mit hierher," fing er jetzt an, „ich bin kein so schlechter Kerl, wie Sie denken, das werden Sie sehen!"

„Na, das Sehen ist gar nicht mehr nothwendig," antwortete die Alte, „was Er für Einer ist, weiß ich nunmehr seit zehn Jahren!"

„Wie ich von hier fortgegangen bin," fuhr Schulze fort und mühte sich, seine Fassung zu behalten, „habe ich nicht gewußt, daß es mit der Lene so weit gewesen ist; hätte ich's aber auch gewußt, so wäre d'rum die Sache nicht besser gewesen. Was geschehen war, war geschehen und heirathen hätt' ich sie doch nicht gekonnt. Nun komme ich wieder hierher und werde mit meinem Bischen Ersparten Meister; denken Sie denn nun, weil's hier nach was aussieht, ich kann sogleich die erste beste Frau ernähren? Entweder eine reiche, die Geld genug mitbringt, kann ich heirathen, oder gar keine, und wenn ich jetzt auch die Lene gern nehmen möchte — ich hab' sie selber noch lieb genug, Sie können mir's glauben — so muß ich doch auch denken: machst du dich nicht unglücklich und bringst du sie nicht selber mit in's Unglück hinein?"

„So, Er bedächtiger Nichtsnutz! hat Er denn vor zehn Jahren nach dem Unglück gefragt?" rief die Alte und stemmte die Arme in die Seiten. „Fünfundzwanzig Gesellen, ein Haus wie ein Graf — und keine Frau ernähren können? Er ist ein Hallunke, so weit Er warm ist, und ich weiß nun schon, was Er will, die Müllern soll Er aber nicht betrügen. Jetzt hör' Er: Hat Er in acht Tagen keine Anstalt gemacht, mein Mädchen wieder zu Ehren zu bringen, so soll Er an mich denken, daß Er Ach und Weh schreien soll!" und damit drehte sie sich um und ging nach der Thür.

Schulze war noch blässer geworden als vorher. „Mutter Müller!" begann er wieder, „verstehen Sie mich doch nicht unrecht, wenn die Lene durchaus will — fragen Sie die — wenn sie mit Gewalt in's Unglück rennen will —"

Die Alte drehte sich rasch um und sah ihn mit ihren großen Augen finster an. „Die Lene?" fragte sie und es war, als komme ihr erst jetzt der Gedanke an diese.

„Nu, ich muß doch erst wissen, ob die Lene auch damit zufrieden ist? ja, das muß ich doch erst wissen!" sagte Schulze eifrig, als ob er plötzlich einen Ausweg gefunden habe, „wenn die mit Gewalt will, da kommen Sie mit ihr her — meinetwegen — aber sie muß doch auch erst hören, wie die Sachen stehen!"

„Hat Er vielleicht wieder einen Kniff?" fragte die Alte erboßt. „Er soll nicht lange zu warten haben und Gnade Ihm Gott, wenn ich das Mädchen mitbringe und Er macht mir falsche Winkelhötzer!"

Die Thür flog zu, daß die Fenster klirrten, Schulze aber fiel auf das Kanapee wie entzwei.

Denselben Mittag wollte ihm das Essen gar nicht schmecken; am Steiger setzte er sich mit seinem Kaffee an ein ganz einsames Tischchen, sah mit keinem Auge nach den vielen schönen Mädchen und ging endlich verdrießlich und mit sich selber uneins nach Hause.

Aber Tag um Tag verging, und Mutter Müller ließ sich nicht wieder erblicken, mit jedem Tage aber athmete Schulze freier auf, und er hätte die Sache wohl endlich ganz und gar vergessen, wenn nicht Gottlob, der Altgeselle, ein oder das andere Mal seine Bemerkungen darüber gemacht hätte.

„Hm!" sagte da der Schneider, „'s ist nichts zu verwundern dabei, ich hab' die Alte ablaufen lassen, daß ihr das Wiederkommen wohl vergehen mußte!" —

Und es vergingen wieder vier Wochen und noch länger, die Müller kam nicht wieder; Schulze dachte von Neuem an Tuchhändler Meyer's Töchterchen und ihr vieles Geld, und er hätte gewiß auch mehr gethan, als daran denken, hätte er nur ordentlich Courage gehabt. So oft er, ehe er nach dem Steiger ging, sich auch im Spiegel besehen und zu sich selber reden mochte: "Du bist ein hübscher Kerl, Schulze, und brauchst dich vor Keinem zu verstecken, hast ein schönes Geschäft und brauchst nur eine Frau, die was 'rein bringt; vertreib' dir die Angst und geh' d'rauf!" — jedesmal war ihm die Kehle wie zugeschnürt, wenn er mit dem Mädchen zusammenkam und etwas Anderes, als vom schönen Wetter, von der Mode oder von Paris reden wollte, und jedesmal kam es ihm vor, als sei es gerade heute nicht so freundlich gegen ihn als gewöhnlich. Dachte er aber erst daran, zu dem Alten zu gehen, da war's ihm doch gerade, als müsse er die Hosen verlieren.

Und so verging wieder eine Woche und ein Monat nach dem andern, ohne daß Schulze einen Schritt vorwärts kam —

und immer ärgerlicher wurde er über sich selber; er hätte gerade jetzt das schöne Geld so gut brauchen können. —

Da setzte er an einem Donnerstage resolut den Hut auf den Kopf und faßte sich ein gewaltiges Herz; heute wollte er gegen das Mädchen rein von der Leber sprechen und sollte es das Leben kosten; aber zwei Stunden saß er schon am Steiger hinter seinem Kaffee, hoffend und wartend, mit wackelnden Knieen und klopfendem Herzen, und zehnmal hatte ihm schon der Athem ausgehen wollen, sowie er ein buntes Kleid ankommen sah — sein Augentrost wollte heute nicht kommen und kam nicht. Verdrießlich bis in die innerste Seele geht Schulze endlich in den „römischen Kaiser", und da ist das Allerneueste, was er hört, daß der Bräutigam der Mamsell Meyer angekommen ist, daß es bei dem reichen Tuchhändler schon den ganzen Tag hoch hergegangen, und daß alle Leute die Mäuler aufreißen, weil Niemand ein Wort von der Geschichte gewußt hat.

Von dem Tage an wurde Schulze verdrießlicher und verdrießlicher, und als Gottlob, der um seinen Plan gewußt hatte, meinte: der Meister solle sich doch nur die Sache nicht so zu Herzen nehmen, es gäbe noch viele Mädchen in der Welt, da fuhr er ärgerlich heraus: „Gottlob, sei nicht so dumm! Das Mädchen könnte laufen, wohin sie wollte, aber das Geld — ich hatte mir schon Alles ausgerechnet, wofür ich es brauchen wollte!" Und damit holte er tief Athem, als ob er eine große Last vom Herzen wälzen wollte.

Vier Wochen nach diesem Gespräche stand Schulze an einem Morgen noch mürrischer als gewöhnlich auf. Er hatte die Nacht so schlecht geschlafen, wie in seinem Leben noch nicht; den zweiten Morgen war's nicht besser, und den dritten saß er so blaß und mitgenommen auf dem Kanapee, daß Gottlob meinte, ihm müsse eine Krankheit in den Gliedern stecken, er solle das ja nicht so leicht nehmen.

„Weiß der Teufel, was es ist!" sagte Schulze, „drei Nächte habe ich schon so verrücktes Zeug geträumt, daß ich mich darüber todt ärgern möchte. Und das ist mir die Tage über im Kopfe herumgegangen und ich hab's nicht herauskriegen können, als ob mir's wirklich paſſirt wäre. Hätte ich nicht in Paris gelernt, daß nur die alten Weiber was auf Träume geben, ich müßte denken, die Sache bedeute etwas. — Erſt war mir's, als ob ich den Lehrjungen fortgeſchickt hätte, Rechnungen einzukaſſiren, und dann kam Meyer und zeigte mir drei große Wechſel von der niederländiſchen Tuchfabrik, die ſollte ich auf der Stelle bezahlen, ich hatte aber kein Geld, ich mochte ſuchen, wie ich wollte; und als ich nun in meiner Angſt noch auf den Lehrjungen warte, daß der mir Geld bringen ſoll, kommt Liebert, der Maurermeiſter, der kündigt mir das Kapital, was er auf dem Hauſe hat, das ſoll ich auch gleich ſchaffen, und als nun der Lehrjunge ankommt, hat er keinen Pfennig Geld, auf allen Rechnungen iſt aber der Stempel vom Stadtgericht und darunter ſteht, daß von den Leuten allen kein Geld zu kriegen ſei. Da erſchrak ich, daß ich aufwachte, und in der zweiten und dritten Nacht kamen dieſelben Geſchichten noch viel toller als das erſtemal."

Gottlob ſchüttelte langſam den Kopf und machte ein Geſicht, ſo nachdenklich und ernſthaft, als bedächte er eben das Wohl von ganz Erfurt. „Meiſter," ſagte er nach einer Weile, „das iſt mir eine ganz ſonderbare Sache; drei Nächte hintereinander? Nehmen Sie das nicht auf die leichte Achſel, Sie wiſſen, ich mein's gut! Haben Sie noch nichts vom Traumkönig gehört?"

„Traumkönig?" fragte Schulze, „willſt Du mich noch ganz und gar verrückt machen?"

„Ne, ne!" rief Gottlob, „die Sache hat ihre Richtigkeit; ich hab's noch von meiner Großmutter und die wußte mehr als alle gescheidten Leute heut' zu Tage. Nur wer noch ein gutes Gemüth hat, zu dem kommt der Traumkönig; das geſchieht aber jedesmal, wenn ſo Einer auf ſchlimme Wege geräth, oder ſonſt ungehörige Sachen in den Kopf bekommt. — Hat ſich Einer zum erſten Male der Liederlichkeit ergeben, da wird's ihm hinterdrein ſo ſchwer zu Muthe, er kann nicht ordentlich ſchlafen, er träumt tolles Zeug: das iſt der Traumkönig, der an ſeinem Bette ſteht und ihn warnt. Hat Einer den erſten ſchlechten Streich vor, ſo träumt er alle Nächte, er würde ertappt oder verrathen, oder sieht sich wohl gar schon in's Loch gesteckt: das ist wieder der Traumkönig, der ihn warnt. Hat Einer in den Tag hineingewirthschaftet ohne Sinn und Verstand, so kommt wieder der Traumkönig und zeigt ihm im Schlafe, wie's enden wird. Wenn die Leute auf ihn hörten, es würde Mancher nicht in's Verderben kommen!"

„Und Sie, Meister," fuhr er fort, „sind Sie nicht ein Sonntagskind? und kriegen die Sonntagskinder nicht von Geistern und so weiter mehr zu sehen und zu hören als andere gemeine Leute? Nehmen Sie das nicht so leicht, Meister, Sie wissen, ich mein' es gut!"

Schulze sah den Gesellen an und wurde noch blässer als er war. Die Sache fing an, ihm selber ganz verdächtig vorzukommen. Aber hatte er nicht die Pariser Schule durchgemacht, und durfte er solches Zeug glauben? Er schüttelte eine Art von Furcht, die über ihn hatte kommen wollen, mit Gewalt von sich und zog den Mund so verächtlich zusammen, als er nur konnte.

„Schweig' mir mit Deinem alten Weibergeschwätz!" sagte er, „ich will Dir gleich zeigen, was daran ist! Schick' mir den Lehrjungen her, er soll Geld einkassiren und morgen wirst Du sehen, daß ich die Tuchfabrik und auch die Zinsen auf's Haus bezahlt habe!"

Gottlob zuckte die Achseln und ging.

Den Morgen darauf stand Schulze früher auf als gewöhnlich, nahm einen großen Stoß Rechnungen und ging selber, Geld einzukassiren — der Lehrjunge hatte den Tag vorher keinen Pfennig gebracht. Als er den Abend wieder in seine Stube trat, warf er die Rechnungen auf die Dielen, daß sie gegen alle vier Ecken flogen; dann aber fiel er auf's Kanapee, als habe ihn alle Kraft verlassen. Von seinen vornehmen Kunden hatten kaum Zwei ein paar Thaler bezahlt, die Andern ihn aber bis in's Blaue hinein vertröstet. Was das auf sich hatte, das wußte nur Schulze ganz allein, was es aber werden sollte, wenn er sich kein Geld anderswo verschaffen konnte, das wußte nur der liebe Gott! Und die Folgen ließen nicht lange auf sich warten.

Vierzehn Tage waren noch nicht vergangen, da fuhr's in ganz Erfurt herum: der reiche Schneider habe Bankerott gemacht. Der Fabrik, woher er sein Tuch bezogen, sei er vieltausend Thaler schuldig gewesen und könne ihre Wechsel nicht bezahlen; Meyer, der Tuchhändler, habe zuerst gemerkt, wie schlecht es mit ihm stehe und habe auch Liebert, den Maurermeister, gewarnt. Der habe ihm nun ein großes Kapital, das er auf dem Hause gehabt, gekündigt und da sei der Bankerott fertig gewesen. Alle Welt meinte, bei der Wirthschaft, die Schulze geführt, sei nichts dabei zu verwundern, und alle Welt verwunderte sich doch. — Nun kam es auch heraus, kein Mensch wußte aber wie, noch woher, auf welche Art Schulz den ganzen Schwindel mit seinem großen Geschäfte hatte machen können. Wie er nach Paris gewandert, sei er gleich bei einem großen Meister angekommen, denn die Deutschen würden dort sehr gesucht, und so windig auch Schulze sei, die Franzosen seien noch windiger. In den sechs Jahren, die er dort gearbeitet, habe er mit seinem Meister gut gestanden, immer die beste Arbeit gehabt und sich so was gespart. Zuletzt aber hätte ihm sein Meister noch den Kredit bei der niederländer Tuchfabrik verschafft und so habe Schulze in Erfurt ein Haus gekauft, aber nur ein paar Thaler darauf angezahlt, ein Geschäft errichtet und das Meiste hineingeborgt, allen Leuten weiß gemacht, daß er wunder was für Geld besitze und — alle Leute schändlich betrogen. —

Schulze, der bankerotte Schneider, lag in seinem Bette, das ihm seine Gläubiger fast noch allein gelassen hatten, am Nervenfieber todtkrank. Daß das Unglück so schnell über ihn kommen werde, hatte er nicht gedacht und daß gerade Meyer, durch dessen Geld er sich helfen wollte, ihn stürzen werde, hatte er noch viel weniger erwartet. Es war, als habe ihn das Schicksal in seinem Unglücke noch verhöhnen wollen. — Das ganze Haus war schon ausgeräumt, die sämmtlichen Gesellen auf und davon, auch Gottlob war nicht mehr da, denn er hatte sich, um leben zu können, nach anderer Arbeit umsehen müssen; aber er war nicht davon gegangen, wie ein echter Lohnarbeiter, der sich nur so lange um den Meister kümmerte, als dieser brav zahlt. Konnte er ihm auch nicht helfen, konnte er nicht bei ihm bleiben in seinem Leide, so wollte er ihn doch erst in die Obhut treuer, pflegender Hände geben. Und Gottlob machte sich, ehe er an seine eigene Sache dachte, auf die Beine, hinaus in's Brühl, und es waren keine zwei Stunden vergangen, da war er wieder da und setzte eine Wärterin zu dem Bette, worin Schulze bewußtlos lag, wie er keine bessere hätte finden können.

„'s muß Alles so kommen, wie ich's gedacht habe, ja der Traumkönig!" sagte er und wischte sich die Augen; „na, es führt aber mancher Weg zur Erkenntniß — und vielleicht gehen ihm jetzt die Augen auf!" — —

Sieben Tage hatte Schulze schon gelegen, ohne etwas von sich selber zu wissen, und er wäre vielleicht draufgegangen, wenn nicht ein junger Doktor unter seinen Kunden gewesen wäre. Der hatte bis jetzt noch nicht einen einzigen Kranken zu behandeln gehabt, stand aber noch mit einem hübschen Sümmchen in Schulze's Buche. — Dieser nahm sich seiner an, kam täglich drei-, auch wohl viermal, hatte er doch nichts Anderes zu thun, und wenn er auch meinte, er thue es aus purem Mitleiden, so fand er es doch nebenbei recht hübsch, bei seinem ersten Patienten die ganze Schuld herunter zu kuriren.

Es war am achten Tage früh Morgens, da hörte Schulze wie im Traume zwei Stimmen.

„Na, so was von einem Mädchen ist mir noch nicht vorgekommen!" sagte die eine, und das war Mutter Müller's Stimme; „aber ich sage Dir, ich hab's nunmehr bald überdrüssig. Erst, wie sich's noch der Mühe verlohnte, sich um den Menschen dahier zu bekümmern, da will sie ihn nicht, spricht, sie will sich nicht anbetteln und nicht aufdrängen, und thut wunder wie aparte. Jetzt, wo er kaum mehr als ein Bettelmann ist, wo ihn endlich die Strafe getroffen hat, da läuft sie, kaum daß Gottlob seinen Bericht zu Ende gebracht hat, setzt sich acht Tage an's Bett her und bethut sich, als hätte sie einen Prinzen zu verpflegen. Der Weg von Brühl bis hierher ist kein Katzensprung und ich habe jetzt die Lauferei knüppeldicke!"

„Aber, liebe, gute Mutter!" fing die andere Stimme an,

und Schulze war's, als würde es ganz warm in seinem Herzen, „so laß mich doch, ich arbeite ja hier ebensoviel, und wenn ich auch einmal die Nacht noch mehr als wie zu Hause wachen muß; und wenn Du mir mein Bischen Essen nicht gern bringst, so will ich mir's hier selber machen, 's ist mir ja nur wegen der Versäumniß! Du lieber Gott, ich kann ihn doch nicht hier liegen lassen und es auf meinem Gewissen haben, wenn er stürbe? Wen hat er denn noch als mich?"

„Ach was, Du bist eine dumme Trine und mußt immer Recht haben!" sagte die Alte verdrießlich. „Wie Du mir, so ich Dir! Hat er sich etwa um Dich gekümmert und sich ein Gewissen Deinetwegen gemacht?"

Die Andere erwiderte nichts; Schulze fühlte aber, wie ihm ganz leise ein Tuch über die Stirn fuhr und den heraustretenden Schweiß abwischte. Ihm war's inwendig, als sollte Alles voneinander gehen, als müsse er weinen, heiße Thränen, er wußte selber nicht warum. Er schlug die Augen auf und sah in seine Stube, in der außer seinem Bette nichts mehr war, als die kahlen vier Wände. Da trat ihn zum ersten Male wieder die Gegenwart mit ihren Schrecken, immer ein Bild nach dem andern, klar vor die Seele, daß er aufseufzen mußte, als wolle er einen riesigen Berg von der Brust wälzen. Und wie er aufseufzte, da bog sich das ängstliche Gesicht seiner Lene über ihn, die aber, als sie ihm in die offenen Augen sah, mit einem halben Schreckensschrei zurückfuhr.

„Nu, nu!" sagte die Müllern und trat hinter dem Bette vor, „was ist es denn? Die Augen hat er wieder offen, kann nunmehr selber die Schande und die Narrheit von andern Leuten sehen; nicht wahr, Er hochmüthiger Lumpenprinz?"

„Aber, Mutter!" schrie Lene auf und fiel ihr in die Arme, als wollte sie eine Gewaltthat verhindern, während ihr die hellen Thränen aus den Augen brachen, „ich bitte Dich doch um Gotteswillen, es ist ja ein todtkranker Mensch!"

Die Alte brummte, warf einen bärbeißigen Blick nach dem Schneider und kehrte sich dem Fenster zu. Lene aber hielt ihre Schürze vor die Augen und lief zur Thür hinaus. Schulze lag da und wußte nicht, sollte er heulen, schreien oder sich vor den Kopf schlagen; was er wie im Traume gehört, stand jetzt in der Wirklichkeit vor ihm, seine Lene, die er unglücklich gemacht, die er in seinem Hochmuthe von sich gestoßen, und die nun von allen Menschen in der Welt noch allein bei ihm geblieben war. Er war sich in seinem ganzen Leben noch nicht so erbärmlich vorgekommen, wie jetzt.

Es verging eine gute Weile, und Keins sprach ein Wort. Die Alte stand an ihrem Fenster wie angenagelt, in Schulzen wogte es, halb wie Angst und Beklommenheit, halb wie Zerknirschung.

„Mutter Müller!" fing er endlich mit krankheitsmatter Stimme an. Die aber regte sich nicht. „Mutter Müller!" begann er nach einer Weile wieder, „ich bin ein ganz schofeler Kerl gewesen, ich weiß's!" Da drehte sich die Alte herum und sah ihn finster an. „Das ist das erste wahre Wort, was ich im Leben von Ihm gehört!" sagte sie und drehte ihm wieder den Rücken zu.

„Mutter Müller, kommen Sie einmal her!" fuhr Schulze fort, „'s kann sein, daß ich bald sterbe, und ich habe Ihnen so viel Leids zugefügt, das liegt mir Alles so schwer auf dem Herzen —"

„Was red't Er?" sagte die Alte und kam langsam auf das Bett zu, als wolle sie ihm Auge gegen Auge die Leviten lesen, „sterben? Unkraut verdirbt nicht, und so lange es noch Narren giebt, die sich selber lieber kaput machen, als daß sie es seinem Schicksale überlassen, hat's erst recht keine Noth."

„Mutter, ich bin ein schlechter Kerl gewesen, ich weiß's!" sprach Schulze und faßte ihre Hand, soviel sie diese auch zurückziehen wollte, „aber komme ich wieder auf, will ich's weiß Gott wieder gut machen, so viel ich kann."

Die Alte wollte eben mit Etwas herausfahren, da trat Lene wieder in die Stube. Sie hatte rothgeweinte Augen, war bleich, aber gefaßt. „Lene!" rief Schulze, und Alles, was in ihm gesessen hatte, das brach jetzt in dicken Thränen zu seinen Augen heraus, „Lene, Du Engel, kannst Du mir's denn vergeben, was ich Dir Alles angethan habe?"

Weiter konnte er nicht sprechen, und wie Lene seine matte

Stimme hörte und in seine nassen Augen sah, da brach sie an dem Bette in die Kniee und weinte und schluchzte in die Kissen hinein, als wolle ihr das Herz brechen. Die Alte aber stand daneben, wollte ein bärbeißiges Gesicht machen und konnte nicht recht; zog, als wolle sie ihre Hand losreißen, und es gehe nicht; endlich aber drehte sie sich barsch um und trat wieder an's Fenster. „Nu, lieber gar eine Heulkomödie!" sagte sie und fuhr sich mit der Hand selbst über die Augen, „das hat mir noch zu guter Letzt gerade gefehlt!" — — —

Es war vier Wochen später, da fuhr auf der Straße nach Ohrdruff ein Wagen, der mit allerlei Hausgeräthe bepackt war. Hinten saßen auf zwei Strohbündeln eine alte und eine junge Frau, vorn beim Fuhrmann standen zwei Männer an die Wagenleiter gelehnt.

„Halt!" rief der Eine, als sie die Grenze des Gotha'schen Herzogthums erreicht hatten, „halt an, Fuhrmann! — Meister," sprach er dann und reichte dem Andern die Hand, „wir wollen uns den Abschied nicht schwer machen. Bleiben Sie gesund und leben Sie recht glücklich; wenn Sie aber noch Eins zum Adje annehmen wollen: verachten Sie mir den Traumkönig nicht, Meister! Adje, Frau Schulze, adje, Frau Müller," fuhr er fort, „denken Sie manchmal an mich!" und damit hatte er auch den beiden Frauen die Hand gereicht, war mit einem Satze vom Wagen und wanderte rasch die Straße nach Erfurt zurück, ohne sich umzusehen. Erst als er ein großes Stück weg war, drehte er sich noch einmal um und schwenkte den Hut zum letzten Abschied.

Das war aber Gottlob, der seinem alten Meister ein Stück Wegs das Geleite gegeben hatte. Wo der Meister hinwollte, werden wir gleich hören.

Als Schulze von seiner Krankheit halbweg wieder hergestellt gewesen, war großer Rath gehalten worden, was nun mit ihm werden sollte. Wieder als Geselle zu arbeiten oder überhaupt in Erfurt zu bleiben, dagegen hatten Alle, das heißt Gottlob, Lene und Schulze, gestimmt; die alte Müllern war wohl auch befragt worden, die hatte aber gesagt, sie hätten bisher gemacht, was sie wollten, nun sollten sie es auch ferner thun. Als aber Keins einen ordentlichen Rath gewußt, hatte sie doch gemeint, so ging' es, wenn Jeder immer selber klug sein wollte, und nicht auf alte, erfahrene Leute höre, am Ende bleibe er doch stecken. Was sie thäte, wolle sie sagen und die Andern können's dann halten, wie sie wollten. In Erfurt bleibe sie nicht, die Rederei, die jetzt von Neuem losgehe, könne sie nicht mehr ertragen. Sie ziehe nach Ohrdruff zu ihrer Base, damit sie ihre alten Tage in Ruhe verleben könne. Ohrdruff sei aber ein Ort, der noch mehr Nahrung habe, als Erfurt, wo Alles hinzöge; und wenn andere Leute gescheidt wären, versuchten sie auch dort ihr Heil. Den Großen könne man da freilich nicht spielen und das Rumludern bringe eben so wenig ein, als an andern Orten. — Da hatte Schulze die Lene, und Lene Schulzen angesehen, und der hatte endlich gesagt: „Mutter, ich hab's gesagt, ich will meine Dummheiten wieder gut machen, so viel ich kann. Das Nothwendigste ist doch, daß die Lene meine Frau wird und dann zieh'n wir mit. Großthun will ich, weiß Gott, nicht und arbeiten will ich auch, und hat die Base schon früher unsern Jungen zu sich genommen, so hilft sie mir auch wohl nach und nach zu einer Kundschaft. Zum Anfange hab' ich schon was, der Gottlob hat gesorgt, daß mir so viel übrig geblieben ist — und nun, Mutter, machen Sie wenigstens ein freundliches Gesicht und sprechen Sie: 's ist Recht so!"

„Und wenn ich's spreche, thue ich's doch nur, daß endlich einmal der Schandflecken zugedeckt wird!" hatte die Alte gesagt; als ihr da aber Lene um den Hals gefallen war und ganz schmerzlich gerufen hatte: „Mutter, denkst Du denn gar nicht mehr an mich?" da hatte sie gemeint: „Ja doch, Du dumme Trine, habe ich denn nicht alles Deinetwegen gethan? 's ist ja recht, thut mir nur den Gefallen und heult nicht wieder!"

Als nun aber die große Berathschlagung zu Ende gewesen, auf welche Art die Hochzeit am kürzesten gemacht werden könnte und wie der ganze Umzug geschehen sollte, und was vorher der Base geschrieben werden müsse, da hatte Gottlob noch zuletzt ganz wehmüthig gefragt, was denn nun eigentlich mit ihm werden solle? Seit der verdammten Geschichte gefalle ihm Erfurt an keiner Ecke mehr, vollends da sie nun Alle fortzögen — und zum Wandern sei er doch schon gar zu alt.

Da stand aber Schulze auf und reichte ihm die Hand. „Gottlob," sagte er, „Du bist eine alte, treue Haut, und ich werde Dir Deine Freundschaft nicht vergessen, so lange ich lebe. Bleibe jetzt noch, wo Du bist, und sieh zu, wie Du's aushältst, bis ich Arbeit in Ohrdruff habe. Der erste Geselle, den ich brauche, der bist Du, und hernach denke ich, werden wir in diesem Leben nicht wieder auseinander gehen."

Dabei war es geblieben und an der Gothaischen Grenze hatten sie sich getrennt, mit tausend frohen Wünschen, mit tausend neuen Hoffnungen für die Zukunft. — — —

Vier Wochen waren vergangen, seit Schulze sich mit seiner jungen Frau in Ohrdruff niedergelassen. Er hatte das neue Leben mit den ernsthaftesten und besten Vorsätzen angefangen, und als er in der kleinen Stube allein auf seinem Schneidertische saß und seine Lene still und geräuschlos wirthschaften oder mit ihrer Weißnäherei neben sich arbeiten sah, war ihm wohler geworden, als es ihm je in seinem vornehmen Leben gewesen. Eine heimliche Angst, wie das endlich hinauslaufen werde, hatte ihn damals nie verlassen. — Ein Anfang zu einer Kundschaft war auch schon da. Die Base war Hebamme, kam in die Häuser reicher und armer Leute und empfahl den neuen Vetter und seine Frau auf's Beste, und daß sie Beide aus Erfurt kamen und er viele Jahre in Paris gearbeitet hatte, that zu der Empfehlung auch das Seinige. Das Beste war aber, daß in Ohrdruff die Leute noch wenig von langem Kredit und Schuldigsein wußten; wurde ein fertiges Stück abgeliefert, so gab es baares Geld. —

„Aller Anfang ist schwer!" sagt das Sprichwort. Oft genug ist es aber auch umgekehrt, da ist der Anfang das Leichteste und das Fortführen, die Ausbauer das Schwerste, ganz besonders, wenn es heißt, Besserwerden.

Vier Wochen waren in's Land, da wurde es Schulzen schon manchmal, als ob der Schneidertisch ganz heiß wäre, als ob das Tuch zu fest sei und die Nadeln nicht stechen wollten, als ob er es bei der Arbeit nicht mehr aushalten könne. Das war aber natürlich. Wer Jahre lang den Freiherrn gespielt, die Arbeit an den Nagel gehängt hat und spazieren gegangen ist, dem schmeckt dann die Arbeit, besonders wenn der erste Trieb vorbei ist, wie sauer Bier und möchte ihm Kopfschmerzen und Bauchkneipen machen. Im Anfange überwand es Schulze und schämte sich vor seiner Frau; als sich aber seine Unlust von Tag zu Tage mehrte und es ihm an einem schönen Sommernachmittage absolut unmöglich schien, in dem Augenblick nur noch einen einzigen Stich zu thun, da gab er einen nothwendigen Gang zu einem Kunden vor und lief aus dem Hause, als brenne es hinter ihm. Wo er hinwollte, wußte er selbst noch nicht, nur fort von der Arbeit; als er aber den Ort hinunterging und an den rothen Löwen kam, wo er zuerst mit seiner Frau und Schwiegermutter abgestiegen war, da fiel es ihm ein, daß es doch eigentlich verteufelt heiß sei und daß ein Glas Bier gar nicht schaden könne, und ohne sich lange zu besinnen, schwenkte er hinein. Im Löwen war allerliebste Gesellschaft. Wohlgemuth, wie der Fisch im Wasser, setzte sich Schulze fest, hörte erst ein Weilchen zu, was gesprochen wurde, gab dann auch sein Wort drein, erzählte von Erfurt, was dort für ein Leben sei, von Erfurt kam er auf Paris, und als er endlich zufällig nach der großen Schwarzwälder Uhr in der Stube sah, waren zwei Stunden herum, er wußte nicht, wo sie geblieben waren. Da dachte er aber doch daran, was wohl seine Lene sagen würde und machte sich wieder auf den Heimweg. — Zu Hause hatte schon geraume Weile ein neuer Kunde gewartet und war endlich wieder fortgegangen, und als Lene fragte, wo Schulze denn so lange geblieben sei, fuhr der heraus, daß sie ganz erschreckt zusammenfuhr: „Trab könne er doch nicht laufen? ob es ihr etwa schon nicht recht wäre, wenn er die ganze Woche arbeite und dann ein paar Worte unterwegs rede?" —

Den Nachmittag darauf war's wieder heiß und Schulzen war in seinem Leben die Arbeit noch nicht so schwer angekommen. Wenn er an den rothen Löwen dachte, meinte er keinen Tag zu wissen, wo er so viel Spaß gehabt, wie gestern, aber die Scheu, was Lene denken müsse, wenn er wieder fortgehe, hielt ihn diesmal zurück. Seine Arbeit an dem ganzen Nachmittage hätte aber ein Anderer in zehn Minuten gemacht, und er war froh, als es endlich dunkel wurde. Da nahm er seine Frau unter den Arm und besuchte die Base und die Schwiegermutter, wie er's bis dahin immer gehalten hatte.

War es aber den zweiten Tag schlecht gegangen, so wollte es den dritten erst recht nicht gehen. Einmal um das andere zuckte es in seiner Hand, um die Arbeit bei Seite zu werfen und nach seinem Rocke zum Fortgehen zu greifen, und immer noch hielt ihn eine Art Scham zurück; da fiel ihm plötzlich ein, daß er doch in Erfurt seine besten Kunden in den Tabagien und öffentlichen Lokalen bekommen habe, und daß er doch gar nicht wie ein rechter Mann wäre, wenn er erst seine Frau bei jedem Gange fragen solle, und da hatte er auch schon den Rock auf dem Leibe, sagte zu seiner Lene nichts als: „Ich komme gleich wieder!" und saß bald im Löwen hinter seinem Glase Bier.

Das erste Mal, als er im „goldenen Löwen" gewesen, war es ihm mehr um die Unterhaltung und den Nachmittag, den er auf den Kopf schlagen wollte, als um das Bier gewesen; heute traf er nur zwei Männer an, die vermuthlich Stammgäste sein mußten, denn sie hatten Beide Gesichter, denen das Wirthshaus an allen Enden heraussah. Das Gespräch ging nur träge herüber und hinüber, und da fand denn Schulze, daß das Bier kein Erfurter Doppelbier, sondern infam schlecht sei. Die andern Beiden saßen beim Glase Nordhäuser, das war ihm aber doch zu ordinär — ein Glas Rum forderte er. Bald kam mehr Gesellschaft, und erst als es anfing dämmrig zu werden, ging Schulze nach Hause.

Lene saß noch immer bei ihrer Arbeit und erwiderte seinen Gruß nur halb. Schulze mochte nicht nach der Ursache fragen und zog langsam seinen Rock aus. — „Michaelis hat zweimal hergeschickt," sagte sie endlich, „und hat seine Hose haben wollen. Er hat sagen lassen, wenn Du ihn gleich das erste Mal im Stiche ließest, müßte er künftig seine Sachen wo anders machen lassen!"

„Kann's nicht hexen," antwortete er kurz.

„Wenn Du zu Hause geblieben wärst, könnte sie fertig

sein," sagte sie halblaut, ohne von ihrer Arbeit aufzusehen; „vorgestern, wie Du den halben Nachmittag weg warst, war Einer da, der ist auch nicht wieder gekommen!"

Da wurde Schulze bitterböse. „Ich bin doch wohl kein dummer Junge," fuhr er in die Höhe, „daß ich jedesmal erst fragen soll, wenn ich weggehe? Oder wenn Du etwa denkst, Du willst ein Pantoffelregiment einführen, da will ich Dir zeigen, daß ich thun und lassen kann, was ich will! Ich lasse mir keine Vorschriften machen!"

„Aber, Fritz, was hast Du denn nur?" fragte Lene ganz ängstlich, „vorgestern hast Du mich schon so angefahren und ich mein's doch gut. Du hast den ganzen Nachmittag im ‚rothen Löwen‘ gesessen; die Nachbar Schmidten hat Dich gesehen, und da ist mir ganz Angst geworden, wenn ich an die viele Arbeit gedacht habe, die diese Woche noch geschafft werden soll."

„Und ich sag' Dir's ein- für allemal, ich lasse mir nichts befehlen, und ich thue, was ich will!" schrie Schulze und warf den Rock gegen die Erde, daß der Staub in die Höhe wirbelte. Eigentlich fühlte er inwendig sein Unrecht nur zu wohl, aber das ist die gewöhnliche Art, je mehr sich Einer schuldig fühlt, desto mehr will er das durch Spektakeln verdecken. Ueberdies war Schulzen das Reden und Mahnen seiner Frau unbequem, und das wollte er mit einem Male abschneiden.

Lene schwieg und ging bald nachher in ihr Bett. Als am andern Morgen die Base mit vorsprach und fragte, warum sie denn gestern Abend nicht hingekommen wären, da sagte Lene, sie hätte nothwendige Arbeit gehabt, die habe sie abgehalten. Schulzen war es, als müsse er sich vor seiner Frau in die Seele hinein schämen, und er nahm sich vor, heute besser bei der Arbeit zu bleiben. Als es aber vier Uhr wurde, und Lene nach jeder Bewegung ihres Mannes aufsah, da fing sein guter Entschluß an zu wanken. Die bewache ihn ja mit ihren Augen wie einen Baugefangenen, meinte er bei sich; sie denke wohl gar, das solle ihn am Weggehen hindern? Ne, da sei sie schief! und als Lene fragte: „Machst Du denn die Hose heute noch fertig?" da war's bei ihm richtig. — „Morgen ist auch noch ein Tag, ich will doch einmal sehen, ob ich mich zur Arbeit hetzen lassen soll!" sagte er endlich und warf die Hose hin, wie sie eben war, kaum daß er die Nadel daran feststeckte, machte ein grimmiges Gesicht, das jede Einrede seiner Frau verscheuchen sollte, zog seinen Rock an und ging ohne Gruß zur Thür hinaus. —

Im „rothen Löwen" war wieder wenig Gesellschaft, wie es im Sommer gewöhnlich in den Wirthshäusern der Fall ist, und nur die beiden Männer von gestern saßen an ihren gewohnten Plätzen. — In früheren Tagen hätte Schulze schon aus lauter Vornehmthun nicht mit ihnen verkehrt, denn der Eine war ein heruntergekommener Viehhändler mit blatternarbigem Gesichte, kupferrother Nase und einem Rocke, der von den allerhand Bierbänken und Nachtquartieren, mit denen er Bekanntschaft gemacht haben mochte, wie marmorirt glänzte; von dem Manne selbst wußte eigentlich Niemand, wie er sich jetzt sein tägliches Brot verdiente. Der Andere aber, der eben nicht viel besser aussah, war ein Oekonomie=Verwalter, der sich schon ungefähr zehn Jahre ohne Stelle herumtrieb. Jetzt indessen, wo es mit dem Großthun aus war, wo er noch gar nicht wußte, an wen er sich halten sollte, dachte er: Wer kein Pferd hat, reitet auf dem Esel, und ordinäre Gesellschaft ist besser als keine. Er forderte wieder sein Glas Rum, sprach vom Wetter und von den Geschäften, aber trotz des besten Willens, sich lustig zu machen, ward ihm das Gespräch mit der Zeit doch gewaltig langweilig; ein Billard gab es auch nicht, und verdrießlich dachte er endlich daran, wieder nach Hause zu gehen. Da kam der Wirth mit Karten herbei, setzte sich zu den Beiden und fragte den Schulzen, ob er mitspielen wollte. Das war doch wenigstens Unterhaltung, und Schulze ließ sich nicht lange nöthigen. Dreikart oder Pochens wurde losgelassen und Schulze bekam Trümpfe über Trümpfe, es war ordentlich, als hätte er sich in's Glück hineingesetzt. Einen Pot nach dem andern zog er ein, der Verwalter fluchte und der Wirth schüttelte den Kopf. Der Viehhändler trank ein Glas Schnaps nach dem andern. Es wurde dunkel und Schulze wollte aufhören, aber oho, damit war's nichts. Jetzt wolle er nun wohl mit dem

Gelde davon? hieß es, und wollte sich Schulze nicht böses Blut machen, so mußte er bleiben; der Wirth brachte Licht, und es ging von vorn an, bis endlich um die neunte Stunde Schulze trotz alles Zuredens aufbrach. Er hatte die ganze Tasche voll Geld. „Wer aber morgen wegbleibt, ist ein schlechter Kerl!" sagte der Verwalter, und Schulze versprach wiederzukommen, um sich nur los zu machen.

Lene sagte kein Wort, als er nach Hause kam. Schulze hätte ihr gern von seinem Glücke erzählt, aber er scheute sich, er wußte selbst nicht warum. Als aber am andern Morgen Lene schon zwei Stunden arbeitend neben ihm saß, ohne das Auge aufzuschlagen und nur ein einziges Wort zu sprechen, da wurde ihm das Schweigen doch lästig. „Lene, thu' nicht dumm!" fing er an, „Du machst mir nur böses Blut. Hier ist Geld, nimm's, das hab' ich gestern verdient und nun sprich nicht wieder, daß es besser sei wenn ich zu Haus geblieben wäre."

Lene sah nicht einmal hin. „Ich wollte lieber, Du hättest so viel eingebüßt, und wärst nicht gewesen, wo Du gewesen bist," antwortete sie, „ich werde aber kein Wort mehr sagen!"

„Nu, wenn Du denn mit Gewalt maulen willst, da maule!" sagte er, „ich werde mich nicht mehr daran kehren!"

Abends saß Schulze wieder hinter den Karten und hatte schon drei Gläser Rum getrunken. Sein ganzes Gesicht glühte, der Gewinn von gestern Abend war fort und auch schon Geld von seinem eigenen. Diesen Abend war es Mitternacht, als er nach Hause ging, seine Füße zitterten und sein Kopf brannte von der Aufregung und vom Rum. Lene war noch wach und erwartete ihn. Sie hatte rothgeweinte Augen, aber Schulze sah es nicht und suchte, ohne ein Wort zu sprechen, sein Bett. Drei Uhr rief der Wächter ab, ehe er einschlafen konnte, und den andern Morgen war es schon zehn Uhr, als er aufwachte. Lene war schon ausgegangen. Mißmuthig setzte er sich an seine Arbeit, brummig empfing er seine Frau, daß sie ihn so lange habe schlafen lassen, mit Kopfschmerzen und ohne rechten Hunger setzte er sich zum Mittagessen. Nachmittags nahm er die Arbeit wohl wieder zur Hand, aber das ging, „als wenn man den Dreck mit Peitschen hieb," es war ihm, als ob er sich am liebsten mit der ganzen Welt prügeln möchte, und seine Frau, die wortlos, mit trübem Gesichte an ihrer Arbeit saß, machte ihm seine Stimmung nur noch unerträglicher. Da stand Lene mit einem halbunterdrückten Seufzer auf, und das war, als ob damit Schulze's Geduldsfaden entzwei gerissen wäre. „Ne, so ein Leben im Hause mag lieber der Teufel holen!" schrie er, warf die Arbeit hin und machte sich davon. Er ging nach dem „rothen Löwen".

Von dieser Zeit an arbeitete Schulze weniger und weniger. Es war auch nicht mehr nöthig, denn der Bestellungen wurden auch immer weniger. Wer einmal gewartet und den Schneider am hellen Nachmittag oder in später Nacht hinter den Karten gesehen, der brachte seine Sachen anderswohin. Und das sprach sich weiter; es war nur kurze Zeit vergangen, so galt Schulze schon im ganzen Orte für einen liederlichen Kerl, der sich und seine brave Frau unglücklich mache. — Schulze aber ging zuletzt bisweilen schon Vormittags fort und kam selten vor Mitternacht zu Haus; und Lene schwieg noch immer. Ihre Mutter fragte, ihre Base fragte, was mit ihrem Manne sei; Lene wies sie ab und sagte, sie sollte doch nicht auf allen Stadtklatsch hören, sie habe über ihren Mann nicht zu klagen; im Stillen aber weinte sie manche Thräne; Michaelis war vor der Thür, die Hausmiethe fällig, und noch wußte sie nicht, woher Geld nehmen. Was Schulze mit nach Ohrdruff gebracht, war längst fort, er selbst verdiente nicht mehr so viel, als zur Erhaltung der Wirthschaft nothwendig war, von dem Wenigen bekam aber Lene fast nichts zu sehen, und es hatte in der letzten Zeit ihres ganzen Fleißes bedurft, um drückenden Mangel von der Thür zu halten. Da konnte sie eines Mittags, als Schulze sich eben wieder zum Fortgehen anschickte, es nicht mehr auf dem Herzen halten. „Fritz," sagte sie, „willst Du denn keinen Tag mehr zu Hause bleiben, willst Du uns denn mit Gewalt zu Grunde richten?"

Schulze mochte das wohl nicht erwartet haben, denn einen Augenblick spiegelte sich eine Art von Verlegenheit auf seinem Gesichte. Das war aber schnell vorüber. „Hast Du noch immer nicht aufgegeben, mich zu kommandiren?" sagte er und that wunder wie zornig. „Und weil's Muckschen nicht hilft, willst Du's wieder mit dem Reden probiren? Ich thu', was ich will, dabei bleibt's!"

„Fritz, ich bitte Dich um Gottes willen," rief Lene, als er nach der Thür griff, „ich hab' geschwiegen bis jetzt und mich gegrämt im Stillen. Kaum ein paar Groschen hab' ich in dem letzten Vierteljahr von Dir zu sehen gekriegt, übermorgen soll die Hausmiethe bezahlt werden und mein Bißchen Verdienst ist Tag für Tag drauf gegangen. Sollen wir uns auf die Straße setzen lassen, oder was soll's werden?"

Schulze ließ die Thür los und wurde blaß. „Was werden soll?" sagte er nach einer Weile, „ich weiß's nicht. Der Mensch ist kein Fuhrmannsgaul und will auch einmal sein Plaisir haben. Das kommt aber davon, daß ich mit nach dem verfluchten Neste gegangen bin, in Erfurt wäre mir's nimmermehr so ergangen!"

Da fing Lene's Auge an zu leuchten. „Sprich's nur aus!" rief sie, „das kommt davon, daß Du mich geheirathet hast, nicht wahr? Ich hab' Dich lieb gehabt, so schlecht Du gewesen bist, hab' Noth und Schande Deinetwegen ertragen, und hab' Dich doch in Deinem Elend nicht verlassen. Ich hab' keinem Menschen was gesagt, wie Du's jetzt getrieben hast, und habe gemeint, es würde von selber anders werden, und nun rennst Du Dich und mich mit Gewalt in's Verderben hinein, das ist der Dank davon! Geh' nur hin, ludere immer fort, laß mich meine Thorheit büßen — einmal kommt's doch zum Ende, und wenn ich einmal schon lange im Elende zu Grunde gegangen bin, und Du mußt Dich von Dorf zu Dorf betteln, wenn Du keinen Menschen mehr hast und sich Keins drum kümmert, ob Du im Walde oder hinter einem Zaune stirbst, nachher denke an die jetzige Stunde!" Damit lief sie zur Kammer hinein und warf die Thür hinter sich zu, denn die Thränen waren ihr wie ein Strom aus den Augen gebrochen. Schulze stand an der Thür und schien unschlüssig, ob er gehen solle oder nicht. Langsam schlich er endlich zum Hause hinaus. —

Lene wälzte sich ohne Schlaf die ganze Nacht auf ihrem

Lager, es wurde bereits wieder hell, Schulze war noch nicht nach Hause gekommen. Erst mit dem Morgen trat er in die Stube mit verwirrtem Haar und beschmutzten Kleidern. Er hatte die Grillen und Sorgen, die nach Lene's letztem Ausbruch in ihm aufgewacht waren, in's Schnapsglas versenken wollen, denn zum Rum fehlte ihm jetzt das Geld schon seit geraumer Zeit, hatte taumelnd den Heimweg angetreten, war aber in den Wald gerathen und hatte da die Nacht verschlafen. Lene warf nur einen Blick auf ihn und machte sich dann mit trüben, rothgeweinten Augen an ihre Näherei. Schulze sah scheu nach ihr hin, reinigte sich dann und setzte sich ebenfalls an die Arbeit. Lene brachte ihm seinen Morgenkaffee, ohne eine Frage zu thun. Kein Wort ward an dem ganzen Morgen zwischen Beiden gewechselt, Schulze aber athmete einmal um das andere schwer auf und sah nach seiner Frau; der morgende Miethstermin lag ihm in allen Gliedern, die gewaltige Sorge hatte ihn zum ersten Male aufgeschreckt und ihn einen Blick in seine Lage thun lassen: Lene's Worte aber waren für ihn wie ein Spiegel seiner eigenen Erbärmlichkeit gewesen und hatten sein betäubtes Herz mehr aufgeregt, als es Lene wohl vermuthete.

Je näher der Nachmittag kam, je unruhiger wurde Schulze. Es lag ihm wie ein Stein auf der Brust. Hätte er in diesem Augenblicke den ganzen Tisch voll Bestellungen gehabt, er hätte genäht den ganzen Tag, die ganze Nacht durch; so aber hatte er die letzte Arbeit, die längst bestellte Jacke für einen Tagelöhner, in der Hand und that eben die letzten Stiche daran. Er hielt's kaum noch aus, sie nothdürftig zu bügeln, dann rannte er zum Hause hinaus, in den Wald hinein und lief ohne Ziel und Zweck, wie ein halb Verzweifelter darin umher, bis er sich endlich unter einen Baum warf und in ein dumpfes Hinbrüten verfiel. Sein ganzes früheres Leben ging in einzelnen Bildern an ihm vorüber; die Zeit, wo er nach Erfurt gekommen und als Wunder, als Sonntagskind angestaunt worden war — dann die trübe Zeit, wo Gottlob, die treue Seele, ihn gewarnt und ihm zum ersten Male vom Traumkönig erzählt hatte — dann die Alles vergessende Liebe seiner Lene; und das Sonntagskind hatte nicht das Glück erhalten, und der Traumkönig war nicht wieder zu ihm getreten, um ihm den neuen Abgrund zu zeigen, und Lene's sorgende Liebe hatte er fortgestoßen. —

Erst gegen Abend weckte ihn die zunehmende Kühle, schauernd stand er auf und schritt weiter; nach Hause zu gehen graute es ihm; er wandte sich instinktmäßig nach dem „rothen Löwen".

Es war eine Merkwürdigkeit, daß Schulze erst so spät ankam; seine Busenfreunde, der Viehhändler und der Verwalter, hatten ihn schon längst erwartet und ihre Verwunderung war groß, als er sich trübselig in eine Ecke setzte.

„Gott straf' mich, Brüderchen, wie siehst Du denn aus?" lachte der Verwalter, „haben Dir die Hühner 's Brot genommen, oder hat Dir Deine Frau eine Strafpredigt gehalten?"

Schulze sah die Beiden erst eine Weile an, als wäre er mit seinen Gedanken wo ganz anders, dann strich er sich mit der Hand über das Gesicht und stand auf. „Könnt Ihr mir Geld geben, so etwa zehn Thaler?" sagte er halblaut.

„Kerl, jage mir keinen Schreck ein!" rief der Verwalter mit einer hellen Lache. „Wir alle Drei zusammen sind keine zehn Thaler werth, mit Allem, was wir haben."

„Ich brauch's morgen zum Miethszins, schaff' ich's nicht, werd' ich mit meiner Frau auf die Gasse gesetzt!" sagte Schulze trübsinnig. „Ich kann heute nicht mitspielen!"

„Nu, das ist doch wunderschön!" lachte der Verwalter wieder. „Du bist ein Esel, Schulze; setzen sie Dich morgen in's Kalte, so hast Du ein Vierteljahr umsonst gewohnt und ziehst wo anders hin. Das fehlte noch, sein Geld für den Miethszins wegzuwerfen!"

„'ran," schrie der Viehhändler, „stell' Dich nicht an wie's liebe Leiden, Schulze, trink' einen Schnaps, da wirst Du wieder fidel!"

Der Wirth hatte schon das gewöhnliche Glas Branntwein neben den Schneider gestellt, und der stürzte es hinunter, als wolle er damit alle Sorgen und Grillen todtschlagen.

„So!" rief der Verwalter, noch eins für Schulzen, und nun setz'st Du Dich her und spielst vernünftig, hast Du kein Geld, so borgen wir Dir, das gehört sich unter guten Freunden!"

Halb willenlos ließ sich Schulze zu den Karten ziehen, fing an zu spielen wie desperat, machte Gewinn auf Gewinn und trank ein Glas Schnaps nach dem andern, bis er mit gläsernen Augen auf dem Stuhle saß und kaum die Karten mehr erkennen konnte. Es war Mitternacht und schon längst kein anderer Gast mehr da. „Ich höre auf," sagte er da endlich mit lallender Zunge, ließ die Karten fallen und hielt die Tasche zu, worin das gewonnene Geld war. Langsam wollte er sich vom Stuhle erheben, da ging aber plötzlich die ganze Stube mit ihm herum und wie ein Sack schlug er rückwärts zu Boden. Die beiden Saufbrüder schlugen ein Gelächter auf, daß die Fenster klirrten.

„Schafft mir den fort!" sagte der Wirth, „hier behalte ich ihn nicht; Gott weiß, was er mir noch für Geschichten bermachte!" und mit neuem Lachen setzten die Beiden ihre Mützen auf, faßten den grunzenden Schneider unter die Arme und führten ihn zum Hause hinaus.

„Mich ärgert doch das schöne Geld, was uns der in seiner Besoffenheit abgenommen hat!" sagte der Verwalter und sah seinen Kumpan an. Dieser zog ein pfiffiges Gesicht. „Der Mond scheint hier zu hell," erwiderte er, „es könnte uns Jemand sehen!"

„Nu, da kann er seinen Rausch im Walde ausschlafen," sagte der Erste, „da ist es dunkel!"

Der Viehhändler nickte, und nach kurzem Gange betraten sie die Büsche. „Halt' einmal," flüsterte jetzt der Verwalter stillstehend, „daß er nicht umfällt!" und damit leerte er Schulze's Taschen bis auf das kleinste Geldstück, das er darin finden konnte.

„Du," lachte der Viehhändler, „wenn Du ihn so leicht machst, fliegt er uns am Ende davon!"

„Nu, dafür ist Rath!" antwortete der Verwalter und steckte drei große Steine vom Boden in Schulze's Taschen. „So laß los!" und unter dem johlenden Gelächter seiner Führer stürzte Schulze zur Erde. „Da liegt er gut und fortfliegen wird er uns auch nicht!" sagte der Verwalter und lachend gingen Beide davon. —

Der Fall auf den harten Boden hatte Schulze aus seiner dumpfen Betäubung etwas aufgerüttelt, aber klar bewußt war er sich seines Zustandes nicht. Er setzte sich endlich auf, sah um sich und konnte sich durchaus nicht besinnen, wo er eigentlich sei.

Vor sich erblickte er eine Felsenwand, die er in seinem Leben noch nicht gesehen hatte, und als er die Augen schärfer hinrichtete, war es, als finge die mit einem Male an zu leuchten, wie es wohl faule Eichbäume thun, und das wurde immer stärker, bis die ganze Wand zuletzt wie mattes, silberweißes Licht glänzte. Und darin wogte es und bewegte sich, wie das Wallen eines Vorhanges oder das Wirbeln vom Rauche, und zog sich plötzlich wie weiße Wolken auseinander. Schulze saß da mit offenem Munde, dachte wohl eigentlich gar nichts, sondern starrte nur hin. Mitten in der Oeffnung stand eine helle Gestalt in leichte, luftige Gewänder gehüllt, eine flimmernde Krone auf dem Haupte und einen blühenden Mohnstengel in der linken Hand. Die Augen, aus denen es wie blasses Mondlicht herunterstrahlte, ruhten in tiefer Traurigkeit auf dem Schneider, daß es dem ganz weich und wehmüthig wurde, daß er hätte weinen mögen, als wäre ihm das Liebste gestorben. „Kennst Du mich?" begann mit einem Male die Gestalt, und man wußte nicht, klang es wie das stille Rauschen des Baches oder wie das Säuseln des Windes in den Bäumen; die Worte waren so deutlich, und es war doch kein Ton einer menschlichen Stimme darin. „Kennst Du mich? Ich bin der Traumkönig. Ich habe Dich dreimal gewarnt, und Du hast nicht auf mich gehört. Du bist fortgegangen auf dem Wege, der zum Sumpfe des Elends oder zum Abgrunde der Verworfenheit führt, aus dem keine Rettung ist. Du hast Dein Weib, Deinen guten Engel, von Dir gestoßen, schon sinkt der Boden unter Deinen Füßen und Du achtest es nicht. Ich warne Dich noch einmal, zum letzten Male: Kehre um, da es noch Zeit ist, noch einen Schritt und Du bist verloren für alle Ewigkeit! Du bist klüger gewesen, als es für Dich gut war und hast nicht an mich geglaubt, stehe auf und folge mir!"

Und Schulze stand auf den Füßen, er wußte nicht wie, und schritt dem vorangehenden Traumkönig nach in die hell leuchtende Pforte hinein. Da stand vor ihm ein Land, wie es wohl nach ihm keines Menschen Auge wieder gesehen. Ein herrlicher, blühender Garten schien es, von bläulichem Mondlicht übergossen, und so weit auch das Auge schaute, er konnte das Ende nicht sehen. Ringsum prangte und duftete es von Mohnblüthen, glühenden Rosen, weißen Lilien, Nachtviolen und tausend fremden Blumen, von denen Schulze in seinem Leben noch nichts gehört; leuchtende Johanniswürmchen zogen helle Kreise und dunkele, sammtene Nachtfalter flogen von Blume zu Blume. Zwischen den Sträuchern aber regte sich ein seltsames, geheimnißvolles Leben. Wie Nebel und Schatten tanzte es und regte sich und fuhr geschäftig durch einander, hier stieg es empor und fuhr durch die Luft davon, wie ein heller Rauchstreifen, dort wieder sank es nieder wie dünner Nebel. Und weiter hinein folgte Schulze dem Traumkönig. Da stand ein Thron von grünen Mohnblättern erbaut, dessen Fundament bestand aus Steinen von eitlem Golde und dazwischen gesät lagen strahlende Edelsteine und mattglänzende Perlen, der Thron selber aber war von einer einzigen großen Mohnblume überwölbt. Und der Traumkönig stieg hinan, schwenkte seinen Mohnstengel, und wie der leise Klang einer Harfe zitterte es durch den ganzen Garten. Da zog und flog und rauschte es aus allen Sträuchern herbei, so eilig, als wollte Jedes das erste sein, und um den Thron her fing es an zu wimmeln von hellen und trüben und dunklen Gestalten. Am untersten Fuße des Thrones aber lag zusammengeballt eine schwarze, schwere Masse. Und der König hob den Mohnstengel und sprach:

"Hebet die Schwingen hurtig geschwinde,
Tröstung zu bringen dem Erdenkinde;
Wacht noch der Arme in Sorge und Pein
Wiegt in erquickenden Schlummer ihn ein.

Brach einem Kinde das blühende Herz,
Weint noch die Mutter im nagenden Schmerz,
Zeigt ihr den Liebling im strahlenden Kleid,
Droben in himmlischer Seligkeit.
 Hurtig davon!"

Und davon flatterte und flog es wie Millionen glänzende, durchsichtige Schmetterlinge und es klang, als wenn ein Sommerlüftchen durch die Bäume streicht. Und der König hob den Mohnstengel wieder und sprach:

„Hebet die Schwingen, auf und davon!
Warnet den strauchelnden Erdensohn!
Kämpft mit Versuchung der redliche Sinn,
Tretet mit kräftiger Mahnung hin,
Wo er der Sünde sich willig ergab,
Zeigt ihm den Weg in's Verderben hinab.
 Hebt euch davon!"

Und es hob sich empor wie eine Schaar dunkler Nachtvögel und stob auseinander, wie wenn der Wind durch eine Rauchwolke fährt. Und der König hob mit finsterem Auge den Mohnstengel wieder und sprach:

„Hebet die Schwingen und säumt euch nicht,
Straft den versunkenen Bösewicht,
Schreckt ihn vom nächtlichen Lager empor,
Haltet das Bild seiner Sünden ihm vor,
Streck' dich, du Alp, auf den Schlafenden hin,
Lege die Wucht seiner Schande auf ihn.
 Hebt euch davon!"

Und empor rauschte und schwirrte es, wie Legionen schwarzer Eulen mit brennenden Augen und spitzen Schnäbeln, und die Masse am Fuße des Thrones regte sich, breitete ein paar riesige Fledermausflügel aus, peitschte die Luft und fuhr davon. —

Als nun alle die Gestalten hinweg waren, bog sich der Traumkönig hinab zur Erde, nahm drei goldene Steine von dem Fundamente des Thrones und sagte: „Du bist gewürdigt worden zu schauen', was noch kein sterbliches Auge gesehen; darum sollst Du auch nicht von mir gehen ohne ein Zeichen von mir. Du hast das Gute gewollt, aber Deine eigene Schwäche war der Feind, dem Du unterlagst. Nimm diese Steine und verwahre sie wohl. Es ist Gold, doch merke auf: nur in der Hand des Guten bleiben sie Gold. In der Deinigen werden sie Steine aus schlechter Erde, und erst wenn Du sieben Jahre, sieben Monde und sieben Tage gekämpft und Deine Schwachheit überwunden hast, werden sie wieder glänzen, wie Du sie jetzt siehst, werden sie Dich zum wohlhabenden Mann machen. Ein einziger Tag, an dem Du der Trunkenheit fröhnst, nur ein Tag, an dem Du die Arbeit versäumst, wenn er nicht zum Dienste des Herrn bestimmt ist, macht all' Dein übriges Mühen fruchtlos, und Du wirst Schlamm und Schmutz, statt Gold ernten. Darum schaue jeden Morgen mein Geschenk an, gieb Dir jeden Morgen Rechenschaft über Dein Denken und Thun, und stärke Dich zur rüstigen Ausdauer. Jetzt geh' heim, Dein treues Weib bangt um Dich!"

Und die ganze Gegend zerfloß in leichte Wolken, die den Traumkönig umhüllten und ihn langsam davontrugen. Weiter und immer weiter entfloh er Schulze's Blicken, noch einmal blitzte die schimmernde Krone herüber, daß der Schneider geblendet die Augen schließen mußte, und als er sie vorsichtig wieder aufschlug, da sah er grüne Büsche über sich, da fühlte er harte Erde unter sich, durch die Blätter fielen eben die ersten Sonnenstrahlen und blendeten ihn von Neuem — er lag in Walde bei Ohrdruff.

Eine geraume Weile verging, ehe Schulze begriff, wie und wo er eigentlich war. „Schwerenoth!" sagte er endlich, sich aufsetzend und die Augen reibend, „solches Zeug zu träumen, und so natürlich, daß, wenn's nicht gar zu verrückt wäre, Einer glauben könnte, er hätte es wirklich erlebt. Wenn ich aber nur wußte, wie ich hierher gekommen bin!" Er stellte sich langsam auf die Beine und fühlte jetzt zum ersten Male die schweren Steine, die ihm der Verwalter in die Taschen gesteckt. Verwundert stellte er eine Untersuchung an, mit noch größerer

Verwunderung zog er einen, zwei, drei Steine zu Tage; da fuhr ein Gedanke durch seine Seele, daß er daſtand mit aufgeriſſenen Augen und offenem Munde. „Entweder iſt mir das Alles wirklich paſſirt, oder ich bin verrückt!" brach er mit einem Male los: „drei Goldſteine hat er mir gegeben und hat geſagt: In Deiner Hand werden ſie zu Steinen aus ſchlechter Erde werden, aber wenn Du ſieben Jahr —!" Er redete nicht weiter — das ganze nächtliche Bild ging plötzlich wieder vor ſeiner Seele auf, und je länger er ſo daſtand, je beſtimmter trat eins nach dem andern vor ihn. Er hörte des Traumkönigs Abſchiedsworte ſo deutlich, als ſpräche ſie eben Jemand zu ihm: „Geh' heim, Dein treues Weib bangt um Dich!" und da ſtand Lene's Bild vor ſeiner Seele, wie ſie die rothgeweinten Augen ſo trübe zu ihm aufſchlug, und er hätte ihr um den Hals fallen und rufen mögen: „Lene, ich will ein anderer Kerl werden!" Und wie ſein Blick nun wieder auf die Steine in ſeiner Hand fiel, da durchſchauerte es ihn, da kam es ihm vor, als habe er ein anvertrautes Gut aus der Geiſterwelt, für das er einmal Rechenſchaft ablegen müſſe, und eine Gewißheit, daß ſeine Steine gewiß und wahrhaftig des Traumkönigs Goldſteine ſeien, zog in ihn ein, die alle Weisheit der Welt nicht umgeſtoßen hätte. —

Schulze hatte den Heimweg eingeſchlagen, in der frühen Stunde war ihm noch Niemand begegnet; als er aber endlich ſeine Wohnung vor ſich liegen ſah, fiel es ihm wie ein Stein auf's Herz, daß heute der Termin zur Miethszahlung ſei. Was es werden ſollte, wußte er nicht, denn er hatte nicht einmal eine einzige Beſtellung, und wenn er an ſeine arme Lene dachte, hätte er ſich geradezu vor den Kopf ſchlagen mögen. Leiſe trat er in ſeine Stube; Lene ſchlief noch; auf ſeinem Schneidertiſch aber lagen mehrere alte Kleidungsſtücke zum Ausbeſſern. Da ging ihm eine große Laſt vom Herzen herunter, er wußte ſelber nicht warum, denn verdienen konnte er an den alten Flickereien nicht viel. Es war doch etwas zu thun. Vorſichtig, als könne er ſie zerbrechen, nahm er ſeine Steine aus der Taſche, beſah ſie noch einmal und ſchloß ſie in den Wandſchrank, wo er in früheren Zeiten ſein Geld verwahrt hatte, dann zog er einen Rock aus und setzte sich zur Arbeit. Aber Lene war von seinem Hanthieren erwacht und kam aus der Kammer geschossen, als habe sie die Zeit versäumt. „Ich hab's wohl verschlafen?" fragte sie. — „Ne," antwortete Schulze, „konntest noch liegen bleiben, 's hat erst fünf geschlagen!" Lene blickte auf die menschenleere Straße hinaus und sah dann ihren Mann von der Seite an. Es war ihr doch verwunderlich, was den mit einem Male so früh zur Arbeit treibe, denn vom Nachtschwärmen bringt Keiner große Lust dazu nach Hause; und Schulze machte ein so eifriges Gesicht und nähte, als wolle er alles Versäumte auf einmal nachholen. — Da klopfte es und mit einem herzhaften „guten Morgen" trat die dicke Base in die Stube: „Schon auf dem Zeuge?" fragte sie, „nu, ich sag's ja, kaum ist es Tag geworden, da sitzt der Vetter schon bei der Arbeit! Nehmt's nicht übel, Kinder, daß ich schon so früh vorspreche; des Brauer's Heinze seine Frau liegt in den Wochen und da komm' ich eben von her!" Lene meinte, sie solle sich nur setzen, der Kaffee wäre gleich fertig, und als sie mit dem Kaffeetopfe davon lief, setzte sich die Base neben den arbeitenden Schneider und sagte: „Vetter, nehmen Sie's nicht übel, ich muß Ihnen was sagen; ich kann's nicht mehr für mich behalten. Es geht eine ganz abscheuliche Klatscherei in der Stadt herum, und wenn Sie die nicht auf den Kopf schlagen, kann's Ihnen Brot und Alles kosten. Der Brauer Heinze will sich zur Kindtaufe ganz neues Zeug machen lassen, und wie ich nun sage, er solle Ihnen doch den Verdienst geben, Sie machten's besser und billiger als alle Andern, da fragt er mich, ob ich denn das im Ernst spräche? Die ganze Stadt wüßte doch, daß Sie sich auf die liederliche Seite gelegt hätten, keinem Menschen die Sachen ordentlich und zu rechter Zeit machten, den ganzen Tag und die ganze Nacht im rothen Löwen tränken und spielten — ne, so eine Klatscherei! Na, ich hab' ihm meine Meinung gesagt und ich dachte: Will nur gleich mit 'ran gehen und 's dem Vetter sagen, der kann selber hingehen und das Uebrige thun. Und nun noch eins. Die Lene ist gestern bei mir gewesen wegen des Hauszinses. Nu ja, Sie sind noch nicht lange hier, und daß einmal Geld fehlt, kann schon vorkommen. Kann ich denn aber bestimmt darauf rechnen, daß ich's bis Weihnachten wieder habe? aber bestimmt, Vetter?"

Da athmete Schulze tief auf und in seinen Augen glänzte es naß. „Base, da haben Sie meine Hand," sagte er, „und nennen Sie mich den ärgsten Schuft, wenn ich nicht Wort halte."

„Na 's ist schon gut, da, hier ist's Geld, und vergessen Sie mir den Brauer Heinze nicht! Adje Lene!" rief sie zur Küche hinaus, und so sehr die auch zum Längerbleiben nöthigte und meinte, der Kaffee sei gleich fertig, die Base sagte, sie habe nothwendige Verrichtungen und lief davon. —

Die ganze darauffolgende Woche grübelte Lene vergeblich, was mit ihrem Manne vorgegangen sein müsse. Jeden Morgen war er zeitiger wach als sie und saß den Tag über auf seinem Schneidertische wie angenagelt. Von Heinzen hatte er richtig das Zeug zum Machen erhalten und ein Stückchen Arbeit geliefert, daß der Brauer mit allen fünf Fingern geschnippt hatte. Den Sonntag früh holte sich Schulze das Geld dafür, und Heinze hatte ihn zu zwei von seinen Gevattern geschickt, die auch einen Versuch bei ihm machen wollten. Den Montag, kaum daß der Tag graute, saß auch Schulze schon wieder bei der Arbeit und wich nicht vom Platze bis Abends. — Die Veränderung war zu plötzlich gekommen, als daß sie Lene hätte begreifen können; aber wie sie früher zu dem liederlichen Leben geschwiegen, so schwieg sie auch jetzt, und nur die tausenderlei Freundlichkeiten, die Aufmerksamkeit, mit der sie ihn behandelte, zeigten Schulzen, was seine Frau im Herzen fühlte. Hätte sie aber manchmal in ihn hineinsehen können, es wäre ihr doch wieder bange geworden. Die ersten Tage hatte Schulze mit reger Lust gearbeitet, aber wie diese früher bald vergangen war, so verging sie auch jetzt. Keinen Morgen versäumte er, seine Steine anzusehen und sich fest vorzunehmen, nicht von der Arbeit zu weichen; kam aber der Nachmittag, so war es doch gerade, als könne er bei dem besten Willen und bei aller Anstrengung nicht weiter arbeiten, als würden ihm die Arme matt und die Finger lahm. Und wenn er nun so dasaß und sich quälte, da fuhr es ihm durch den Kopf, wie doch im rothen

Löwen ein ganz anderes Leben gewesen sei, lustig, ohne Sorge; und immer langsamer wurden seine Stiche, schon wollte er die Arbeit in den Schooß sinken lassen — da stand mit einem Male der Traumkönig vor seiner Seele, er wußte selbst nicht, woher er gekommen war: „Nur ein einziger Tag, an dem Du die Arbeit versäumst!" und die Steine funkelten goldig vor ihm auf, und eben kam auch seine Lene heran und sah ihm so lieb und freundlich in die Augen, daß er sie beim Kopfe nehmen und sie aus innerstem Herzen abschmatzen mußte, er mochte wollen oder nicht.

Seinen ganzen Willen nahm er zusammen und fing wieder rüstig an d'rauf los zu arbeiten, und wenn es auch nicht recht vorwärts wollte, endlich war die Versuchung doch überwunden, und als er erst einige schwere Tage hinter sich hatte, als der Teufel zum Oefteren ohne Erfolg abgefahren war, da ging es besser und besser. Mit jedem Morgen, wo Schulze seine Steine ansah, stieg immer mehr ein freudig-stolzes Gefühl in ihm auf, und als er den Sonnabend seine Arbeit fortgetragen hatte und mit dem wohlverdienten Gelde und neuer Bestellung heim ging, da meinte er, alle Leute auf der Straße sähen ihn noch einmal so freundlich als früher an und müßten den künftigen reichen Mann in ihm vermuthen, und seiner Frau, die schon mit dem Abendessen auf ihn wartete, hätte er geradezu um den Hals fallen mögen. „Lene," sagte er, „nimm das Geld und heb's auf. Wir sind der Base schuldig und der Winter kommt 'ran — 's ist besser, Du hast's!" Das war nun freilich Etwas, was die Lene nimmermehr erwartet hätte, und so sehr die Freude auch in ihr aufstieg, so sehr zwickte sie doch daneben die Neugierde. Sie hatte in den letzten Tagen Schulze's regelmäßige Gänge nach dem Wandschranke bemerkt, hatte gesehen, wie er jedesmal eine ganze Weile hineingeguckt hatte, und doch, wußte sie, war nichts darin. Das plagte sie, daß sie's kaum aushalten konnte; so gut sie auch war, so war sie doch immer Eva's Tochter, und wenn sie an Schulze's plötzliche Veränderung dachte, so konnte sie es nicht los werden, daß diese mit dem Wandschranke zusammenhinge. Wie aber? Das war's eben, was sie für ihr Leben gern gewußt hätte.

„Nu, Fritz," sagte sie, „warum willst Du's denn nicht in den Schrank schließen? Der steht ja so leer, und wenn Du willst, kann ich den Schlüssel nehmen!"

„Lene," antwortete der Schneider und sah zum Fenster hinaus, als gäb' es da wunder was zu schauen, „thu' mir den Gefallen, nimm das Geld und sprich kein Wort. Willst Du's nicht, und es geht wieder fort, dann gieb mir keine Schuld!" Lene fand es am gerathensten, zu schweigen. Den andern Morgen aber, als Schulze wie gewöhnlich nach dem Schranke ging, hatte sie ihr Strumpfband verloren, und das mußte auch gerade neben dem Schranke liegen, und wie schnell Schulze die Thür schloß, sie hatte doch das ganze Innere überblickt und nichts als drei schmutzige Feldsteine gesehen. Das ging über ihre Begriffe und die Gedanken fuhren ihr den ganzen Tag wirr und bunt durch den Kopf, daß Schulze Alles zweimal fragen mußte, wenn er nur eine Antwort von ihr haben wollte. Aber Schulze hatte auch den Tag über mit sich selbst zu thun. Er wußte, daß Lene in sein Geheimniß gesehen. Alle Tage drei schlechte Steine anzugucken, das mußte ihr doch gewaltig lächerlich vorkommen, wenn sie ihn nicht gar für einen Narren hielt, und es drängte ihn, ihr zu erzählen, welche Bewandtniß es damit habe. Hätte nur Lene davon angefangen, oder hätte er eine schickliche Gelegenheit dazu gefunden, aber Lene schwieg; und so gingen Beide an einander vorbei, ein und dasselbe auf dem Herzen, und Keins mochte dem Andern das erste Wort geben. Als sie aber Abends zu Bette gingen, da konnte es Lene nicht mehr aushalten: „Gieb mir doch den Schlüssel zu dem Schranke," fing sie an und bog ihren Kopf auf ihre Rockbänder, als müsse sie da lauter Knoten aufbinden, „ich will morgen die Kammer rein machen und in dem Schranke muß Alles voll Spinnweben sein!" Da drehte sich Schulze mit einem pfiffigen Gesichte nach ihr hin. „Du bist mir eine Feine," sagte er, „denkst wohl, ich weiß nicht, daß Du mir heute 'rein gesehen hast?"

„Nu ja," erwiderte Lene, „so was Verrücktes ist mir auch noch nicht vorgekommen!"

„Sei still," sagte Schulze geheimnißvoll, „blas' das Licht

aus und leg' Dich mit her, ich will Dir eine Geschichte erzählen, daß es Dir graulen soll, und dann sag' kein Wort mehr!" —

Den Morgen darauf hatte Lene im ganzen Hause keine Ruhe. Endlich nahm sie ihren Korb und ging nach dem Löwen. Sie wollte nur fragen, sagte sie dort, ob sie nicht ein paar Metzen Kartoffeln kriegen könnte, sie wären ihr ausgegangen; und als der Wirth meinte, er verkaufe keine Kartoffeln, fragte sie, ob denn ihr Mann das letzte Mal vielleicht sein Schnupftuch dagelassen hätte. — Gefunden habe er nichts, berichtete der Wirth, und bei ihm komme auch nichts weg; ihr Mann sei aber das letzte Mal mit dem Verwalter Wohlgemuth und dessen Kameraden fortgegangen, sei ein Bischen schwer gewesen und die Beiden hätten ihm erzählt, daß sie ihn im Walde hätten liegen lassen müssen; da sei es wohl möglich, daß das Tuch unterwegs abhanden gekommen sei. Lene bedankte sich und ging. — Von der Zeit zog sie jedesmal ein schlaues Gesicht, wenn ihr Mann nach dem Wandschranke ging, aber mit keiner Silbe erwähnte sie, **was sie etwa errathen haben mochte.**

Schulze arbeitete rüstig fort. Als die Weihnachtszeit heran kam, konnte er zur Base gehen und ihr das geborgte Geld in lauter harten Thalern zurückzahlen, er hatte auch niemals sein Geld mit solcher Zufriedenheit und solchem Selbstgefühl fortgegeben. Jetzt mußte er auch den ersten Gesellen annehmen und das war Niemand anders, als der alte Gottlob, dem schon die Zeit bis dahin viel zu lange gewährt hatte, der sich nun aber bei Schulzen niederließ, um dazubleiben bis an sein Lebensende — und Ostern nahm er den zweiten. Was er aber die Woche an Geld übrig behielt, bekam Lene. Und es wurde bald nöthig. Der Sommer war noch nicht in's Land, da schrie ein derber Junge im Hause, und wenn auch die Base ihr Geschäft umsonst that und die alte Müllern eine Wärterin ersetzte, so ging doch manch' schöner Sparthaler in anderer Leute Taschen.

Das erste Jahr war herum, und Schulze fühlte sich so wohl in seiner Häuslichkeit, daß es seiner Steine wohl nicht mehr bedurft hätte, aber er blieb treu seiner bisherigen Gewohnheit.

Im dritten Jahre hatte Schulze die halbe Stadt und auch einen Theil der Umgegend zur Kundschaft. Er war in eine größere Wohnung gezogen, beschäftigte fortwährend drei Gesellen und zur Weihnachts- und Osterzeit vier. Seine Steine wurden jetzt in einem schönen Schreibpulte verwahrt. Bald galt er schon als einer der angesehensten Bürger und war Gevatter von Manchem, der ein eigen Haus und den Kasten voll Thaler hatte.

Jahr für Jahr verstrich, und auch das siebente war vergangen. Da stand an einem Morgen Schulze früher als gewöhnlich auf; aber auch seine Frau hatte das Bett schon verlassen, und das schien ihm unangenehm. Mehrere Male strich er mit der Hand über das Gesicht, schloß dann sein Schreibpult auf und holte tief Athem. Heute mußten seine Steine in Gold verwandelt sein, er hatte treu ausgehalten. Das kleine Schränkchen, in welches er, seit er seine Wohnung bezogen, alle Morgen gesehen und sich Rechenschaft gegeben hatte, stand vor ihm, heute war es, als müsse sich mit dem Oeffnen ein ganzes Schicksal für ihn entscheiden. Entweder wurde er ein reicher Mann, oder er war sieben Jahre lang genarrt. Da faßte er in raschem Entschluß die Thüre, offen war der Behälter und — seine Augen blieben im ungeheuersten Erstaunen darin hängen, die Steine lagen da, wie sie seit sieben Jahren dagelegen hatten, hinter jedem aber stand ein Körbchen, gehäuft mit harten Kronenthalern angefüllt. Was er denken sollte, wußte er eigentlich selbst nicht, da klang hinter ihm ein Ton, er drehte sich um — und Lene, mit seinem Jungen, Beide sonntäglich geputzt, stand hinter ihm, aus ihren Augen brachen Thränen, nur mühsam bis jetzt unterdrückt, hervor und im hellen Weinen fiel sie ihm um den Hals. „Fritz," rief sie, „der Traumkönig hat Dich nicht betrogen, wenn die Steine auch nur zu Silber geworden sind, haben sie Dir nicht viel mehr noch eingebracht als Gold?"

Da gingen dem Schneider die Augen auf, seine Täuschung floß auseinander wie der Nebel, auf den die Sonne drückt, und das Bewußtsein seines Glücks wallte in ihm in die Höhe, wie er es noch niemals gefühlt hatte. „Lene!" rief er und drückte seine Frau an sich, aber mehr konnte er nicht sprechen, die Thränen rollten ihm hell aus den Augen, er mochte wollen oder nicht, und eine lange Weile verging, ehe Beide zu rechtem Worte und ordentlicher Aussprache kommen konnten. — —

Die drei Steine aber, die den Wohlstand der Familie begründet haben, sind noch jetzt vorhanden und werden von Schulze's Enkel aufbewahrt als ein Andenken an den Traumkönig und seinen Großvater, den reichen Schneider. —

Bill Hammer.

Es war im Anfange der Zeit, als der Süden der Vereinigten Staaten sich von der Union losgesagt hatte und der Bürgerkrieg in Missouri zuerst zwischen den sogenannten Secessionisten (südlich Gesinnten) und der unionstreuen Bevölkerung begann. —

Ueber dem Walde stand ein rother, glänzender Schein am Himmel, hier und da von aufzuckenden, feurigen Garben durchstrahlt, und mischte sich seltsam mit dem matten Lichte des ersten Mondviertels.

„Das brennt in Pleasant Grove," sagte der Mann, welcher aus der Thür eines einsamen Farmhauses unter den roh gearbeiteten Portiko getreten war, „wahrscheinlich ist den deutschen Mistkäfern eine Fackel angezündet worden, daß sie sehen lernen, wo der Weg aus dem Staate hinausführt!" Einige grunzende Laute beschlossen die Aeußerung, dann beobachtete der Sprecher lautlos das sich immer weiter ausbreitende Feuerzeichen.

Zwei andere Personen waren ihm aus dem Hause gefolgt, ohne indessen ihrem sichtlichen Interesse an der Erscheinung mit einem Worte Ausdruck zu geben — eine jugendlich-schlanke, weibliche Gestalt und ein halbwüchsiger, kräftiger Bursche. Schweigend und mit einer wunderbaren Leichtigkeit klomm der Letztere an einem der Portikopfeiler empor und sandte von dem kleinen Dache aus seine Blicke scharf über den Wald, und erst als der frühere Sprecher langsam in das Haus zurückgetreten, ließ er sich behende wieder hinabgleiten.

„Er hat diesmal fehlgeschossen in seinem Hasse, es ist nicht Pleasant Grove, das brennt," sagte er mit halbunterdrückter, vor Aufregung zitternder Stimme, „und die ‚Mistkäfer' werden ihm wohl noch einmal zeigen, wo Recht und Gesetz ist, trotz Jefferson Davis und seiner Bande. In St. Louis sind die Deutschen schon alle auf den Beinen und haben das Heft in der Hand, hat mir Fred Minner erzählt."

„Sei ruhig, Bill, er hat scharfe Ohren," gab das Mädchen mit einem scheuen Blicke nach der Thür zurück, „er wäre nicht halb so schlimm wider die Deutschen, wenn es nicht gerade Fred Minner's wegen wäre."

„Der aber doch seine Zeit finden wird, wo er Miß Alice —"

„Bill!" unterbrach ihn das Mädchen mit einem mühsam gedämpften Tone des Schreckens, und der Bursche schlug sich mit einer plötzlichen lustigen Grimasse, in der es gleichzeitig wie eine triumphirende Genugthuung zuckte, auf den Mund.

„Ich muß hinüber, Miß Alice," fuhr er dann, auf den Feuerschein deutend, in leisem Tone fort; „Gott weiß, was los sein mag, und meine Mutter ist allein. Soll ich Etwas bestellen?"

„Vater jagte Dich morgen aus dem Hause, wenn Du heimlich gingst," erwiderte das Mädchen hastig, „bleib' hier, wo Du anderwärts doch nichts helfen kannst!"

„Das Wegjagen kommt ohnehin, sobald er das nächste Mal von Mistkäfern spricht!" erwiderte der Knabe trotzig; „Geld habe ich schon seit zwei Monaten meiner Mutter nicht bringen können, so will ich wenigstens nach ihr sehen!"

„Aber Vater hat selbst kein Geld, und Niemand ringsherum, Du weißt es!"

„Dann soll er nicht von Mistkäfern reden und meinen, ich fürchte sein Davonjagen. Fred aber sagt, daß die Menschen, die jetzt den Aufruhr im Staate predigen, an ihrem Unglücke selbst schuld sind. Ich sehe nach meiner Mutter, Miß Alice!" Und ohne einen ferneren Einwand abzuwarten, schlüpfte der junge Bursche die Treppen des Portiko hinab, drückte hier den flachen Hut fester auf seinen Kopf und war, in raschen Schritten an dem Gebäude hinschleichend, bald hinter der nächsten Feldeinzäunung verschwunden.

Das Mädchen hatte den Kopf an einen der Pfeiler gelehnt und blickte lange in trübem Sinnen in den Feuerschein hinein, bis ein lauter Ruf im Hause sie aufschreckte und in das Innere eilen ließ. —

Bill — oder Wilhelm, seinem ehrlichen, unverkürzten Taufnamen nach — hatte sich sich quer durch das Maisfeld gewunden und trat auf eine Straße hinaus, welche dem Orte des Brandes in gerader Richtung zuzulaufen schien. Rechts und links derselben standen die dunklen Gestalten einzelner Schwarzen, in schweigender Beobachtung das Aufschießen und Sinken der feurigen Lohe am Himmel verfolgend, und der junge Bursche hielt seinen Schritt an. „Ist das Pleasant Grove, Dick?" wandte er sich an den ihm zunächst stehenden Neger.

„Denke nicht, Master William," erwiderte dieser langsam, „es ist wohl Mr. Riese's Mühle, die brennt — er hat so 'was schon in den letzten Tagen voraus gesagt," fuhr er halblaut fort, mit dem Kopfe nach dem rückwärts liegenden Farmhause deutend, „und es mag wohl noch schlimm werden mit Allen, die hier herum zu der Union halten!"

„Seid Ihr auch für solche Mordbrenner, die sich Secessionisten nennen, und gegen die Deutschen, Dick?" fragte der Bursche mit einem Beben des Zornes in seiner Stimme.

„Bst!" winkte der Schwarze, sich ängstlich umsehend, „ich bin ein armer Nigger, der keine Meinung hat und seines Herrn Brot ißt; aber die Deutschen sind gut, Master William —" er zog eine Grimasse, als scheue er sich, mehr zu sagen.

Da klang ein Schuß aus der Entfernung — zwei andere folgten unmittelbar danach, und auffahrend eilte Bill auf der Straße davon, seinen Schritt bald in einen scharfen Trab verwandelnd, bis der ihn umgebende Wald ein Ende nahm, die Gegend sich frei vor seinen Augen ausbreitete und er mit keuchendem Athem stehen blieb. Gerade vor sich konnte er in die auflodernden Flammen hineinsehen; es waren nur drei oder vier Häuser, welche brannten, und deutlich ließ sich bemerken, daß der nächste Umkreis keine weitere Nahrung für das Feuer bot; aber es schienen dem immer neu erfolgenden Auflohen nach massenhaft aufgespeicherte Vorräthe zu sein, welche der

Vernichtung geweiht wurden. Der Ausdruck einer fast wilden Erbitterung breitete sich in dem Gesichte des Knaben aus und die kräftigen, hartgearbeiteten Hände ballten sich. „O, wenn ich älter wäre —!" murmelte er, „sie haben Alle kein rechtes Herz in der Stadt und lassen sich von einer Handvoll amerikanischer Rowdies in Schrecken halten — Fred Minner ist noch der Einzige unter den Deutschen, an den sich Keins von dem Räubergesindel wagt, aber er kann es allein nicht zwingen —"

Mit einer Miene voll Bitterkeit, die fast über sein Alter ging, verfolgte er die Straße, welche sich jetzt in leichter Biegung von der Brandstätte hinwegzog, scharfen Schrittes weiter, bis die von dem Feuer matt gerötheten Außengebäude der „Stadt" — eine Bezeichnung, die für eine ungepflasterte Straße von vierzig oder fünfzig Holzhäusern eben nur in Amerika möglich ist — vor ihm auftauchten.

Erst einige Monate waren es her, daß von den abgetrennten Südstaaten Jefferson Davis zum Präsidenten der neuen Konföderation gewählt worden war und der Gouverneur Jackson von Missouri vergebens alle Minen hatte springen lassen, um auch seinen Staat zum Anschluß an die neugebildete südliche Bundesrepublik zu vermögen. Die einberufene Staats-Konvention von Missouri hatte sich gegen jeden Treubruch an der Union erklärt, und Gouverneur Jackson war zur Einsicht gelangt, daß die „Secession" oder Abtrennung Missouri's von dem bisherigen Verbande mit dem Norden nur durch offen erklärten Krieg gegen alle unionstreuen Bürger im Staate möglich gemacht werden könne. Auf den Raufboldgeist, der einen Grundzug im gesammten Amerikanerthum bildet, auf das spezifisch südliche Gefühl der Sklavenhalter und deren Anhänger, wie auf den instinktmäßigen Haß gegen die zahlreichen deutschen Eingewanderten, welche eifrige Verfechter der „freien Arbeit" und jetzt enthusiastische Anhänger der gefährdeten Union waren, sich stützend, hatte er die gesammte amerikanische Bevölkerung des Staates zu den Waffen gerufen, um Missouri von der „Oberherrschaft des Nordens" zu befreien — er selbst war nach diesem Akte aus dem Regierungssitze, Jefferson-City, in das

Innere des Landes zurückgewichen, die Stadt vorläufig der Unions-Streitmacht preisgebend, welche sich in St. Louis fast ausschließlich aus Deutschen gebildet hatte, und in den südlich und westlich gelegenen unbeschützten Theilen des Staates begannen jetzt, dem Aufrufe des Gouverneurs gemäß, sich Banden auf Banden von „Secessionisten" zusammenzurotten, alles herren-, geschäfts- und gesetzlose Gesindel an sich ziehend und bald in größeren Massen unter einem Führer vereinigt, die Städte besetzend, alles der Unionsgesinnung Verdächtige brandschatzend und dann von Haus und Hof treibend, bald in kleineren Rotten das flache Land durchstreifend, sengend und brennend, raubend und mordend. Noch waren bis dahin in der Nähe der Eisenbahnlinie von St. Louis nach Jefferson-City, also fast unter dem Auge der zusammengetretenen Unions-Streitmacht, wenig wirkliche Gewaltthaten geschehen; nur die aus den rückwärts liegenden Gegenden nach St. Louis eilenden Flüchtigen und Vertriebenen, wie die mit jedem Tage sich steigernde Anmaßung und Unverschämtheit der „secessionistisch" gesinnten Amerikaner, von denen oft zwanzig anrüchige, verwegene Charaktere eine ganze Bevölkerung ruhiger Deutschen im Schach zu halten vermochten, gaben hier eine Ahnung von dem allgemeinen Stande der Dinge. Und so war auch der kleine Ort Pleasant Grove, wie er im amerikanischen Volksmunde hieß, noch ohne größere Beunruhigung geblieben, wenn sich auch seit mehreren Tagen bereits wiederholte Gerüchte über die Bildung räuberischer Secessionshorden in der Nähe verbreitet hatten, und das plötzliche Verschwinden einer Anzahl gefährlicher amerikanischer Charaktere den Nachrichten eine Art von Bestätigung lieh.

Als Bill in die Hauptstraße des Städtchens einbog, sah er, daß die ganze Bewohnerschaft sich in voller Aufregung befand. Vor den Thüren standen die Weiber und Kinder, mit ängstlichen Augen in das Feuer starrend, während die Mitte der Straße von starken Gruppen eifrig sprechender und debattirender Männer eingenommen ward. Der Bursche wand sich zwischen den einzelnen Haufen hindurch, bald einen Augenblick den fallenden Worten horchend, bald mit den Augen nach

bekannten Zügen umhersuchend, bis er endlich von einer Art
Rede, welche in einer der lebendigsten Gruppen laut wurde,
festgehalten zu werden schien. „Ist Alles recht, daß wir für
die Union einstehen sollen, und ich bin ein Unionsmann so gut
als Einer; aber ich habe Frau und Kinder, an die ein recht-
schaffener Familienvater denkt, ehe er sein Leben unnütz auf's
Spiel setzt, und was von Secessionisten hinterm Mühlberge
und im Busche steckt, ist uns dreifach überlegen. Hätten sie
uns übrigens zu Leibe gewollt, so würden unsere Häuser gerade
so brennen, wie die Mühle, und ich sehe nicht ein, warum wir
die Menschen jetzt noch reizen sollen. Riese, der Müller, hat
letzte Woche den Streit mit dem rothen Mulligan gehabt, den
er wegen seiner Redensarten über die Deutschen niedergeschlagen
hat — jetzt sieht er die Folgen. Es ist noch immer besser gewesen, derart Menschen aus dem Wege zu gehen!"

„Und so hat sich eine ganze Stadt voll deutscher Männer
immer von zehn amerikanischen Rowdies geduldig in's Gesicht
schlagen lassen!" ward Bill's Stimme hörbar, der mit zuckenden Lippen die Friedensrede angehört. Alle Köpfe drehten sich
nach dem Burschen, der Sprecher aber maß ihn einen Moment
mit den Augen und sagte dann, sich geringschätzig wegwendend:
„Jungen haben hier nicht mitzureden!" Eine glühende Röthe
schoß in Bill's Gesicht; einen Augenblick schien er zu zaudern,
seine Empfindung durchbrechen zu lassen; dann aber war er
mit einem Schritte dicht vor des Sprechers Gesichte. „Ja-
wohl, Jungen sollten auch nicht mitzusprechen haben," rief er,
während die volle Erregung aus seinen Augen blitzte; „aber
wenn Männer so feig reden, daß die Jungen sich schämen
müssen, deutsch zu heißen, so lassen sie sich's nicht wehren!
Kommen Sie nur heran!" fuhr er fort, beide Hände langsam
ballend, als der Andere eine drohende Bewegung machte, „ich
sage Ihnen doch die richtige Wahrheit ins Gesicht. Wenn die
Deutschen nicht vor jedem Schlage zurückwichen und den Rowdies
Stand hielten, wenn sie jeden, der die Faust hebt oder das
Messer zieht, bedienten, wie es der Müller Riese mit dem
rothen Mulligan gethan, so gäb's bald einen andern Respekt
vor den Deutschen —"

„Laß es gut sein, Bill!" unterbrach ihn eine sonore Stimme, und eine Hand legte sich leicht auf seine Schulter, „Du hast Recht, aber damit ist jetzt nicht geholfen, und Du sollst nützlichere Arbeit haben!" Und aufblickend sah Bill in das erhitzte Gesicht eines hochgewachsenen jungen Mannes, welches sich von ihm der umstehenden Menge zuwandte. Erst jetzt bemerkte der Bursche, wie rasch sich während seiner Worte der Kreis seiner Zuhörer erweitert hatte, sah, daß die Augen der halben Bewohnerschaft auf ihm ruhten, und seine Keckheit wich einer leichten Befangenheit, die indessen rasch schwand, als der so eben hinzugetretene Freund seine Hand kräftig faßte, um ihn an seiner Seite zu halten. „Ich bin eben so wenig als Andere dafür, Nachbarn," fuhr der Letztere gegen die Umstehenden gewandt fort, „daß wir jetzt an einen Angriff auf die Secessionisten denken, so zweckmäßig es auch wäre, dem Gesindel gleich eine tüchtige Lehre zu geben; aber wem Hab und Gut lieb ist, der denke an eine kräftige Vertheidigung. Der Rowdy ist feig, wo er auf rechten Muth trifft, und daß unsere Häuser nicht bereits ebenso brennen wie die Mühle, liegt nur darin, daß diese Räuberbande nicht sicher über den Empfang ist, den wir ihr bereiten könnten. Laßt das geringste Zeichen von Verzagtheit blicken, und sie werden über uns sein schlimmer als eine Heerde hungriger Wölfe. Wer mit mir die rasche Organisirung eines Widerstandes versuchen will, so lange es noch Zeit ist, der sei mit seinem Gewehre so schnell als möglich bei meinem Hause. Morgen früh, denke ich, werden wir Verstärkung haben, und so heißt es: während der Nacht tapfer auf dem Posten sein, damit die Hülfe nicht für uns zu spät komme!"

Der Sprecher schritt, den Burschen mit sich führend, rasch aus dem Haufen, in welchem sich jetzt ein wirres Durcheinander von Stimmen erhob, und wandte sich nach dem untern Theile der Straße. „Wirst Du wohl einen Auftrag von mir ausführen, Bill, wenn Du auch die Nacht über nicht schlafen kannst?" fragte er.

„Ich thue Alles für Sie, Fred!" erwiderte der Angeredete, fast zärtlich zu dem jungen Manne aufblickend.

„Aber es könnte im schlimmen Falle Gefahr dabei sein!"

„Sie haben für meine Mutter gethan, was ich nicht konnte, Fred, und ich habe mich noch vor keiner Gefahr recht gefürchtet!"

„Gut, Bill, es handelt sich um uns Alle, und ich wüßte kaum, wem außer Dir den Auftrag anzuvertrauen. Wir müssen morgen früh eine Abtheilung Unions-Militair von Jefferson-City hier haben, oder können nur unserer gesammten Habe den Rücken kehren. Ich habe Nachricht, wie es andern deutschen Orten ergangen ist, und jedenfalls wartet die Bande, die hier in der Nähe liegt, nur darauf, sich beim Morgenlichte von unserer Stärke und Haltung zu überzeugen. Ich habe Bekannte in der Nähe des Kommandirenden in Jefferson, und an einen derselben wirst Du einen Brief überbringen. Fällst Du aber unterwegs den Secessionisten in die Hände und sie entdecken das Schreiben bei Dir, so hängen sie Dich möglicherweise auf, Bill — ich muß Dir die Lage der Dinge in ihrem vollen Lichte zeigen. Kommst Du indessen glücklich durch, so kannst Du Dir sagen, daß Du unser Städtchen gerettet hast, und was von der Bewohnerschaft für Dich und Deine Mutter gethan werden kann, das wird geschehen. Zu Deinem Troste magst Du übrigens annehmen, daß ein kleiner Kerl wie Du nicht die halbe Gefahr läuft, die jeder Erwachsene zu bestehen hätte."

Der Bursche nickte überlegend. „Ich kann mich nicht viel mit Umwegen abgeben, um Jemand auszuweichen, wenn ich zu rechter Zeit eintreffen soll," sagte er; „höchstens daß ich mich nach der Eisenbahn hinüberschlage. Aber sie werden mich nicht hängen, wenn ich auch wirklich unter sie gerathen sollte. Für alle Fälle versprechen Sie mir, Fred, daß Sie für meine Mutter sorgen wollen, und ich will die Sache unternehmen."

„So lange ich noch etwas zu essen habe, soll's ihr auch nicht fehlen, darauf nimm mein Wort!" erwiderte der junge Mann, des Knaben Hand kräftig drückend, und Beide gingen raschern Schrittes schweigend weiter. Erst als Fred in den Hof neben einem neuen, freundlichen Hause einbog, fragte er: „Du kommst von Anderson's Farm?"

„Yes, Sir! und es ist Alles recht wegen Miß Alice, so viel auch der Alte auf die deutschen Mistkäfer schimpft!" war die Antwort. „Wenn ich nicht gehängt werde und Sie wollen einmal die junge Lady dem Alten vor der Nase wegholen, so rechnen Sie nur auf mich!"

„Still jetzt davon," erwiderte der junge Mann mit einem Blicke nach der Straße, wo bereits einzelne Männer mit Gewehren sich zu sammeln begannen, „wollte nur Gott, der morgende Tag wäre schon glücklich vorüber!" Er öffnete rasch die Hinterthür des Hauses und schritt, von dem Knaben gefolgt, in das dunkle Innere. —

Fünf Minuten darauf wanderte Bill schon mit schnellen Schritten wieder durch die belebte Straße nach dem entgegengesetzten Ende der Stadt, öffnete dort die Thür zu einem niedrigen Häuschen und stürmte in die sich unmittelbar nach der Straße öffnende Wohnstube. Am Fenster saß eine ältliche, gebeugte Frau, den Feuerschein beobachtend, und mit einem: „Nur einen Augenblick, Mutter!" schlang der Knabe seine Arme um ihren Hals.

„Was ist es, Willy?" fragte sie, sich seiner stürmischen Liebkosung halb entziehend und seinen Kopf in beide Hände nehmend, während die mattbrennende Lampe eine deutlich ausgeprägte Sorge in ihrem weißen leidenden Gesichte beschien, „hast Du wieder Thorheiten mit Deiner Wildheit begangen?"

„Nichts, Mutter, und ich begehe überhaupt keine Thorheiten!" erwiderte er, ihre Hände fassend. „Fred Minner sagt, ich heiße nicht umsonst ‚Hammer‘, und so lasse ich mich nur nicht von Jedem zum Ambos machen. Jetzt aber habe ich einen Auftrag für den Fred zu besorgen und komme ich nicht sogleich wieder, so wird er immer nach Dir sehen — das war's, was ich Dir sagen wollte!" Damit hatte er von Neuem ihren Hals umschlungen, drückte zwei ungestüme Küsse auf ihren Mund und war im nächsten Momente bereits wieder zum Zimmer hinausgeeilt. Zehn Schritte vom Hause entfernt, wandte er noch einmal den Kopf zurück und sah die Frau durch das geöffnete Fenster wie in ängstlicher Sorge ihm nachblicken; er winkte ihr einen lustigen, beruhigenden Abschiedsgruß zu und bog dann in die letzte kurze Seitengasse, welche in der Richtung des Feuers in's Freie führte, ein.

Vor ihm schlängelte sich, sobald er das letzte Haus erreicht, ein breiter Pfad nach der unglücklichen Mühle; rechts hinüber lag eine langgestreckte Anhöhe, dieselbe, welche er auf seinem Wege nach der Stadt passirt, und hierhin nahm er raschen Schritts seinen Weg über den unebenen Grasboden. Als er indessen auf die Fahrstraße traf, überschritt er diese und verfolgte seine bisherige Richtung, immer rechts hinüber, wo ihm eine weit hervortretende Waldecke in dem ungewissen Mondlichte dunkel entgegen blickte. Eine Zeitlang wanderte er, während seine Augen stets beobachtend die Gegend überliefen, rüstig vorwärts, bis die einzelnen Waldpartien sich deutlich vor seinen Augen abzuzeichnen begannen. Da kniete er nieder und legte eine kurze Weile das Ohr auf den Boden. Mit einem Nicken der Befriedigung erhob er sich wieder. „Hier herum sind sie nicht," murmelte er weiterschreitend, „und habe ich erst die Eisenbahn, so ist kaum noch Gefahr, auf sie zu treffen!" Er verfolgte den Saum des Waldes, bis sich ihm eine schmale Oeffnung in den Gebüschen zeigte. Vorsichtig lauschend blieb er hier einige Sekunden lang stehen, aber nicht ein fallendes Blatt störte die Todtenstille, welche über seiner Umgebung lag, und ohne weiteres Zögern schlug er den Waldpfad ein, welcher sich vor ihm öffnete.

Es war so dunkel unter dem dichten Laubdache, daß nur die völligste Bekanntschaft mit dem Terrain ein rasches, ungehindertes Vorwärtsgehen ermöglichen konnte, aber Bill's vorsichtig auftretender Fuß stockte nur, sobald irgend ein Geräusch zu seinem Ohre drang. Stets war es indessen nur ein fallender dürrer Ast oder das Bersten der Rinde eines alten Stammes gewesen, das ihn erschreckt, und mit jeder Minute, die ihn mehr an das eigenthümliche nächtliche Leben des Waldes gewöhnte, schritt er zuversichtlicher vorwärts; demohngeachtet aber hob sich seine Brust mit einem tiefen, erleichternden Athemzuge, als er nach fast halbstündigem Marsche plötzlich das Mondlicht durch die Walddunkelheit dringen und gleich darauf eine freie, tiefe Schlucht seinen Weg unterbrechen sah. „Die Eisenbahn, Gottlob!"

murmelte er und klomm den Einschnitt nach den Schienen hinab. Ein vielbetretener Fußpfad lief neben dem Geleise hin, und rascheren Schrittes nahm der Bursche die neue Richtung auf. Rechts und links begleitete ein dunkler Wald die Bahn, aber das Mondviertel stand noch hoch genug, um Licht auf den Weg des Dahineilenden zu streuen; freundliche Gedanken traten in sein Gesicht, als er vor sich in den erhellten Streifen des Nachthimmels blickte, und bald begann er mit einer leise gesummten Melodie seine Schritte taktmäßig zu begleiten. Es schien auch seine Stimmung nicht zu trüben, als die Bahn eine Biegung machte und der über den Weg fallende Schatten der Bäume ihm jede Fernsicht benahm; seinen Gedanken hingegeben und in augenscheinlichem Sicherheitsgefühle wanderte er vorwärts, bis nach geraumer Weile ein plötzlicher Zuruf von der Höhe der Böschung ihn aufschreckte und seinen Schritt anhalten ließ.

„Steh' ruhig da unten, wenn ich Dir nicht eine Ladung in die Beine schicken soll!" klang es, als Bill beim Erblicken einer dunkeln Figur eine unwillkürliche Bewegung zur Umkehr machte, und die Erhöhung vom Walde herab stieg eine breitschultrige Männergestalt.

„Halloh, was giebts denn?" erwiderte der Bursche, keck den Kopf hebend.

„Wirst's gleich hören, mein Kerlchen!" gab der Herannahende zurück und faßte Bill's Schulter, diesen nach der Mondseite kehrend und scharf in sein Gesicht blickend, „willst Du mir wohl sagen, wo Du herkommst?"

„Von Mr. Anderson's Farm," entgegnete der Befragte trotzig und machte zugleich einen kräftigen Versuch, seine Schulter dem Griffe des Andern zu entwinden; „ich lasse mich nicht so anfassen, Sir, ich brauche vor Niemand davonzulaufen!"

„Ruhig, mein Schäfchen, scheinst aus der richtigen Schule zu sein, mußt's aber doch einmal leiden!" lachte der Examinirende und grub mit eisernem Drucke seine Finger in Bill's Fleisch. „Und wo soll die Reise hingehen?"

„Sie werden mir die Knochen zerbrechen!" rief Bill,

die Zähne aufeinander beißend, aber ohne Zucken den Druck aushaltend.

„So, dann sträube Dich nicht, mein Herzblatt, und nun rede!"

Eine Sekunde lang war der Knabe ungewiß, was zu antworten, eine Sekunde, deren Pein sich nur in dem Zucken seiner Mundwinkel ausdrückte, aber sein Auge blieb fest auf das Gesicht des vor ihm Stehenden gerichtet. Sein Stolz hatte ihn noch niemals eine Lüge sagen lassen, und auch jetzt fühlte er, daß jede Unwahrheit in seinen Mienen zu lesen sein würde. „Ich habe einen Auftrag zu besorgen," sagte er in seiner früheren trotzigen Weise, „und ich denke nicht, daß Jeder das Recht hat, mich auf der Straße anzuhalten und auszufragen!"

„Sprichst Dein Englisch recht gut, Kindchen, hast auch eine Manier, die mir ganz gefällt," entgegnete der Andere mit einem häßlichen Lächeln, „sehe Dir aber doch an, daß Du zu dem deutschen Sauerkraut gehörst. Wollen Dir einmal die Zunge locker machen, und Du thust gut, wenn Du nicht so starrköpfig bist. Es sind Kriegszeiten, mein kleines Füllen, wo nicht viel Umstände gemacht werden!" Er setzte den Finger an den Mund und ließ einen scharfen Pfiff ertönen, der nach wenigen Sekunden zwei andere rauhe Männergestalten aus den Büschen brachte.

„Ich denke, hier ist etwas nicht ganz richtig," rief diesen der Erstere zu, „das Kerlchen wollte gerade nach Jefferson-City hinauf, und ein Bischen eindringliches Befragen kann nicht schaden!"

Bill glaubte in diesem Augenblick sein Herz sich krampfhaft zusammenziehen zu fühlen. Sein Blick flog in Gedankenschnelle über die ganze Umgebung, um indessen nur die Unmöglichkeit einer Flucht zu erkennen. Die einzige Rettung hätte ihm der Wald gewähren können, ehe er aber eine der steilen Böschungen an beiden Seiten der Eisenbahn zu erklimmen vermocht, mußten ihn längst die nachgesandten Kugeln erreicht haben. Er fühlte sich an beiden Armen gefaßt, hörte den kurzen Wortaustausch zwischen seinen Feinden und sah sich dann rauh die Erhöhung nach dem Walde hinaufgeführt, ohne noch im Stande zu sein, einen Plan für sein Verhalten zu entwerfen; er erkannte die dringendste Nothwendigkeit, sich des ihm anvertrauten Briefs zu entledigen, aber seine beiden Arme waren festgehalten, und jede verdächtige Bewegung seinerseits konnte nur zu schnellerer Entdeckung seines Geheimnisses führen. Er war unsanft durch das Strauchwerk am Rande der Böschung gestoßen worden und ward jetzt zwischen hochstämmigen, spärlich stehenden Bäumen fortgeführt; schon nach funfzig Schritten aber sah er hinter einer Gebüschpartie helles Feuer blitzen, hörte er Stimmen und rohes Lachen, und kaum zwei Minuten nachher begann der eine seiner Führer die Zweige zu theilen und vorantretend den Gefangenen nach sich zu ziehen. Da stolperte dieser und wäre zu Boden gestürzt, wenn nicht der Vorangehende ihn mit einem Fluche wieder aufgerissen hätte, aber das Gebüsch hatte dem Burschen den Hut vom Kopfe gestreift und in die Dunkelheit seiner Blätter aufgenommen; Niemand als Bill selbst war es gewahr geworden, und als dieser jetzt zwischen seinen Wächtern auf dem freien, grasigen Platz, in dessen Mitte das Feuer brannte, heraustrat, glänzte es auf seinem Gesichte wie der Triumph über einen gelungenen Streich.

Es war ein wunderliches Bild, was sich in dem grellen Scheine des hell lodernden Feuers dem Auge bot. Wohl an funfzig Männer mochten auf dem Boden umher lagern, aber ein eigenthümlicher Kontrast zeigte sich zwischen den verschiedenen Gruppen. Während nahe dem Feuer ein Haufen wilder Gestalten lag, in deren Mitte ein spannendes Kartenspiel seinen Gang zu nehmen schien, und jede Wendung desselben von den Zuschauern mit Flüchen oder tollem Gelächter begleitet ward, während an einer andern Seite eine kleinere Gruppe zwischen ausgestreckten Schläfern saß und in eifrigem Gespräche die Flasche kreisen ließ, hatte sich, mehr zur Seite, wo zwei Pferde zusammengekoppelt standen, eine Anzahl Männer auf untergelegte Decken niedergelassen, die ihrem Aeußern nach zur bessern Gesellschaft gehörten. Dort wurden Cigarren geraucht, und die Worte fielen in kaum anderer Weise, als es in jedem

Besuchszimmer zulässig erschienen wäre. Nachlässig an einen Baumstamm gelehnt, in einer mit goldenen Tressen besetzten Uniform, eine Art grauer Militairmütze auf dem Kopfe und einen langen Cavalleriesäbel über die Kniee gelegt, saß dort ein gebräunter, bärtiger Mann, wie es schien in einer Auseinandersetzung, der er mit kurzen, energischen Handbewegungen Nachdruck verlieh, gegen seine noch unmilitairisch bekleidete Umgebung begriffen, und dorthin ward jetzt Bill von seinen Begleitern geführt.

„Ein aufgefangener Vogel, Kornel*), dem einmal unter die Flügel geschaut werden soll!" rief einer der letzteren, den Gefangenen vorführend; „er war auf dem Wege nach Jefferson-City und scheint von Pleasant-Grove zu kommen!"

Der Mann in Uniform sah rasch auf, und die noch eben im Gespräche so gefällige Miene verwandelte sich in einen eigenthümlichen Zug des Hasses. Sein Blick überflog die kleine Gestalt und blieb zuletzt an den dunklen Augen des Vorgeführten hängen, die fest und furchtlos auf seinem Gesichte hafteten. „Du gehörst zu dem deutschen Ungeziefer und bist nach Jefferson-City geschickt?" fragte er in einem Tone, der jeden Widerspruch abschneiden zu wollen schien.

„Ich bin ein geborener Missourier und habe nichts mit Ungeziefer zu thun, Sir," war die kecke Antwort, „die Männer haben mich von der Eisenbahn hierher geschleppt, und ich weiß jetzt noch nicht weshalb!"

„Und was hattest Du auf der Eisenbahn zu thun?"

„Ich habe einen Auftrag zu besorgen, den ich verschweigen soll," erwiderte der Bursche ohne Zögern. „und wenn ich hier mit Gentlemen zu thun habe, so werde ich nicht weiter darum gepeinigt; ich könnte ganz leicht zehn Lügen vorbringen, aber ich mag nicht!"

Der Offizier sah dem Knaben mit einem finstern, durchdringenden Blicke, in welchem dennoch ein gewisses Behagen an seinen Worten durchschimmerte, in's Gesicht und hob dann den Kopf nach der Menge rauher Gestalten, welche beim Be-

---

*) Korrumpirter Ausdruck für Kolonel, Oberst.

ginn des Verhörs ihre Plätze verlassen und sich herbeigedrängt hatten. „Ist einer von den Leuten von Pleasant-Grove hier?" fragte er.

„O, wir kennen das Kind!" wurde die höhnende Stimme eines sich vordrängenden Menschen laut, als habe dieser nur darauf gewartet, sein Wort anbringen zu können. „'s ist der Bill Hammer, und wenn das deutsche Volk in Pleasant-Grove einen Schlag beabsichtigt, so ist er gerade der Rechte, um mit Hand und Mund verweg zu gehen."

Nur für einen Augenblick ging das Blut aus Bill's Gesichte, als er das rothe Haar und den falschen Blick des Vorgetretenen erkannte; im nächsten schon zuckte es wie tiefe Verachtung um seinen Mund. „Du solltest doch richtig sagen, was Du weißt, Mulligan, wenn Du Dich auch mit der Wahrheit noch nie viel abgequält hast. Du weißt wohl, wie lange ich schon auf Mr. Anderson's Farm bin, gegen den wahrscheinlich Niemand etwas einzuwenden haben wird, und daß ich so wenig nach der Stadt komme, daß ich erst gestern gehört habe, wie Du vom Müller Riese Prügel bekommen hast!"

Ein jolendes Gelächter brach bei den letzten Worten unter den Umstehenden los, der Rothkopf schien unter seinen neuen Gefährten noch wenig Freunde gefunden zu haben; mit einem Ausdrucke erbitterter Bosheit aber schrie dieser: „Laßt ihn nur einmal: Hurrah für Jefferson Davis! rufen, und das richtige Fell wird sich gleich zeigen!"

„Wenn das solche Menschen, wie Du bist, rufen," erwiderte Bill, und nur der genaue Beobachter hätte bei der ausgesprochenen Zumuthung das Zucken in seinen Mienen wahrnehmen können, „so muß sich Jefferson Davis schämen und ebenso jeder rechte Mann, es nachzurufen!"

Ein tolleres Gelächter noch als vorher folgte der Abweisung, und der uniformirte Anführer sammt seiner Umgebung schien sich ausnehmend über die Scene zu amüsiren; als aber Mulligan mit einem bösen Blick auf den Burschen die Fäuste ballte, erhob sich der Offizier und wies Jenen mit einer gebieterischen Handbewegung zurück. „Wir werden schnell wissen, woran wir mit ihm sind — visitirt ihn genau!" rief er Bill's

Führern zu, und nach kaum zwei Minuten stand der Knabe bis auf's Hemde entkleidet da, während von zehn verschiedenen Händen jeder Theil seines Anzuges untersucht, jede Tasche umgedreht und ihres Inhalts entledigt ward. Bill sah sein Messer und sein Portemonnaie in fremde Taschen wandern, sah sein buntseidenes Halstuch verschwinden, und fast schien es ihm, als schütze seine übrigen Kleidungsstücke nur die Nutzlosigkeit derselben für einen erwachsenen Mann vor einem gleichen Schicksale, aber keine seiner Mienen zeigte, daß er die kleinen Räubereien bemerkte, und in völliger äußerer Gleichgültigkeit legte er die ihm hingeworfenen Stücke seines Anzuges wieder an.

„Ich konnte mir gleich nicht recht denken, daß Jemand ohne Noth im bloßen Kopfe nach Jefferson-City marschiren sollte," sagte der Offizier nach beendigter Durchsuchung sich seinem früheren Platze wieder zuwendend, „laßt ihn laufen!" und schon drehte sich Bill, mit einer vielleicht zu raschen Bewegung, um sich nach seinem Rückwege umzusehen, als er seinen Arm wieder von einem seiner Wächter gefaßt fühlte.

„Halt, Cornel! einen Hut hat er gehabt, so wahr als die kleine Kröte uns Alle zu Narren machen will!" rief dieser, und in dem rasch gehobenen Gesichte des Anführers blitzte wieder der frühere finstere Ausdruck auf. „Und wo ist der Hut?" fragte er, einen Blick auf den Burschen richtend, der sich bis in dessen Innerstes bohren zu wollen schien; „lügst Du, Bursche, sollst Du bei Gott für die in Pleasant-Grove ein warnendes Beispiel abgeben!"

„Fragen Sie doch die Männer, Sir, ob sie mich bis hierher eine Hand haben rühren lassen," erwiderte Bill, der sich plötzlich fast zu schwach fühlte, ein ihn überkommendes Zittern zu unterdrücken; „sie haben mich durch das Gebüsch geschleift, wie einen gebundenen Hammel, und die Zweige haben mir den Hut abgestreift; aber ich denke, ich weiß, wo er liegt — kommen Sie nur mit mir, wenn Sie mir nicht trauen!" setzte er wie in einem plötzlichen Entschlusse hinzu und wandte sich leicht nach dem Buschwerke, durch welches er den Platz betreten. Es war ihm klar geworden, als habe es ihm Jemand in's Ohr gesagt, daß er jeder Aufsuchung des Hutes zuvorkommen müsse, wenn es eine Hoffnung zu seiner Rettung geben solle; war doch der ihm übergebene Brief unter dem Stirnfutter des Hutes befestigt, und mit einem Gefühle, als wollten ihm seine Beine den Dienst versagen, und doch zugleich zu jedem Wagniß bereit, sah er, wie ein loderndes Holzstück aus dem Feuer gerissen wurde, um das nöthige Licht zu schaffen, fühlte seinen Arm frei gelassen, zugleich aber auch einen Haufen Männer hinter sich und zu seiner Seite. Rasch schritt er den Büschen zu, und kaum theilten sich die ersten Zweige vor ihm, als sein geschärftes Auge in kurzer Entfernung auch schon den grauen Filz sich von den dunkeln Blättern abzeichnen sah. Es galt zu handeln, ehe ihm andere Augen zuvorkamen. „Dort ist er!" rief er — höher hob sich der Feuerbrand, und in der nächsten Sekunde waren die Vordersten wie Habichte nach dem hellen Punkte gestürzt; im gleichen Augenblicke aber war auch Bill seitwärts in dem Gebüsch verschwunden, ohne daß eine kurze Minute lang seine Bewegung bemerkt worden wäre; schon hatte er den offenen Wald, in welchem kein Unterholz seine Flucht hemmte, erreicht und flog in einer Seitenrichtung athemlos zwischen den Bäumen hindurch, um den an der Eisenbahn aufgestellten Posten nicht in die Hände zu fallen, als ein lautes Geschrei in seinem Rücken ihm die Entdeckung des Briefs und seiner Flucht andeutete — mit einem Angstblick sah er sich nach einem Schlupfwinkel um; aber links zeigte ihm ein matter Lichtschimmer nur den Ausgang nach der Eisenbahn, welche ihn augenblicklich seinen Feinden sicher in die Hände liefern mußte, und rechts ließ die Dunkelheit des Waldes keinen einzigen Gegenstand unterscheiden. Unwillkürlich drehte er den Kopf rückwärts und sah dort den Wald sich erhellen, schon meinte er, selbst von dem Lichte der auftauchenden Feuerbrände beschienen zu werden, und ohne sich Rechenschaft über sein Thun zu geben, nur instinktmäßig bestrebt, freie Bahn zu gewinnen, wandte er sich dem offenen Schienenwege zu; er durchbrach in blinder Hast das Strauchwerk am Rande der Böschung und stieß hart gegen einen der baumhohen Telegraphenpfosten, wie sie den Lauf der Bahnlinie bezeichnen; kaum aber hatte er das Hinderniß in seinem Wege erkannt und war durch einen mechanisch empor fliegenden Blick belehrt, daß die Mitte des Pfahls von dem herüber ragenden Zweige eines Baumes verdeckt wurde, als er auch wie eine Katze daran hinauf zu klimmen begann. Er hatte die Höhe des Zweiges gewonnen, sich zwischen den Blättern durchgearbeitet und suchte mit dem Fuße nach einem Stützpunkte, aber er traf zwischen dem Laube nur auf schwaches, dürres Holz, das bei jeder Berührung prasselnd zu brechen drohte, und schon vernahm er in der Nähe die Rufe seiner Verfolger, die unter dem rothen Scheine brennender Holzstücke wie eine losgelassene Meute die Umgebung abzusuchen begannen.

Die Beine fest um den rauhen Stamm schlingend, gab er jeden Versuch, sich einen besseren Halt zu verschaffen, auf und blieb, kaum wagend, seiner ungestüm athmenden Lunge freie Bewegung zu lassen, über den Blättern hängen, während sein Ohr scharf jede Bewegung und jeden Ruf seiner Feinde verfolgte. Er hörte die Versicherung von der Eisenbahn her, daß nichts Menschliches die Schienen gekreuzt habe, er hörte das Buschwerk am Rande des Waldes durchsuchen, sah bereits das Licht der improvisirten Fackeln das Laub unter sich durchdringen und meinte in seinen zitternden Knieen kaum mehr die Kraft zum Festklammern zu haben; dicht unter ihm klangen Antwortsrufe auf die Schreie aus den übrigen Theilen der nächsten Waldstrecke — ein einziges Stückchen fallende Rinde, das sich durch die Schwere seines Körpers von dem Pfahle losgelöst, hätte ihn verrathen müssen — aber die Suchenden schritten unter lauten Flüchen weiter, der Lichtschein ward schwächer, und nach Kurzem klang nur noch ein entfernter Lärm zu seinem Ohre. Noch wagte Bill, hochaufathmend, keine Bewegung, und erst als er seine Beine steif werden und das Blut in denselben stocken fühlte, begann er, mit peinlicher Vorsicht jedes Geräusch vermeidend, sich hernieder zu lassen. Eine Zeitlang saß er, tief in das Strauchwerk geduckt, am Boden und überlegte seine nächsten Schritte; er war eben zu dem Entschlusse gelangt, neben den Büschen fortkriechend die Eisenbahnlinie zu verfolgen, bis er hoffen durfte, aus dem Gesichtskreise der ausgestellten Posten zu sein, und dann, auch ohne

Brief, seinen Weg nach Jefferson-City fortzusetzen, als eine Stimme so in seiner Nähe laut wurde, daß er sich unwillkürlich noch tiefer unter die schützenden Blätter duckte. „Hier heraus kommt er nicht unvermerkt, wenn er noch im Walde steckt," klang es, „habt nur ein scharfes Auge auf die Querstraße, so kann er gar nicht entwischen, ehe wir nicht hier weg sind!" Und Bill sah im Geiste die erwähnte Querstraße, die den Wald und die Eisenbahn durchschnitt, seinen weitern Weg ihm verlegen und erkannte, daß er nichts thun könne, als an irgend einem verborgenen Platze den Abzug der Secessionisten zu erwarten. Dann aber war auch jede Hoffnung verloren, dem bedrängten Heimathsorte Hülfe zu schaffen; die Feinde waren allerdings kaum fünfzig Mann stark, aber er kannte die wilde Verwegenheit dieser Menschen, die nichts zu verlieren hatten, und die Zaghaftigkeit seiner eigenen friedfertigen Landsleute.

Behutsam kroch er aus dem Busche hervor und suchte den Baum, von dem ein Zweig ihn bereits verborgen hatte; er fand ihn glücklicherweise nur so dick, daß ein leichtes Emporklimmen ermöglicht ward, und bald saß er, rings von Blättern dicht umhüllt, auf einem starken Aste. Unwillkürlich trat ihm Fred Minner's Bild vor die Augen, der wohl jetzt die Männer von Pleasant-Grove mit der Hoffnung auf die erwartete Verstärkung ermuthigte und auf die Schlauheit Bill's, der sich gewiß nicht fangen lassen werde, hinwies — und der Bursche hätte vor Erregung und Ungeduld, daß er hier eingeschlossen sitzen mußte, in das Holz des Baumes beißen mögen. Dann dachte er an seine Mutter, die sich wohl von Fred Auskunft über seinen Gang hatte geben lassen und mit Sorge ihm in Gedanken jetzt auf seinem Wege folgte. Er hatte nur diese beiden Menschen, die er auf der Welt liebte, und er liebte auch Beide mit der ganzen Ungezügeltheit seines Herzens — vor Allem aber hätte er seiner Mutter ein besseres Loos schaffen mögen, hätte er es auch mit seinem Herzblute thun sollen. Unwillkürlich blickte er zurück nach der Zeit, wo sein Vater noch gelebt hatte und wo Alles ein so anderes Aussehen gehabt. Sein Vater war Kaufmann und Postmeister in dem kaum ent-

standenen Orte gewesen und hatte seine Mutter, die als armes
Mädchen mit Verwandten nach Missouri gekommen, mit dem
frischen Muthe der Jugend geheirathet. Fred Minner, der
später als Gehülfe in das Geschäft getreten war, hatte dem
Knaben oft erzählt, wie lieb sich die Beiden gehabt. Aber der
Mann war gestorben, ehe er etwas für seine Hinterbleibenden
hatte zurücklegen können, und Bill hatte sich mit seiner Mutter
in ein kleines Haus versetzt gesehen, in welchem die verlassene
Frau lange Zeit ihre Tage nur mit angestrengter Nätherei und
Thränen verbracht. Erst als Fred sich ein eigenes Geschäft
gegründet, waren durch seine Vermittelung und Hülfe die Verhältnisse etwas leichter geworden, und er hatte auch den Knaben,
als dieser kräftig geworden, nach der Farm der „Squire"
Anderson gebracht, der den anstelligen jungen Menschen wohl
zu verwerthen gewußt. Und hier war Bill der Mitwisser eines
Verhältnisses zwischen der Tochter seines Brotherrn und seines
Freundes Minner geworden, welches der Alte nie gern gesehen
zu haben schien, das aber seit Ausbruch der Rebellion und der
Aechtung aller Deutschen ihn augenscheinlich zu Fred's Tod-
feinde gemacht hatte.

Ueber den Burschen war, seit er auf dem Aste ein vorläufig sicheres Versteck gefunden, eine Abspannung aller seiner
Kräfte gekommen — wie lange er hier gesessen und von seinen
gegenwärtigen und vergangenen Verhältnissen geträumt haben
mochte, wußte er nicht, aber er fuhr auf, als er sich von seinem
Sitze gleiten fühlte, und nur ein rasches Fassen der nächsten
Zweige verhinderte seinen Sturz. Er mußte trotz seiner gefährlichen Lage geschlafen haben, und eben überlegte er, ob er nicht
hinabsteigen und einen behutsamen Blick auf die Eisenbahn
werfen solle, als ein Rauschen der Zweige, aus kurzer Entfernung kommend, seine Aufmerksamkeit erregte. Es war so
dunkel um ihn geworden, daß nicht einmal mehr ein Lichtschimmer von der Waldöffnung her zu ihm drang, und alle
Wahrnehmungskraft in seinem Ohre vereinigend, lauschte er.
Bald meinte er halblautes Gemurmel zu vernehmen und deutlich unterschied er endlich gedämpft gegebene Befehle. Jetzt
hörte er das Gesträuch an der Böschung der Bahn fortdauernd

knacken und prasseln — er konnte sich kaum täuschen, seine Feinde waren im Abzug begriffen, aber die Vorsicht, mit welcher dies geschah, ließ eben so wenig Zweifel übrig, daß sie auf dem Wege zu einem Ueberfall auf Pleasant-Grove. Ein Schauer durchfuhr bei dieser Ueberzeugung den Knaben — seine Mutter! seine Mutter! und in derselben Sekunde wußte er auch, daß er sein halbes Leben daran setzen mußte, um vor der Bande in dem Städtchen zu sein und Kunde zu bringen. Angestrengt lauschte er, bis das letzte Geräusch verstummt war. Dann glitt er von dem Baume herab und trat vorsichtig nach der Eisenbahn hinaus. Zu sehen vermochte er aber hier nichts. Der Himmel hatte sich mit dichtem Dunste umzogen und ließ den früher so erhellten Nachthimmel kaum erkennen, und nur durch das Gehör vermochte Bill zu entdecken, in welcher Richtung der abziehende Trupp sich entfernte.

Einige Sekunden stand er, sich ein Bild der ganzen Umgebung vor seinen Geist stellend; er wußte, daß bei Verfolgung der Eisenbahn ein Umweg gemacht ward, und daß, wenn es ihm nur gelang, den Wald in gerader Richtung zu durchschneiden, er mindestens eine halbe Stunde vor den Abmarschirten das Städtchen erreichen mußte. Er entsann sich der Querstraße, die sein Entweichen vereitelt — sie konnte kaum nach einem andern Orte als der niedergebrannten Mühle führen, und auf ihr hatte die Bande jedenfalls ihren soeben verlassenen Lagerplatz erreicht — er sprang die Böschung hinab und nach kaum hundert Schritten, welche er neben den Schienen hingeeilt, sah er den Seitenweg sich zwischen dem dunklen Walde öffnen. Gern hätte er jetzt die neue Richtung im vollen Laufe verfolgt, aber die steinige, von Baumwurzeln durchzogene Straße verlangte in der Dunkelheit alle Vorsicht, wenn nicht ein Sturz ihn vielleicht ganz unfähig zum Weitergehen machen sollte; schon jetzt mußte er zu Zeiten seinen Gang anhalten, um den Schmerz, den das öftere Anstoßen an Hindernisse im Wege ihm verursachte, vorübergehen zu lassen, und er tröstete sich nur damit, daß die Secessionisten-Truppe, sobald sie ihren Weg durch den Wald zu nehmen hatte, noch schwierigeren Boden zu überwinden haben würde, als er selbst. Eine halbe

Stunde mochte er mit möglichster Eile darauf los geschritten sein, und eine matte, sich über den trüben Himmel verbreitende Helle zeigte ihm den Anbruch des Morgens, als er plötzlich anhielt und seinen Körper rückwärts warf; ihm war es soeben gewesen, als habe er seinen nächsten Schritt in eine dunkele Tiefe hinab thun wollen, und er bedurfte einiger Sekunden, um sich von dem schlagartigen Schrecken, der ihn ergriffen, zu erholen. Scharf blickte er vor sich hin, aber was sein Auge, das den Himmel gemustert, nicht sofort zu unterscheiden vermochte, das ließ ihn sein Ohr ahnen; tief unten vor seinen Füßen rauschte Wasser, bald entdeckte auch sein angestrengter Blick eine breite, dunkele Schlucht, und seine Hand berührte das obere Ende eines hinabgestürzten Balkens — die Secessionisten hatten die Brücke abgebrochen, um nach ihrem Angriff auf die Mühle jeder direkten Verfolgung durch die Bewohner der Stadt vorzubeugen. Jetzt wußte auch Bill, warum sie den Umweg, die Eisenbahn hinab, genommen hatten, und einen Augenblick wollte die Verzweiflung ihre Krallen in sein Herz schlagen; der nächste Gedanke indessen schon brachte ihm hellen Trost. Er kannte den Bach, der hier unten floß, er wußte, daß er in geringer Entfernung im Walde einen Fall bildete und daß es dort leicht sein mußte, ihn zu überschreiten. Und mit dem Gedanken fühlte er auch seine volle Kraft wiederkehren; vorsichtig trat er von der Straße zwischen die Bäume hinein, dem Geräusche des Wassers folgend und sich bald mit den Händen an dem Gebüsche weiter fühlend, bald mit dem Fuße die Nähe der Schlucht erkundend — es war ein langsames, mühseliges Vorwärtskommen, und Bill meinte oft in der aufsteigenden Ungeduld vergehen zu müssen; lange währte es, bis das Geräusch des kleinen Wasserfalles zu seinen Ohren drang, und als er diesen endlich erreicht und oberhalb desselben das dämmernde Licht des anbrechenden Morgens sich in dem ruhigen Wasser wiederspiegeln sah, erkannte er erst, welchen Sprung es erforderte, das gegenüberliegende Ufer zu erreichen, ohne in den kleinen Strom, dessen Tiefe ihm fremd war, zu gerathen. Zu langem Besinnen hatte er indessen keine Zeit; er nahm auf jede Gefahr hin seinen Ansatz, spannte seine

Muskeln zu voller Schnellkraft an — und wenn er auch an dem schlüpfrigen jenseitigen Boden ausglitt und in die Dunkelheit des Gesträuches stürzte, so war er doch trocken auf dem ersehnten Lande angelangt und eilte, kaum wieder recht zu sich selbst gekommen, durch Zweige und Gestrüppe sich arbeitend, nach der Straße zurück. Und jetzt schien er unempfindlich gegen alle Unebenheiten des Weges geworden zu sein — er wußte, welche kostbare, unersetzliche Zeit er verloren; schon sandte der umwölkte Himmel die volle Morgenhelle hernieder, und in raschem Trabe eilte er vorwärts. In der Entfernung sah er bereits den Wald sich lichten — dort ging es zur Mühle hinab, und von da aus hatte er nur noch ein schmales Gehölz zu passiren, um in Pleasant-Grove zu sein. Mehr und mehr begannen die Bäume von der Straße zurückzutreten, und der Knabe erwartete jeden Augenblick die Brandruinen der Mühle vor sich auftauchen zu sehen, als plötzlich, wie ein scharfes Prasseln, der Klang einer Anzahl von Schüssen an sein Ohr schlug, und kaum war er, wie von Schrecken an die Erde gebannt, stehen geblieben, als eine volle Salve dem ersten Gewehrfeuer folgte.

„Sie sind da, sie sind da!" schrie Bill wie in Verzweiflung auf, seine Knie drohten sichtlich unter ihm zu brechen; in der nächsten Minute indessen flog er wie ein gescheuchtes Reh dem Ausgange des Waldes zu. Dort aber hielt er von Neuem an, und seine Augen blickten, wie im Entsetzen weit aufgerissen, in die Ferne. Links lag ein Haufen halbverkohlter, noch glimmender Balken, die frühere Mühle bezeichnend; rechts lief, eine leichte buschige Anhöhe hinab, der Weg nach der Stadt, und dort wälzten sich soeben schwarze, schwere Rauchwolken empor, den Beginn einer Feuersbrunst anzeigend.

„O du Gott im Himmel!" preßte es sich aus der Brust des Knaben, „und meine Mutter!"

Da zuckten die ersten spitzen Flammen durch den Qualm, und, als hätten sie nur anderen Bahn brechen wollen, hoben sich an drei verschiedenen Orten gewaltige Feuersäulen ihnen nach; zugleich aber begann das Schießen von Neuem, bald wie Gliederfeuer, bald in rascher Aufeinanderfolge einzelner Schüsse;

Schreien und Rufen klang vom Winde halb verweht herüber, und mit einem Aufschrei der Todesangst stürzte der Knabe die nach der Stadt hinabführende Straße vorwärts.

Aus den Gebüschen vor ihm trat schweißtriefend ein Mann in der gewöhnlichen Tracht der „kleinen" Farmer, der beim Anblick des wie sinnlos haneilenden Knaben seinen Schritt anhielt. „Halt, Bill!" rief er, als Jener, ohne nur von ihm Notiz zu nehmen, an ihm vorbeischießen wollte, und faßte kräftig des Burschen Arm, „hier läufst Du der Bande gerade in die Hände!"

„Laßt mich, laßt mich!" erwiderte Bill angstvoll, als habe er die Worte kaum gehört, und versuchte sich eilig loszuwinden, „die untere Stadt brennt und meiner Mutter Haus mit!"

„Aber Du kannst nichts helfen, Junge, und wirst nur todtgeschlagen," gab der Mann zurück, „was sich hat retten können, ist nach der oberen Stadt geflüchtet, die scharf vertheidigt wird, und nun schießt die Mordbrennerbande nieder, was sich nur ihren Augen zeigt. Geh' zurück oder komm' mit mir, bis der Weg wieder frei wird!"

In des Knaben Gesicht begann sich ein Kampf zwischen Vernunft und Herzensangst zu spiegeln, bis er endlich wortlos und mit einem Ausdrucke unendlichen Jammers in das aufgehende Feuer hineinstarrte. Da klangen Schüsse in größerer Nähe als bisher, und von Neuem faßte der Mann Bill's Arm. „Wir sind hier nicht sicher," rief Jener, den Burschen nach einem schmalen, abseits führenden Pfade ziehend; „warte wenigstens bei mir ab, wie die Sachen ausgehen, und dann thue, was Du willst!" Und wie von aller Kraft verlassen, ließ sich Bill widerstandslos durch das Gebüsch führen, wo nach kurzem Gange ein rohes Blockhaus sich vor ihnen zeigte und das angstvolle Gesicht einer jungen Frau ihnen entgegenblickte. Bill hörte nichts von dem Wortaustausch der beiden Andern; kaum hatte er den innern Raum des Hauses betreten, als er wie gebrochen in einen Stuhl fiel und in ein krampfhaftes Weinen ausbrach; und je mehr der Mann Versuche machte, den Knaben durch Zureden zu beruhigen, je lauter schluchzte er, je stärker strömten seine Thränen — die Natur schien nach den übermäßigen Anspannungen der Nacht mit Gewalt ihr Recht zu fordern. Endlich rückte er zum Fenster, ließ den Kopf auf beiden untergestützten Ellbogen ruhen und horchte gespannt nach den sich bald nähernden, bald entfernenden Schüssen, nach kurzer Zeit aber vermochte er der wie Blei sich über ihn legenden Müdigkeit nicht mehr zu widerstehen und war eingeschlafen, ohne daß er es nur wußte. Sein letzter Gedanke, der wie ein Gespenst vor ihm stand, war, was aus seiner Mutter werden solle, wenn das Städtchen dem wilden Feinde zur Beute werde, und Fred Minner, selbst wenn er mit dem Leben davon käme, so arm würde, daß er mit sich allein schon übergenug zu thun haben werde.

Als er sich nach geraumer Zeit wieder aufgerüttelt fühlte, zog der Geruch von gebratenem Fleische dem Knaben in die Nase und weckte, trotzdem der erste Blick auf seine Umgebung ihm die letzte Vergangenheit klar vor die Seele rief, den Appetit der Jugend in voller Schärfe in ihm.

„Es ist Mittag, Bill, und Du hast noch kein Frühstück im Leibe," sagte der Farmer gutmüthig, „iß mit uns und dann thue, was Du willst; der Regen scheint den Mordbrennern das Pulver naß gemacht zu haben, und ich denke, Du hast jetzt freien Weg!"

Bill's Auge flog unwillkürlich durch das Fenster in's Freie, wo der Wind die Bäume bog, während die noch triefenden Scheiben einen kaum beendigten Regenguß andeuteten. Dann horchte er auf, aber das Schießen war verstummt, und nur das Sausen des Windes drang zu seinen Ohren. „Ich esse etwas, damit ich wieder Kraft bekomme," sagte er, dem Manne nach dem mit derber Kost besetzten Tische folgend, wo bereits die Frau ihrer harrte, „ich werde sie vielleicht heute noch brauchen!" Und damit begann er schweigend und eifrig zuzulangen; kaum mochte er aber seinen Hunger gestillt haben, als er sich wieder erhob und seinem Wirthe die Hand reichte. Er fragte nach nichts, als scheue er sich vor jeder neuen Mittheilung, er nickte den Farmerleuten dankend zu und schritt dann hastig in's Freie hinaus, durch die nassen Büsche den Rückweg nach der Straße suchend.

Starr die Augen vor sich gerichtet, eilte er der Stadt entgegen; der Wind umtoſte ihn, aber er ſchien es kaum zu fühlen und griff nur mechaniſch dann und wann nach dem Kopfe, um ſeinen Hut feſter darauf zu drücken. Da umbog er das letzte Gebüſch, und mit einem einzigen haſtigen Blicke ſchien er jede Einzelnheit des vor ihm liegenden Bildes erfaſſen zu wollen. Die letzten vier, etwas abgeſondert ſtehenden Häuſer der langen Straße bildeten einen rauchenden, ſchwarzgebrannten Trümmer‑ haufen; ſonſt ſchien in der Doppelreihe der übrigen Gebäude nichts beſchädigt zu ſein — nach dieſen zerſtörten Wohnungen aber richtete der Knabe mit einem ſchluchzenden Laute ſeine be‑ ſchleunigten Schritte. Ringsum war nicht ein einziger Menſch zu ſehen, weder Freund noch Feind, und erſt als Bill, bei den Trümmern angelangt, einen Blick voll Schmerz und Rath‑ loſigkeit um ſich warf, entdeckte er die Urſache dieſer ſeltſamen Stille. Der Ausgang der eigentlichen geſchloſſenen Straße war durch eine Barrikade von Wagen und Fäſſern geſperrt — eine Befeſtigung, die jedenfalls Fred Minner noch zu rechter Zeit hatte herſtellen laſſen — und auf der Höhe derſelben tauchte ſoeben ein Geſicht aus Bill's Bekanntſchaft auf. Der zugleich mit ſichtbar werdende Gewehrlauf ließ den Zweck der Anweſenheit des Mannes leicht errathen.

„Um Gotteswillen, Miſter," rief Bill hinauf, „wiſſen Sie nicht, was aus meiner Mutter geworden iſt?"

„Halloh, Bill!" kam die Antwort zurück, „krieche hier durch und ſieh ſelbſt in der Stadt nach; heute hat Niemand Zeit gehabt, ſich um einen Andern zu bekümmern."

„Es ſind doch Alle aus den niedergebrannten Häuſern hier geſund herausgekommen?" fragte Bill in einem Tone, dem er umſonſt Feſtigkeit zu geben verſuchte.

„Ich denke ſo, wenigſtens habe ich bis jetzt von keinem Unglücke gehört," war die Erwiderung, „werden indeſſen wohl auch heute noch nicht erfahren, wie viel der Morgen gekoſtet hat!"

Ein ſchwerer Druck lag auf dem Herzen des Knaben, als er ſich einen Weg zwiſchen dem verſchiedenen Befeſtigungs‑ material hindurch bahnte, und ſchnellen Schritts wandte er ſich der Mitte des Städtchens zu, von wo ihm der ſcharfe Wind Geräuſch und verwirrte Laute entgegentrug. Links und rechts auf seinem Wege waren die Fensterläden und Thüren geschlossen, und außer einzelnen Bewaffneten, die hier und da sichtbar wurden, ließ sich nirgends ein lebendes Wesen erblicken.

An derselben Stelle, wo Bill am Abend zuvor der deutschen Unentschlossenheit eine Standrede gehalten, sah er jetzt fast die gesammte männliche Bevölkerung des Ortes bewaffnet und in einzelne Haufen geschieden stehen. Die kräftige Gestalt des Müllers Riese schritt ordnend und Befehle ertheilend dazwischen umher; vergebens aber sah sich der Knabe nach seinem Freunde Minner um. Er scheute sich, sich besonders bemerkbar zu machen, er fühlte es wie eine Art Schuld auf sich liegen, daß er seinen Auftrag nicht hatte ausführen können, daß er jetzt, nachdem sichtlich der Angriff der Secessionisten abgeschlagen worden, wie ein nutzloses Ding, das nichts geleistet und zu nichts taugte, zurückkehrte, und so wandte er sich nur an einige umherstehende Knaben seines Alters, um nach Fred, von dem er am ersten Auskunft über seine Mutter zu erhalten hoffte, zu forschen. Niemand aber wußte, wo dieser geblieben war, und selbst einzelne Anfragen in den Haufen der Männer führten nur zu einem Achselzucken als Antwort. Jeder schien im Augenblicke nur an sich und die allgemeine Gefahr zu denken. Dagegen traf Bill in dem Kreise seiner Altersgenossen auf einen mächtigen Enthusiasmus für den Müller Riese, welcher der Mann der Situation zu sein schien. Bill mußte gegen seinen Willen sich erzählen lassen, wie der Riese mit einem einzigen Gehülfen die Mühle gegen die Secessionisten vertheidigt, bis ihnen fast die Flammen über dem Kopfe zusammengeschlagen; wie dann Beide dennoch glücklich entwischt seien und sich während der Nacht im Walde verborgen gehabt; wie sie dann heute Morgen die anrückende Bande bemerkt und noch zeitig genug die Stadt erreicht hätten, um den Räubern einen warmen Empfang bereiten zu können. Fred Minner hatte mit dem Müller zusammen die anfängliche Vertheidigung geleitet — erfuhr Bill auf sein Befragen — nachher aber war von dem Erstern nichts mehr zu sehen gewesen; möglich, daß er verwundet sei, hieß es, und in irgend einem Hause liege.

Eilig und mit gepreßtem Herzen machte sich der Bursche nach des Freundes Wohnung auf den Weg; dort fand er indessen Alles fest verschlossen, und nur der Widerhall von innen antwortete auf sein immer verstärktes Klopfen. Einige Minuten stand er mit sorgenvoll gerunzelter Stirn, scharf überlegend in den dick überzogenen Himmel blickend; dann nickte er wie in einem gewonnenen Troste und wandte sich dem nächsten Hause zu. Er wollte die Runde durch die Wohnungen der ganzen Stadt machen, irgendwo mußte er auf seine Mutter treffen; denn konnte auch Fred durch irgend eine Nothwendigkeit zu einem augenblicklichen Verlassen des Orts gezwungen worden sein, so ließ sich doch dies bei ihr in keiner Weise denken. Und so trat er seine Wanderung an, sich von keinem der Hindernisse ermüden lassend, die sich fast mit jedem Schritte in seinen Weg stellten. Ueberall fand er die Häuser verschlossen nur zaghaft und widerwillig ward ihm geöffnet, oder auch nur durch die Thür nach seinem Begehren gefragt, und selten wurde ihm auf seine Frage mehr als eine kurze verneinende Antwort; — Niemand hatte seine Mutter gesehen, noch von ihr gehört, und selbst als er auf eine frühere Nachbarin traf, deren Haus gleichfalls niedergebrannt war, wurde ihm weder Auskunft noch Trost. Die Frau war erst, als der Rauch schon ihre Stube gefüllt, aus dem Bette geschreckt worden und wäre in dem Bemühen, sich zu retten, fast durch das beginnende Gewehrfeuer getödtet worden — sie hatte keine Ahnung, wie es ihren übrigen unglücklichen Nachbarn ergangen sei.

Immer kleiner ward die Zahl der Häuser, welche Bill noch zu durchfragen hatte, und immer mehr zog sich bei jeder neuen verneinenden Antwort dem Knaben das Herz zusammen — seine Mutter sammt Fred schienen völlig verschwunden zu sein, und er begann in seiner Angst sich jede Art von Möglichkeit, die dieses Verschwinden zu erklären vermöchte, zusammen zu stellen; sein aufgeweckter Verstand verwarf aber die entstehenden abenteuerlichen Gedanken fast eben so schnell, als sie sich gebildet hatten, und zuletzt blieben ihm nur noch zwei Annahmen, beide aber so gräßlich, daß er sie mit einer peinlichen Furcht immer noch in den Hintergrund seiner Seele drängte.

Fred war zu Anfang des Ueberfalls gesehen worden — er mochte sich während dessen Bill's Mutter erinnert und sie zu retten versucht haben; war er dabei in die Hände der wilden Rotte gerathen und seine Mutter ohne Hilfe in den Flammen umgekommen? oder waren Beide vielleicht als Opfer für die Rachsucht der Secessionisten hinweggeführt worden? Es war eine bekannte Thatsache, daß auf dem bisherigen Mordbrennerzuge weder Alter noch Geschlecht geschont worden war, wo es sich um Deutsche gehandelt.

In fieberhafter Hast setzte er seine Nachforschungen fort und fühlte nicht den wiederbeginnenden, vom Winde gepeitschten Regen, vor dem sich selbst die bewaffneten Bürger nach geschützten Stellen zurückzogen; als aber in dem letzten Hause die Thür vor seinem Gesichte wieder zugeschlagen ward, als er sich überzeugte, daß innerhalb der improvisirten Befestigung kein weiterer Ort sich befand, der für die Gesuchten einen Aufenthalt hätte abgeben können, da ward es ihm plötzlich, als solle die Angst und Ungewißheit ihn wahnsinnig machen; wie ein Riese hob sich der Gedanke, jede andere Vorstellung erdrückend, in ihm, daß er unter den Brandruinen der Häuser seiner Mutter Gebeine hervorzusuchen haben werde, und ohne selbst recht zu wissen, was er that, stürzte er die Straßen hinab den zerstörten Wohnungen zu. Er arbeitete sich durch die Barrikade und blieb mit zitternden Gliedern vor den schwarzen qualmenden Trümmern stehen, die ihm nicht einmal erlaubten, mit Sicherheit die Stelle anzugeben, wo eins oder das andere der Häuser gestanden.

Aus dem Chaos von Gedanken, stürmenden Empfindungen und dunklen Entschlüssen, welches in diesem Augenblicke sein Inneres durchwogte, riß ihn ein wiederholter, halbverdeckter Ruf. „Master William, ich habe Ihnen etwas zu sagen!" klang es von Neuem, und Bill's verstörter Blick traf auf das Gesicht des Schwarzen, mit welchem er beim gestrigen Verlassen von Anderson's Farm das letzte Gespräch gehabt und der jetzt in einiger Entfernung sich scheu neben einer Gruppe von Büschen hielt. In der gegenwärtigen Stimmung des Knaben mußte alles ihm Begegnende Bezug auf die Vermißten erhalten, und die letzten Worte des Negers schienen ihm nur die endliche Beseitigung seiner Ungewißheit zu verheißen. Seine Stimmung sprang von der Verzweiflungsgrenze zu neuer Hoffnung über. „Halloh, Dick! warum kommt Ihr denn nicht heran?" rief er, dem Schwarzen entgegeneilend.

„Darf nicht, Sir!" erwiderte dieser, den Kopf in die Schultern ziehend und beim Nahen des Knaben völlig hinter das Gebüsch zurücktretend, „Mr. Anderson hält's mit den Secessionisten, und so meinte der Mann mit der Flinte dort, ich müsse ein Spion sein. — Miß Alice hatte mich hergeschickt," fuhr er angelegentlich fort, „um Master William, wenn ich ihn träfe, doch um Gottes Willen zu bitten schnell einmal nach der Farm zu kommen!"

„Sie weiß etwas von meiner Mutter oder von Fred Minner?" fragte Bill hastig.

„Kann's nicht sagen, Master Will, aber ich glaube, sie erwähnte Mr. Minner — jedenfalls muß es recht nothwendig sein, um was sie mich schickt!" war die eilfertige Antwort. „Es ist ein Theil von den Secessionisten in Mr. Anderson's Hause, die, wie es heißt, in der Nacht noch Verstärkung erwarten, und Miß Alice befahl mir deshalb, Sie nur heimlich und auf ganz sichern Wegen nach der Farm zu bringen."

„Etwas muß sie wissen, wär's auch jetzt nur von Fred!" murmelte Bill, wie sich allen Zweifeln entreißend. „Vorwärts, Dick, ich bin fertig!" rief er, sich den Hut fester auf den Kopf drückend, und mit einem Nicken der Befriedigung nahm der Schwarze seine Richtung durch den sprühenden Regen quer über das offene Land dem Walde zu.

Die Dunkelheit begann schon hereinzubrechen, als Beide nach einem mühseligen Wege sich durch ein nasses Maisfeld nahe dem Farmhause arbeiteten und Dick endlich den Knaben bat, hier ein Weichen zu warten, damit er nachsehen könne, wie weit ihr fernerer Weg sicher sei. Der Schwarze verschwand, und Bill stand zwischen den tropfenden Maisstengeln, bemüht, einen frostigen Schauer von sich zu schütteln. Ueber ihm brauste der Sturm durch die Bäume, aus der Farm klang zeitweise ein halb verwehtes Lachen herüber, das dem Knaben die gefahrvollsten Augenblicke der letzten Nacht wieder vor die Seele rief, und ein Gefühl wie Heimathslosigkeit überkam ihn. Hier, wo er das letzte Jahr sein Brot gehabt, durfte er sich nicht mehr zeigen, sein mütterliches Haus war niedergebrannt, und kaum hätte er, seit Fred verschwunden war, gewußt, wo für die nächste Nacht ein Obdach zu finden, wenn es ihm nicht irgendwo aus Barmherzigkeit gewährt wurde. Aber nur für eine kurze Zeit behielt das Gefühl des Zagens in ihm die Oberhand; dann verwandelte sich sein ganzes Denken und Empfinden in einen grimmigen Haß gegen die Secessionisten, die das gesegnete Land in's Elend stürzten und alles Familienglück ververnichteten, wo sie nur auftraten; er hätte einen Eid schwören mögen, sie mit ewiger Feindschaft zu verfolgen und des eigenen Lebens dabei nicht zu achten — und die aus den eigenen Gedanken sich entwickelnde Erregung begann ihn warm zu machen, daß bald Nässe und rauhe Luft ihren Einfluß auf ihn verloren. Erst nach fast einer Viertelstunde stellte sich Dick wieder ein, kaum war aber dem Knaben die Zeit bis dahin lang geworden, und als dieser jetzt dem Schwarzen folgte, fühlte er eine Energie in sich, die ihm vor dem schwierigsten Unternehmen, sobald es sich nur gegen die Secessionisten richtete, nicht hätte zurückschrecken lassen.

Es war bereits so dunkel geworden, daß Beide, ohne besonderer Vorsicht zu bedürfen, ungesehen nach einem kleinen Hintergebäude gelangten, das zur Aufbewahrung der Feldgeräthschaften diente, und kaum hatte hier der Schwarze die Thür geöffnet, als ihnen auch Alice Anderson, von einer Handlaterne beschienen, in sichtbarer Aufregung entgegentrat. „Halte Wache, Dick, und benachrichtige uns bei Zeiten, sobald Jemand hierherkommt!" sagte sie; und kaum hatte der Schwarze den Raum verlassen, als sie hastig Bill's Hand faßte und ihn von der Thür hinweg nach dem Innern zog.

„Es ist etwas Schreckliches im Werke, Bill," begann sie hier mit fliegender Stimme, „ich habe nur etwas davon erlauscht, aber es ist genug, um mich das Ganze ahnen zu lassen — höre Bill, und dann sage, wie eine Hülfe möglich ist —!"

„Nur Eins zuvor, Miß Alice," unterbrach sie der Knabe, „wissen Sie etwas von Fred und meiner Mutter, von denen kein Mensch in Pleasant-Grove etwas wissen will?"

„Wenn Deine Mutter nicht da ist, so hat sie Fred in Sicherheit gebracht, darauf verlaß Dich — höre mich nur an!" entgegnete das Mädchen in Hast. „Fred hat diesen Morgen, kaum daß der Angriff auf Pleasant-Grove abgeschlagen war, sich selbst auf den Weg nach Jefferson-City gemacht, um Hülfe herbeizuholen. Ich habe ihn gesprochen und weiß, daß es sein bestimmter Plan ist, mit dem letzten Eisenbahnzuge Verstärkung für die Deutschen zu bringen. Es wußte Niemand darum, als der Müller Riese, welcher an seiner Stelle das Kommando übernommen hat, und doch ist der Plan nicht geheim geblieben. Mein Vater hat Kenntniß davon und auch der Kolonel der Secessionisten; ich habe sie beide heimlich mit einander rathschlagen hören. Sie haben die Tragbalken der Eisenbahnbrücke zerstören wollen, daß der Zug durchbrechen und mit Allen darauf in den Abgrund stürzen soll — und schon seit Mittag ist Vater weg! — Bill!" rief sie in voller Angst ausbrechend, „sage um Gotteswillen, ob Du einen Rath weißt, wie dem gräßlichen Unglücke vorzubeugen!"

Der Bursche starrte das Mädchen mit weit geöffneten Augen an; dann fuhr er wie im plötzlichen Entsetzen auf. „Geben Sie mir die Laterne — rasch! es ist gewiß schon fast sieben Uhr, und in einer halben Stunde kommt der Zug! ich muß ihm entgegen und warnen!"

„Aber Du kommst nicht über die Schlucht, wenn die Brücke zerstört ist!" jammerte das Mädchen.

„Ich muß, ich muß!" stöhnte Bill, wie trotz seines Entschlusses von ihrem Einwurfe getroffen. „Halt, das ist es!" rief er und griff nach einem zusammengerollten Seile, auf das seine suchenden Augen unter den übrigen Geräthschaften getroffen, „und nun, Miß Alice, beten Sie zu Gott, daß er mir es gelingen läßt — es ist heute kein Glückstag für mich gewesen!" Die Laterne unter dem Flügel seines Rockes bergend, daß ihn der Schein nicht verrathe, eilte er davon, ehe noch das Mädchen im Stande war, ein Abschiedswort für ihn zu finden.

Bill hatte sich nach dem nächsten Maisfelde gewandt, das ihn bis zu einiger Entfernung vom Hause vor jeder Entdeckung sicher stellen mußte, und verfolgte in Hast eine breite Furche, die sich ihm geboten. Nur in einzelnen Strahlen ließ er das Licht vor sich fallen, um nicht aus der Richtung zu gerathen, und trat bald auf freies Land hinaus. Hier kannte er jeden Fuß breit, aber ein wüthender mit Regen vermischter Sturm empfing ihn, der ihn, bei jedem Schritte vorwärts, wieder zurückzuwerfen drohte, und erst als er mit Anstrengung einen Fußweg am Saume des Waldes erreicht, erhielt er einigen Schutz. Den Kopf gegen den Wind gebeugt, die Laterne, deren Licht ihn nur blendete, verdeckt, strebte er vorwärts, so rasch es nur seine Kräfte vermochten; die Eisenbahnbrücke konnte jetzt kaum mehr als zehn Minuten Entfernung vor ihm liegen, und schon hörte er durch das Geräusch des Sturmes ein entferntes Brausen, das ihm zeigte, wie hoch der Bach vom Regen angeschwollen sein mußte. Da blieb er plötzlich stehen und horchte hinter sich. Schon zweimal war es ihm gewesen, als folge Jemand im Walde neben ihm seinen Schritten, und jetzt meinte er deutlich das Knacken eines durchbrochenen Gesträuchs gehört zu haben. Aber es blieb ihm keine Zeit, weitere Untersuchungen darüber anzustellen, sein Aufhorchen war auch nur ein mehr unwillkürliches gewesen; vorwärts eilte er wieder, und deutlicher ward mit jedem Augenblicke das Rauschen und Brausen der Wasser in der tiefen, steilen Schlucht, in welcher der Waldbach sein Bett gewählt. Schon betrat er die Schienen der Eisenbahn, welche der Brücke zuführten, da fegte ihm der Sturm mit einer Macht entgegen, die ihn einen Augenblick völlig betäubte; in der nächsten Minute aber weckte ihn ein donnerähnliches Krachen und Prasseln vor ihm, und er wußte, daß die von den Secessionisten ihres Haltes beraubte Brücke soeben vor dem Andrange des Wassers zusammengebrochen war. Als er mit raschen Schritten das steil abfallende Ufer der Schlucht erreicht, wo nicht ein Stückchen Balken mehr das frühere Dasein des Baues bezeichnete, schwang er seine Laterne, um einen möglichst großen Lichtkreis zu gewinnen, aber nur der schwarze Abgrund, aus welchem das Tosen der wilden Fluthen heraufklang, zeigte sich seinen Blicken — und seiner Berechnung nach konnte kaum noch eine Viertelstunde Zeit bis zur Ankunft des Zugs, der ohne seine Warnung mit allem Lebenden, das er herbeiführte, rettungslos in das Verderben stürzen mußte, übrig sein. Ein unwillkürliches, aber inbrünstiges „O Gott im Himmel, laß es doch gelingen!" entrang sich seiner Brust; dann trat er rasch einige Schritte am Ufer hin, wo sich ihm der Stumpf eines abgehauenen Baumes gezeigt hatte, und entrollte das mitgebrachte Seil. Er legte es doppelt, hing es über den Stumpf und ließ sich jetzt mit dessen Hülfe, die Laterne an seinen Arm gehangen, vorsichtig an der steil abfallenden Erdwand hinunter. Jeden Stützpunkt, den seine Füße finden konnten, benutzend, erreichte er rasch und glücklich den Boden der Schlucht und sah sich nun auf einem steinigen Absatze, die dunkele, weiß schäumende Fluth vor sich. Sein erster Blick belehrte ihn indessen, daß hier hindurch zu kommen unmöglich sei; der scharfe, wilde Strom hätte ihn bei dem ersten Schritte in das Wasser mit sich fortgerissen, und zwei Sekunden lang stand er rathlos. Wieder schwang er die Laterne nach allen Richtungen, und sein Auge blieb endlich an einem Gegenstande zu seiner Linken hängen, an dem die Wellen sich schäumend brachen. Vorsichtig versuchte er näher zu kommen und faßte glücklich das Bruchstück eines früheren Brückenpfeilers als Halt für seine Untersuchung — ein junger Baum, den die Fluth mit sich gerissen, lag vom Wasser überströmt zwischen beiden Ufern eingeklemmt. Hier allein konnte ein Uebergang vollbracht werden, wenn dieser überhaupt möglich war. Sein Licht hoch haltend, spähte Bill scharf nach dem jenseitigen Ufer; er sah die gebrochenen Aeste des Baumes dort aus der sie umschäumenden Fluth ragen und hätte aufjauchzen mögen — jetzt war er sicher, sein Unternehmen durchzuführen, wenn nur der Zug so lange ausblieb, als er Zeit für sich bedurfte. Rasch faßte er das eine Ende seines Seiles und zog damit das andere von der Höhe des Ufers, wo es um den Baumstumpf lief, herab — er schnitt sich damit den sichern Rückweg ab, er wußte es, aber ein Rückwärts gab es nicht mehr für ihn. Dann knüpfte er in Hast eine zweite doppelte Schlinge und warf diese hinüber nach den Aesten des gestürzten Baumes; wohl hatte er drei Mal nach verfehltem Wurfe das Seil wieder durch das Wasser zurückzuziehen; beim vierten Wurfe indessen blieb die Schlinge hängen; er zog mit aller Macht, um den Halt zu prüfen, aber sie saß fest, und in bebender Eile schlang er jetzt das Tau um den gebrochenen Brückenpfeiler zu seiner Seite, spannte es an, soviel seine Kräfte es vermochten, und knüpfte es fest; dann trat er, mit der einen Hand kräftig das Seil fassend, mit der anderen die Laterne hoch haltend, ohne Bedenken nach dem überströmten Stamme hinab. Schon bei seinen ersten Schritten merkte er, daß es seiner ganzen Vorsicht bedurfe, um auf der schlüpfrigen Bahn festen Fuß zu gewinnen; je weiter er aber der Mitte des Baches zuschritt, je höher stieg das Wasser an seinen Beinen herauf, und oft fühlte er, wie die Macht des Stromes ihn fast unwiderstehlich hinunter in die Tiefe zu drängen drohe, und wie es seiner ganzen Kraft bedurfte, um sich den nöthigen Halt am Seile zu geben. Er hatte die Mitte der Fluth erreicht, wo ihr Zug am stärksten war, und blickte eben besorgt vor sich, denn hier schien sich der Stamm völlig auf den Grund gesenkt zu haben, da klang es plötzlich von der Höhe des rückwärts liegenden Ufers: „Halloh, wer ist dort unten?" Bill zuckte zusammen, das war die Stimme seines bisherigen Brodherrn Anderson, desselben Mannes, welcher die Brücke zerstört. Harrte er auf den herankommenden Zug, um sich von dem Gelingen seines teuflischen Werkes zu überzeugen? oder war er es gewesen, den Bill beim Beginn seines Wegs hinter sich gehört? Eins stand dem Knaben in voller Gewißheit vor der Seele: Gelang es dem Manne, ihn zu erreichen, so war es mit der Rettung des Zuges vorüber! und hastig, ohne an die erhöhte Gefahr zu denken, trat Bill in das tiefere Wasser, das, obgleich er auf den Baumstamm traf, ihm bis über die Kniee ging und mit gewaltiger Kraft ihn fast in den kochenden Strudel daneben gezogen hätte. Noch zeitig genug hatte Bill mit beiden Händen das Seil gepackt und trat jetzt mit Anstrengung aller seiner Kräfte auf's Neue vorwärts.

„Wer ist dort unten? Antwort, oder ich schieße!" klang es von Neuem, aber Bill arbeitete sich um so hastiger weiter.

Hatte er nur das jenseitige Ufer erreicht, so löste er das Seil, und dann sollte es einem Menschen wohl schwer werden, ihm zu folgen. Er hatte jetzt die Laterne wieder an den Arm gehangen, den rückwärts fallenden Schein möglichst durch seinen Körper verdeckend, und schon sah er die Zweige des Baumes am jenseitigen Ufer deutlich vor sich, da rauschte es hinter ihm wie ein Erdfall, und ein lauter Fluch folgte dem Geräusche — Bill wußte, daß Anderson in diesem Augenblicke das steile Ufer auf jede Gefahr hin hinabgerutscht war, und von einer panischen Furcht gepackt, ergriff er einen sich ihm entgegen streckenden Ast des gefallenen Stammes, sich kräftig durch das übrige Zweigwerk hindurch arbeitend. Da fühlte er auch schon wie sich das Seil mächtig anzog; in fliegender Hast, als spüre er die Hand des ihm Folgenden bereits in seinem Nacken, suchte er nach dem Halte der Schlinge — da saß sie an einem kurzen Aststücke, und mit einem Ruck, in welchem die Todesangst seine ganze Kräfte vereinigt, hatte er sie losgerissen. Hinter sich hörte er einen lauten Schlag in's Wasser, aber er dachte nicht daran, sich umzublicken; mit einem mächtigen Satze sprang er an das Ufer und begann haftig die steil aufstrebende Wand der Schlucht zu erklimmen. Wie er hier hinauf gekommen war, wußte er in späteren Stunden selbst nicht, alle seine Gedanken waren nur auf seinen Verfolger gerichtet, und selbst als er halb athemlos die Eisenbahn betrat, als ihn hier Sturm und Regen in voller Macht empfingen, trieb ihn die Angst noch ein Stück in vollem Laufe vorwärts. Die Laterne mit dem Rockflügel verdeckend, blieb er endlich bei einer augenblicklichen Pause des Sturmes stehen und lauschte — nichts von einer Verfolgung ward hörbar, und jetzt brach sich in vollem innerlichen Jauchzen das Gefühl des errungenen Sieges in ihm Bahn. Noch war ja der Zug nicht da, und er konnte warnen und retten, konnte mit einem Schlage Alles vergelten, was Fred Minner jemals für ihn und seine Mutter gethan; für die Secessionisten aber mußte jetzt die Vergeltung kommen.

Eilig bog er sich nieder und legte das Ohr auf die nassen Schienen; nach kaum drei Sekunden indessen sprang er rasch wieder auf seine Füße und sah nach dem Lichte in seiner Laterne; er hatte deutlich das Rollen der nahenden Wagen vernommen, und nun spähete er, die Augen mit der Hand gegen den Regen schützend, die schnurgerade Bahnlinie entlang in die Nacht hinaus. Dort hinten, aber noch weit, weit entfernt, glänzte etwas wie ein feuriges Pünktchen; es schien unbeweglich an einem Orte zu stehen, aber Bill's Herz begann bei dem Anblicke lebendiger zu schlagen — er wußte, das war der Zug, und so weit die Entfernung von ihm auch schien, so waren es doch nur Minuten, die ihn von dem Knaben trennten. Und das Pünktchen ward heller und strahlender, jetzt ließ sich auch schon eine Bewegung desselben unterscheiden, wie ein leuchtendes Meteor schwebte es heran, mehr und mehr an Größe und Glanz gewinnend. Und mit diesem Lichte nahten Hunderte von Menschenleben in der Schnelle des Windes, und Keines der Herangeführten ahnte, daß der Tod auf dem Wege stand und schon die Hand ausstreckte, um die reiche Ernte einzuheimsen; daß sich ein weites, dunkeles Grab aufgethan hatte, um sie Alle zu bergen, die in trügerischer Sicherheit sich dem eisernen Rosse anvertraut. Noch hatte der Bürgerkrieg seine Gräuel nicht bis zu meuchelmörderischen „Wholesale"-Schlächtereien getrieben, und den Unionsleuten fehlte noch der Begriff, bis zu welcher Höhe des Fanatismus und der Roheit es ihre eigenen Landsleute zu bringen vermochten. Und zwischen dem heransausenden Zuge und dem Verderben stand nur ein schwacher Knabe, zu nichts Weiterem fähig, als ein Warnungssignal zu geben, daß der Regensturm zum großen Theile verwischen mußte; kehrte der Zugführer nur eine halbe Minute das Auge nach einer andern Richtung, wurde das schwache Licht, das in Bill's Laterne fast niedergebrannt war, nur einige Sekunden zu spät bemerkt, so war keines Menschen Macht im Stande, den drohenden Sturz aufzuhalten. Näher und immer näher raste der Zug, das kleine feurige Pünktchen war zur strahlenden Sonne geworden, ein glühender, langgezogener Rauchstreifen machte sich in der dunkeln Nacht bemerkbar — da hob Bill seine Laterne und begann sie in weitem Kreise um seinen Kopf zu schwenken. Aber sein Signal blieb unbeachtet. Näher und näher donnerte der Zug, jeder Druck der mächtigen Hebel stieß die rollenden Wagen weiter ihrem Sturze zu und ein unbeschreibliches Angstgefühl erfaßte den kleinen Warner. Immer die Laterne im Kreise schwingend, rannte er dem Zuge entgegen, er schrie, was er vermochte, ohne es fast zu wissen, aber schon war das blendende Licht in seiner Nähe, er mußte von der Bahn springen, um nicht überfahren zu werden und hätte sich in der Verzweiflung seines Herzens zur Erde stürzen mögen — da schrillte die Dampfpfeife und gab das Alarmzeichen. Bill sah den kaum enden wollenden Zug an sich vorübersausen, aber hörte das hastige Knarren der Hemm-Maschine, hörte das Schnauben der Lokomotive ersterben, und mit einem Herzen, in dem sich peinliche Angst und neuerwachte Hoffnung stritten, stürzte er in windschnellem Laufe den Wagen nach. O Glück! dort hielten sie still; aber ehe der Knabe heran war, war dort auch schon das entsetzliche Schicksal, welches dem Zuge bereitet worden, entdeckt — wenige Schritte von der Schlucht nur hielt die Lokomotive, und ihr Vorderlicht beleuchtete grell den gähnenden Abgrund. Bill sah eine kleine Anzahl halb athemloser Männer sich entgegen kommen, sah sich mit Zeichen der Anerkennung überschüttet und an beiden Armen, halb getragen, den Wagen zugeführt; er sollte erzählen, was hier geschehen und wie er zur Kenntniß der gräßlichen Gefahr gelangt sei; aber Bill gab nur kurzen Bescheid, seine Gedanken flogen dem erwarteten Freunde zu; das einzige Wort „die Secessionisten" indessen schien seinen Begleitern völlige Aufklärung zu geben.

Und als er nun naß und baarhäuptig, aber die Laterne noch immer in der Hand, wie im Triumphe unter die aus den Wagen strömenden Reisenden, die sich fast nicht von dem Schrecken über den kaum vermiedenen sichern Tod zu erholen vermochten, geführt wurde, als jeder von diesen zuerst die Hand des heldenmüthigen Knaben drücken und ihm ein preisendes Wort sagen wollte; da brach sich ein Gesicht durch die Menge Bahn, dem Bill, jauchzend beide Hände empor hebend, zustrebte.

„Du, Bill, Du bist der Erretter gewesen?" rief Fred

Minner, welcher den Knaben stürmisch an seine Brust zog — aber dieser ließ ihm keine Zeit zu weiteren Ausrufungen. „Gott sei Dank, daß Du hier bist," erwiderte er hastig, „jetzt, Fred, nur ein einziges Wort: weißt Du, wo meine Mutter geblieben ist?"

Da faßte der junge Mann seinen kleinen Freund beim Arme und zog ihn nach einem der Wagen, in dessen Innerem eine bleiche Frau fast allein saß. „Da, Mutter Hammer," rief der Erstere eintretend, „da ist der Bursche, gegen den Niemand wieder ein Wort sagen darf — er hat heute über zweihundert Menschen das Leben gerettet!" und mit einem Aufschrei der Freude flog Bill an den Hals der Vermißten — die er sich selbst dem Tode abgerungen hatte.

Die nöthigen Aufklärungen waren jetzt bald gegeben. Schon als Bill seinen Weg nach Jefferson-City angetreten, hatte Minner die Frau zu größerer Sicherheit nach seinem Hause genommen; als er indessen nach dem abgeschlagenen Angriffe der Secessionisten sich selbst nach Hülfe auf den Weg gemacht, hatte er sie nach einer der Eisenbahn nahe gelegenen deutschen Farm gebracht, wo sie bis zu wieder eingetretener Ruhe sich aufhalten sollte. Aber die Angst um Bill's Schicksal hatte die Mutter nicht bleiben lassen, und schon gegen Abend war sie nach der nächsten Station gewandert, um Fred mit dem rückkehrenden Zuge abzuwarten.

In den kürzesten Umrissen nur theilte Bill seine eigenen Erlebnisse mit; als er aber den muthmaßlichen Zerstörer der Brücke nannte, als er erwähnte, daß auf dessen Farm die Secessionisten-Bande ihr Quartier genommen, da fuhr Fred auf: „Hollah, wir nehmen das ganze Nest aus, wenn wir es einigermaßen klug anfangen. Es sind zwei Kompagnieen deutscher Freiwilliger hier. Komm mit mir, mein Junge!"

Außerhalb standen, nur nothdürftig von den Wagenlampen beleuchtet, die damals noch nicht uniformirten Streiter für die Union in dichtgedrängter Masse um ihre Offiziere, welche mit den Beamten des Zuges berathschlagten, auf welche Art am besten die Schlucht zu überschreiten sei; kaum aber waren die ersten Worte zu Bill's Ohren gedrungen, als er lebhaft rief: „Ich führe Sie einen sichern Weg; es mag ein Umweg von einer Stunde sein, aber wir kommen dann auch von einer Richtung, woher es Niemand vermuthet!" Und nun theilte Fred Minner den Hergang der Dinge mit, der bald zu dem allgemeinen Entschlusse führte, vor dem Marsche nach Pleasant-Grove Anderson's Farm heimzusuchen. —

Eine Stunde darauf kroch Bill aus einem Maisfelde, wenige Schritte von Anderson's Hause, hervor, sandte einen scharfen Blick durch die Dunkelheit rings umher und näherte sich dann vorsichtig den erleuchteten Fenstern des Gebäudes, hinter denen wirrer Lärm zu seinen Ohren drang. Er war als Späher der angekommenen Truppenmacht vorausgegangen, denn es ließ sich fast vermuthen, daß, wenn der alte Anderson unversehrt nach Hause gekommen war, irgend welche Maßregeln Seitens der Secessionisten, sich gegen die geretteten Freiwilligen sicher zu stellen, getroffen worden sein mußten. Das Bild aber, welches sich dem Knaben bei einem Blick durch die Fenster bot, sprach nur von der völligsten Sicherheit der Feinde. Zwei geräumige Zimmer waren mit Matratzen und Strohbündeln gefüllt, aus welchen sich die wilden Gestalten, welche Bill nur zu gut kannte, soeben ihr Nachtlager bereiteten; ihre Gewehre lehnten im wirren Durcheinander in den Ecken, und die auf einzelnen Tischen befindlichen Flaschen unter theilweise umgestürzten Gläsern ließen errathen, auf welche Weise der Abend verbracht worden war. In einem dritten Zimmer saß der Kolonel mit seinen Gefährten beim Kartenspiel, während ein Schwarzer zu ihrer Bedienung bereit stand — Alles athmete die völlige Unwissenheit über den Stand der Dinge, und Bill hatte sich soeben wieder leise zurückgezogen, als eine schwere Hand in schmerzhaftem Griffe seine Schulter faßte. „Ist das nicht der kleine Spottvogel, der uns entwischt? Sieh, sieh! und das Kindchen gedenkt jetzt zu spioniren!" klang es in seine Ohren, „werden aber diesmal weniger Umstände gemacht werden!"

Der Knabe hatte beim ersten Tone den Menschen erkannt, welcher ihn bei seinem beabsichtigten Gange nach Jefferson-City zuerst angehalten und ein tödtlicher Schrecken durchfuhr ihn. Er wußte seine Landsleute in der Nähe, aber sie erwarteten seine Rückkunft, und ehe sie durch sein Ausbleiben herangezogen wurden, konnte er längst dem Fanatismus der rohen Bande zum Opfer gefallen sein. „Lassen Sie mich los, Sir!" rief er mit unterdrückter Stimme, sich unter dem Griffe seines Gegners windend, „ich gehöre hier in's Haus, und wenn Sie mir nicht glauben wollen, so rufen Sie Miß Alice!"

„Gehörst hierher und wolltest doch geheime Botschaft nach Jefferson-City bringen?" höhnte der Andere. „Warte, kleine Kröte," rief er, den Burschen mit einem Drucke seiner rauhen Hand nach dem Hause drehend, „werden sorgen, daß Dir derartige Geschäfte für immer vertrieben werden!"

Da sauste es durch die Luft, und ein Schlag schmetterte auf das Haupt des Secessionisten nieder, daß dieser lautlos, wie ein gefällter Stamm, zu Boden schlug. „Fred!" rief der überraschte Knabe, als sein Blick in dem aus den Fenstern fallenden Lichte auf die Gestalt des Freundes fiel, der, das Gewehr in der Hand, sich eben zu einem zweiten Schlage, sobald dieser nothwendig werden sollte, fertig machte; aber dieser winkte ihm hastig Stillschweigen, und erst als er sich überzeugt zu haben schien, daß der Daliegende kein Glied mehr rührte, faßte er hastig Bill's Hand und führte ihn eine Strecke in das Dunkel hinein. „Ich dachte mir doch, daß die Menschen nicht ohne ausgestellte Wache rasten würden, und daß Dir etwas passiren könnte," sagte er hier; „wie steht es?"

„Sie haben von nichts eine Ahnung, und auch der alte Anderson ist nirgends zu entdecken!"

„Bist Du Deiner Sache gewiß?"

„Sieh' selbst durch die Fenster, sie sind Alle bei einander und machen sich zum Schlafen fertig, der Kolonel aber spielt im Hinterzimmer mit drei Anderen ‚Jeucre'!"

Fred ließ einen leisen Pfiff ertönen, und ringsum in der schweigenden Finsterniß fing es an lebendig zu werden; vorsichtig auftretend begannen die herankommenden Freiwilligen das Haus zu umzingeln, eine kleine Abtheilung derselben aber nahte sich den erleuchteten Fenstern, während Fred mit dem Kommandirenden sich dem Portiko der Eingangsthür zuwendete, und eben als die Letzteren das Haus betraten, brachen von den hineingestoßenen Gewehrläufen klirrend die Fenster in Stücke. —

Die Gefangennahme dieser Secessionistenbande war der erste Schlag der Missourier Unionstruppen außerhalb St. Louis, der den Beginn eines mörderischen, lange nicht beendigten Krieges im Staate einleitete; doch fanden es die Südmänner für gut, sich nicht mehr in diese Nähe der deutschen freiwilligen Hauptmacht zu wagen.

Anderson war weder bei dem gelungenen Ueberfalle seines Hauses, noch während der Nacht sichtbar geworden, und als Alice durch den Knaben von dessen Begegnung mit ihrem Vater und den sie begleitenden Umständen erfahren, ließ sie am Morgen ahnungsvoll Nachsuchungen nach dem Vermißten anstellen — der Mann ward weit unterhalb der zerstörten Brücke, wohin ihn der Strom gerissen haben mußte, mit zerschmettertem Kopfe an einem Strauche hängend gefunden. —

Fred Minner beaufsichtigt bei Mittheilung dieser Ereignisse die ihres Herrn beraubte Farm; Alice indessen hat sich zu Verwandten nach St. Louis begeben, und es scheint, als werde es noch geraume Zeit währen, ehe der Eindruck, welchen der gewaltsame Tod ihres Vaters auf sie gemacht, ein Tod, den sie durch die Verkettung der Umstände selbst mit herbeigeführt zu haben meint, sich so weit verwischt, daß sie mit klarem Auge die Ereignisse betrachten und Fred's Hoffnungen auf eine Vereinigung mit ihr verwirklichen wird; ihre Stelle auf der Farm nimmt vorläufig Bill's Mutter, die hier eine dauernde Heimath gefunden, ein; Bill selbst aber ist Tambour in demselben Freiwilligen-Regimente, von welchem er einen Theil dem Untergang entriß. Der Oberst hat ihn unter seine besondere Obhut genommen, und wohl mag er einst noch als junger Mann mit Ehren und wohlerworbenem Range geschmückt heimkehren.

Bill Hammer aber ist nur der Typus eines großen Theils der in Amerika geborenen deutschen Jugend, in welcher dem nordamerikanischen Volke immer neues Blut und neue Lebenskräfte zugeführt werden.

Eine Spekulation.

Den Mississippi herauf arbeitete sich ein mächtiges Dampfboot und begrüßte die vor ihm liegende Häusermasse von St. Louis mit einem kaum enden wollenden Brüllen der Dampfpfeife. Die Gallerien der obern Kajüte wie der Bord des untern Packraums zeigten sich dick mit Passagieren besetzt; es war die Jahreszeit, in welcher Jeder, der es ermöglichen kann, dem tiefen Süden mit seinen Krankheiten entflieht — und als das Boot die unabsehbare Reihe der an der Landung neben einander liegenden Fahrzeuge passirt und an einer leeren, sichtlich reservirten Plattform angelegt hatte, schien die herabdrängende Menge der Reisenden kaum das Niederfallen der Landungsbrücke erwarten zu können, um den festen Boden zu gewinnen. Als sich endlich der Hauptstrom der Angelangten sammt den sich schreiend Bahn brechenden Packträgern an das Land ergossen, betrat ein junger, modern gekleideter Mann, die Reisetasche in der Hand und einen kleinen Koffer hinter sich herschleifend, die Plattform, in augenscheinlicher Unschlüssigkeit auf das Gewühl vor sich und die auf der Höhe der Landung ausmündenden Straßen der Stadt blickend. — „Hotel, Sir?" — „Hotel?" klang es ihm von verschiedenen Seiten entgegen, und im nächsten Augenblicke sah er sich auch von einem engen Kreise eifriger „Runners" umgeben, von denen ihm Jeder mit wunderbarer Geschwätzigkeit ein anderes Gasthaus zu empfehlen und zugleich sich seines Gepäcks zu bemächtigen suchte.

„Halt einen Augenblick!" rief der Ankömmling abwehrend, „weiß Einer von Euch, wo das Bankgeschäft von C. F. Peters ist? Ich muß jedenfalls dort in der Nähe unterzukommen suchen!"

„Mr. Peters steht dort an der Office, Sir," ließ sich eine Stimme hinter ihm hören, „der Gentleman mit dem grauen Haare neben der Lady, Sir, und wenn Sie ihn sogleich sprechen wollen, so trage ich Ihnen dann Ihr Gepäck nach, Sir!"

Der zurückgewandte Blick des jungen Mannes fiel zuerst in das Gesicht eines riesigen Schwarzen, welcher sich mit freundlichem Grinsen verbeugte und mit einem: „Sie sind ganz sicher, Sir, Porter Nr. 2 vom Boot!" auf das metallene Schild seiner Mütze zeigte — dann aber auf den angedeuteten, als „Office" bezeichneten Punkt, ein kleines hölzernes Haus, welches neben aufgeschichteten Fässern und anderen Frachtgütern sich auf der halben Höhe der Landung erhob. Dort standen zwei Männer in modischer, leichter Sommertracht, die Entleerung des angelangten Bootes beobachtend, und einen halben Schritt zurück, im Schatten des Gebäudes, eine schlanke, elegante Frauengestalt.

„Es ist gut, Bob, ich werde am besten thun, die Gelegenheit zu benützen," erwiderte der Ankömmling, nach einer kurzen Ueberlegung sich seines Gepäcks entledigend, „verwahrt mir die Sachen hier, bis ich zurückkomme. Wer ist der andere Gentleman?"

„Kornel*) Webster, der Haupteigenthümer des Bootes hier, Sir!" war die Antwort, in welcher sich die ganze Ehrfurcht vor der Bedeutung des Genannten ausdrückte, und mit einem leichten Kopfnicken wandte sich der Frager ab, durch das Gewühl von Menschen und haltenden Lohnkutschen die bezeichnete Richtung einschlagend. Auf halbem Wege indessen zog er sein Taschenbuch, entnahm ihm einen sorgfältig darin verwahrten Brief und begann dann sich das leicht umgeschlungene Halstuch, sowie den darüber gelegten Hemdenkragen sorgfältig zurecht zu rücken.

Nach kurzem Gange hatte er die Gruppe erreicht und sich dem ihm bezeichneten ältlichen Manne zugewandt, in dessen glattrasirtem Gesichte mit der vollausgeprägten amerikanischen Geschäftsmiene er indessen umsonst nach einem bekannten Zuge

---

*) Kerrumpirt von: Kolonel, Oberst.

zu suchen schien. „Mr. Peters?" fragte er, noch wie im halben Zweifel.

„Das ist mein Name, Sir!" erwiderte der Angeredete, mit einem kurzen scharfen Blicke die stattliche Gestalt des Herangetretenen überfliegend.

„So bitte ich um Entschuldigung," fuhr dieser deutsch auf die erhaltene englische Antwort fort, „wenn ich die glückliche Chance zur Ueberreichung eines Briefes benutze, der mir in Deutschland zur persönlichen Abgabe eingehändigt worden war."

„Ah!" zog Jener, mit einer leichten Befremdung in seinen Zügen das dargereichte Couvert in Empfang nehmend und es nach einem kurzen Betrachten der Adresse öffnend; der junge Mann trat einen Schritt zurück und warf einen Blick nach den beiden Uebrigen der Gesellschaft. Der von dem Schwarzen als Kolonel Webster Bezeichnete hatte sich bei dem ersten Klange der deutschen Laute weggedreht und schien auch sogleich Gelegenheit gefunden zu haben, durch einige Rügen gegen die unweit arbeitenden Lastträger den hohen Ton des Befehlenden hören zu lassen; er konnte nur einige Jahre älter sein, als der Angekommene, und sein ganzes Aeußere zeigte trotz der Geschäftszeit eine sorgfältige Eleganz. Die junge Dame, halb von dem reichbefranzten Sonnenschirm verdeckt, schien den Herangetretenen kaum beachtet zu haben und mit abgewandtem Kopfe gleichgültig das Gewühl an der Landung zu betrachten.

„Well, Sir, ich freue mich, Sie hier zu sehen, obgleich ich mich Ihrer selbst kaum mehr erinnere," begann Peters nach einem kurzen Durchfliegen des entfalteten Schreibens; „der Brief ist schon manchen Monat alt, Sie kommen also nicht direkt von Deutschland?"

„Ich war fast ein Jahr in New-York, und wäre wohl auch noch dort, wenn die jetzige Geschäftskrisis nicht die Hälfte der jungen Leute beschäftigungslos gemacht hätte," erwiderte der Ankömmling in freimüthiger Haltung. „Ich hatte das Unglück, in einem der Häuser placirt zu sein, die ganz schlossen. Dann wandte ich mich nach Cincinnati, um mein Heil auf die eigene Brauchbarkeit hin zu versuchen, und erst als ich auch dort fand, daß alle Arbeitskräfte auf das Nothwendigste beschränkt werden, entschloß ich mich hierher zu gehen, wo das Geschäft noch flott sein soll, und mich Ihnen nach dem Wunsche meines Vaters vorzustellen."

„Hm, hm!" brummte der Bankier, mit halb zerstreutem Blick den Brief in seiner Hand zusammenfaltend, und wandte sich dann nach seiner Begleiterin. „Hier, Ellen, dies ist der Sohn unseres alten Freundes Behrend, dessen Du Dich wohl noch aus den Lebzeiten Deiner Mutter erinnerst!"

Die Dame wandte langsam den Kopf, und der junge Mann sah in ein jugendliches Gesicht voll durchsichtiger, aristokratischer Blässe, das indessen durch ein großes, dunkles Augenpaar ein wunderbares Leben gewann. Sie ließ einen gleichmüthigen Blick auf die Züge des vor ihr Stehenden fallen und sagte dann, kalt den Kopf neigend, englisch: „Ich habe wohl kaum noch eine recht klare Erinnerung aus Deutschland, Pa!" In das Gesicht des jungen Mannes aber war plötzlich ein helles Roth geschossen. „Wenn dies Fräulein Helene ist," erwiderte er wie in leichter Befangenheit, „so habe ich wenigstens noch eine deutliche Erinnerung an die dunkeln, böse zusammengezogenen Augenbrauen des kleinen Mädchens, das ich wider seinen Willen aus dem Wasser zog, aus dem es sich trotz der Gefahr durchaus selbst helfen wollte!"

Für einen kurzen Moment erhielten ihre Wangen einen Anflug von Farbe, und ihr Auge ruhte schärfer auf dem Gesicht des Sprechenden. „Wohl möglich," versetzte sie dann leicht, ihr Englisch beibehaltend, während ihre Züge wieder den Ausdruck der früheren Kälte annahmen, „es mag indessen eine ziemlich lange Zeit zwischen Ihrer Erinnerung und heute liegen!"

„Und währenddem sind aus Kindern Leute geworden," nickte der Alte mit einem Zuge leiser Satyre um den Mund. „Sagen Sie, Mr. Webster, wandte er sich dann englisch an den Genannten, „hier ist der Sohn eines alten Freundes von mir, der bereits längere Zeit in New-York im Geschäfte gewesen ist; haben Sie selbst irgend eine Vakanz oder wissen Sie zufällig eine solche?"

„Ich denke, Sir," erwiderte dieser, sich nur halb zurückwendend, „wir haben bereits eine solche Menge unbeschäftigter und ganz tüchtiger junger Leute aus dem Osten hier, daß Sie Ihren Landsleuten rathen sollten, diese nicht noch zu vermehren!"

„Es ist im Grunde wirklich so," schloß sich Peters mit halbem Achselzucken dem Ausspruche an, „indessen will ich Ihnen nicht alle Hoffnung nehmen, und wenn ich auch in meinem eigenen Geschäfte übervoll besetzt bin, so soll es mich doch jederzeit freuen, Sie, so oft Sie wollen, bei mir zu sehen, — Bank der Versicherungs-Kompagnie, Sir, die Ihnen jedes Kind zeigen kann, und wo Sie mich immer bis drei Uhr Nachmittags finden werden!" Er neigte leicht den Kopf und bot dem jungen Manne die Hand.

Dieser hatte sich bei der kühlen Entlassung zwei Sekunden lang entfärbt, dann aber schien eine Art Scham über die unbewachte Regung in ihm lebendig zu werden. Er richtete sich plötzlich voll auf, legte mit einem kurzen englischen: „Ich danke Ihnen, Sir!" das indessen ein rasches Zucken von Bitterkeit um seinen Mund nicht verbergen konnte, seine Finger in die dargereichte Hand und wandte sich dann mit einer flüchtigen, allgemeinen Verbeugung ab, rasch dem Orte wieder zustrebend, wo er sein Gepäck gelassen. Noch hatte er aber nicht die Linie des nach der Stadt wogenden Menschenstromes erreicht, als er sich am Arme gehalten fühlte und einen der Lastträger neben sich sah. „Mr. Peters wünscht Ihnen noch ein Wort zu sagen, Sir!" hörte er; aber nur zögernd und erst nach sichtlichem inneren Kampfe folgte er der Aufforderung. Als er sich zurückgewandt, sah er, wie der Bankier ihm einige Schritte entgegengetreten war. „Entschuldigen Sie mich," sagte dieser, während ein eigenthümlicher Ausdruck, fast wie ein halber, zurückgedrängter Spott, sich in dem steifen Gesichte zeigte, „ich wollte nur sagen, daß ich jedenfalls bestimmt darauf rechne, Sie bei mir zu sehen, da Sie mir doch Mancherlei über Ihren Vater erzählen müssen —"

„Wenn ich mich dafür lange genug in St. Louis aufhalten sollte, werde ich nicht verfehlen, Sir!" erwiderte der Angeredete mit einer kalten Verbeugung; in diesem Augenblicke aber war die junge Dame ihrem Vater rasch nachgetreten, und der Sprecher sah einen so freundlichen Blick aus ihrem dunklen Auge auf sich fallen, daß er unwillkürlich seine neue Abschiedsbewegung unterbrach.

„Ich hoffe mit Sicherheit, Sie in unserer Privatwohnung zu sehen, Mr. Behrend — Sie sind doch der Joseph?" sagte sie deutsch, während sich ein anmuthiges Lächeln über ihre Züge breitete, zugleich aber auch, ihr ganzes Gesicht verklärend, ein leichtes Roth in ihre Wangen trat.

Joseph fühlte den Eindruck, welchen dieses völlig veränderte Wesen des Mädchens auf ihn hervorbrachte, trotzdem aber konnte er sich auch des Gedankens nicht erwehren, daß es doch nur eine Höflichkeitsform darstelle, um die rücksichtslose Weise des Alten gegen ihn zu verwischen, und er vermochte nur mit einer neuen Verbeugung und einem gehaltenen: „Sie haben über mich zu befehlen, Miß!" zu antworten.

Sie blickte einen kurzen Moment wie forschend in seine Augen. „Dann dürfen wir Sie morgen nach drei Uhr zum Mittag bei uns erwarten?" fragte sie.

„Ich werde Ihre Freundlichkeit voll würdigen, Miß, wenn es mir bei den schlimmen Aussichten, die mir soeben gemacht wurden, möglich sein sollte, zwei Tage hier zu bleiben," erwiderte er ruhig, „jedenfalls aber hoffe ich auf das Glück, Sie, ehe ich gehe, noch einmal sehen zu können!"

Ihr Auge war wieder so ernst und der Ausdruck ihrer Züge so kalt als vorher geworden; fast schien es, als wolle sie noch ein Wort entgegnen, aber mit einem gemessenen Kopfneigen wandte sie sich schweigend ab.

„Well, Sir, das Geschäft natürlich vor allem Andern, und es ist immer am besten, man sieht sich die Dinge gleich mit den rechten Augen an, ohne sich nnnütze Hoffnungen zu machen," sagte Peters, das glattrasirte Kinn reibend, „indessen muß ich, wie gesagt, noch das Nöthige über Ihren Vater hören, dann kann man vielleicht auch noch ein anderes Wort sprechen, und so lassen Sie mich nicht zu lange auf Sie warten!"

Behrend hatte auf's Neue die knöcherne Hand des Alten

in der setnen gefühlt und mit einem letzten unwillkürlichen Blick auf das Mädchen, das seine Gegenwart indessen kaum mehr zu bemerken schien, den Rückweg angetreten. Er fühlte sein ganzes Innere von dem Empfange und der rücksichtslosen Entmuthigung, die ihm geworden, wund; hatte er sich doch vorher eine so ganz andere Vorstellung von der eben stattgefundenen Begegnung gemacht — er wußte auch, daß ein anderes Benehmen seinerseits ihm gar nicht möglich gewesen wäre, und war mit sich völlig fertig, von dieser Seite nicht die kleinste Hülfe zu einem Unterkommen für sich mehr zu beanspruchen; trotzdem aber konnte er, wenn er an das Mädchen dachte, sich gerade dieses Benehmens halber einer leisen Unzufriedenheit mit sich kaum erwehren, und als er an dem freiwerdenden Flußufer den zurückgelassenen Schwarzen neben seinem Gepäck erblickte, mußte er das Auge noch einmal nach der kaum verlassenen Gruppe zurückwerfen. Dort fuhr soeben neben der Office eine Equipage mit einem galonnirten Neger auf dem Bocke vor; der Dampfboot-Eigenthümer, in sichtlich angeregtem Gespräche mit dem Mädchen, öffnete selbst den Schlag, aber lachend kam sie mit einem leichten Schwunge seiner Hülfe beim Einsteigen zuvor; dann folgte der alte Peters, und Webster nahm zuletzt auf dem Vordersitze Platz.

„Muß es nicht ein schönes Paar geben, der Cornel und Miß Peters, Sir?" fragte der herangetretene Schwarze, den Blick des jungen Mannes verfolgend, „und viel Geld, viel Geld auf beiden Seiten, Sir!"

„Ein Paar?" fragte Behrend sich rasch zurückwendend, und als Jener mit einem: „Sicherlich, Sir, es ist schon allgemein bekannt!" erwidert, drehte er sich langsam nach seinem Gepäck. Was ging ihn denn auch nur im Entferntesten eine solche Angelegenheit an? und doch war es ihm in demselben Augenblicke geworden, als sei ein heller Gedanke, der fast unbewußt ihm in der Seele gestanden, plötzlich erloschen. „Nach irgend einem anständigen Mittel-Hotel, Bob!" sagte er in sonderbar gedrückter Stimmung und folgte dann dem rasch mit seinen Habseligkeiten voranschreitenden Träger.

Das rege Leben und Treiben indessen, welches sich ihm

beim Eintritt in die Straßen überall entgegenstellte und ein vollgültiges Zeugniß für das großartige, ungeschmälerte Geschäft der Stadt ablegte, ließ ihn für den Augenblick die gehabte Begegnung vergessen und frischte seine Lebensgeister an. Wenn er auch von dem Briefe seines Vaters einen Haupterfolg gehofft hatte, so war er dennoch nicht allein auf ihn gestützt hierher gegangen. Drei Empfehlungen seines New-Yorker Principals für St. Louis befanden sich noch in seinem Taschenbuche, und bei diesem regen Geschäftstreiben überall meinte er kaum an so schlechte Aussichten, wie sie der Dampfboot-Eigener für jeden Stellung suchenden jungen Mann angedeutet, glauben zu dürfen. Eine Minute lang stand die Erscheinung des Genannten wieder vor seinem inneren Auge; und es war ihm, als sei ihm noch nie ein Gesicht begegnet, das ihn durch den Ausdruck hochmüthiger Sicherheit, zugleich aber auch durch einen eigenthümlichen Zug von Seelengemeinheit so abgestoßen hätte, wie dieses — und das war die Wahl desselben Mädchens, das seine Jugenderinnerung jetzt in ein so helles Licht vor ihm gehoben.

Der Eintritt in das Hotel, welchem er zugeführt worden, brach seine Gedanken ab, und bald befand er sich mit dem Schwarzen, der mit höflich gekrümmtem Rücken seines Lohnes harrte, in einem Zimmer der oberen Räume.

„Ihr seid in St. Louis zu Hause und kennt hier die Leute, Bob?" fragte der junge Mann, sein Taschenbuch ziehend und dieses auf dem Tische seiner Papiere entledigend, „ich möchte gleich über einige Adressen die nöthige Auskunft haben!"

„Eigentlich bin ich nur vom Boot — der ‚Lilly Dale‘, Sir, mit dem Sie selbst gekommen, und bin in New-Orleans, wohin die gewöhnlichen Fahrten gehen, gerade so zu Hause, wie hier," erwiderte der Neger mit verbindlichem Grinsen und mehrfacher Verbeugung, „indessen kenne ich von den großen Geschäftsleuten wohl die meisten hier, Sir."

Behrend sah, wie von einem neuen Gedanken berührt, langsam auf. „Es ist bei der beginnenden Hitze wohl schlecht zu leben in New-Orleans?" sagte er, „ich hörte, daß um die jetzige Zeit schon die meisten Fremden die Stadt verlassen und daß in den Geschäften oft Noth um die nöthigsten Arbeitskräfte sei."

„O, die Stadt ist noch ziemlich gesund, nichts als etwas Cholera und Knochenfieber, an denen nur Leute sterben, die das Klima nicht gewohnt sind, Sir; das gelbe Fieber wird erst in vier oder sechs Wochen kommen," erwiderte der Schwarze bereitwillig. „Nachher freilich ist es für Solche, die Furcht haben, nicht ganz sicher, und es werden sowohl für junge Gentlemen in den Geschäften als für die gewöhnlichen Arbeiter hohe Preise bezahlt. Wir nehmen nur neue Fracht ein und gehen übermorgen gerade hinunter, aber von unseren Arbeitern denkt wohl Keiner einmal an die Krankheiten."

Der junge Mann rieb sich kräftig die Stirn und machte dann einen raschen Gang durch das Zimmer. „Well, Bob, es ist möglich, daß wir die Fahrt wieder zusammenmachen," sagte er endlich, bei seinen Papieren stehen bleibend, „vorläufig aber laßt einmal hören, wo ich die Leute, an die ich hier adressirt bin, finde!"

Bob vermochte prompt Auskunft zu geben, und der Deutsche bemerkte mit Genugthuung, daß er kaum langer Zeit bedürfen würde, um seine sämmtlichen Besuche, die ihn über seine Hoffnungen am Platze unterrichten sollten, abzumachen; der Schwarze hatte sich endlich mit einer Bezahlung, die sichtlich zu seiner Zufriedenheit ausgefallen war, entfernt, und Behrend begann seine Empfehlungsbriefe einzeln und langsam, als strebe er bei einem Jeden schon im Voraus zu errathen, welches Schicksal er ihm bringen werde, wieder an ihrem frühern Orte zu bergen. Zuletzt blieb noch ein unverschlossenes, augenscheinlich schon mehrfach geöffnetes Schreiben in seiner Hand, und wie mechanisch entfaltete er es jetzt von Neuem, langsam den Blick über die Zeilen gleiten lassend. Es war ein Brief von einer kräftigen Männerhand geschrieben und lautete:

„Mein lieber Sohn!

Ich habe mich gefreut, einmal wieder Nachrichten von Dir zu erhalten, wenn diese auch eben nicht die günstigsten sind. Du bist außer Stellung und siehst auch vor langer Zeit keine Möglichkeit, wieder unterzukommen.

Trotz dieser allerdings unangenehmen Lage nimmt mich dennoch der gedrückte Ton Deines Briefes Wunder, der mir zu Deinem ziemlich kräftigen Charakter und der vernünftigen Weise, in welcher Du schon hier die amerikanischen Verhältnisse auffaßtest, kaum recht passen will. Es ist die erste Kalamität, in welche Du gerathen bist, und mag sie auch noch so bedeutend sein, so muß sie doch überwunden werden. Das Wie, lieber Sohn, mußt Du freilich besser kennen, als ich hier; indessen kann ich mir eben nicht denken, daß ein so großes Land mit so reichen Hülfsmitteln einen jungen Mann, der nur fest an dem amerikanischen „Hilf Dir selbst!‘ hält und seine mannigfachen Anlagen zu verwerthen strebt, gänzlich ohne Chance zu diesen letzteren lassen könnte. Ich muß bei dieser Gelegenheit wieder an meinen alten Freund Peters denken, der jetzt ein reicher Bankier in St. Louis ist und nach seinem hiesigen Bankerott mit so wenigen Mitteln nach Amerika ging, daß ihm eigentlich die Reise erst durch ein kleines Kapital, das ich ihm auf guten Glauben hin vorstreckte, ermöglicht wurde. Er hat wohl schwerere Kalamitäten als Deine jetzigen durchmachen müssen, besonders da er sein Töchterchen bei sich hatte und auch nicht mehr die Elastizitäten Deiner Jugend besaß, ehe es ihm nur gelang, mir das geliehene Geld zurück zu erstatten. Er hat aber endlich trotz des Mangels jeder Unterstützung seinen Weg gemacht, und da Du nun, lieber Joseph, Amerika einmal zum Felde Deiner Thätigkeit gewählt hast, so mußt Du eben versuchen, es ihm nachzuthun. Du hast meinen Brief an ihn noch nicht abgegeben und Du hast auch Recht, wenn Du wahrscheinlich meinst, daß man von derartigen Empfehlungen, die auf eine Art Dankbarkeit Anspruch machen, nur im äußersten Nothfalle Gebrauch macht; indessen hoffe ich, daß, wenn dieser Fall bei Dir einmal eintreten sollte, Du nicht gänzlich ohne Rath und eine unterstützende Hand von ihm gehen wirst. — Für eine augenblickliche Verlegenheit, in welcher Du Dich befinden könntest, lege ich noch eine kleine

Summe in einem Wechsel bei, bitte Dich aber, in's Auge zu fassen, daß es bei den Kosten, welche Deine heranwachsenden Geschwister verursachen, mir nicht möglich werden würde, dieselbe zu erneuern. Die Grüße der Uebrigen schließe ich diesmal nicht bei, da ich es vorgezogen habe, ihnen von dem jetzigen Stande Deiner Angelegenheiten nichts zu sagen. Und so erhalte Dir einen kräftigen, starken Geist, der schon Schlimmeres überwunden hat, damit Du uns bald bessere Nachrichten senden kannst.

    Dein treuer Vater Behrend."

Der junge Mann hatte die Zeilen durchblickt, wie man längst bekannte Worte noch einmal überliest; hier und da aber war sein Auge auf einer Stelle haften geblieben, als trete sie ihm in einem neuen Lichte entgegen, und dann hatte sich ein Zug tiefer Bitterkeit um seinen Mund gelegt. „Was er diesem ‚alten Freunde Peters' geschrieben hat, weiß ich nicht," sagte er endlich, den verdüsterten Blick in den sonnigen Himmel hinausrichtend, während er mechanisch das Papier wieder zusammenfaltete, „aber er hat sicher kein Wort der Erinnerung an den erwiesenen Dienst laut werden lassen und sich in dem Gedächtnisse des Alten gerade so betrogen, wie ich mich in dem der Tochter. Immerhin denn! eine Wohlthat der Barmherzigkeit hätte ich mir ohnedies nicht erzeigen lassen!" Er trat langsam an das Fenster, ohne etwas von dem lebendigen Gewühl in der breiten Straße vor sich zu sehen; seine Gedanken waren an dem Mädchenbilde hängen geblieben, das plötzlich wieder in ihm aufgetaucht war, und unwillkürlich suchte er diese aristokratischen Züge, in welchen sich stolze Kälte und weiche Anmuth so wunderbar vereinigten, mit seiner Jugenderinnerung in Einklang zu bringen. Das waren noch dieselben dunkeln glänzenden Augen mit den tiefschwarzen, fein gezogenen Brauen darüber, welche das sechsjährige Mädchen vor allen Gespielinnen seiner Schwester ausgezeichnet und die er sich meist vergegenwärtigt, wenn er beim heimlichen Lesen eines Ritterromans auf den „zauberischen Blick" einer „Huldin" gestoßen; das war noch derselbe eigenthümliche Ausdruck von Selbständigkeit und

Willenskraft, welche das Kind, eines kürzeren Wegs halber, über den schmalen, nassen Steg des Mühlbachs hatte gehen und fast verunglücken lassen — aber wie gänzlich anders waren doch diese Einzelnheiten in der Gesammterscheinung dieses jungfräulichen, zur vollen Schöne erblühten Gesichtes wieder. Er mußte an das sonnige Lächeln, an das leise Erröthen denken, mit welchem sie gefragt: „Sie sind doch der Joseph?" und er meinte jetzt erst sich des melodischen Tonfalls ihrer Stimme recht bewußt zu werden, meinte denselben fast in sich nachvibriren zu fühlen — da aber klangen auch wieder die Worte des Schwarzen in seine Ohren: „Wird es nicht ein schönes Paar, Sir?" und an die Stelle der lächelnden Züge vor ihm trat der Ausdruck von stolzer, gemessener Kälte, mit welchem sie ihn entlassen; er sah sie dann von der Seite jenes ihm so widerlichen Menschen lachend in den Wagen springen, und mit einer kräftigen Bewegung seiner Schultern, wie sich gewaltsam seiner Träumerei entreißend, hob er den Kopf. „'s ist schon recht so," sagte er, sich wieder nach dem Innern des Zimmers wendend, „das Hoffen auf Konnexionen ist ein für allemal gebüßt. Läßt sich hier nicht bald etwas für mich finden, dann in Gottes Namen nach New-Orleans — mein Alter daheim soll wenigstens nicht sagen, daß ich vor irgend einem möglichen Schritte zur Erlangung meines Lebensunterhaltes zurückgeschreckt wäre. Die Cholera fürchte ich nicht, und das gelbe Fieber ist vorläufig noch nicht da!"

Er blickte nach seiner Uhr; noch waren zwei Stunden bis zu Mittag, und mit einem Nicken der Befriedigung wandte er sich nach seinem Koffer, um für die zu machenden Besuche die nöthigen Aenderungen in seinem Anzuge vorzunehmen. — —

Es war am Abend desselben Tages; schwere Wolkenmassen hatten den Himmel überzogen und schienen das Mondlicht, auf welches die nur zum Nothbedarf entzündeten Gasflammen in den Straßen schließen ließen, völlig ausgelöscht zu haben; dunkel und unhörbar flossen unten die Wasser des breiten Stroms, und nur die unabsehbare Reihe der Dampfbootlichter bezeichnete die Uferlinie. — Die Landung herauf stiegen zwei

Gestalten und blieben auf der halben Höhe unweit eines Haufens aufgestapelter Frachtgüter stehen. „Alles in Ordnung, Wilson?" klang es halblaut, nachdem ein vorsichtiger Rundblick des Fragers ihn von der völligen Einsamkeit des Ortes überzeugt zu haben schien.

„Alles, Sir!" war die Antwort, „die Mehlfässer lagern im Schuppen, das Schweinefleisch und der Whiskey sind im Hofe untergebracht, und wenn uns nicht der Teufel geradezu ein Faß entzwei schlägt, so wird es als die prächtigste Ladung, die nur ein Boot getragen, den Mississippi hinunterschwimmen. Wollen Sie die Colli noch einmal genau nachsehen, so können Sie nachher mit gutem Gewissen Stück für Stück beschwören." Ein heiseres Lachen folgte den letzten Worten, aber eine hastige Bewegung des ersten Sprechers unterbrach es.

„Keine Thorheit, Wilson, so sicher man auch sein mag!" rief dieser mit vorsichtig gedämpfter Stimme, während er von Neuem einen raschen Blick auf die nächste Umgebung gleiten ließ; „ich werde jetzt allerdings die gesammten Stücke noch einmal mit der Liste vergleichen und danach morgen bei Zeiten die Versicherung vornehmen lassen. Ich wünsche indessen, daß, ehe dies geschehen ist und ich nach dem Boote komme, diese Ladung schon völlig an Bord gebracht sei, und dann erst die Verladung der fremden Fracht erfolge; auf so genauem Fuße ich auch mit dem alten Burschen von der Versicherungs-Bank stehe, so ist er doch ein Schnüffler, der bei jeder Versicherung selbst seine Nase so tief als möglich in die Güter stecken möchte. — Was nun aber das Weitere anbetrifft," fuhr dieselbe Stimme in noch sorgfältigerer Dämpfung fort, „haben Sie sich mit Butler über die beste Weise geeinigt, Wilson, damit jeder Fehlschlag zur Unmöglichkeit wird?"

„Ohne Sorge, Sir!" lachte der Andere in seiner früheren unangenehmen Weise, „das Geschäft ist richtig arrangirt, und Sie können um so ruhiger sein, als wir nicht nur unsern Gewinnantheil haben, sondern auch unglücklichen Falles den Schaden mitzutragen hätten!"

Der Erstere nickte langsam und wandte sich dann mit einem: „So kommen Sie!" der Höhe der Landung zu.

Als Beide sich kaum zehn Schritte von ihrem bisherigen
Standpunkte entfernt hatten, löste sich von dem Haufen der
Frachtgüter eine dunkele Gestalt los und folgte den Davon-
gehenden vorsichtig durch die Finsterniß, bis die Letzteren sich
der Reihe von Lagerhäusern, welche oben parallel mit dem
Flusse sich hinzog, näherten und dort in den ungewissen Schein
der Straßenlaternen traten. Hier versuchte der Nachfolgende,
den sicheren, raschen Schritt eines zufällig Passirenden an-
nehmend, die Voranschreitenden zu überholen, augenscheinlich
um einen Blick in ihre Gesichter zu erhalten; in der nächsten
Sekunde aber verschwanden die Beiden in einer sich aufthuen-
den Seitengasse, und als Jener die Mündung derselben erreicht, starrte ihm ein völlig undurchdringliches Dunkel daraus
entgegen. Er blieb stehen und wandte sich langsam wieder zurück. „Ich hätte darauf schwören mögen, daß es seine
Stimme war; man braucht sie eben nur einmal im Leben gehört zu haben!" brummte er nachdenklich und stieß beim nächsten
Schritte gegen einen vom Flusse heraufkommenden Menschen,
der indessen mit einem schmiegsamen: „Bitte um Verzeihung,
um Verzeihung, Sir!" zur Seite wich.

„Halloh, Bob, seid Ihr das?" rief Jener, und der aus
dem Wege getretene Neger näherte sich, den jungen Deutschen
vom Morgen wiedererkennend, mit zwei grotesken Verbeugungen.
„Ihr könnt mir vielleicht Auskunft geben, ob morgen früh
schon irgend ein Dampfboot nach New-Orleans geht?" fuhr
der Sprechende fort, „ich habe bereits umsonst versucht, eine
bestimmte Auskunft darüber zu erhalten."

„Weiß von keinem, Sir," war die bereitwillige Antwort,
„unsere ‚Lilly Dale' wird in den nächsten Tagen wohl überhaupt das einzige Boot sein, das die ganze Reise dahin macht."

„So — dann werden wir also doch die Tour zusammen
machen, Bob! Aber was ich dabei fragen wollte: War das
wohl Kolonel Webster, der vor einigen Minuten vom Boote
herauf kam? ich meine ihn soeben gesehen zu haben, konnte ihn
aber nicht mehr erreichen."

„Glaube kaum, Sir, daß Mr. Webster Abends und bei
dieser Dunkelheit ohne Noth hier herunter kommen würde,"

erwiderte der Schwarze kopfschüttelnd, „am Bord war er nicht, ich komme daher, Sir."

„Hm — nun dann nur noch eine Frage: Kennt Ihr Jemand von den Bootbeamten oder der Mannschaft, der Wilson heißt?"

„Sicherlich nicht auf unserem Boote, Sir," gab der Befragte unter neuem Kopfschütteln zurück, und mit einem nachdenklichen: „Bis auf Weiteres denn, Bob!" nahm der Andere seinen Weg wieder auf.

Eine Zeitlang noch stand vor Behrend's Gedanken das zufällig belauschte Gespräch, das irgend ein lichtscheues Unternehmen verrieth, ohne daß doch der junge Mann über die Natur desselben mit sich hätte einig werden können; als er aber in die nächste sich öffnende breite Straße einbog, um nach seinem Hotel zu gelangen, traten seine eigenen Angelegenheiten wieder vor seine Seele. Daß er jetzt an der Landung gestanden, in der Dunkelheit versuchend, die unten liegende „Lilly Dale" aus dem Gewirre der übrigen Dampfboote herauszufinden, war das Ergebniß eines Tages voll erregter Hoffnungen und immer auf's Neue folgender bitterer Enttäuschungen. Er war nirgends, wohin ihn seine Empfehlungsbriefe geführt, mit Unfreundlichkeit oder auch nur mit Kühle empfangen worden; es waren jedenfalls warme Worte, durch welche sein New-Yorker Prinzipal ihn eingeführt, denn man hatte sich sichtlich für sein Unterkommen interessirt; und waren auch die Geschäfte, an welche er adressirt worden, bereits überall besetzt, so wurden ihm doch eine Reihe neuer Adressen mit der nöthigen Empfehlung aufgegeben; ja Einer der Prinzipale war sogar persönlich zu verschiedenen seiner Geschäftsfreunde mit ihm gegangen; aber immer war das Endresultat aller Nachfragen und Bemühungen gewesen, daß, wenn Behrend einige Wochen warten könne, sich jedenfalls etwas für ihn finden werde, daß aber bei der Menge junger Kaufleute, welche seit der Krisis im Osten St. Louis heimgesucht, sich für den Augenblick kaum ein Engagement werde erzwingen lassen. Warten aber konnte Behrend nicht mehr, er hatte es zu lange für seine Geldmittel in New-York und Cincinnati gethan. Als er nun bei dämmerndem

Abend, ohne sich eines stillen Drucks ganz erwehren zu können, den Weg nach seinem Hotel eingeschlagen, hatte er neben einem der gebräuchlichen Lastkarren, die Peitsche in der Hand, eine Figur erblickt, deren er sich, wenn auch in besserem äußerlichen Zustande, aus seinen New-Yorker Kreisen zu erinnern gemeint, und sein zweifelnder, starrer Blick hatte auch sofort bei dem Beobachteten eine lachende Begrüßung hervorgerufen. Wenige Worte der folgenden Erklärung waren hinreichend gewesen, um in Behrend jede etwa noch wache Illusion über seine Aussichten zu zerstören. Der jetzige Karrenführer und vormalige Handlungsbeflissene, der ebenfalls mit den besten Empfehlungen St. Louis betreten, hatte sich so lange mit der Hoffnung auf eine passende Stelle getröstet, bis ihm Geld und Kredit zu Ende gegangen und er, um nicht zu verlumpen, die nächste sich ihm bietende Beschäftigung angenommen hatte. Man kannte in der kaufmännischen Welt den Fall und rechnete es dem jungen Manne zur Ehre an, daß er zu anderer Arbeit gegriffen und nicht, wie ein großer Theil der übrigen Beschäftigungslosen, sich auf schlechtes Schuldenmachen gelegt. Er hatte jetzt selbst den Plan, nach New-Orleans zu gehen und dadurch auf jede Gefahr hin sich seiner Lage zu entreißen, aber noch waren seine neuerworbenen Mittel zur Reise nicht hinreichend. — Nach einem gemeinschaftlichen Schlucke im nächsten Trinklokale hatten sich endlich Beide getrennt, und Behrend war nach einer kurzen Wanderung durch die bereits dunkeln Straßen zu dem Entschlusse gelangt, keinen Tag länger hier sein Geld unnütz zu verzehren und sich auf kürzestem Wege, am Flusse selbst, nach dem nächsten abgehenden Dampfschiffe zu erkundigen. So war er nach der Landung gekommen, wo ihm die Frachtgüter auf dem von ihm eingeschlagenen Wege einen Halt zu besserer Orientirung geboten hatten. —

Als Behrend eine Stunde später sein Bett gesucht hatte und noch einmal die Erlebnisse des Tages an sich vorüberziehen ließ, wollte ihm die Begegnungsweise des alten Peters unter den obwaltenden Verhältnissen fast in einem milderen Lichte erscheinen; und wenn er auch nach den fehlgeschlagenen Versuchen zu seinem Unterkommen dessen Geschäftslokal am wenigsten noch aufsuchen mochte, um nicht in den Verdacht zu gerathen, als hoffe er zuletzt noch eine Art Barmherzigkeitshülfe durch ihn, so wollte er doch der Schicklichkeit genügen und einen Besuch in dessen Privatwohnung machen. Ließ sich die Tochter sehen, so hoffte er wenigstens den Eindruck bei ihr zu verwischen, den er bei seinem ersten Auftreten als unglücklicher Beschäftigung Suchender auf sie gemacht haben mochte; nahm sie indessen seinen Besuch nicht an, was sich bei der Weise, in der sie ihn am Morgen verabschiedet, auch erwarten ließ, so konnte er damit sein Urtheil über diese Leute vervollständigen. Trotz der Ruhe indessen, mit welcher er sich den letzten Gedanken vor die Augen zu stellen suchte, überschlich ihn doch auf's Neue das Gefühl von innerer Wundheit, welches er am Morgen nach dem ersten Empfange gehabt — das war dasselbe kleine Mädchen, das so oft nach „dem Joseph" gerufen, wenn irgend eine Schwierigkeit bei einem unternommenen Spiele zu beseitigen war, oder eine vermeintliche Gefahr durch einen fremden Hund oder einen frechen Bettelbuben sich gezeigt; es war sonderbar, wie treu mit einem Male alle diese längst untergegangenen Erinnerungen wieder in seiner Seele aufstiegen — und als er nach geraumer Weile aus einem Halbschlummer, der ihn überkommen, auffuhr, betraf er sich auf so wunderlichen, schon halb zum Traum gewordenen Phantasiebildern von seltsamen Genugthuungen, die sich sein Stolz ihr gegenüber schuf, von denen aber dennoch jede ihm das eigene Herz zerschneiden wollte, daß er, unwillig auf sich selbst, sich auf die Seite warf und mit Vorstellungen seiner künftigen Wirksamkeit unter Cholera und gelbem Fieber seinen Gedanken einen neuen Weg wies. —

Es war am nächsten Morgen nach elf, als Behrend, nachdem er sorgfältig Toilette gemacht, sich zu dem einzigen Abschiedsbesuche, den er für nöthig fand, anschickte. Sein Koffer stand bereits neu gepackt und geschlossen. In den Frühstunden war er am Bord der „Lille Dale" gewesen, um sich über die genaue Abfahrtszeit zu unterrichten, hatte hier die neue Ladung beinahe schon völlig eingebracht gefunden, und der „Office-Clerk" hatte es für möglich gehalten, daß das Boot bereits am Spät-

Nachmittag seine Reise antrete, da es nur noch auf die geringe Vervollständigung seiner Fracht warte und sich nicht durch Einhalten einer bestimmten Abfahrtszeit nach den wenigen Passagieren, welche um diese Jahreszeit stromabwärts gingen, richten könne. Der junge Deutsche hatte also beschlossen, sobald er seine letzte Pflicht in der Stadt erfüllt, das Hotel zu verlassen und sich ohne Weiteres an Bord zu begeben.

Der Wohnungs-Anzeiger hatte ihn für seinen Besuch nach einer der fashionablen Straßen der Nordseite gewiesen, und nach kaum viertelstündigem Gange befand er sich einem bronzenen Gitter gegenüber, welches an seinem Eingange die angegebene Hausnummer zeigte und eine kleine geschmackvolle Gartenanlage, sowie das im Hintergrunde befindliche villaähnliche Gebäude von der Straße abschloß. Ein Kiesweg führte ihn zwischen zwei riesigen Schattenbäumen nach dem von Säulen getragenen Portifo, und nicht ohne ein leicht bedrückendes Gefühl der eigenen Unbedeutenheit diesen sichtlichen Zeichen des Reichthums gegenüber zog er die Klingel. Eine sauber gekleidete Negerin öffnete und wies ihn auf die Frage nach Miß Peters, seine Karte in Empfang nehmend, in den hohen Parlor, in welchem die zugezogenen schweren Damastgardinen ein wohlthuendes halbes Dämmerlicht geschaffen hatten. Eine eigenthümliche Spannung ließ den jungen Mann kaum einen Blick auf die reichen Umgebungen werfen; noch wußte er nicht, welchen Empfang er finden werde, und fast unwillkürlich waffnete er sich mit dem eigenen Stolze gegen Alles, was ihm die nächsten Minuten bringen konnten; er ward indessen ohne langes Harren seiner Ungewißheit entledigt. In der Vorhalle rauschten Frauengewänder, und die hohe, leichte Gestalt von Ellen Peters trat ein, wandte sich nach dem Fenster, um einen der Vorhänge zurückzuschlagen, und hob dann erst die Augen nach dem jetzt im vollen Lichte Stehenden. Es war ein wunderbar ernster, prüfender Blick, welcher den jungen Mann traf, und einen Augenblick fühlte sich dieser von der Erscheinung des Mädchens, welche, jetzt vom Hute und der frühern Umhüllung befreit, in der Fülle des dunkeln, glänzenden Haares und dem modernen, eng an die weichen Formen des feinen Oberkörpers sich anschließenden Jäckchen, eine völlig veränderte für ihn war, fast der errungenen Sicherheit beraubt; als sie aber mit einem leichten englischen: „Setzen Sie sich, Sir!" nach dem nächsten Stuhle wies, ließ die kalte Ruhe ihres Tons ihn schnell seine Haltung wiedergewinnen.

„Ich komme nur, Miß Peters, um Ihnen ein Wort des Abschieds zu sagen, und Sie gestatten mir wohl, dies in unserer Muttersprache zu thun," begann er, ohne ihrer Einladung Folge zu leisten, „ich verlasse St. Louis noch heute, und so bleibt mir eben nur übrig, Ihnen meine Freude, Sie nach langer Zeit so glücklich wieder gesehen zu haben, auszudrücken."

Sie hob wie in leichter Ueberraschung den Kopf. „Sie reisen ab? Haben Sie meinen Vater schon gesprochen?" fragte sie nach einer augenblicklichen Pause langsam.

„Ich habe nicht geglaubt, ihn noch einmal belästigen zu dürfen," erwiderte er ruhig, „ich kann mir lebhaft vorstellen, wie unbehaglich Besuche sind, in denen man nur den Ausdruck von unbequemen Wünschen oder Hoffnungen sieht, und schon als Kolonel Webster sich so ungeschminkt über die hiesigen Aussichten für junge Kaufleute äußerte, that es mir leid, daß ich überhaupt gegen Mr. Peters von meinen Absichten gesprochen. — Aber," unterbrach er sich, während sie ernst und unverwandt das große Auge auf seinem Gesichte ruhen ließ, „bei Mr. Webster fällt mir ein, daß, wie ich höre, Sie zu diesem bald in das engste Verhältniß treten werden, und so darf ich wohl bei dieser Gelegenheit gleich meinen Glückwunsch zurücklassen, zu dem ich später doch kaum eine Gelegenheit finden würde!"

Sie antwortete nicht sogleich, und Behrend fühlte ihren Blick, trotz der Ruhe darin, auf sich haften, als wolle sie ihn bis in sein Innerstes senken; zugleich aber ward er sich bewußt, daß ihm bei aller vorgenommenen äußern Gleichgültigkeit die Worte doch nur durch eine stille Erregung und halbe Bitterkeit diktirt worden waren, die er fast außer seiner Kontrole fühlte.

„Setzen Sie sich einmal, Mr. Behrend," sagte sie plötzlich, während ein leiser Anflug von Farbe in ihr Gesicht trat,

„mir ist es, als könnten Sie kaum von der geraden Wahrheit abgehen, und so sagen Sie mir ehrlich, was Sie von hier wegtreibt, ehe Sie mit meinem Vater gesprochen haben — ich weiß, daß er Sie erwartet hat!" Sie nahm zugleich einen nahestehenden Fauteuil ein und deutete erwartend auf den nächsten Stuhl.

„Durchaus nichts Anderes, Miß, als die einfachen Thatsachen, die ich schon berührte," versetzte er, wie nothgedrungen ihrem Gebote folgend, „Mr. Peters hat mir, noch ehe ich irgend einen bestimmten Wunsch aussprach, auf das Unzweideutigste versichert, daß, wie sein eigenes Geschäft schon übervoll besetzt sei, es überhaupt in der Stadt keine Aussicht zu einem Engagement für mich gebe; von dem Letzteren habe ich mich bereits selbst überführt, und da ich es bitter hasse, irgend eine Rücksicht zu beanspruchen, die sich nicht von selbst gebietet, so habe ich es unterlassen, Mr. Peters noch einmal zu belästigen."

Sie blickte ihn zwei Sekunden auf's Neue wortlos an, während sich jetzt indessen ihre Züge wie unter einem lächelnden Gedanken aufhellten. „Sie haben gestern eine Kinder-Erinnerung in mir wach gerufen, an welche sich später von selbst andere geknüpft haben," sagte sie dann; „waren Sie nicht damals von einer so regen Empfindlichkeit, daß Sie einmal um irgend einer Ursache willen das schönste Kinderfest verließen?"

Es war ein seltsam gemischtes Gefühl, das sich in diesem Augenblicke des jungen Mannes bemächtigte; eine Empfindung von Glück, daß sie selbst die angeregten Erinnerungen weiter gesponnen, zitterte in ihm, während er dennoch auch den indirekten Vorwurf in ihren Worten erkannte und sich zugleich von der leichten Weise, mit welcher sie das Verfahren ihres Vaters gegen ihn zu behandeln schien, verletzt fühlte. „Ich habe immer nur gestrebt, mich vor unverdienten Demüthigungen zu bewahren, Miß, und was bei dem Kinde als Fehler erscheinen mag, bildet sich später oft zu einer für die Selbstachtung unerläßlichen Eigenschaft heraus," erwiderte er, ohne die verschiedenen Regungen in sich ganz verbergen zu können; „lassen Sie mich Ihnen aber herzlich für die Erwähnung jener Zeit danken, die mir seit gestern kaum wieder aus den Gedanken gewichen ist." Er erhob sich, als fürchte er, sich zu weit gehen zu lassen; das Mädchen aber, in deren Wangen bei seinen letzten Worten ein leises Roth gestiegen war, hob bei seiner Bewegung rasch den Kopf.

„Und Sie wollen meinen Vater vor Ihrer Abreise nicht noch einmal sprechen?" fragte sie, langsam ihren Sitz verlassend.

„Gott, Miß, wenn ich nicht fürchten darf, ihm unbequem zu sein, so werde ich es ja gern als Pflicht betrachten, von ihm persönlich Abschied zu nehmen!" erwiderte er, wie im leichten Kampfe mit sich selbst, und mit einem hellen Lächeln der Befriedigung reichte sie ihm jetzt die weiße, schmale Hand.

„So rechne ich darauf, Mr. Behrend," sagte sie, „und ich will wünschen, daß Sie es nicht für nöthig finden, so schnell schon St. Louis zu verlassen!" —

Als er eine Minute darauf wieder die Straße betrat und den Weg nach dem Geschäftstheile der Stadt einschlug, schüttelte er leise den Kopf. „Für mich aber wird es recht gut sein, bald wegzukommen, um nicht zuletzt noch einer Hochzeit beiwohnen zu müssen, die mir das halbe Leben verbittern könnte!" brummte er; nach einer Weile stillen Sinnens indessen reckte er kräftig die Schultern. „Weg damit!" sagte er mit Energie in dem halbunterdrückten Tone, „Herzensnoth wäre es gerade, was mir zu meinem übrigen Elende noch gefehlt hätte!"

Eine Viertelstunde später stand er vor der ihm von Peters bezeichneten „Bank der Versicherungs-Kompagnie", deren glänzendes Schild er schon während seiner Gänge am Tage vorher bemerkt hatte, hielt aber den Griff der hohen Thür einen Augenblick mit zusammengezogenen Brauen in seiner Hand, als überdenke er die zu sagenden Worte, ehe er öffnete. Ein weites, helles Zimmer, dessen Länge ein breiter, eleganter Zahltisch durchschnitt und die Reihe der dahinter emsig an ihren Pulten arbeitenden Clerks von dem übrigen Raume abtrennte, nahm ihn auf und gab ihm schon beim ersten Ueberblick eine Idee von der Ausdehnung des Geschäfts. Niemand schien seinen Eintritt zu beachten, und als er sich an den nächsten der jungen Leute mit der Frage nach Mr. Peters, den er persönlich zu sprechen habe, wandte, wurde er mit einem kurzen: „In

seinem Zimmer, Sir!" nach einer Thür am Ende des Raumes
gewiesen. Unwillkürlich überkam den Eingetretenen gegenüber
dieser achtunggebietenden Stille und unverrückbaren Emsigkeit
um ihn her das Gefühl einer leichten, respektvollen Scheu vor
dem Manne, dem er soeben entgegentreten wollte; indessen
hatte er ihn ja in nichts zu beanspruchen, kam im Gegentheil,
um ihn der Verpflichtung gegen einen hülfreich gewesenen
Freund zu entheben — und als Behrend die bezeichnete Thür
öffnete, hatte er völlig seine frühere Stimmung gegen den
Bankier wiedergefunden. Noch geschärft ward diese aber, als
ihm beim Eintritt in das einfach, aber behaglich eingerichtete
Arbeitszimmer die Stimme Webster's entgegenklang und Peters,
bequem in den Lehnsessel vor seinem Schreibtische zurückgelehnt,
nach dem ersten aufschauenden Blicke den Ankömmling kaum
weiter zu beachten schien.

„Well, Sir, ich kann Ihnen nur sagen, daß Sie mehr
Glück haben als andere Leute, die bei der jetzt beginnenden
Jahreszeit oft nicht halbe Fracht für den Süden auftreiben,"
ließ sich der Hausherr hören, während Webster sich von der
Seitenlehne des Sophas, auf welcher er nachlässig gesessen,
erhob, als wolle er in Gegenwart des fremden Zeugen das
Gespräch abbrechen.

„Well, Sir, die eigene Spekulation muß eben nachhelfen,
worauf sich nicht Jeder einlassen mag," sagte der Letztere, sich
zum Gehen anschickend, und vor Behrend stand bei dem eigenthümlichen Tonfall in der Stimme des Redenden plötzlich
wieder das belauschte Gespräch vom Abend zuvor; der Deutsche
hätte jetzt darauf geschworen, in dem gestrigen Hauptsprecher
Webster vor sich gehabt zu haben, der ganze Inhalt der geheimen Unterredung schien auch völlig mit dem Geschäfts-
betriebe des Dampfboot-Eigenthümers in Verbindung zu stehen;
umsonst aber versuchte Behrend noch jetzt unwillkürlich ein Verständniß des Gehörten in sich zu erwecken und entschlug sich
endlich jeden Gedankens um eine Angelegenheit, die ihn zuletzt
doch in keiner Weise berühren konnte.

„Und wann geht das Boot?" fragte der Bankier, als
Webster eine Bewegung zum Abschied machte, „ich habe viel-

leicht selbst noch eine Art Frachtstück mitzugeben, möchte aber dafür die letzte Zeit der Einlieferung wissen."

„Ich denke bis vier oder fünf Uhr Alles an Bord zu haben, Sir, und sehe dann keinen Grund, die Abfahrt zu verzögern!" war die Erwiderung; Peters nickte ruhig, und der Andere verabschiedete sich leicht, ohne von dem noch unweit des Einganges harrenden jungen Manne Notiz zu nehmen. Erst als die Thür hinter dem Abgehenden sich geschlossen, wandte sich der Bankier, seinem Stuhle eine Schwenkung gebend, nach dem Dastehenden.

„Well, Sir, Sie haben auf sich warten lassen," begann er, und derselbe eigenthümliche, halb spöttische Zug, den Behrend schon bemerkt, als ihn Peters nach seiner ersten Vorstellung hatte zurückrufen lassen, machte sich wieder um des Sprechers Mund bemerkbar; „Sie haben mir nicht geglaubt und auf eigene Faust Ihr Heil versucht, wie ich gehört? Sind in einem Punkte genau wie Ihr Vater, der auch stets absprang wie Stahl, wo er meinte, daß seine gerechten Erwartungen nicht sogleich erfüllt würden; das thut's aber in einer Zeit, wie wir sie jetzt hier haben, nicht. Was denn nun, da Sie mir eigentlich schon den Weg verfahren haben, wenn ich auch vielleicht etwas für Sie hätte thun können?"

Behrend hatte mit völlig ruhigem Gesichte den Bankier aussprechen lassen, aber er meinte mit doppelter Stärke die Genugthuung zu fühlen, welche ihm sein gefaßter Entschluß jetzt bot. „Ich glaube, Mr. Peters, daß Sie mir gestern schon die Nutzlosigkeit einer Bemühung in meinem Interesse andeuteten," sagte er kalt, „und so komme ich jetzt auch nur, um Ihnen ein schuldiges ‚Adieu' zu sagen, da ich am Nachmittag wieder abreisen werde!"

Der Alte hob langsam den Kopf, während sein Gesicht plötzlich ernst wurde. „Sie reisen wieder ab; so, so!" sagte er nach einer kurzen Pause, „meinten jedenfalls die offenen Stellen hier nur auf Ihre Fähigkeiten warten zu finden — gerade das, was ich gestern fürchtete. Nun möchte ich Ihnen aber sagen, daß Sie mit Ihrer kurzen Weise kaum etwas erreichen werden, als Ihr Geld zu verreisen und doch zu keinem Zwecke zu kommen!"

„Ich muß es eben riskiren, Mr. Peters; ich habe hier gestern einen New-Yorker Kollegen als Karrenfuhrmann sein Brot verdienen sehen, und ein solcher Lebensunterhalt bleibt mir wohl überall, während ich für anderwärts immer noch Hoffnungen hegen darf, die ich hier nicht habe!"

„Die Sie hier nicht haben?" unterbrach ihn Peters, die Hände auf die Armlehnen seines Sessels stützend, als wolle er sich in einer plötzlichen Erregung des Unmuths erheben. „Wenn ich Ihnen gleich bei Ihrer Ankunft die hochfliegenden Illusionen nehmen wollte, mit denen zu seinem Schaden Jeder, der einen Empfehlungsbrief in der Tasche gehabt, hierher gekommen ist: müssen Sie dann auch voraussetzen, ich werde mich überhaupt nicht um Sie kümmern? Habe ich Ihnen nicht angedeutet, wie viel ich auf Ihren Vater halte, und Sie zu einem ausführlichen Gespräche eingeladen?"

Behrend schüttelte mit einer leichten, höflichen Neigung den Kopf. „Sie haben mir selbst die gänzliche Hoffnungslosigkeit für ein baldiges Engagement angedeutet, Mr. Peters, meine gestrigen Erfahrungen haben diese nur bestätigt, und so würde jede Güte Ihrerseits, die mein Hierbleiben ermöglichte, für die ich aber in keiner Weise aufzukommen vermöchte, mich doch nur vor mir selbst demüthigen müssen. Ich danke Ihnen herzlich, Mr. Peters, aber da nun einmal hier ein geschäftliches Unterkommen vor der Hand nicht möglich ist, so muß ich es eben wo anders suchen. Ich habe bei der kommenden Jahreszeit sichere Aussicht, in New-Orleans beschäftigt zu werden, die Hitze genirt mich wenig, das gelbe Fieber ist noch nicht da und auch nicht jedes Jahr gleich bösartig, also denke ich dort einmal mein Heil zu versuchen."

Peters schüttelte unmuthig den Kopf und drehte sich dann halb seinem Schreibtische wieder zu. „Ich kann Ihnen nur sagen, daß Sie eine Tollheit begehen, Sir!" sagte er nach kurzem Sinnen; „haben Sie denn aber wenigstens Geld genug zur Rückreise, falls eine bessere Ueberlegung noch zur rechten Zeit käme — oder ist eine solche Frage auch gegen Ihre Ehre?"

„Ich bin noch genügend versehen, sonst würde ich mich freimüthig um eine Aushülfe für kurze Zeit an Sie gewandt haben," erwiderte der junge Mann ruhig. „Sie beurtheilen wohl meine Gefühlsweise, die mich zu dem jetzigen Schritte drängt, nicht ganz richtig, Mr. Peters; Sie haben selbst Ihren Weg nur durch die eigene Thatkraft gemacht, und wenn ich mich nicht auf außergewöhnliche Rücksichten oder gar Wohlthaten die nicht einmal ihren Grund in mir selbst finden, stützen mag, so glaubte ich, daß Sie mich verstehen könnten!"

„Ich verstehe Sie recht gut, besser als Sie sich vielleicht selbst, Sir; aber ich weiß auch, daß das Sprechen hier zu nichts mehr führt," nickte der Alte und hielt eine kurze Weile den Blick vor sich auf den Boden geheftet. „Alles, was ich Ihnen noch rathen will," fuhr er dann langsam fort, „ist, daß Sie sich wenigstens nicht so ohne Weiteres in Ihr voraussichtliches Verderben stürzen, sondern sich unterwegs nach einer Chance, die sich Ihnen bieten könnte, umsehen. Ich will Ihnen zwei Briefe für Memphis zurecht machen; die ‚Lilly Dale‘, mit welcher Sie jedenfalls gehen, hat starke Ladung dahin und wird für einige Stunden anlegen müssen. Sollte es dort aber auch mit einer Stellung nichts sein, so erkundigen Sie sich vielleicht des Genaueren über das Sommerleben in New-Orleans und die Sterblichkeit unter den neuen Ankömmlingen. Ich sage Ihnen das Letztere um Ihres Vaters willen, sonst würde ich bei Ihrem so bestimmten Entschlusse kein weiteres Wort darüber verloren haben. Die Briefe werden in zwei Stunden für Sie bereit liegen."

„Ich nehme mit dankbarstem Herzen Ihre Freundlichkeit an, Mr. Peters!" beeilte sich jetzt Behrend zu erwidern, aber mit einem kurzen, unmuthigen: „Schon recht, Sir!" drehte sich der Bankier seinem Schreibtische zu und gab damit das Zeichen der Entlassung.

Als der junge Mann die Straße wieder erreicht, wußte er kaum, ob er mit sich zufrieden oder unzufrieden sein solle. Wenn er an Ellen dachte, fühlte er, daß es ihm unmöglich gewesen wäre, eine Existenz anzunehmen, wie sie der Alte vorläufig wohl für ihn beabsichtigt, eine Existenz, die sich nur auf dessen

Wohlthaten irgend einer Art stützen konnte, bis eine glückliche Gelegenheit ihm ein wirkliches Unterkommen verschaffte; — fühlte überdies, daß er auf den ihm gewordenen Empfang bei seiner Ankunft kaum anders, als durch eine volle, stolze Selbständigkeit habe antworten dürfen, wenn diese Empfangsweise auch, wie Peters jetzt meinte, auf sein Bestes abgezielt habe — und dennoch war es ihm daneben, als sei er zu kurz und schroff in seinem Verfahren gewesen und habe sich selbst damit geschadet.

Indessen blieb in jedem Falle die Hauptsache wie sie war, und so strebte er, seinem Hotel zuschreitend, jeden Gedanken, der seinen Muth für den einmal gefaßten Entschluß hätte herabstimmen können, zu verbannen. Ein wohlthuender Gedanke aber war es ihm trotzdem, daß Memphis, wie die eigentliche letzte Entscheidung, noch zwischen ihm und New-Orleans lag, und er dankte dem Alten im Stillen, daß er ihm diesen Haltpunkt zur nochmaligen Frage an sein Schicksal auf den Weg gelegt. —

Es war drei Uhr vorüber, als Behrend mit seinem Gepäck den Bord des Dampfbootes betreten hatte, und den qualmenden Schornsteinen nach schien er kaum viel zu früh angelangt zu sein. Die Briefe nach Memphis befanden sich in seinem Taschenbuche; sie waren ihm indessen durch einen der Clerks in der Bank übergeben worden, da Mr. Peters, wie es hieß, das Geschäft bereits verlassen habe, und diese Abwesenheit hatte dem jungen Manne fast wie ein letztes Zeichen des Unmuthes, welches ihm der Alte mit auf den Weg gebe, erscheinen wollen, das ihn jetzt drückte, er konnte sich selbst nicht erklären weßhalb.

Das Innere des Fahrzeuges zeigte noch das gewöhnliche Durcheinander von ab- und zugehenden Reisenden, Gepäckträgern und ordnender Bootsdienerschaft vor der Abfahrt, und Behrend hatte es sich abseits auf einer der offenen Gallerien bequem gemacht, das Menschentreiben an der Landung beobachtend und unwillkürlich eine Parallele zwischen seinen Empfindungen, mit denen er gestern bei seiner Ankunft das Schauspiel betrachtet, und seinen jetzigen ziehend. Da blieb sein Auge plötzlich an einem von der Stadt heranrollenden offenen Wagen, der bald in kurzer Entfernung dem Boote gegenüber hielt hängen, und sein Gesicht nahm die Blässe tiefer Erregung an; dort hatte eben der alte Peters den Boden betreten, während Ellen, einer zweiten jungen Dame voran, ihm mit leichtem Sprunge und ohne auf Beistand zu warten folgte. Aber noch ein Anderer schien reges Interesse an der Angelangten zu nehmen; Webster war ihnen vom Eingange des Bootes rasch entgegen getreten, und vor seiner augenscheinlichen Ueberraschung schien das Gesicht des Bankiers fast seine ganze Steife aufgeben zu wollen. „Ich sagte Ihnen ja, daß ich Ihnen noch eine Art Frachtstück zu bringen hätte," hörte Behrend die Stimme des Alten, „nun sind es aber zwei geworden. Meiner Ellen ist es plötzlich in den Kopf geschossen, ihre heimreisende Freundin zu begleiten, und sie ist leider gewöhnt, durchzusetzen, was ihr in den Sinn kommt!"

„Aber ich will doch nicht hoffen, daß die Reise weit geht, und Miß Peters uns für lange hier allein läßt?" fragte der Angeredete hastig.

„Nur hinunter bis an die Ohio-Mündung, Sir — aber entschuldigen Sie mich einen Augenblick!" gab Peters zurück und drehte sich nach dem Wagen, wo seine Tochter dem vom Bocke gesprungenen Schwarzen noch einzelne Anordnungen zurück zu lassen schien.

Webster wandte das Gesicht nach dem Flusse, und Behrend sah ein kurzes, seltsames Zucken durch seine Züge gehen; ein unterdrückter Fluch schien sich plötzlich aus seinem Munde zu drängen, und dann, wie einem bestimmten Gedanken nachgebend, eilte er in das Boot zurück. Ehe indessen der Beobachtende noch Zeit gehabt, sich einen Gedanken über das eigenthümliche Wesen des Mannes zu machen, drang ein lauter Ruf desselben aus einem nahegelegenen Theile des Fahrzeuges zu ihm. „Wilson! Wilson!" hörte er.

„Sir!" tönte es als Antwort.

„Einen Augenblick hierher, aber ohne Verzug!"

Kein weiterer Laut ward hörbar, aber der eine Name „Wilson" hatte den jungen Mann wie elektrisch berührt, es war derselbe, welcher gestern Abend bei der erlauschten geheimnißvollen Unterredung gefallen war, und einige Sekunden lang wurde es dem Horcher, als sei mit seiner Anwesenheit auf Webster's Boote das besprochene lichtscheue Unternehmen an ihn selbst herangetreten und könne ihn in seine Verschlingungen hineinziehen; als er indessen jetzt Peters und die beiden Damen das Boot betreten sah, wandten sich seine Gedanken dem unerwarteten Ereigniß zu, das ihn auf's Neue in die Gesellschaft des Mädchens brachte, das er um seiner eigenen Ruhe willen am liebsten ganz gemieden hätte. Er hörte die kleine Gesellschaft die Treppe zum Salon heraufsteigen und war froh, ihr heute nicht in den Weg treten zu müssen, er hätte kaum selbst gewußt, welchen Ton gegen sie anzuschlagen. Da vernahm er nach einer kurzen Weile die Stimme des Alten durch die offene Thür zur Gallerie: „Der junge Behrend geht hinunter bis Memphis, oder auch weiter, wenn seinem Kopfe dort die Dinge nicht anstehen, und so ist wenigstens Jemand hier, an den Ihr Euch für irgend einen Nothfall werdet halten können!"

„Hoffentlich bedürfen wir der Adresse nicht, denn seiner bisherigen Weise nach wird er sich kaum sehen lassen!" klang Ellen's Stimme, und dem Lauscher schien eine Gereiztheit in ihrem Tone zu liegen, die ihm fast weh that. „Ich verstehe, daß sein Stolz sich beleidigt gefühlt haben kann, begreife aber diesen Trotz einer freundlichen Begegnung gegenüber nicht. Er wird eine Stellung in Memphis finden können, Vater?"

„Möglich, wenn es nicht wieder eine Beleidigung für seinen Stolz ist!" erwiderte Peters trocken; „bei solchen Charakteren läßt sich nichts voraussagen, und sie legen auch den besten Willen lahm."

„Aber wenn er nun wirklich in dieser Jahreszeit nach New-Orleans ginge, Vater?" Und der plötzlich aufspringende Ton von Besorgniß in der Frage durchzitterte alle Nerven des Hörers.

„Und was könnte ich nach Allem, was ich ihm gesagt, nachdem er jede Hülfe, die ich unter den obwaltenden Umständen für ihn gehabt hätte, als ungehörige Wohlthat zurückgewiesen, dagegen thun, Tochter? In gewissen Verhältnissen ist ein Charakter wie der seinige Gold, während er in anderen Lagen zur Narrheit wird, gegen die, und wenn sie zum Selbstruin führte, sich äußerlich nicht ankämpfen läßt. Hat er noch die nöthige Vernunft, so wird ihm die rechte Besinnung kommen, ehe er New-Orleans erreicht."

Das Gespräch endete, und eine Zeitlang schwebte Behrend in der Besorgniß, die Redenden auf die Gallerie heraustreten zu sehen; aber er blieb allein, und nun wollte ein reinlicher Zustand der Ungewißheit über die Berechtigung zu seinem raschen Verfahren sich seiner bemächtigen, während die Stimme des Mädchens in ihrem verschiedenen Ausdrucke noch immer in seinem Ohre klang — da bog ein schwarzes Gesicht um die Ecke der vorderen Gallerie, und der Dasitzende erkannte Bob, den Porter, welcher beim Anblicke des Deutschen mit einer wunderlichen Gesichtsverzerrung stehen blieb. Damit aber trat in einer plötzlichen Ideenverbindung auch Webster's Gesicht vor die Seele des jungen Mannes. Er wußte jetzt mit einem Male, was seinen Stolz und seine Empfindlichkeit dem Alten gegenüber so geschärft; es war der Hochmuth jenes Menschen, dessen wegwerfender Antwort ihn Peters schon bei seiner Ankunft preisgegeben, jenes Menschen, welcher der Verlobte Ellen's war, und er wußte nun auch, was ihn in näherer Berührung mit dem Bankier und dessen Familie niemals hätte ausdauern lassen. Er war mit sich und seinem Entschlusse wieder völlig klar. Mit dem Gedanken an Webster aber waren auch alle Empfindungen, welche der letztgehörte Ruf in ihm erzeugt, von Neuem erwacht, und mit unwillkürlicher Hast winkte er den Schwarzen zu sich heran.

„Well, Bob, es ist nun doch ein Mann, der Wilson heißt, unter der Schiffsmannschaft!" sagte er, seine Stimme dämpfend, und der Herbeigetretene riß mit einer Miene, in welcher sich plötzlich Angst und Geheimniß wunderlich mischten, die Augen fast unnatürlich groß auf.

„Wissen Sie etwas davon, Sir?" erwiderte er leise, mit einem scheuen Blick auf die nächsten Umgebungen. „Ich bin nun ein Jahr auf dem Boote, aber ich habe ihn jetzt das erste Mal gesehen und reden hören."

„Und was hat er mit Kolonel Webster gesprochen?" fragte Behrend, dem es klar war, daß der Schwarze soeben etwas von den zwischen Beiden gefallenen Worten aufgefangen haben mußte, halblaut und mühsam seine Spannung verbergend.

„Nichts, Sir, nichts, was nur einen Sinn für mich gehabt hätte," gab der Schwarze hastig und sich von Neuem scheu umblickend zurück, „aber wenn Sie etwas wüßten, Sir, und wollten mir ein Wort sagen — Sie fragten schon gestern nach dem Wilson —" Die ängstliche Scheu in dem Wesen des Negers prägte sich jetzt in einem so seltsamen Mienenspiele aus, daß Behrend nur um so gespannter auf den Grund derselben wurde, zugleich sich aber auch überzeugt hielt, daß Jener was auch beabsichtigt werden mochte, nirgends betheiligt war.

„Wir werden uns verständigen, Bob," nickte der junge Mann, seine Stimme zum halben Flüstern dämpfend, „laßt nur zuerst hören, was keinen Sinn für Euch gehabt und Euch doch in Schrecken gesetzt hat —!"

„Es waren nur die Gesichter, Sir," erwiderte der Schwarze eifrig; „ich bekam zuerst den Mr. Wilson vor's Auge — ich dachte nicht an's Horchen, Sir, ich stak zwischen dem Passagiergepäck, wo sie sich gerade hinstellten — und ich meinte dem leibhaftigen Teufel, wenn er über eine verlorene Seele lacht, in's Gesicht zu sehen. Er lachte ganz heimlich, Sir, aber es fuhr mir durch alle Knochen, und als ich nachher den Kornel ansah, meinte ich ihn kaum wieder zu erkennen, er hatte beinahe dasselbe Gesicht wie der Andere, so roth und verzogen. Sie sprachen nur ein paar kurze Worte, so lange sie still standen; Wilson sollte etwas nicht thun, so lange Miß Peters auf dem Boote sei, er schien sich aber nicht gern hinein zu fügen, weil er sich nicht um des Kornel's Zärtlichkeiten, sondern nur um die beste Gelegenheit kümmern dürfe; der Kornel sagte nun etwas, das klang wie ‚Mörder‘, wozu aber Wilson sein heimliches Lachen wieder aufschlug; dann gingen sie miteinander weg, aber ich sah noch, wie Wilson seine Hand hinreichte, als verspreche er den Willen des Kornels zu thun —"

Ein kurzes, scharfes Läuten der Schiffsglocke brach bei

Rede des Schwarzen ab; ein langgezogenes Brüllen der Dampfpfeife folgte nach, und mit einem hastigen Blicke in's Freie, wo sich soeben Alles, was die Reise nicht mitmachte, vom Boote hinausgetreten zu zeigen begann, wandte sich der Sprechende zum Gehen. „Erlauben Sie mir wohl, Sir, Sie noch einmal anzureden, sobald es sich ruhiger thun läßt?" fragte er eilig und sprang, nachdem ihm Behrend mit einem bereitwilligen: „Nur los damit, Bob!" zugenickt, in weiten Sätzen davon. Der junge Mann sah den Bankier bereits am Lande, sah, wie Webster zu ihm trat, ohne daß indessen der Beobachtende einen Blick in des Letzteren Gesicht hätte erhalten können, und in der Minute darauf begann sich das Boot aus der Reihe der übrigen Fahrzeuge in das freie Wasser hinaus zu schieben.

Zwei Tage lang war die „Lilly Dale" in eintöniger Fahrt den Strom hinabgeschwommen, hatte nur zweimal angelegt, um sich des größten Theils ihrer Passagiere und einiger Frachtstücke zu entledigen, und trieb jetzt Memphis zu. Behrend saß in dem offenen Eingange zur Gallerie und schien seine Aufmerksamkeit zwischen dem, was sich von den Vorgängen im Innern des Salons wahrnehmen ließ, und dem wunderlichen dicken Nebel zu theilen, welcher mit dem Niedergehen der Sonne aus dem breiten Strome aufstieg, anfänglich nur das Wasser und den unteren Theil des Fahrzeugs einhüllte, während die rothbestrahlten Ufer noch wie hinter einer Wolke hervorblickten, dann aber auch diese verbarg. Für den jungen Mann war die eintönige Fahrt indessen eine Zeit voll sich drängender Ereignisse gewesen.

Als das Boot St. Louis verlassen, hatte er mit dem Entschlusse den Salon betreten, seine unerwartete Reisegefährtin zu begrüßen und sich ihr für alle Nothfälle zur Verfügung zu stellen, dann aber jede weitere Berührung mit ihr zu vermeiden und so neuen zwecklosen Kämpfen mit sich selbst aus dem Wege zu gehen. Er hätte aber des letzteren Entschlusses kaum bedurft. Ellen Peters war ihm mit einer so kalten Gehaltenheit entgegengetreten, hatte ihm so formell für seine Erbietungen gedankt, daß von einer Annäherung seinerseits, selbst wenn er sie gewünscht, kaum die Rede hätte sein können, und umsonst hatte Behrend nach diesem Empfange sich selbst überreden wollen, daß die Weise desselben nur seinen Wünschen entsprochen. Jemehr er sich jedes Gedankens an das Mädchen zu entschlagen gestrebt, um so bestimmter hatte sich ihr Bild ihm aufgedrängt, und mehr als einmal ertappte er sich, daß er in eine Ecke zurückgezogen, seine Augen unbewußt ihren graziösen Bewegungen folgen ließ oder sich im Anschauen ihrer Züge, in denen beim Gespräche mit ihrer heimkehrenden Freundin die ganze lebendige Anmuth von früher aufstrahlte, berauschte. Hätte sie eine ruhige Freundlichkeit gegen ihn beobachtet oder wenigstens seine Anwesenheit nicht so völlig ignorirt, so wäre ihm, wie er meinte, wohl mehr Kraft zur Bekämpfung einer Empfindung geworden, welche ihm unter den obwaltenden Verhältnissen selbst wie eine Lächerlichkeit erschien, als dieser Haltung gegenüber, die ihn durch ihre zurückweisende Kälte reizte, und ihm zugleich den Ton von Besorgniß in ihrer früheren Frage: „Aber wenn er nun wirklich nach New-Orleans ginge, Vater?" diesen Ton, der noch immer aus seinem Herzen heraufklang, wie eine Sinnestäuschung erscheinen lassen wollte. Nur einmal meinte er bemerkt zu haben, daß sie sich mit ihm beschäftige. Es war kurz vor der Ohiomündung, an welcher sie mit der heimkehrenden Freundin das Boot verlassen sollte, als sie mitten im Gespräch mit der letzteren aufsah und wie unter einem bedrückenden Gedanken die Augen suchend über die wenigen in dem geräumigen Salon zerstreuten männlichen Gestalten laufen ließ, bis sie ihn in seiner Ecke entdeckte. Fast war es ihm, wie jetzt ihr Blick in dem seinen hängen blieb, als drücke sich eine Art ängstlicher Theilnahme darin aus, und in dem jungen Manne zuckte es, sich zu erheben und ihr, noch ehe das Boot anlegte und sie es verlassen mußte, ein herzliches Wort des Abschieds zu sagen; da aber senkte sie plötzlich, wie sich ihrer

bewußt werdend, das Gesicht, und ihr nächster Aufblick zeigte
ihm so kalte, steife Züge, als wolle sie damit ihr augenblick-
liches Sichgehenlassen ausgleichen. Behrend konnte einem
Gefühl tiefinnerlicher Verletzung nicht wehren, er erhob sich
rasch und wandte sich nach seiner „Kabin", um dort sich auf
sein Bett zu werfen, bis das Boot die Landungsstelle, welcher
es zusteuerte, wieder verlassen haben würde. Sobald das Mädchen dort einmal das Ufer betreten, mußten alle diese quälen-
den Gefühlserregungen für ihn ein Ende nehmen.

Fast war ihm unter dieser ausschließlichen Beschäftigung
mit sich selbst der Gedanke an jene seltsamen Unterredungen
Webster's mit einem Menschen, der kaum zu einer guten Vermuthung Anlaß geben konnte, aus der Seele gewichen; er sollte
indessen auf eine überraschende Weise daran erinnert werden.

Das Boot hatte am Lande angelegt und begann wieder
in sein Fahrwasser einzubiegen; nur die wenigen Passagiere,
welche trotz der Jahreszeit weiter südwärts gingen, waren an
Bord geblieben, und fast hätte das auffällig kurze Verbleiben
an der Landung darauf schließen lassen, daß dem Kapitain, der
übrigens noch nirgends sichtbar geworden, kaum etwas an
einem Ersatze der abgegangenen „lebendigen Fracht" liege.
Behrend war, sobald er das wiederbeginnende Arbeiten der
Maschine gehört, aus seiner „Kabin" in den jetzt völlig leeren
Salon getreten und hatte sich einem der Seitenausgänge zugewandt, um dort einen letzten Blick auf die Landung und damit vielleicht auf Ellen, welche hier das Ende ihrer Reise gefunden und wohl auf Nimmerwiedersehen geschieden war, zu
erlangen. Da trat ihm durch die offene Thür ein Gesicht entgegen und drehte sich, ohne ihn zu beachten, nach der im vorderen Theile des Bootes befindlichen Office, in welchem ihm
sofort das treue Bild, welches Bob von Wilson's Erscheinung
entworfen, in die Augen sprang. Unwillkürlich wandte er sich,
um dem Eingetretenen nachzublicken, und sah, wie der „Office-
Clerk", als habe er jenen bereits erwartet, hinter seinem Pulte
hervor und dem Nahenden entgegentrat.

„Halloh, Butler, so eilig?" rief der Letztere, ohne seiner
Stimme einen Zwang anzulegen, „was kann's denn jetzt

noch geben?" Und in diesem „jetzt noch" meinte Behrend ganz den satanischen Hohn klingen zu hören, wie Bob ihn angedeutet.

„Es kann nicht nur geben, es giebt, Sir!" war die haftige gedämpfte Antwort, mit welcher der „Office-Clerk" dicht an den Andern herantrat, „sie hat weitere Passage bis Memphis genommen und nicht daran gedacht, das Boot zu verlassen — was nun?"

Behrend, welcher bei dem ersten gefallenen Worte sich wieder in die Deckung des Ausgangs zurückgezogen, meinte plötzlich einen Stich in der Herzgegend zu fühlen; Alles, was Bob ihm von dem letzten Gespräche zwischen Webster und diesem Wilson mitgetheilt, war mit der Schnelle des Blitzes vor ihn getreten; er verstand in keiner Weise, um was es sich handelte, aber er wußte, daß diese „sie" doch nur Ellen Peters sein konnte.

Eine momentane Pause, wie unter der Macht einer unvorgesehenen Nachricht, war eingetreten. „Sie geht noch mit uns?" klang dann Wilson's hörbar unterdrückte Stimme von einem leisen, heiseren Lachen begleitet, „und ganz allein?"

„Sie scheint sich der einzigen Lady, die Passage bis Memphis genommen hat, angeschlossen zu haben," war die halblaute Antwort, „die Andere, welche früher bei ihr war, ist hier an's Land gegangen."

„Nun, verdammt will ich sein, wenn ich mich nur eine Minute lang daran kehre!" erwiderte Wilson, man wußte aber kaum, klang Lachen oder Aerger in seinem Tone, „ich habe bis hierher mein Wort gehalten, von Weiterem aber weiß ich nichts."

„Noch einen Augenblick, Wilson!" sagte der „Office-Clerk" haftig, als habe sich Jener zum Gehen gewandt, und die ferneren Worte wurden in einem jetzt folgenden Flüstern unhörbar; Behrend aber hielt es für gerathen, auf die Gallerie hinaus zu treten, um jeden Schein, als habe er von der stattgefundenen Unterredung etwas vernommen, von sich zu halten. Es war ihm vor den eindrängenden Gedanken fast wirr im Kopfe — was konnte denn beabsichtigt werden, das mit ihr oder ihrer Anwesenheit auf dem Boote hätte in Verbindung stehen können — und was war es auf der andern Seite, das sie hier zurückgehalten, sie zum Verlassen ihrer Freundin und zur Weiterfahrt vermocht? Der Gedanke durchschoß ihn, zu ihr zu reden, ihr Alles, was er beobachtet und gehört, mitzutheilen und sich damit vielleicht selbst Klarheit zu schaffen; aber wenn sie seine Einmischung in ihre Anlegenheiten hätte dulden wollen, wäre sie dann nicht längst eine Andere gegen ihn gewesen? Er dachte an Bob, den er seit der Abfahrt von St. Louis nicht wieder gesehen, diesem mußte Gelegenheit zu weiterer Beobachtung geworden sein — und froh, wenigstens einen Gedanken zu haben, dem er nachzugehen vermochte, begann er langsam das Boot zu durchwandern, um des Schwarzen habhaft zu werden. Was noch von Reisenden an Bord war, mußte sich in die Kabins zurückgezogen haben, denn der Salon und die Gallerien waren leer; aber auch als er nach dem untern Deck, das zum großen Theile mit Frachtgütern besetzt war, hinabstieg, fiel ihm der Mangel aller Arbeiter auf, und er hatte sich erst scharf umzublicken, ehe er außer dem Wächter an der Maschine einen zweiten Menschen entdeckte. Auf seine Frage nach dem Gesuchten ward er kurz nach einem Verschlage gewiesen; als er aber dort die Thür öffnete, prallte er fast vor dem sich ihm entgegenhebenden Gesichte des Schwarzen zurück. Ueber die Nase desselben lief ein breites Pflaster, die wulstige Oberlippe war wie von einem Schlage halb durchrissen, und eins seiner Augen, welches hervorgequollen und blutig im Kopfe hing, schien der Verwundete soeben mit Wasser zu kühlen. Mit einer Grimasse, wunderlich aus Höflichkeit und Schmerz gemischt, begrüßte dieser den Eintretenden, dann aber schloß er hastig die Thür und wie den Gesichtsausdruck Behrend's beantwortend sagte er halblaut: „Es ist wirklich der Bob, Sir, und so hat ihn der rothe Teufel zugerichtet. Der meinte, ich belaure seine Schritte, was er mir austreiben wolle; aber bei Jesus Christ, Sir, ich denke es ihm nicht schuldig zu bleiben — ich habe hier schon genug gesehen! — Nichts, Sir, nichts, wovon sich schon sprechen ließe," unterbrach er sich ängstlich, als Behrend zu einer Frage ansetzte; „aber seien Sie ganz ruhig, ich bin auf der Lauer, Tag und Nacht — die Deckarbeiter sind alle weggeschickt, daß er hier reine Bahn haben will, aber der Bob ist noch da, es soll nichts passiren, ohne daß Sie zu rechter Zeit Nachricht haben, Sir — und nun, bitte, gehen Sie, Sir, er hat seine Augen überall!"

Behrend fühlte selbst, daß ein längerer Aufenthalt in der schmutzigen Kammer des Schwarzen auffallen könne, und nahm diesem nur noch das Versprechen ab, ihn mit Dunkelwerden in seiner Kabin aufzusuchen — sich dann mit einem Gefühle entfernend, als solle jetzt erst eine bestimmte Unruhe über etwas Bevorstehendes, von welchem ihm jedoch jede Vorstellung fehlte, in ihm erwachen. Selbst als er, wieder auf die Gallerie gelangt, das Auge über die sonnenbeglänzte, oft von grünen Inseln unterbrochene Stromfläche und die beiden mit üppigem Gebüsch in den prächtigsten Schattirungen besetzten Ufer gleiten ließ, wollte das Bild ihm keinen freundlicheren Gedanken geben; es lag etwas in der großartigen Einsamkeit rings umher, zusammen mit der eigenthümlichen Menschenleere in dem Boote, das einmal aufgestiegene beängstigende Gedanken nur nähren konnte.

Das war am Spätmorgen gewesen. Behrend hatte, nachdem er sich Bilder der verschiedensten Gefahren vor Augen geführt, ohne daß er doch eins derselben mit den Verhältnissen um ihn in eine vernünftige Verbindung hätte bringen können, sich mit dem Bewußtsein seiner eigenen Kraft beruhigt; er war ein Schwimmer, der sich getraute, mit Leichtigkeit das nächste Ufer zu erreichen — und mehr, als in's Wasser geworfen zu werden, konnte ihm doch kaum geschehen — und hatte dann seine Gedanken wieder dem Räthsel, das Ellen Peters ohne eine sichere Begleitung noch weiter dem Süden entgegenführte, zugewandt. Er dachte jetzt nicht daran es zu lösen, aber er sah ungeduldig dem Mittag entgegen, wo sie bei Tische sichtbar werden und er Gewißheit über ihre Anwesenheit erlangen mußte. Und das Mädchen war an der Seite einer ältlichen Frau erschienen, hatte mit einem halb scheuen, grüßenden Blicke auf den jungen Mann unter einem leichten, flüchtigen Erröthen eins der wenigen Kouverts in Besitz genommen, dann aber das ernste Auge nicht von ihrem Teller aufgeschlagen und nach beendeter Mahlzeit wortlos den Tisch wieder verlassen.

Und jetzt, bei niedergehender Sonne, saß Behrend in dem offenen Eingange zur Gallerie, bald den Blick in den über dem Flusse aufsteigenden Nebel richtend, der nach Kurzem jeden Schritt Fernsicht nach außen verwehrte, bald das Auge nach dem Damensalon wendend, wo Ellen erst vor Kurzem wieder mit ihrer Begleiterin sichtbar geworden war. Es hätte ihm jetzt fast lächerlich erscheinen mögen, daß bei der eingetretenen Vereinsamung auf dem Boote sie Beide sich noch in dieser steifen Entfernung von einander hielten, wenn nicht ein Gefühl von Schmerz, daß eben die Verhältnisse zwischen ihnen nichts Anderes fordern ließen, die Oberhand in ihm gehabt hätte. Er war der arme Mensch, der, um sein Brod zu suchen, gezwungen war, nach New-Orleans zu gehen, und dessen „Trotz": vom Mitleide keine Unterstützung anzunehmen, nicht einmal begriffen worden war; sie war die Bankiers-Tochter, die Verlobte des Dampfboot-Eigenthümers, die sich kaum mehr ihrer Kindheit in Deutschland entsann — was hatten sie Beide mit einander zu schaffen? Er hatte mit seiner Jugenderinnerung eine unsinnige Leidenschaft in sich entstehen lassen; was wußte sie aber davon, oder wie hätte sie auch nur dadurch berührt werden können?

Draußen war mit der hereinbrechenden Dämmerung der Nebel immer undurchdringlicher geworden; es war ganz ein Wetter, um auch bei der besten Vorsicht ein Unglück zu erleben, und dieselbe Unruhe, welcher sich Behrend nach seinem Gespräche mit Bob nicht hatte erwehren können, überkam ihn bei seinem nächsten Blick in's Freie von Neuem — jetzt indessen weniger seinethalber, als um des Mädchens willen, das hier ohne jeden natürlichen Schutz stand. Trotz der Entfernung, in welcher sie sich von ihm gehalten, erschien es ihm plötzlich als unabweisliche Gewissenspflicht, ihr nochmals für alle möglichen Fälle seinen Beistand anzubieten, mochte sie nun dieses neue Herantreten aufnehmen, wie sie wollte — und als die angezündeten Lampen den bereits dunkelnden Salon erhellten, erhob er sich rasch, als wolle er damit jedes Schwanken in seinem Entschlusse abschneiden. Schon nach seinen ersten Schritten schien sie seine Näherung bemerkt zu haben, und ihr langsam aufgerichtetes Gesicht verfärbte sich leicht.

„Ich wage es nochmals, Miß Peters, mich Ihnen in jeder Beziehung zur Disposition zu stellen," begann er herantretend, ohne eine leise Bewegung in seiner Stimme verbergen zu können; „wir bekommen eine Nebelnacht, wie sie auf diesen Fahrten oft nicht ohne Unannehmlichkeiten abgeht, und mir ist es, als stände ich Ihnen, unter der jetzigen zusammengeschmolzenen Reisegesellschaft, noch am nächsten."

Sie hatte ihn, während die Frau an ihrer Seite den Divan verlassen, mit großem, ernstem Auge angesehen. „Das heißt also," erwiderte sie langsam, „Sie bieten mir Ihre Unterstützung an, nachdem Sie jeden Dienst unsererseits von sich gewiesen? Wollen Sie mir wohl sagen, wodurch Sie mir näher als Andere ständen, nachdem Sie uns so völlig als Fremde behandelt haben?" Es klang ein eigenthümlicher Ton, wie aus verletzter Seele kommend, in ihren Worten, welcher alle niedergehaltenen Empfindungen des jungen Mannes erregte.

„Aber, Miß, Sie thun mir Unrecht mit einem solchen Vergleiche," rief er eifrig, „was habe ich denn weiter gethan, als mich eines Anspruchs enthalten, zu dem ich nirgends berechtigt war? Oder hätten Sie, wenn ich jemals Ihre Beachtung gefunden, wirklich lieber einen Menschen in mir gesehen, der ruhig sich durch das Wohlwollen Anderer erhalten läßt, bis er in aller Bequemlichkeit ein anderes Unterkommen erlangen kann? Und überdies: trat mir denn Mr. Peters nicht wirklich als Fremder entgegen?"

Sie schüttelte leise den Kopf. „Sie beurtheilen Menschen und Dinge zu scharf," erwiderte sie, „und danach könnte ich jetzt ebenfalls sagen: ich muß mich eines Anspruchs an Ihren Beistand, zu dem ich nicht berechtigt bin, enthalten, Sie sind nur ein Fremder gegen mich gewesen — aber," fuhr sie, sich leicht erhebend fort, während ein schwaches Roth ihre Wangen zu färben begann, „ich bin nicht ganz so empfindlich stolz als Sie; ich fühle mich auf diesem menschenleeren Boote unangenehm allein und will gern mich nöthigenfalls auf Ihren Beistand stützen, wenn Sie mir nur versprechen, daß Sie bei der nächsten sich bietenden Gelegenheit auch meine helfende Hand nicht zurückweisen wollen!" Ihr Gesicht hatte sich wundersam aufgehellt, um ihren Mund stand ein halbes Lächeln, und ihre Augen hielten mit einem so eigenthümlichen Forschen seinen Blick gefangen, daß er sich wie vor einem neuen verwirrenden Räthsel zu fühlen begann.

„Ich weiß nicht, welcher Sinn in Ihren Worten liegen mag," erwiderte er, kaum noch an ein Verbergen seiner innern Bewegung denkend, „aber ich möchte Ihnen Alles versprechen, Miß, nur um Ihnen zu beweisen, daß ich nicht ein Urtheil verdiene, wie Sie es wohl über mich gefällt haben —"

Ihr Auge hatte unverwandt in dem seinen geruht und schien jetzt wie unter einer aufsteigenden Empfindung tiefer und dunkler zu werden. „Ich habe also Ihr Wort für unsern Kontrakt," sagte sie, ihm die Hand langsam entgegenstreckend, „und werde nun sehen, ob Ihr Stolz auch vielleicht gegen Ihre Neigung Farbe hält!" Sie hatte sich bei den letzten Worten mit einem Lächeln, das wie Sonnenschein über ihre Züge ging, zum Gehen gewandt und schritt jetzt nach dem Platze, welchen ihre Gesellschafterin eingenommen hatte. Behrend stand noch einen Moment ohne Regung und wandte sich dann wie mechanisch dem vordern Salon zu. Als er aber seinen frühern Sitz wieder erreicht, drückte er die Hand vor die Augen. „Was will sie von mir?" sagte er halblaut, „sie wäre im Stande, mich das, was jetzt die größte aller Thorheiten wäre, begehen zu lassen!" — —

Das Abendessen war in einem Schweigen vorübergegangen, welches eine allgemeine Verstimmung und Unbehaglichkeit unter der kleinen Zahl der Reisenden anzudeuten schien; die Damen hatten sich schon, nachdem sie den Tisch verlassen, in ihre Kabins zurückgezogen, die Männer waren bald ihrem Beispiele gefolgt, und auch Behrend lag nach Kurzem, nur halb ausgekleidet, auf seinem Bette, die offenen Augen durch die Glasthüre, welche jede Kabin mit der Gallerie verbindet, in den vom Mondlichte silbern gefärbten Nebel hinaus gerichtet, bald in seinen Empfindungen für das Mädchen, dessen Thun und Wesen er nicht zu erklären vermochte, sich verlierend, bald den einzelnen Tritten, welche noch in dem Fahrzeug laut wurden, horchend und vergebens den Eintritt des Schwarzen, der ihm Aufklärung über seine heutigen Andeutungen geben sollte, erwartend. Unter dem gleichmäßigen Geräusch der Maschine begann indessen der Schlaf über ihn zu kommen, ohne daß er sich dessen nur bewußt geworden wäre, und als er nach kurzer Zeit, wie er meinte, von einem leichten Ruck des Boots wieder zum halben Wachen gelangte, stand ihm nur ein köstliches Traumbild vor der Seele, in das er sich schnell, ehe es völlig verschwand, wieder zu versenken suchte. Er sah sich auf einer grünen Wiese mit malerisch eingestreuten Gebüschpartien, zwischen denen soeben die kleine Helene Peters verschwand, noch einmal die großen prächtigen Augen lächelnd nach ihm zurückwendend. Sie war dasselbe kleine Mädchen, wie er es in Deutschland gekannt, und doch konnte das auch wieder nicht sein, denn er wußte ja, daß er sie über alle Begriffe liebe, daß er glaubte sterben zu müssen, wenn er sie in diesem Gewirre von Buschwerk nicht wieder zu finden vermöge. Er war ihr nachgeeilt; bald meinte er sie hier durch das Gesträuch rascheln zu hören, bald dort ihr Kleid verschwinden zu sehen, aber immer war es eine Täuschung, die ihn geäfft. Er fühlte endlich vor innerer Angst den Schweiß auf seine Stirn treten, die ganze Luft schien ihm heiß und erstickend zu werden, aber immer trieb es ihn vorwärts aus einem Irrweg in den andern — da hörte er plötzlich wie aus weiter Ferne: „Joseph, Joseph! Joseph, um Gotteswillen!" Das war ihr Ruf, aber wie in Todesangst ausgestoßen — und in einem Gefühle, als solle ihm das Herz springen, suchte er sich gerade Bahn durch das Gesträuch zu brechen — da erfolgte ein Schlag, als solle die Erde bersten; hoch auf fuhr der Schlafende und sah die verriegelte Thür seiner Kabin in Stücken hereinbrechen. „Joseph, Joseph!" klang es noch immer, und: „Hier ist er, Ma'am, nur hierher!" antwortete eine athemlose Stimme.

Die erste Empfindung, welche dem Aufgeschreckten zum Bewußtsein kam, war die einer glühenden, fast den Athem versetzenden Hitze; der nächste Augenblick ließ ihn eine durch die gesprengte Thür hereindringende flackernde Helle erkennen —

dann stand er auf seinen Füßen und mit dem plötzlich sein Gehirn durchschießenden Gedanken: das Boot brennt! der im Nu in allen seinen ungewissen Befürchtungen Klarheit schuf, war er auch im Salon. Er hatte indessen kaum die auf der andern Seite des Fahrzeugs aus dem untern Raume empor lohenden Flammen, von denen dort soeben die äußere Gallerie ergriffen wurde, bemerkt und das Knistern und Prasseln ringsumher in sein Ohr aufgenommen, als eine weiße Gestalt ihm entgegenstürzte und athemlos, die Züge starr vor Entsetzen, seinen Arm faßte. Ein einziger Blick hatte ihn Ellen im spitzenbesetzten bis zum Halse geschlossenen Nachtgewande erkennen lassen. „Hier hinaus, es ist nirgends mehr ein anderer Ausgang," rief sie, nach der nächsten diesseitigen Thür zur Gallerie deutend, während ein Strahl von kräftiger Energie durch die Angst in ihrem Auge brach, „aber um Gotteswillen rasch Matratzen her, sonst sind wir doch verloren!"

„Hier sind sie schon!" klang die keuchende Stimme Bob's, welcher mit Bettstücken beladen aus einer der Kabins stürzte; um gleichen Augenblicke aber wurde ein Brechen und Prasseln laut, das jedes andere Geräusch verschlang, und mit einem hastigen: „Hierher, Joseph, mir nur nach!" ergriff Ellen eine der Matratzen und flog, sie umschlingend, nach der noch unversehrten Gallerie, an welcher indessen ebenfalls die Flammen schon herauf zu lecken begannen. Als Behrend — in diesem Momente fast mehr von der Sorge für das Mädchen als für sich selbst erfaßt — ihr nacheilte, hörte er hinter sich die Schreckensrufe der erst jetzt aus ihren Kabins stürzenden übrigen Passagiere; aber er durfte nicht darauf achten — vor ihm hatte Ellen sich soeben auf die Barriere der Gallerie geschwungen und sprang ohne einen Augenblick der Zögerung in den von den Flammen erleuchteten Strom hinab. In der nächsten Secunde hatte er ihr den Sprung nachgethan; das laue Wasser schlug über ihm zusammen, und als er wieder auftauchte, sah er sie, die schwimmende Matratze umklammert haltend, ein Stück von sich auf der Oberfläche treiben. In diesem Augenblicke fuhr ein dritter Körper in den Strom hernieder, und zugleich meinte Behrend das schwimmende Fahrzeug auf sich zukommen zu sehen. Mit zwei kräftigen Stößen war er bei dem Mädchen; neben ihm aber tauchte jetzt, wie der Kopf eines schwarzen Pudels, Bob's wolliges Haupt empor. „Rasch zur Seite, oder das Boot faßt uns!" rief der Deutsche, „treten Sie nur mit den Füßen aus, Miß Ellen, und es wird von selbst gehen!" Sie schien ihn indessen nicht gehört zu haben und blieb regungslos in ihrer Lage, dagegen fuhr der halbe Leib Bob's mit einem Umblick nach den Flammen aus dem Wasser. „Der Nebel trügt, Sir, die Mordbrenner haben schon dafür gesorgt, daß es nicht nach dem Ufer treibt — die Maschine gehemmt und das Steuer festgemacht," sagte der Schwarze mit heiserer Stimme, „o, ich weiß Alles — aber jetzt nur nach dem Lande, helfen kann man doch nichts mehr!"

„Hierher, Bob!" rief Behrend, welchen bei der Sicherheit, welche der Neger im Wasser zeigte, eine Art Beruhigung überkommen hatte, „wir nehmen die Lady zwischen uns und bringen sie so leicht an's Ufer."

„O, Miß Peters — sicherlich, Sir!" war die eifrige Erwiderung, und in der nächsten Minute hatten Beide ihre Plätze zur Seite des regungslosen Mädchens genommen und begannen im kräftigen Ausstreichen mit ihr die Nähe des Boots zu verlassen.

Wenige Minuten Entfernung nur mochten sie im ruhigen Vorwärtsarbeiten zurückgelegt haben, als schon von dem Brande des Schiffs nur noch ein heller unbestimmter Schein zu erblicken war. Der Nebel lag dick wie zum Greifen auf dem Flusse, daß auch das Mondlicht sich nur wie ein Dämmerschein darin geltend machte, und durch Behrend's Kopf, in welchem sich jetzt nur die Gedanken für das Allernächste klar zu bilden vermochten, schoß plötzlich eine Sorge über die eingeschlagene Richtung. Das Wasser floß hier so träge, daß man, ohne besonders fühlbaren Unterschied, die Strömung ebenso hätte durchschneiden als mit ihr gehen können; jedes andere Merkmal aber hielt der Nebel dicht verschleiert, und nach einigen neu verstrichenen Minuten, in welchen der junge Mann sich vergebens zu orientiren versucht, fragte er: „Bob, seid Ihr sicher, daß wir auch dem Ufer entgegen arbeiten?"

„Ich denke doch, Sir," war die Antwort, während der Oberkörper des Schwarzen zu einem neuen Rundblick aus dem Wasser fuhr, „wir sind von der Seite des Boots, gerade dem Lande zu, losgegangen, und das Boot müßte eine Schwenkung gemacht haben, wenn wir falsch sein sollten. Aber es braucht gut eine Viertelstunde oder auch länger, Sir, um das Stück Wasser zu durchschwimmen — wir müssen noch über die Hälfte vor uns haben, und ich hatte nur Sorge, ob die Matratze der Lady lange genug das Wasser zurückhalten werde."

„Vorwärts denn, und so rasch wir vermögen!" erwiderte Behrend mit einem Blicke nach dem Mädchen, deren schweres dunkles Haar aufgelöst in das Wasser niederhing und die Aussicht in ihr Gesicht verdeckte, und wieder ging es in regelmäßigem Arbeiten in der früheren Richtung vorwärts.

Wie lange dieses Arbeiten im Wasser gewährt, meinte der Deutsche endlich in keiner Weise mehr beurtheilen zu können; in dieser für das Auge undurchdringlichen Nebelmasse, welche fortdauernd über ihnen lag, schien ihm das Maß für die Zeit wie für die Schnelle ihrer Vorwärtsbewegung völlig verloren gegangen zu sein; er fühlte nur, daß er zu ermatten begann und daß er die bisherige Anstrengung kaum lange mehr werde ertragen können. „Sollten wir nicht bald am Ufer sein, Bob?" fragte er wieder.

„Einen Augenblick ruhig, Sir! Hören Sie nichts?" war die Antwort, deren Ton gleichfalls die eintretende Ermüdung andeutete. Behrend bemühte sich, den Kopf zu heben, und in sein gespanntes Ohr fielen plötzlich schrille Geigenklänge, zeitweise mit einem angestrengten, aber hörbar vom Nebel gedämpften „Ho ho!" untermischt, das sich in seinem Tonfalle der wilden Melodie anschloß. der junge Mann vermochte sich die wunderliche Musik nicht zu erklären, aber er fühlte plötzlich seine Ermattung weichen — Land und Menschen mußten in unmittelbarer Nähe sein! „Es ist bei Gott der Dutch*)-Henry, der vermuthlich den Brand bemerkt hat, und so sind wir doch auf dem falschen Wege gewesen," rief der Schwarze auf-

---

*) Vulgäre Bezeichnung für: deutsch.

Eine Spekulation.

athmend, „thut aber jetzt nichts, wenn wir nur trockenen Boden unter die Füße bekommen!"

„Nicht das Ufer?" frug Behrend mit einem unbestimmten Gefühle der Enttäuschung.

„Eine Insel, Sir, wir sind richtig mit der Strömung gegangen; aber es ist besser, als wenn wir im Sumpfe, in einem Rohrdickicht ohne Weg und Steg gelandet hätten. Nur vorwärts, jetzt weiß ich Bescheid!"

Nach kaum einer halben Minute neubelebten Ausstreichens der Schwimmenden wurden die Töne, die aus der Luft zu kommen schienen, in voller Deutlichkeit hörbar, und bald faßte Bob einen in das Wasser niederhängenden Zweig, während ein dunkler Schein in dem Nebel dicht emporgeschossenes Gebüsch andeutete. „Noch zehn Schritte weiter, so müssen wir an der Plattform sein!" ließ sich Bob wieder hören — „so, jetzt vorsichtig, Sir, daß Sie sich nicht stoßen — so, jetzt gehen Sie vorweg, Sir, und helfen Sie der Lady hinauf!"

Behrend hatte abschüssigen Grund gefunden und sich zu einem schmalen Vorbau, welcher ein bequemes Landen ermöglichte, hinaufgearbeitet, während über ihm aus dem Nebel noch immer die schrille, seltsame Musik herabklang. Jetzt bog er sich nieder, um dem Mädchen, welches noch immer regungslos ihre Matratze umfaßt hielt, die nöthige Unterstützung zum Erreichen der Plattform zu geben; er hatte aber kaum mit einem eindringlichen: „Ueberlassen Sie sich mir, Miß, und richten Sie sich auf!" die Hände unter ihre Arme geschoben, als sie mit einer zuckenden, krampfhaften Bewegung nur um so fester sich an ihren bisherigen Halt klammerte. „Miß Ellen, hören Sie mich nicht? wir sind am Lande!" sprach Behrend noch eindringlicher, aber keine Antwort erfolgte, und eine plötzliche, peinliche Sorge über den Zustand des Mädchens schoß in der Seele des jungen Mannes auf. „Sie scheint nicht ganz bei sich zu sein, Bob, und wir werden versuchen müssen, sie mit der Matratze herauf zu schaffen," wandte er sich nach dem Schwarzen, welcher sich bequem in die über das Wasser ragenden Zweige des Gebüsches gehangen hatte; „könnt Ihr Halt genug bekommen, um zu helfen?"

„Wird kaum eine Mühe machen, Sir," war die Antwort, „ich werde heben, und dann fassen Sie nur richtig an!" und mit der linken Hand einen festen Halt am Ufer ergreifend, brachte er die Schulter und den rechten Arm unter die Matratze. Behrend hatte, auf den Knieen liegend, von Neuem die Bewußtlose gefaßt und mit einem lauten „lift up!" des Negers hob sich das Lager auf die Plattform. Kaum hatte dieses aber, mit der unvermeidlichen Erschütterung, den festen Boden berührt, als das Mädchen auffuhr, ohne indessen ihren Halt zu lassen, und wild um sich blickte. „Helene, Helene!" rief der junge Mann in einer Erregung, die ihn für einen Moment Gegenwart und Vergangenheit, Traum und Wahrheit wunderlich vermischen ließ, „wir haben ja nichts mehr zu fürchten, ich bin ja hier bei Ihnen!" und kaum hatte ihr Auge sein Gesicht getroffen, als sich ein gepreßter, unartikulirter Schrei ihrer Brust entriß, ihre Hände sich lösten und sie halb aufschnellend diese plötzlich mit einem: „Joseph, Joseph, halte mich!" um seinen Hals warf. Dann aber schien mit einem Male alle Spannkraft aus ihrem Körper zu weichen, ihre Augen schlossen sich, ihr Kopf sank auf die Brust, und nur Behrend's sie umschließende Arme hielten sie vom Niedergleiten zurück. — Von oben aus dem Nebel klang noch immer die tolle Musik herunter.

„Um Gotteswillen, Bob, ist denn hier irgend ein Unterkommen zur Hand?" rief der junge Mann dem so eben auf's Trockene springenden Neger zu, „es muß für die Lady hier gesorgt werden, sie ist bewußtlos!"

„Müssen nachsehen, Sir, ich weiß nur, daß hier der Dutch-Henry Holz schlägt und es an die vorbeifahrenden Dampfschiffe verkauft; dort vorn sitzt er jetzt mit der Fiedel auf seinem Vorrathshaufen, ich werde ihn aber geschwind heruntergeholt haben!"

Ohne Aufenthalt verschwand der Schwarze landeinwärts im Nebel, und Behrend harrte, auf den Knieen liegend und den Kopf des ohnmächtigen Mädchens an seine Brust gebettet, unter einem Drange von Empfindungen, die einander ablösten und überflutheten, ehe sie einzeln ihm nur klar zum Bewußtsein gekommen, seiner Rückkehr. Die Luft war drückend warm, und kaum fühlte der Wartende eine Unannehmlichkeit von seiner nassen Bedeckung. Nach Kurzem vernahm er, wie die Geigenklänge abbrachen, und bald darauf machten sich in seiner Nähe Worte hörbar, in deren Accent er sofort den deutschen Sprecher erkannte.

„Schlechte Unterkunft für eine kranke Lady hier," klang es, „aber ein Schuft giebt mehr, als er hat, und wir wollen nur Gott danken, daß mir das Fiedeln noch zu rechter Zeit in die Gedanken gekommen ist; hättet sonst mit der Strömung glatt vorbei gehen können!"

„Und Ihnen selbst soll auch der Dank nicht ausbleiben, Landsmann!" rief Behrend dem Nahenden deutsch entgegen.

„Bei Jingo! das ist wirklich ein Deutscher, so schlecht die auch hier im Baumwollenlande gedeihen!" klang es gut gelaunt zurück, während, dem Schwarzen vorweg, eine kräftige, noch jugendliche Gestalt in grober Arbeitstracht, Geige und Bogen in der linken Hand tragend, aus dem Nebel heraustrat, beim Erblicken der Gruppe aber seinen Schritt anhielt und sich mit der Rechten unter den Hut fuhr. „Ja, da nehmen Sie nur das junge Frauenzimmer und kommen Sie," fuhr er nach kurzem Betrachten fort, „schlecht genug werden Sie es freilich für sie finden."

„Nur Eins noch, Landsmann," fragte Behrend, den bei der einfachen Aufforderung plötzlich ein Gefühl überkam, als solle er eine Rücksichtslosigkeit gegen seine Schutzbefohlene begehen, „haben Sie nicht eine Frau hier, die Sie herbeirufen könnten?"

„Habe noch keine gefunden, die mit hierher gegangen wäre!" erwiderte Dutch-Henry, ohne ein halbes Lachen zu unterdrücken, „wenn es aber im jetzigen Falle nöthig ist, werde ich eine vom Lande drüben beischaffen; bringen Sie nur die Lady so lange auf mein Bett, bei der Wärme schadet ihr das Bischen nasses Zeug nichts."

Behrend hatte der Nothwendigkeit nachzugeben, aber er meinte, jeden Nerv einzeln in sich beben zu fühlen, als er sich jetzt niederbog und der Bewußtlosen Kopf auf seiner Schulter ruben ließ, dann ihre weichen Glieder umschloß und nun, den schmiegsamen Körper bequem in seinen Armen, sich von den Knieen erhob. Vorsichtig folgte er dem voranschreitenden Landsmanne auf einem gebüschfreien Wege, bis ein kleines, niedriges Blockhaus vor ihnen stand und der Führer die Thür öffnete. Eine düster brennende Lampe erleuchtete den völlig rohen innern Raum, der nur die allernöthigste, sichtlich von dem Eigenthümer selbst gezimmerte Ausstattung zeigte. Ueber den auf zwei verbundenen Kreuzen ruhenden Strohsack aber war ein preußischer Militär=Mantel als Decke gebreitet. Behrend dachte im Augenblicke nicht an eine Bemerkung der Verwunderung über die Anwesenheit des letzteren Gegenstandes; er schob diesen ruhig zurück, legte das Mädchen behutsam, rücksichtsvoll auf das Lager und hüllte sie zuletzt dicht in den über sie gebreiteten Mantel. Dann bog er das Ohr nach ihrem Munde; lange lauschte er angestrengt, aber endlich wußte er, daß er sich nicht getäuscht — er hatte ein leises, leises Athmen wahrgenommen und beruhigt richtete er sich jetzt auf, um sich nach seinem Wirthe umzusehen. Dieser schien aber, der offenen Thür nach, gar nicht mit eingetreten zu sein, und erst nach einer Weile hörte Behrend die derbe Stimme desselben in einiger Entfernung vom Hause dem Schwarzen zurufend, der sich jetzt plötzlich von Weitem in einzelnen leidenschaftlichen Ausrufungen vernehmen ließ. Verwundert horchte der junge Mann auf, hatte aber nur kurze Zeit auf eine Erklärung zu warten. Mit einem Lachen im Gesichte, das nur der Anblick des bleichen, ruhenden Mädchens nicht zum Ausbruch kommen zu lassen schien, trat Dutch=Henry ein und sagte, seine Stimme rücksichtsvoll dämpfend: „Das ist ein toller Nigger, und Sie müssen es verzeihen, Landsmann, daß ich Ihnen hier nicht behülflich war — schreit das schwarze Thier mit einem Male auf, und als ich mich umdrehe, sehe ich, wie er kopfüber wieder in den Fluß hinein setzt. So viel zu erkennen war, wollte er ein paar Gegenstände, die vom Dampfboote herunter kommen mochten, herausfischen, und wie es scheint, ist es ihm gelungen!"

Der Sprechende hatte noch kaum geendet, als sich das zerrissene Gesicht Bob's schon zur Thür herein steckte. „Entschuldigen Sie," sagte der Letztere, behutsam, aber in sichtlicher Erregung eintretend, „Sie werden mir bezeugen, daß ich hier die beiden leeren Fässer aus dem Flusse geholt habe — der Nigger hat immer nur halben Glauben vor Gericht —" er hielt mit einer halben Grimasse inne, als habe er mehr gesprochen, als er beabsichtigt.

„Zwei leere Fässer?" fragte Behrend verwundert.

„Yes, Sir!" nickte Bob ernsthaft, „und Sie werden es noch erfahren, was sie zu bedeuten haben. — Sie wollten nach einer Frau für die junge Lady hier sehen, Master Henry," wandte er sich an den Genannten, „und wenn Sie mir ein Plätzchen in Ihrem Boote geben wollen, so gehe ich mit Ihnen!"

„All right, da es einmal sein muß," erwiderte der Angeredete, seine Geige jetzt erst sorgfältig bei Seite legend, „der Landsmann wird sich ja wohl eine Stunde oder so etwas allein behelfen können!"

„Ich bin zu rechter Zeit wieder zurück, Sir, und werde daneben für Sie besorgt haben, was jetzt zum Nothwendigsten gehört," fiel der Schwarze ein, und Behrend, dem plötzlich erst der Gedanke an den Verlust seiner ganzen Habseligkeiten kam, griff mechanisch nach der Tasche seiner Beinkleider, wo immer sein Portemonnaie ruhte — das war indessen noch vorhanden.

„Nichts nothwendig, Sir, bis ich wieder zurück bin!" rief der Schwarze, der seine Bewegung mißverstanden, und wandte sich mit einem mahnenden Blicke gegen Dutch-Henry nach der Thür.

„So lassen Sie sich die Zeit nicht lang werden!" nickte dieser und folgte nach einem letzten Blicke auf die bleiche Mädchengestalt dem bereits vorausgetretenen Schwarzen.

Behrend ging langsam nach dem Tische, wo die Lampe stand, schnuppte die Flamme und schob den Docht weiter heraus dann zog er einen Schemel an Ellen's Lager, strich ihr leise und behutsam das feuchte und aufgelöste Haar aus dem Gesicht und begann sich nun in ein Anschauen der hellbeleuchteten Züge, deren Reinheit und Schöne in ihrer jetzigen Unbeweglichkeit und Marmorblässe nur um so bestimmter hervortraten, zu versenken. Die gesammten Ereignisse der letzten zwei Stun-

den, von dem Momente, wo er ihr erstes „Joseph, Joseph!"
gehört, zogen noch einmal an ihm vorüber, aber sie erschienen
ihm auch kaum anders als lebendige Traumbilder, und er wußte,
daß mit dem Augenblicke, wo sie Beide ihren natürlichen Boden
wieder betraten und die nüchterne Wirklichkeit sie umgab, auch
die heutige Nacht wie ein Traum zwischen ihnen versinken
mußte. Der alte Peters würde jedenfalls das Mögliche thun,
um ihm seine Erkenntlichkeit zu beweisen, dennoch aber, schon
des künftigen Schwiegersohns halber, die ganze Sache für sehr
unangenehm halten — nur einen Augenblick schoß dem Sin-
nenden dabei der Gedanke an eine absichtliche Zerstörung des
Dampfboots und Webster's Antheil daran durch den Korf;
aber die Annahme war so kraß, so gewagt, und selbst die Auf-
findung eines möglichen Grundes dafür hätte er so wenig zu
unternehmen vermocht, daß er die Idee ebenso schnell unterdrückte, als sie ihm gekommen war. Und als er jetzt in dieses
stille Gesicht vor sich blickte, begann es ihn so schmerzlich zu
drängen, einen ungestörten Abschied von dem schönsten Traume
seines Lebens zu nehmen, so lange ihm dieses noch möglich sei,
ehe sie die Augen aufschlüge und die kalten Verhältnisse der
Welt wieder zwischen sie träten, daß er fast unwillkürlich sich
erhob, sich über sie beugte, als wolle er den kleinsten ihrer
Züge tief in sich aufnehmen, und dann, seinem vollen Herzen
nicht mehr gebietend, mit seinen Lippen leise die ihrigen berührte. Aber fast mit der Bewegung eines halben Erschreckens
richtete er sich wieder auf; er hatte einen warmen, weichen
Mund, hatte merkbare Athemzüge gefühlt und soeben meinte
er ihre Brust sich leicht heben zu sehen. In einer Art von
Furcht, daß sie jetzt die Augen aufschlagen möge, faßte er seinen
Schemel und zog sich damit behutsam ein Stück in das Zimmer
zurück; als aber nach längerer Beobachtung sich nur ein be-
ginnendes ruhiges Athmen als Veränderung an ihr zeigte,
wandte er das Licht, daß der Schatten der Lampe auf sie fiel,
ließ sich dann auf einen Schemel neben dem Tische nieder und
drückte das Gesicht in seine beiden Hände, sich zuerst völlig
seinen erregten Empfindungen und dann der über ihn kommenden Ermattung hingebend.

Erst als durch die offene Thür Stimmen hereindrangen, fuhr er wieder auf, ohne indessen sogleich zu wissen, ob er längere Zeit geschlafen oder nur im halbwachen Träumen dagesessen. Die Lampe war im Erlöschen, durch die Thür und das kleine Fenster ihr gegenüber aber drang der matte Schein des anbrechenden Morgens. Er beeilte sich, das Licht wieder aufzustören; ehe er sich indessen noch über den Zustand seiner Schutzbefohlenen unterrichtet, trat, dem Dutch-Henry voran, eine ältliche Frau mit sicherem Schritte in's Zimmer, legte, ohne den Anwesenden zu beachten, eine Partie Kleidungsstücke, welche sie über den Armen getragen, auf den Tisch und breitete daneben vorsichtig eine halbe Hausapotheke von Fläschchen und Papierhüllen aus. Dann wandte sie sich nach dem Lager, schien sich eine kurze Weile von dem Zustande des Mädchens zu unterrichten und drehte sich hierauf erst mit einem Blicke voll unverhüllter Neugierde nach dem Deutschen, welcher sich schon bei ihrem Eintritte von seinem Sitze erhoben.

„Haben nichts für sie zu fürchten, junger Mann," sagte sie, „gehen Sie nur jetzt mit dem Henry, damit ich das Nöthige für sie besorgen kann!"

„Dank' Ihnen, Ma'm," erwiderte Behrend, dem die Beziehung, welche der Ton der Sprechenden ausdrückte, auf das Herz fiel, „ich möchte Ihnen indessen der jungen Lady halber andeuten, daß ich diese zwar genau kenne, aber in keinem andern Verhältnisse als dem eines Reisegefährten zu ihr stehe!"

Er wollte sich mit einer höflichen Verbeugung nach der Thür wenden, aber Dutch-Henry trat ihm mit einem leichten Kopfnicken entgegen. „Ihr Zeug mag zwar wieder trocken sein," sagte er, „aber besser, Sie ziehen etwas über, es bläst jetzt kühl draußen!" Damit hatte er aus der nächsten Ecke einen leichten Rock vom Pflocke in der Wand genommen und half diesen seinem Gaste ohne Weiteres auf den Leib. „Ein Weniges vollkommen," lachte er, „aber das schadet niemals!"

Als Behrend beim Hinaustreten in den frischen Morgen, der keine Spur von Nebel mehr zeigte, noch einmal die Augen zurückwandte, meinte er eine bestimmte Bewegung Ellen's wahrzunehmen; die zufallende Thür aber verhinderte einen zweiten Blick, und mit dem Gefühle, daß mit ihrem Erwachen die frühere trennende Schranke wieder zwischen ihn und sie niedergefallen sei, folgte er seinem voranschreitenden Wirthe.

„Sie leben hier ziemlich einsam!" begann er, nur um etwas zu reden.

„O, es ist nicht so schlimm, als es aussieht," war die lebendige Antwort, „ich habe Verbindung mit dem Tennessee-Ufer, und übrigens möchte ich wissen, ob ein Deutscher unter Amerikanern, und wäre deren auch ein ganzer Haufen, nicht einsam dastände. Es ist mir erst wieder wohl geworden, seit ich mit meiner Arbeit und meiner Fiedel hier allein für mich geblieben bin. Ich holze die Insel ab und wenn ich einmal werde damit fertig sein, werde ich auch genug haben, um etwas anzufangen, wo andere Deutsche sind. Ich kam von Deutschland mit einem Schiffe, das in New-Orleans landete, wollte eigentlich nach St. Louis, aber blieb oberhalb Memphis wegen Mangel an Fahrgeld sitzen. Ich gedachte erst, in dem freien Strome Fischfang zu versuchen, wofür ich eine alte Leidenschaft habe, aber die Dampfboote vertreiben Alles, was etwa im Wasser Lebendiges sein möchte; bei der Gelegenheit kam ich indessen hierher und fand da eine bessere Spekulation."

„Sie sind preußischer Soldat gewesen?" fragte Behrend, welcher kaum auf die Worte des Andern gehorcht.

„Preußischer Soldat? Gott soll mich bewahren!" klang die lachende Erwiderung. „O, Sie schließen das von dem Militär-Mantel," unterbrach sich der Redende, „das ist aber nur ein Andenken aus der badischen Revolution, wegen der ich flüchten mußte, als die Preußen eingerückt waren. Könnte Ihnen davon eine ganze Geschichte erzählen, aber Sie werden hier zu Lande wohl schon genug mit dergleichen gefüttert worden sein!"

Sie waren zu einem hohen, wohl aufgeschichteten Haufen von Scheitholz gelangt, und Behrend hielt seinen Schritt an. „Dort oben haben Sie jedenfalls vergangene Nacht gesessen," sagte er, „daher konnte ich mir auch kaum diese Geigentöne, die hoch über uns wie aus der Luft herunterklangen, erklären!"

„So ist es," nickte Dutch-Henry, langsam mit der Hand unter seinen Hut fahrend, „es ist aber nichts Wunderliches dabei. Ich hatte ein Geschäft mit einem anderen Boote gehabt, das erst spät hier paſſirte, und gerade als ich eine Weile darauf nach meinem Hauſe gehen wollte, ſah ich trotz des Nebels den Brand dort den Fluß hinauf aufgehen. Es ſchoß mir durch den Kopf, daß Mancher, der ſich zu retten verſuche, mit der Strömung herabgetrieben werden könne, ohne das Land hier zu finden, und ſo fing ich denn an zu rufen und zu fiedeln, weil die Geigentöne noch weiter dringen ſollen, als der menſchliche Ruf. Möchte aber wohl wiſſen, wie viel Kapital hier wieder zu Grunde gegangen iſt, und es ſollte mich nicht wundern, wenn eine oder die andere Verſicherungs-Kompagnie einen Riß davon bekäme — von den verunglückten Paſſagieren will ich gar nicht reden, denn Menſchenleben ſind das Wohlfeilſte in Amerika!" Er hatte während des Redens ſich nach der hinteren Seite des Holzſtoßes gewandt, wo durch einzelne hervorſtehende Scheite eine Art Treppe nach der Höhe deſſelben gebildet worden war, und hatte dieſe jetzt mit einigen Schritten erklommen. „Dort oben liegt das Boot und ſcheint feſt zu ſitzen," ſagte er nach einer kleinen Weile, in welcher er ſcharf den von den rothen Lichtern des Morgens erglänzenden Strom hinaufgeblickt; „niedergebrannt bis zum Waſſerſpiegel; muß eine Maſſe Brennſtoff am Bord gehabt haben, ſonſt müßte wenigſtens von dem Eiſenwerke noch Einzelnes zu ſehen ſein."

„Speck, Spirituoſen, ſo viel ich gehört," erwiderte Behrend halb mechaniſch.

„Das nun wohl am wenigſten," ließ ſich der Andere hören. „Wer einmal viel Speck hat brennen ſehen, der kann die Zeichen auch durch den dickſten Nebel unterſcheiden, und die brennenden Spirituoſen hätten Ihnen ſelbſt den Weg in den Fluß verſperrt — jedenfalls wäre ein Theil davon auf dem Waſſer bis hier herunter gekommen!"

Behrend's Seele war im Verlaufe des ganzen Geſprächs nur bei Ellen geweſen, die, ſobald ſie im Stande war ihn zu empfangen, ſicher nach ihm ſenden würde; demohngeachtet regte die einfache Wahrheit der letzten Bemerkung ſeine Gedanken über die Entſtehungsweiſe dieſes Brandes, über das völlige Preisgeben der Paſſagiere ſeitens der Boot-Beamten, von welchen außer dem Neger nicht ein Mann zu erblicken gewesen, wieder an; er hatte ja mit seinen eigenen Ohren vernommen, daß Speck und Whisky einen bedeutenden Theil der Ladung ausmachen sollte — und er nahm sich vor, nach der Rückkehr Bob's dessen gefallenen Andeutungen bestimmt auf den Grund zu gehen. Jetzt indessen lag noch das Gefühl der Uebernächtigkeit und Ermattung zu fühlbar über ihm, um mehr als das Nächste ins Auge zu fassen, und als Dutch-Henry die Flußbeobachtungen von seinem hohen Standpunkte aus noch länger fortsetzen zu wollen schien, wandte sich Behrend nach der Landung, wo noch die Matratze, die Ellen getragen, lag, ließ sich dort auf den Stumpf eines gefällten Baumes nieder und blickte, sich widerstandslos seinen treibenden Gedanken überlassend, auf das vom Morgenlicht überfluthete jenseitige Ufer.

Wohl fast eine Stunde lang mochte er so, ungestört und allein mit sich selbst, gesessen haben, während die Sonne voll heraufgekommen war und schon mit ihrem Erscheinen ihre Macht fühlbar zu machen begann, als er seine Schultern berührt fühlte und zugleich Dutch-Henry's Stimme an seinem Ohr vernahm. „Die Lady ist wieder auf dem Zeuge, Landsmann, und erwartet Sie," hörte er; „wenn Sie miteinander gesprochen haben, soll's einen guten Kaffee geben; einstweilen aber, denke ich, nehmen wir einen vernünftigen Brandy, den die Frau mit herübergebracht!" Behrend sah beim Umdrehen sich eine Flasche entgegengehalten, welche er nach den Strapazen der Nacht am wenigsten zurückweisen mochte, und schon der erste halbe Schluck schien ihm frisches Leben in alle seine Glieder zu gießen. Zwei Minuten später stand er vor der Thür des Blockhauses, in dessen Nähe die Amerikanerin dürres Holz zusammensuchte, und nicht ohne erst ein leichtes Gefühl von Befangenheit unterdrücken zu müssen, öffnete er.

Das Mädchen saß, den Kopf leicht in die Hand gestützt, am Tische, das Auge durch das Fenster dem Freien zugewandt, und der erste Blick auf sie zeigte dem jungen Manne, daß er wieder der vollen Lady in Haltung und Aeußerem gegenüberstand. Ihr reiches dunkles Haar saß glatt und in der leichten Ungezwungenheit geordnet, wie er es in den beiden vergangenen

Tagen gekannt; das Kleid, welches sie trug, mochte vom billigsten Stoffe, mochte selbst nicht ganz modern sein, aber was sie trug, schien an ihrer Erscheinung kaum etwas verderben zu können. Als die Thür knarrte, drehte sie dieser rasch das Gesicht zu und erhob sich bei dem Erblicken des Eintretenden wie von einem Strahle des Morgenroths übergossen.

„Sie verlangten mich zu sprechen, Miß Peters, und ich bin völlig zu Ihren Befehlen!" begann er, meinte aber im nächsten Augenblicke, er habe wohl kaum etwas Alberneres für ihre beiderseitige augenblickliche Lage sagen können — und doch fühlte er auch, das ihm das Anschlagen eines anderen Tones völlig unmöglich gewesen wäre. Sie indessen schien erst durch seine Worte ihre volle Sicherheit wieder zu erhalten. Mit dem hellen Lächeln, das ihren Zügen einen so sonnigen Ausdruck verlieh, streckte sie ihm die Hand entgegen. „Ich denke, Mr. Behrend," sagte sie, „wir sollten durch die Ereignisse von gestern auf heute über die strenge Form gegenseitig hinaus sein. — Ich habe zwar nur eine Erinnerung an das Geschehene, wie an einen wilden, unheimlichen Traum," fuhr sie fort, während ihre Wangen sich höher färbten, „möchte auch jetzt um keinen Preis mein Gedächtniß aufgefrischt sehen; indessen haben mir doch einige Worte der Frau, welche durch Ihre Sorge für mich herbeigeschafft worden, genug gesagt, um mich meine ganze Verpflichtung gegen Sie erkennen zu lassen!" Ihr Ton hatte bei den letzten Worten eine Weiche angenommen, welche dem jungen Manne das Herz beben machte; ihr Auge ruhte so klar und doch so warm in dem seinigen, daß er die kleine Hand zwischen seinen Fingern fast gegen seinen Willen fest umschloß.

„Ich habe doch nichts als das Selbstverständliche geleistet, Miß; wollte Gott, ich hätte Gelegenheit gefunden, mehr zu thun!" erwiderte er mit einer Wärme, die ihn selbst erschreckte; sie aber lachte wie in plötzlicher heiterer Laune auf und entzog ihm leise ihre Hand.

„Sie hätten uns doch um's Himmelswillen nicht noch Schlimmeres wünschen mögen?" erwiderte sie; „indessen," setzte sie wieder ernst werdend hinzu, „ist jetzt nicht die Zeit zum

Lachen. Ich höre, daß wir die einzigen Passagiere sind, die sich nach dieser Seite hin gerettet haben, und Gott gebe nur, daß es den übrigen nicht unglücklicher ergangen ist — für uns aber bleibt nur übrig, daß wir so schnell als möglich Maßregeln treffen, um aus unserer jetzigen Lage zu gelangen." Sie hatte währenddem langsam ihren Sitz wieder eingenommen, und Behrend ließ sich halb mechanisch auf den zweiten Schemel ihr gegenüber nieder. „Es sind nach Angabe der Frau nur etwa zehn Meilen vom Ufer nach Troy an der Ohio-Eisenbahn," fuhr sie fort, „dort ist eine Telegraphen-Station, und wir könnten also schon bis Nachmittag die nöthigen Geldmittel von St. Louis angewiesen erhalten. Dann aber bringt uns die Eisenbahn noch vor Abend nach der Ohio-Mündung, wo niemals Mangel an einer Dampfboot-Gelegenheit nach St. Louis ist —" sie blickte ihn, wie seine Aeußerung erwartend, in einer sichtlichen Spannung an. Behrend aber war bei ihren letzten Worten bleich geworden; er fühlte, daß er jetzt die letzte Hand an die Bestätigung seiner ferneren, farblosen Zukunft zu legen habe. Wie es auch in ihm selbst lockte, sich blind seinem Gefühle zu ergeben, die wohlbegründete Gelegenheit zu benutzen und an ihrer Seite umzukehren auf seinem ungewissen Wege, so stand es doch eben so klar vor ihm, daß er damit nur einer noch bitteren Seelenqual entgegengehen mußte, als je. „Ich werde gern sofort nach dem Nöthigen sehen, Miß," erwiderte er, ohne sich indessen von einem innern Druck, der plötzlich auf seiner Stimme lastete, befreien zu können; „ist die Eisenbahnstation nicht weiter entfernt, so werden Sie allerdings bald genug sich auf dem Heimwege befinden können; mein Weg aber wird dann auf die eine oder die andere Weise wieder flußabwärts gehen, wie Sie wissen."

Ihr Gesicht hatte wieder seine Farbe verloren, aber ihr Auge war größer und dunkler geworden. „Sie wollen jetzt noch immer an Ihrem früheren Plane festhalten?" fragte sie langsam, „Sie glauben die Genugthuung, welche Ihnen uns gegenüber geworden, noch immer nicht groß genug?"

„Ellen! Miß Peters! wovon reden Sie denn?" rief er,

seiner Erregung nachgebend und sich halb von seinem Sitze erhebend, „wer hat denn Ihnen gegenüber jemals an eine Genugthuung gedacht — ?"

„Halt," sagte sie, noch bleicher als zuvor, gleichfalls ihren Platz verlassend, „ich verstehe dann Sie und Ihr Verfahren nicht. Aber wir sind hier nicht in der Lage, um Konvenienz-Rücksichten gelten zu lassen, und so will ich Ihnen ein offenes Wort sagen, nach welchem Sie dann Ihre Entschlüsse fassen mögen. Als Sie nach Ihrer ersten Vorstellung uns verließen," fuhr sie bestimmt und ohne Zögern fort, „und seit langen Jahren die erste freundliche Erinnerung an Deutschland wieder in mir geweckt hatten, da fühlte ich schon, daß Sie durch den gewordenen Empfang beleidigt waren, wenn auch mein Vater meinte, daß es nur möglich werde, für einen jungen, kaum von Deutschland angelangten Kaufmann zu sorgen, wenn mit dem ersten Worte sogleich seine Eigenliebe niedergedrückt und seine Hoffnungen gedämpft würden; jeder habe von unten auf erst das amerikanische Geschäft zu erlernen und meine doch stets der ersten Stelle gewachsen zu sein. Ich hoffte, Sie würden meiner Einladung zum Mittagsessen folgen, damit Sie dann einen freundlicheren Eindruck von uns mit hinwegnehmen möchten, aber Sie kamen nicht; Vater hatte während der Zeit erfahren, daß Sie von New-York aus auf das Wärmste empfohlen, daß Sie dem amerikanischen Geschäfte längst gewachsen waren, und als nun die Erinnerungen an Sie und Ihr früheres Wesen immer klarer und deutlicher in mir wurden, da wußte ich auch, daß nur eine ganz bestimmte Genugthuung Sie in unserer Nähe würde halten können. Ich hatte meinen eigenen Plan dafür," fuhr sie langsamer fort, und ihr Gesicht erhielt zum ersten Male wieder einen Anflug von Röthe, „und baute dabei etwas auf das treue Andenken, welches Sie dem kleinen Mädchen bewahrt hatten; ich wartete nur darauf, daß Sie das erste nothwendige Gespräch mit dem Vater gehabt haben würden — er aber erklärte mir, daß mit Ihnen durchaus nichts anzufangen sei und daß Sie nach New-Orleans gingen." Sie stockte zwei Sekunden lang, als wisse sie nicht sogleich, wie fortzufahren, während in ihren Wangen die Farbe kam und ging; Behrend aber stand ihr gegenüber, als wolle er noch einmal alles Glück und alle Qual, die für ihn in dem Anhören ihrer Worte lagen, über sich ergehen lassen; er wußte ja doch, daß Alles, was sie ihm sagen würde, nichts in seinem Schicksale ändern konnte. „Ich gestehe Ihnen, daß Ihr Verfahren mich ärgerte und verletzte," sprach sie weiter; „demohngeachtet hätte ich es nicht vermocht, Sie so unaufgehalten in Ihr voraussichtliches Unglück stürzen zu lassen; Sie waren eben wieder der Joseph aus meiner Kinderzeit für mich geworden, für welchen ich schon etwas thun durfte. Ich benutzte zur Verwunderung meines Vaters die Heimkehr einer Freundin, um mit ihr ein Stück den Mississippi zu befahren; ich dachte dabei Gelegenheit zu finden, Ihnen noch einmal in's Gewissen zu sprechen. Als Sie aber so steif und formell an uns herantraten, hatte ich es auch nicht über mich vermocht, ein herzliches Wort zu Ihnen zu reden; und erst als wir die Ohiomündung erreichten, wo ich das Boot hätte verlassen sollen, erkannte ich meine Versäumniß; beschloß aber dort auch, noch mit bis Memphis, wo ich Schulfreundinnen habe, zu gehen. Hätten Sie dort eine Stellung gefunden, so war Alles gut, und ich wäre nur mit einem freundlichen ‚good bye' von Ihnen geschieden; hätten Sie aber mit dem Boote weiter nach New-Orleans gehen wollen, so — war es mir, als hätte ich schon Kraft genug in mir finden müssen, um Sie zurückzuhalten und zum Umkehren zu bewegen; Sie aber gaben mir noch gestern Abend ein Versprechen, das mir mein Vorhaben leicht gemacht haben würde. — Es ist anders gekommen, Joseph," sagte sie, wie in einer plötzlichen Bewegung ihm die Hand von Neuem entgegenstreckend, „aber jetzt — jetzt wo ich Ihnen Alles gesagt, jetzt wo wir nach dieser letzten Nacht unter Ihrer Entfernung zu leiden haben würden, jetzt, werden Sie mit mir zurückgehen — oder," setzte sie mit eigentümlich bestimmtem Ton hinzu, „oder mir wenigstens sagen, was Sie von St. Louis wegtreibt."

Behrend fühlte ihre weiche Hand von Neuem in der seinen, fühlte sich durch ihre letzten Worte aus allen Barrieren seiner Zurückhaltung gedrängt; aber es schien ihm fast eine Wollust, sich jetzt auszusprechen, sich gründlich das Herz frei zu machen und dann von ihr zu scheiden, ohne Mißverständniß und gewürdigt, wie er es zu verdienen glaubte.

„Können Sie sich wohl eine Vorstellung davon machen, Miß," begann er nach einer kurzen Pause, in welcher sein Auge sich tief in das ihrige senkt. „daß ein armer Mensch einen Schatz, der seine Lebensseligkeit ausmachen würde, in den Händen eines Reichen sieht, während ihm selbst jeder Weg, danach zu ringen, abgeschnitten ist? daß er dann lieber gehen und versuchen will zu vergessen, sei es auch in den schlimmsten Verhältnissen, als täglich in vergebener, vielleicht lächerlicher Sehnsucht sich zu verzehren? Ich weiß, Helene, daß sie sich das wenigstens denken können," fuhr er fort, mühsam das Zittern in seiner Stimme unterdrückend und fast unbewußt ihre Hand in der seinen pressend, „und so fragen Sie mich auch nicht weiter, sondern lassen Sie mich gehen, sobald die Zeit da ist, in der sich unsere Wege wieder trennen —!"

„Warten Sie, Joseph, warten Sie," unterbrach sie ihn, während sich ihr Gesicht wie in einem aufleuchtenden Verständniß zu verklären begann, und ihre Finger seinen Druck erwiderten, „ich sage Ihnen, daß ich von alle dem nichts verstehe, daß ich aber niemals die Hand missen möchte, die mich zum zweiten Male gerettet, daß wie sie mich gehalten und dem Verderben entzogen, ich mich ihr auch völlig ergeben würde —"

„Helene — Miß Ellen, um Gotteswillen — denken Sie an Kolonel Webster!"

Ein Ausdruck, so hell wie der glänzende Sonnenschein draußen, strahlte in ihrem Gesichte auf. „Das also war es," erwiderte sie langsam: „Webster — rihaw!" setzte sie hinzu, während einen Moment lang ihre Mundwinkel sich verächtlich zusammenzogen. „Sie haben mir schon einmal den Namen mit einer bestimmten Beziehung genannt, ohne daß ich es der Mühe werth fand, etwas darauf zu erwidern: wer hat Ihnen denn etwas von dem unsinnigen Gerüchte gesagt —?"

In diesem Augenblicke knarrte die Thür und die Hände der Sprechenden lösten sich von einander, während das voll ausgeprägte Gesicht eines „Hinterwald-Mannes" den struppigen Cylinder auf dem Hinterkopfe, sich hereinschob. „Der deutsche

Gentleman, welcher sich von dem verbrannten Dampfboot gerettet?" klang die Frage an Behrend, mit welcher eine breite Gestalt in dem jetzt völlig geöffneten Eingange erschien, der auch zugleich die zerrissenen Züge von Bob hinter dem Vorangetretenen zeigte. „Und dies ist jedenfalls die junge Lady?"

„Wir sind Beide von dem verunglückten Dampfboot — ist es ein besonderes Geschäft, das Sie zu uns führt, Sir?" fragte der junge Mann, sich rasch sammelnd, ohne doch ganz seinen Unmuth über die ungelegene Störung verbergen zu können.

„Ich habe um Entschuldigung zu bitten," erwiderte der Mann, sich gegen die junge Dame verbeugend und dann seinen Hut langsam von dem kahlen Kopfe nehmend, „die Sache ist aber von solcher Bedeutung, daß ich mit dem schwarzen Burschen gleich selbst herübergekommen bin — ich bin Friedensrichter im County Obion, hier am Tennessee-Ufer — und als solcher," wandte er sich an Behrend, „möchte ich Sie um die gesprächsweise Mittheilung einiger Thatsachen bitten, auf welche sich der Neger bezieht, um daraus zu entnehmen, wie weit sich auf die Angaben desselben fußen läßt — die Lady wird uns entschuldigen, oder, um der Wichtigkeit der Sache halber, vielleicht selbst zur Angabe einzelner Umstände bereit sein."

„Ich stehe jedenfalls zu Diensten," erwiderte Behrend, „wenn Sie mich nur aufklären wollen, was der Gegenstand Ihrer Nachfrage ist —"

„Ah, ich vergaß, Sir, daß der Wollkopf geschwiegen hat, um sich allein die mögliche Belohnung zu sichern," lachte der Friedensrichter, seinen Hut schwenkend, „nun, es handelt sich, kurz gefaßt, um die Spekulation eines Handelshauses in St. Louis, welches den Dampfer ‚Lilly Dale' voll befrachtet, diese Fracht, allem Anscheine nach, als werthvolle Güter hat versichern lassen, während der angegebene Whiskey nur aus Mississippi-Wasser, das Schweinefleisch, der Speck und was sonst noch weiter aus anderem werthlosen Material, welches indessen mit leicht brennbaren Stoffen gesättigt worden, bestanden hat; es handelt sich ferner darum, daß der gestrige Nebel, welcher jede Beobachtung vom Ufer unmöglich machte, benutzt worden ist, um Seitens zweier Agenten des erwähnten Handelshauses das Boot in Brand zu stecken und so ohne Rücksicht auf das Leben der Passagiere die Versicherungssumme der gesammten Ladung als Gewinn herauszuschlagen. Die Spekulation, obwohl etwas gefährlich," fuhr der Sprechende mit einem sardonischen Lächeln fort, „sieht sehr möglich aus und ist auch wohl schon dagewesen; nur handelt es sich darum, daß eines Niggers Zeugniß hier zu Lande kein Zeugniß ist und daß ihm von anderer Seite wenigstens die nöthigen Unterlagen geschafft werden müssen — deshalb wollte ich mich hier sogleich unterrichten, was von einer Begründung der gemachten Angaben etwa vorhanden sein würde."

„Und Bob's — des Schwarzen Aussagen haben Sie zu der eben ausgesprochenen Ueberzeugung gebracht?" fragte Behrend, welcher plötzlich in Allem, was er früher gehört und belauscht, so klar zu sehen meinte, daß er nicht begriff, wie er nicht längst selbst die Wahrheit habe erkennen müssen.

„Nicht ganz, Sir," erwiderte der Friedensrichter, „Sie sollen sogleich die Einzelnheiten hören, und wenn Sie dann im Stande sind, mir die nöthigen Ergänzungen zu geben, so wird es vielleicht noch möglich werden, die Hauptschuldigen hier in der Nähe zu fassen. Sie können nur am Tennessee-Ufer gelandet sein, denn drüben im Rohrfelde ist meilenweit kein Unterkommen." Er winkte dem Schwarzen, welcher bisher unter einem seltsamen Mienenspiele dem Gespräche gefolgt, ihm den dritten Schemel neben der Thür herbeizuholen, und als er dann mit einer höflichen Verbeugung gegen das mit ernsten, großen Augen der Verhandlung folgende Mädchen dieses zum Niedersitzen eingeladen, wandte er sich mit einem: „Warte draußen, bis Du gerufen wirst!" nach dem Neger und nahm dann selbst Platz.

„Die Sache ist die," fuhr er fort, während Behrend gespannt sich ebenfalls niederließ, „daß der Neger, welcher bereits ein Jahr alle Fahrten des Boots mitgemacht hat, bei der Abreise von St. Louis plötzlich einen neuen Frachtmeister am Bord erblickt, der zugleich, sonst ganz ungewöhnlich, den Dienst des Maschinenmeisters mit versieht; daß er aus einem belauschten geheimen Gespräche des Boot-Eigenthümers mit diesem Manne auf irgend ein verstecktes Vorhaben schließt und mit der Neugierde seiner Race ihn auf Tritt und Schritt während der Reise belauscht. Da nimmt er denn wahr, daß dieser Wilson, wie er ihn nennt, in jeder Nacht den Dienst an der Maschine und dem Ofen selbst übernimmt und die Arbeiter zum Schlafen schickt, nimmt wahr, daß der Genannte die hart am Bord des Bootes aufgeschichteten Whiskeyfässer nach und nach leer laufen läßt, sobald er sich allein glaubt, und entdeckt bei einer gelegentlich passenden Untersuchung der ausgelaufenen Flüssigkeit, daß diese nichts als Flußwasser ist — die spätern Folgen seiner Beobachtungen trägt er noch heute im Gesichte, wie er Ihnen erzählt haben will. Er sieht ferner, daß die Deckarbeiter nur bis zu einzelnen Stationen angenommen sind und dort das Boot verlassen, da in Memphis, wie es heißt, die frühere Mannschaft wartet, um die Reise nach New-Orleans mitzumachen, sieht gestern das untere Deck bis auf diesen Wilson, welcher zu Zeiten in heimlichem Gespräch mit dem herunter gestiegenen Office-Clerk steht, völlig entblößt und findet sich endlich bei beginnender Nacht in seiner Kammer eingeschlossen. Aus Furcht vor neuen Mißhandlungen wagt er nicht, sich zu befreien, bis plötzlich eine blendende Helle und ein lautes Prasseln ihn aus einem kurzen Halbschlummer aufschreckt. Er sprengt die Thür und sieht die gesammte aufgestapelte Fracht in eine emporflammende Feuermasse gehüllt, während nirgends sich ein lebendes Wesen erblicken läßt. Sein erster Gedanke ist, den äußeren Bord zu gewinnen und nach dem Steuerruder zu eilen, um zu versuchen, dem Boote die Richtung nach dem Ufer zu geben; dort findet er aber jede Mühe vergebens, das Ruder steht unbeweglich, und zugleich entsinnt er sich, daß auch die Maschine stillgestanden, als er seine Kammer verlassen. Jetzt stürzt er nach dem Salon hinauf, um die Passagiere wach zu rufen, und findet bereits eine junge Lady, wie sie in Hast ihre Kabin verlassen, nach ihrem Begleiter rufend —" ein Blick nach Ellen, während der Sprecher seine Worte unterbrach, schien diese zur Bestätigung aufzufordern.

Ein hohes Roth stieg in das Gesicht des Mädchens und verschwand wieder. „Ich war allerdings schon im Salon, als der Schwarze hereinstürzte," sagte sie nach einer sekundenlangen Pause, „ohne daß ich mir indessen klar bewußt bin, was mich von meinem Lager aufgetrieben hat. Mir ist es, als hätte ich die Stimme Mr. Butler's, des ‚Office-Clerks', gehört: ‚Retten Sie sich, Miß Peters, das Boot brennt!' ebensowohl kann das indessen auch eine Sinnestäuschung gewesen sein!"

„Aber Sie haben, so lange Sie wach waren, Niemand von den Beamten des Bootes wahrgenommen?" fragte der Friedensrichter und nickte auf ihre Verneinung dann nachdenklich. „Und nun, Sir," fuhr er, mit hellem Aufblick sich an Behrend wendend, fort, „was hätten Sie mir wohl zu sagen? Ich möchte nur noch bemerken, daß ich zwei der leeren Whiskeyfässer, welche der Neger aus dem Flusse gefischt, betrachtet und damit allerdings einen Theil der mir gewordenen Erzählung bestätigt gefunden habe. Jedes volle Whiskeyfaß hätte in diesem Brande explodiren müssen."

Der junge Mann erhob sich erregt und machte einen raschen Gang durch das Zimmer; er wußte jetzt, daß an seiner Aussage Webster's ganzes Schicksal hing, wußte auch, daß es in seiner Hand lag, die Versicherungsbank, welcher Peters vorstand, vor einem gewaltigen Schlage zu bewahren oder ihn auf sie fallen zu lassen — er hatte ja selbst gehört, daß dort die gesammte Ladung versichert war. An sich selbst dachte er in diesem Augenblicke gar nicht, es war nur die Wucht, die jedes Wort seines Zeugnisses ausüben mußte, welche ihn einen Moment lang zum Bedenken seiner Aussage gebracht. Dann aber hatte er auch erkannt, daß er, auf jede Folge hin, der einfachen und ganzen Wahrheit die Ehre geben mußte.

Er ließ sich langsam wieder nieder und begann dem Friedensrichter ausführlich die beiden von ihm belauschten Unterredungen mitzutheilen und daran die Bemerkungen Dutsch-Henry's über die Eigenthümlichkeit des Brandes zu knüpfen.

„Greift wie ein regelrechtes Mühlwerk ineinander!" nickte der Hörer, als Behrend geschlossen; „unter diesen Umständen aber, lieber Herr, werden sofortige weitere Schritte nöthig, von denen der erste sein wird, Sie als einen der Hauptzeugen festzuhalten, bis Sie mir die nöthige Bürgschaft geleistet haben, daß Sie bei den kommenden Kriminalverhandlungen sich auf die erste Aufforderung des Gerichts stellen und Ihre Aussage machen werden. Den Neger will ich, wenn er mir auch, schon seiner Belohnung von der Versicherungs-Kompagnie halber, nicht davon laufen würde, dennoch in bequemen Verwahr nehmen, und für den Dutsch-Henry muß auch ein Bürge gefunden werden —" er wandte sich mit einem leichten Lächeln nach dem Mädchen, welches indessen den Sinn desselben sofort zu verstehen schien.

„Sie sollen noch heute Bürgschaft haben für uns Alle, die wir nach St. Louis zurück gehen werden, Sir!" sagte sie. „gestatten Sie uns nur, daß wir von Troy aus die nöthige telegraphische Depesche nach Hause senden!"

Der Richter verbeugte sich zustimmend und erhob sich. „Ich werde der Angelegenheit sofort die erforderliche schriftliche Fassung geben und Sie der Kürze halber sodann selbst nach Troy begleiten!" sagte er. „Im Uebrigen bitte ich, mein Eindringen mit der Wichtigkeit der Sache zu entschuldigen."

Er verließ das Zimmer, und Ellen wandte sich mit einem großen, bedeutungsvollen Blick nach dem jungen Manne. „Das ist Webster!" sagte sie, sich langsam von ihrem Sitz erhebend. „Jetzt aber, ehe ich die Hand zu der geforderten Bürgschaft biete," setzte sie mit einem aufglänzenden, wunderbar aus Glück und Schelmerei gemischten Ausdruck ihrer Züge hinzu, „sagen Sie mir, ob Sie noch immer stromabwärts gehen wollen?"

„Helene — Miß Ellen!" rief er aufspringend, „spielen Sie nicht mit mir, wenn ich Ihnen auch nur das Kleinste werth bin!"

Sie senkte das dunkle, strahlende Auge in das seine. „Meinen Sie, Joseph," sagte sie mit ruhiger Innigkeit, „daß es Spiel gewesen sei, als ich das Boot nicht eher verlassen wollte, bis Sie dem Feuer entrissen waren, als ich ruhig in den Abgrund von Wasser hinabsprang und ohne Angst meine Besinnung schwinden fühlte, weil ich wußte, daß Sie hinter mir waren? — Warte, Joseph," fuhr sie mit leuchtendem Blicke fort, als in dem Gesichtsausdruck ihres Gefährten sich der Ausbruch aller seiner unterdrückten Empfindungen verkündete, und faßte mit festem Drucke seine beiden Hände, „laß uns der Zeit ihr Recht geben und es wird Alles kommen, wie es kommen mußte!"

Sie hatte sich rasch nach der Thür gewandt und war dahinter verschwunden, ehe er nur zu einem neuen, klaren Gedanken gelangt war.

Den Mississippi herauf arbeitete sich ein mächtiges Dampfboot und begrüßte die vor ihm liegende Häusermasse von St. Louis mit einem kaum enden wollenden Brüllen der Dampfpfeife. Kaum daß es angelegt hatte, sprang allen übrigen Reisenden voran ein riesiger Neger mit bepflastertem Gesichte an's Land und winkte eine der wartenden Lohnkutschen herbei. Ihm folgte unter dem sich jetzt nach der Stadt ergießenden Menschenstrome ein junges Paar — die Dame, wie von innerer Unruhe getrieben, voran dem Wagen zueilend, beim Einsteigen aber mit einem hellen Aufblicke zu ihrem Gefährten sich voll auf dessen Arm stützend.

„Es muß schon etwas los sein, Sir!" sagte jetzt der Schwarze, nach Webster's Verladungs-Office deutend, die sich fest geschlossen und ihre Umgebung von Frachtgütern und Arbeitern völlig entblößt zeigte, „Alles wie gefegt dort!"

Der farbige Kutscher hatte gleichfalls die Augen dem Fingerzeige folgen lassen und drehte sich jetzt zurück. „Wenn von Kornel Webster die Rede ist, Sir," sagte er, während der junge Mann den Platz neben seiner Begleiterin einnahm, „so ist er wegen der „Lilly Dale"-Geschichte, die Sie heute in allen Morgenblättern lesen können, schon seit zwei Tagen verschwunden. Es heißt, daß ihm von irgend einer Gerichtsperson noch zu rechter Zeit ein Wink gegeben worden ist, denn als er hat sollen verhaftet werden, ist er nicht aufzufinden gewesen und wird sich freiwillig wohl auch nicht wieder zeigen. Zwei andere Betheiligte aber, meldet der Telegraph von heute Morgen, sind in Tennessee eingefangen worden."

Der junge Mann hatte mit der neben ihm Sitzenden nur einen langen Blick gewechselt und winkte sodann dem Neger. „Steigt auf den Bock neben den Kutscher, Bob, wenn Ihr jetzt auch wenig Staat macht," rief er, „und dann rasch nach der Bank der Versicherungs=Kompagnie — Gepäck haben wir ja nicht!"

Fünf Minuten darauf hatten die Drei vor dem Bank= gebäude den Wagen verlassen, und während Bob sich am Innern des Eingangs einen Platz zum Warten erwählte, durchschritt die junge Dame, von ihrem Gefährten gefolgt, rasch den vordern Raum, ohne auf die sichtliche Ueberraschung der von ihren Pulten auffahrenden Clerks zu achten, öffnete dann fast unhörbar die Thür zu des Bankiers Arbeitszimmer und trat ein. „Da sind wir, Vater!" sagte sie, als Peters, in die Papiere auf seinem Schreibtische vertieft, ihren Eintritt nicht wahrgenommen, und der Angesprochene fuhr, wie von einem Schlage getroffen, in die Höhe, wurde bleich und faßte nach seinem Tische; im nächsten Augenblicke aber lag auch Ellen schon an seiner Brust. Behrend wollte sich bescheiden zurück= ziehen, aber noch ehe er es vermochte, hatte sie sich schon nach ihm umgewandt. „Da ist er wieder, Vater, und nun halte ihn fest — wäre es nicht der Bürgschaft halber geschehen, die Du für ihn gestellt hast, so wäre er selbst jetzt noch kaum mit= gekommen!"

„Well, Sir," sagte Peters, wie sich nur langsam sam= melnd, und streckte dem jungen Manne die Hand entgegen, „Sie treten in einer Weise wieder in mein Haus, die mich für meinen Irrthum in dem Verfahren gegen Sie recht gründlich bestraft —"

„Mr. Peters!" unterbrach ihn Behrend im Tone ab= wehrender Bitte, zugleich aber kräftig die ihm gebotene Hand ergreifend.

„Lassen Sie mich zwei Worte reden, Sir," fuhr der Erstere fort, „ich bin völlig unterrichtet und zwar habe ich Ellen's

Brief, der mir das Räthselhafte der Fortsetzung ihrer Fahrt löste, erst gestern Abend erhalten — Sie aber werden einzelne Umstände des Geschehenen wohl noch kaum in ihrer Tragweite erfaßt haben. Zuerst, Sir, habe ich nur dies eine Kind, ich möchte sagen nur die einzige Freude, das Wesen, für welches ich allein gespart und gearbeitet habe — und das haben Sie mir erhalten. Zum Zweiten sind durch Ihre Aussagen der Bank Summen gerettet worden, deren Bedeutung Sie bald selbst beurtheilen sollen —"

„Mr. Peters, warum sagen Sie mir Alles das?" unterbrach Behrend den Sprechenden von Neuem; „draußen steht ein Neger, der fast mehr Antheil als ich an dem gesammten Verdienst hat, das Sie mir zuschreiben —"

„Auch gut, Sir, ich konnte mir schon etwas Aehnliches denken," rief Peters, rasch den Kopf wendend, aber die Hand des jungen Mannes fest umschließend, „da man indessen ebenso in Andern den Stolz achten muß, als man Achtung gegen den eigenen verlangt, so werden Sie mir erlauben, daß ich vorläufig einmal Ihre Zukunft in meine Hand nehme und mir nicht umsonst von Ihnen Glück und Vermögen schenken lasse. Schreiben Sie Ihrem Vater, daß ich versuchen wollte, an Ihnen auszugleichen, was er einmal für mich gethan — und wenn ich davon erst jetzt rede, so nehmen Sie einen Theil der Schuld auf Ihre Empfindlichkeit, die früher meinem guten Willen gleich von vorn herein jeden Weg verlegte. So, und jetzt nach Hause; der Neger geht ebenfalls mit, damit man in Ruhe sehen kann, was am besten für ihn zu thun ist. Im Uebrigen werde ich allerdings noch Manches aus der innern Geschichte dieser letzten Tage zu verstehen haben —!" setzte er mit einem forschenden halben Seitenblick auf seine Tochter hinzu; sie aber hob klar das glänzende Auge zu dem seinen.

„Und nicht wahr, Vater," fragte sie, „ein eigentliches Mißverstehen hat es zwischen uns noch gar nicht gegeben?"

Der hier erzählte Fall von verbrecherischer Spekulation machte seiner seltenen Rücksichtslosigkeit gegen die auf dem Boote befindlich gewesenen Menschenleben halber ungewöhnliche Sensation in den Vereinigten Staaten; von Webster, welcher den vorhandenen Spuren nach unter fremdem Namen seine Richtung nach Texas genommen hatte, ist indessen nie wieder etwas gehört worden — die Untersuchung seiner Vermögensverhältnisse ergab einen an der Grenze des Bankerotts hängenden Geschäftszustand.

Behrend machte im Juli 1861 unter Begleitung seiner jungen, schönen Frau und zweier Kinder seine erste Besuchsreise nach Deutschland; er war damals bereits gegen fünf Jahr verheirathet und seit dieser Zeit auch der Mitleiter des Bankgeschäfts; von den Versicherungs-Unternehmungen aber hatte sich der alte Peters seit dem „Lilly Dale"-Falle gänzlich losgesagt. — Von Bob hörte der Verfasser nur, daß er das Dampfbootfahren aufgegeben, eine farbige Wäscherin geheirathet und mit dieser in einem für ihn eigenthümlich erworbenen Häuschen eine größere Waschanstalt etablirt habe.

Die Mississippi-Insel ist nicht völlig abgeholzt worden. Dutch-Henry fand das ihm gewordene Geschenk hinreichend, um eine bisherige Beschäftigung aufgeben zu können. Mit seinem preußischen Militär-Mantel und seiner Fiedel ist er den Mississippi hinauf gegangen und soll sich in dem jungen Minnesota angesiedelt haben.

Waldspinne.

(Ein Genrebild aus dem Südwesten.)

Unten floß der Strom und warf goldene Lichtreflexe durch das dicke Buchendickicht, das seine steil abgedachten Ufer einsäumte — oben am Berge lag das Städtchen mit seinen hölzernen Häusern, deren äußerste Reihe sich bis zum Wasser hinabzog. Unten lag ein rauchendes Dampfboot — ein einzelner Reisender sprang an's Land und fing die Reisetasche auf, die von unsichtbarer Hand ihm nachgeworfen wurde — dann begann die Maschine wieder zu arbeiten und das Boot zog weiter den Fluß hinauf.

Der Reisende warf einen langen prüfenden Blick auf die sonnenbeglänzte Laubwaldung, auf die wohleingezäunten Felder bis hinüber zu der von blauen Bergen geschlossenen Fernsicht, dann schritt er, seine Reisetasche unter den Arm nehmend, in das Städtchen hinein. Er hatte eine ziemliche Strecke zu gehen, ehe er außer einzelnen im Boden wühlenden Schweinen etwas Lebendiges entdecken konnte und erst, als er sich dem Mittelpunkte des Ortes näherte, wo ein stattliches Holzhaus mit weitem Portiko sich als „Hotel" präsentirte und eine Reihe „Stores" und „Bar Rooms" die Geschäftsgegend der Stadt anzeigten, konnte er einzelne Gestalten wahrnehmen, die lungernd und schläfrig in den Hausthüren lehnten oder auf zurückgelegten Stühlen sich faul von der Sonne bescheinen ließen.

Der Fremde schritt nach kurzem Blicke auf die Umgebung dem Gasthause zu, wo im Schatten des Vorbaues ein Mann auf die Bank gestreckt lag, der in den Inhalt eines großen Zeitungsblattes, das seine Formen halb verdeckte, vollkommen versunken zu sein schien. Bei dem ersten Schritte des Fremden, der auf dem Portiko tönte, sank indessen das Blatt langsam nieder und ließ ein wohlgenährtes, sonnengebräuntes Gesicht mit kleinen halbgeschlossenen Augen, einen Kopf voll eisengraues Haar, einen Stierhals und ein paar herkulische Schultern sehen. Nur einen Augenblick aber ließ der Mann die Augen über die jugendlich kräftige Gestalt des neuen Ankömmlings laufen, dann hob er gleichgültig seine Zeitung wieder empor und schien von nichts Anderem weiter Notiz nehmen zu wollen.

„Guten Tag!" sagte der Reisende, seine Tasche niedersetzend, „ist dies Mister Gordon's Haus?"

Der Andere ließ die Zeitung wieder sinken und warf einen aufmerksamen Blick auf den Fremden.

„Ja, Herr," sagte er endlich, „Sie sind gerade recht hier!"

„Ist Mr. Gordon zu Haus?"

„Ja, Herr," war die Antwort des Daliegenden, ohne daß er seine Stellung änderte, „mein eigener Name ist Gordon."

„Ich heiße Frank," versetzte der Reisende, „und bin von Mr. Ben White in New-York an Sie empfohlen, Sie werden wohl seinen Brief schon erhalten haben."

Gordon richtete sich langsam auf.

„Hm!" sagte er und faltete seine Zeitung zusammen, „ich glaube, daß mir so etwas zu Händen gekommen ist — Sie sind der Dutchman, der hier Land kaufen will, ich merk's an Ihrem Englisch und an Ihrem Schnurrbarte — ja, aber ich mag mit der Art Sachen nichts mehr zu thun haben, und White weiß das. Setzen Sie sich, Herr, da ist ein Stuhl!" fügte er hinzu und schlug zum ersten Mal die grauen Augen voll auf, Augen, in denen kräftige Energie sich mit einer durchtriebenen Schlauheit seltsam zu paaren schienen.

Ein leichtes Roth war bei der Antwort in das Gesicht des Deutschen geschossen, er nahm wie in Verlegenheit den eleganten Strohhut ab und setzte ihn wieder auf.

„Well, Mr. Gordon," sagte er endlich, „da hätte ich also für nichts den weiten Weg gemacht, während mir doch Mr. White sagte, daß Sie hier nicht allein der größte Grundeigenthümer wären, sondern auch gerade der Mann, der mir bestimmt mit Rath und That an die Hand gehen würde."

Gordon zuckte die Achseln. „Setzen Sie sich!" wiederholte er; „'s ist schlimm, daß Ben White Versicherungen giebt, von denen ich nichts weiß. Ich habe wohl früher manches Mal den Rathgeber gemacht, aber bin noch immer mit Teufels Dank belohnt worden, oder habe mich von Leuten, die erst groß sprachen, nachher aber den Lump herauskehrten, aus lauter Gutmüthigkeit über's Ohr hauen lassen. 's Land ist das beste im ganzen Staate, die Absatzwege sind gut und bei ordentlicher Arbeit muß Einer immer etwas über machen — darum mag sich aber auch Jeder selbst helfen — ich bin's satt, für meine Gefälligkeiten noch beredet oder betrogen zu werden!" Damit nahm er sein Klappmesser aus der Tasche, hob ein Stück Holz vom Boden auf und fing an zu schnitzeln, als wolle er sein Leben mit Spähneschneiden machen.

Der Deutsche sah ihm eine Weile schweigend zu.

„Bei Gott, Mr. Gordon," sagte er endlich, „wenn Sie Jeden, der zu Ihnen kommt, gleich von vornherein für einen Spitzbuben halten wollen, da ist freilich das Lied am Ende — ich denke aber, Sie sollten sich doch Ihre Leute erst ansehen. Ich habe Mittel genug in der Hand, um Jeden sicher zu stellen, der mit mir zu thun haben will, und habe ein dankbares Herz für Alles, das sich mit Geld nicht gut machen läßt!"

„'s hat schon Mancher so gesprochen!" brummte Gordon. „Haben Sie denn baare Mittel genug bei sich, um einen ordentlichen Anfang zu machen?" fügte er, seine Schnitzeleien unterbrechend, hinzu, und ließ den schlauen, durchdringenden Blick auf dem Fremden ruhen; aber ein so ruhiges, ehrliches Auge begegnete dem seinigen, daß er, wie unwillkürlich, den Blick zu Boden gleiten ließ.

„Mr. Gordon," sagte der Ankömmling, und machte erst jetzt von dem angebotenen Stuhle Gebrauch, „Sie sind ein vorsichtiger Mann und ich verdenke es Ihnen nicht. Ehrlich gestanden, sind mir Ihre Bedenklichkeiten auch ganz lieb, denn sie geben mir mehr Sicherheit über den Werth einer Besitzung hier als alle Anpreisungen Mr. White's. Ich will also ganz offen und ehrlich zu Ihnen reden. Sehen Sie, ich habe nicht mehr als ungefähr tausend Dollars baares Kapital, aber ich bin Mühlenbauer und eine mir gehörige Dampf-Maschine wartet in New-York nur auf Ordre, um hierher geschickt zu werden. Ich hatte schon vor mehreren Jahren die Absicht, an einem Orte des südlichen Westens, wo der Bedarf gefühlt wird, eine Mahl-, Schneide- und Oelmühle zu errichten und mein Glück zu probiren — und als ich Mr. White von Ihrem jungen aufblühenden Städtchen, von dem reichen Land umher, von der Verbindung nach dem Süden durch den Fluß reden hörte, da dachte ich, das müsse gerade der Ort sein, den ich suche, und so habe ich mich, als mir Mr. White Ihre Unterstützung zugesichert hatte, ohne Weiteres hierher auf die Beine gemacht. So, da haben Sie die ganze Geschichte, und nun sagen Sie mir, ob Sie etwas für mich thun wollen. Zurück will ich den Weg nicht wieder machen, und finde ich bei Ihnen keine Unterstützung, so muß ich mir eben allein helfen, so gut ich kann."

Gordon hatte seine Schnitzeleien wieder vorgenommen, bei den letzten Worten des Deutschen aber zuckte es um seine Lippen wie stiller Spott.

"Mr. Dutchmann!" sagte er und ließ das Messer sinken, "Sie scheinen mir ein ganz braver Junge zu sein; aber Sie mahnen mich an das Hühnchen, das mit der Taube um die Wette fliegen wollte und auf den Kopf fiel — nichts für ungut. Wenn Sie mit Farmen allein Ihr Leben machen wollten, hätte ich nichts gesagt, das ist eine einfache Sache für Jeden, der arbeiten will; — wo sich's aber um Spekulation in einem fremden Lande handelt, braucht's etwas mehr, und Einer liegt bei aller Vorsicht auf der Nase, ehe er sich umsieht. Dies, verstehen Sie mich recht," fuhr er fort, "ist nur im Allgemeinen gesagt, ohne daß ich Sie zu irgend etwas bestimmen will. Jetzt lassen Sie uns aber einen Kleinen nehmen, das macht Appetit zum Abendessen. Sie bleiben doch auf jeden Fall ein paar Tage bei uns, und vielleicht läßt sich ein ander Mal mehr über die Sache reden."

Der Deutsche konnte ein unangenehmes Gefühl nicht unterdrücken, als er seinem Wirthe folgte, er wußte nicht recht, was er aus dem Manne machen sollte. Dieser jedoch schien weder sein bewölktes Gesicht noch seinen zögernden Gang zu bemerken und machte Schritte, daß Jener ihm kaum zu folgen vermochte.

„Halloh, Gordon, alter Kamerad! Sieht man Euch auch einmal bei anderen Leuten?" klang ihnen beim Eintritt in den Bar-Room die Stimme des Besitzers entgegen, der in Hemdärmeln sich's in seiner ganzen Länge auf dem Ladentische bequem gemacht hatte und jetzt aufsprang; „ich habe schon gedacht, Ihr müßt einen Rheumatismus in der linken Seite haben, daß Ihr Euch jedesmal rechts nach der Unterstadt dreht, wenn Ihr aus Eurem Hause kommt!"

„Schwatzt keinen Unsinn, Bryan!" erwiderte Gordon lachend und drückte die dargebotene Hand. „Ich gehe hin, wo ich zu thun habe und das ist jetzt immer unten am Flusse gewesen. Ich denke, mein Flachboot soll nächste Woche fertig werden und nachher," fuhr er fort, während ein schlaues Lächeln kaum bemerkbar über sein Gesicht strich, „soll's zum ersten Male an eine Spekulation gehen, wenn unsereins hier im Hinterwalde auch das Ding noch nicht recht versteht!"

„Kikeri-kikeri-kieh" tönte es mit einem Male gellend aus der hinteren Ecke des Zimmers und Gordon fuhr herum, als hätte er auf eine Klapperschlange getreten.

„Hat denn der Teufel den verdammten Kerl —!" rief er.

Bryan aber schlug ein Lachen auf, daß die Fensterscheiben wackelten.

In einer der hinteren Zimmerecken, auf die jetzt Gordon in sichtbarer Aufregung losschritt, saß auf einem kleinen Fäßchen zusammengedrückt eine dürre Männergestalt, mit herabhängendem Flachshaare um ein verfallenes Gesicht, von dem man kaum hätte sagen können, ob es jung oder alt sei. — Das Auge allein schien frisches Leben zu haben und dieses war jetzt sprühend in einer boshaften Lustigkeit auf den nahenden Gordon gerichtet, bis dieser mit einer raschen Bewegung die Hand nach ihm ausstreckte, um ihn zu fassen. Da duckte der Mensch sich blitzschnell zusammen, fuhr zwischen Gordon's Arm und Leib hindurch, wie der Aal zwischen den Fingern, und mit einem lauten Kikeri-kikeri-kieh zur offenen Thür hinaus.

Waldspinne.

Bryan hatte sich auf einen Stuhl geworfen und wollte vor Lachen ersticken.

Gordon, seinem ersten Drange folgend, war dem Flüchtlinge ein paar Schritte nachgesprungen, drehte sich aber an der Thür wieder um und trat mit zusammengekniffenen Lippen an den Ladentisch, wo Bryan sein Lachen noch immer nicht bändigen konnte.

„Sei kein Narr, Mensch!" sagte Gordon und suchte sichtbar seine Stimme zu einem gleichgültigen Tone zu zwingen, während er einen unruhigen Blick seitwärts auf den Deutschen fallen ließ; „der Verrückte mag vorläufig laufen, aber ich fasse ihn dennoch und bringe ihn in's Irrenhaus, wohin er gehört. Ich weiß nur nicht, wie Ihr's dulden könnt, daß solches Volk sich bei Euch einnistet."

„Bei Gott, ich weiß nicht, wie das Ungeziefer hier herein gekommen ist!" erwiderte Bryan und strebte sein Gesicht ernsthaft zu machen, „vor fünf Minuten war er noch nicht hier, das weiß ich bestimmt!"

Gordon fuhr mit der Hand über das Gesicht und schien damit alle Spuren seiner früheren Aufregung wegzustreichen. „Schenkt ein!" sagte er, „wollen sehen, ob Euer neuer Brandy was taugt!"

Der Deutsche hatte mit Verwunderung dem Auftritte zugesehen, er ermahnte ihn an die Sage vom Löwen, den der Hahnschrei zittern macht, er wartete aber vergebens auf einige Worte der Erklärung, wie sie wohl unter Leuten von gesellschaftlicher Bildung erfolgt wäre; Gordon schob ihm schweigend Flasche und Glas zum Einschenken hin und erst als Jeder getrunken hatte, sagte er: „Das hier ist Mr. Frank, der gerade von New-York kommt, um bei uns große Spekulationen loszulassen; wenn Ihr ihn warm haltet, Bryan, könnt Ihr auch was haben von dem, was daneben abfällt, und das hier," fuhr er zu Frank gewendet fort, „ist Mr. Bryan, ein ganz guter Kerl, wenn er nur nicht alle Fremde zum Hierbleiben nöthigen wollte, als ob wir nicht allein fertig werden könnten oder unser gutes Land absolut los sein wollten!"

Frank sah auf, aber es war unmöglich, in dem Gesichte

des Wirths zu entdecken, ob Ernst oder Spott diese Worte diktirt hatten.

„Freut mich, Sie kennen zu lernen, Mr. Frank!" rief Bryan, ihm lachend die Hand hinreichend. „Das hier ist Mr. Gordon, das verdrehteste Haus, aber der beste Kerl, wenn ihn Einer nur erst versteht. Ist einmal mit ein paar Landstreichern schlecht angekommen und möchte nun mit keinem Fremden mehr etwas zu thun haben, bis er's eben nicht mehr halten kann. Nachher möchte er sich aber zerreißen, um Einem vorwärts zu helfen. He, Gordon?" rief er und blinzelte mit einem Schalksblicke zu ihm hinüber.

Gordon fuhr sich mit der Hand über das Gesicht. „Sprecht was Ihr wollt," sagte er, „die Menschen sind keine Engel und Jeder muß gegen sie vorsichtig sein, damit er nicht schief ankommt. Mag's Einer auch so halten, wenn er mit mir zu thun hat, und die Augen aufthun. Hab' ich auch noch Niemand betrogen und nie mehr genommen, als was mir von Gesetzeswegen zukommt, so kann ich's doch nicht leiden, wenn sich mir Einer mit blindem Vertrauen an den Hals wirft. Beim Geschäft sehe ich auf meinen Profit, dafür ist es Geschäft, mag's der Andere auch thun, das sind meine Grundsätze, und die sage ich offen und ehrlich heraus!"

„Kikeri-kikeri-kieh!
Trau' dem Teufel, wenn er schön spricht, nie!" klang's mit einem Male zu dem offenen Hinterfenster herein und Gordon's Gesicht wurde weiß wie die Wand — mit einem Griffe aber hatte er das in der Ecke stehende Jagdgewehr Bryan's gefaßt und sprang an's Fenster — eine Minute tödtlichen Schweigens folgte — der Schuß knallte, aber ein triumphirendes „Kikeri-kikeri-kieh! in der Entfernung verhallend antwortete ihm.

„God damn!" schrie Gordon, den Kolben auf die Erde stampfend, noch immer starr zum Fenster hinaussehend.

„Laß ihn laufen bis ein ander Mal," sagte Bryan herbeitretend und klopfte ihm beruhigend auf die Achsel, „er kommt schon wieder!"

„Ich wollte lieber, er ging' zur Hölle, als über meinen

Weg!" erwiderte Gordon verbissen und warf das Gewehr in die Ecke.

Dem Deutschen war es bei den letzten Vorgängen kalt über den ganzen Leib gelaufen. „Was ist denn das für eine Geschichte mit dem Menschen?" fragte er nach einer Minute peinlichen Stillschweigens.

„'s ist eben nur ein Moskito, der aber am Ende einen ruhigen Menschen bis zum Wahnsinn quälen kann," erwiderte Bryan achselzuckend, und das finstere Gesicht Gordon's ließ den Fremden alle weiteren Fragen verschlucken.

„Wollen nach Hause gehen, 's wird Zeit zum Abendessen," sagte der Wirth nach einer Weile kurz und schritt zu dem Bar-Room hinaus, hoch aufgerichtet aber wortlos den Weg zum Gasthause verfolgend; Frank's Gehirn aber durchschossen hundert sonderbare Gedanken, als er eben so schweigend neben seinem Begleiter herging.

Vor dem Hotel stand ein Ochsenwagen mit Brennholz beladen, das so eben von einem kräftigen Schwarzen über die Umzäunung des Hofes geworfen wurde.

„He, Dick, woher hast Du das Holz geholt?" rief ihm Gordon zu.

„Aus der Lichtung, Master!"

„Hast Du nicht die Waldspinne zu sehen bekommen?"

Des Schwarzen Gesicht verzog sich zu einem Grinsen.

„Ich nicht," sagte er, „aber Tom meinte eben, daß er das Geschöpf vor kaum fünf Minuten durch den Busch nach dem Flusse zu laufen gesehen."

„'s ist schon recht, merk' auf, Dick!" versetzte Gordon. „Du und Tom gebt diese Nacht Acht, ob der Mensch hier um's Haus schleicht. Faßt ihn und ruft mich, wenn's der Fall sein sollte. Ist's aber nicht, so macht ihr morgen ganz früh Jagd auf ihn, und wer das Ungeziefer einbringt, soll mit mir zufrieden sein. Ich nehme Alles auf mich. Merkt's und seid gescheidt."

Gordon schritt dem Hause zu, der Schwarze aber schnitt Gesichter, an denen man nicht errathen konnte, ob sie lustig oder mißmuthig waren.

Das Abendessen war noch nicht völlig bereit, und Frank hatte sich auf die Bank unter dem Portiko geworfen. Er versuchte in der daliegenden Zeitung zu lesen, aber Gedanken und Vorstellungen, die sich in bunter Wirre durch seinen Kopf drängten, ließen ihn nicht dazu kommen. Er hatte schon mehrere Jahre im Osten von Amerika gelebt, hatte Erfahrungen gesammelt und ein Gefühl der Selbständigkeit gewonnen, das ihm in mancher verwickelten Lage den rechten Weg gezeigt — hier aber überkam es ihn fast, als solle er in eine unbekannte Wildniß ohne Pfad hineinwandern, wo keine seiner Erfahrungen Stich halten wollte. Er hatte sich bei den Menschen im Westen eine offene, ausgeprägte Natürlichkeit gedacht und schon die ersten wenigen Bekanntschaften, die er am Tage seiner Ankunft machte, erschienen ihm wie verschlossene Bücher mit aufgeklebtem Titel. Selbst das Lachen des lustigen Bryan wollte keinen Widerhall in ihm finden. Fast begann er den schnellen Entschluß, der ihn hierher geführt, zu bereuen — aber dem entgegen erhob sich ein Gefühl des Stolzes, ein Selbstbewußtsein seiner Energie und Kenntnisse, daß sich nach und nach sein Kopf muthiger hob und sein Auge freier in die abendliche Landschaft hinaus blickte. Er wiederholte sich im Geiste seine wohlgeordneten Pläne, zu deren Verwirklichung er hauptsächlich nur seiner eigenen Kraft zu bedürfen glaubte, er nahm sich vor, bis zum Aeußersten vorsichtig zu sein und auf Niemand als sich selbst zu bauen — und als einer der Schwarzen mit der großen Glocke aus dem Hause trat, um durch lautes Schellen die Säumigen zum Abendessen zu rufen, da erhob er sich mit freier Stirne und hellem Auge und schritt nach dem erleuchteten Speisezimmer.

Gordon empfing ihn und wies ihm seinen Platz an. Fünf oder sechs Gäste, an deren städtischer Kleidung und steifen Vatermördern man sogleich die Aristokatie des Ortes, Advokaten oder Doktoren erkennen konnte, saßen bereits, Andere kamen nach — aber Alle blieben von Frank ziemlich unbeachtet. Sein Auge war am Ende der Tafel hängen geblieben, wo hinter Theekessel und Tassen die Mistreß des Hauses präsidirte, zwei schwarze Aufwärterinnen neben sich. Ein einziger Blick von ihr hatte Frank getroffen, als er seinen Platz einnahm und es war ihm fast gewesen, als treffe ihn ein blendender Sonnenstrahl, daß er unwillkürlich die Augen niederschlug und erst, als die klappernde Theetasse neben ihn gesetzt wurde, langsam wieder aufsah, um ruhiger seine Beobachtungen anzustellen.

Sie mochte wenig über achtzehn Jahre zählen, das war seine erste Entdeckung. Das glänzend schwarze, modern gescheitelte Haar säumte eine Stirn von tadelloser Weiße ein; das blasse zarte Gesicht, von den dunklen Brauen und den gesenkten Augenwimpern abstechend, wäre zu marmorgleich erschienen, wenn nicht ein Zug von eigenthümlicher Lieblichkeit den kleinen frischen Mund und das runde Kinn umspielt hätte. Sie war schön und der ganze Eindruck ihrer Erscheinung wirkte auf den Deutschen um so mehr, als er im Hinterwalde auf nichts als dicke, rothbäckige Farmerstöchter gerechnet hatte. War sie Gordon's Tochter? Wie konnte aber der riesige Mann zu diesem Kinde von so zarten, fashionablen Formen kommen?

Da schlug sie die dunklen Augen auf, ein voller Blick des Unwillens traf Frank und dieser erkannte erst jetzt, daß er in seinem Anstarren allen Anstand bei Seite gesetzt hatte — das Blut schoß ihm in's Gesicht, verwirrt suchte er seinen Teller und ärgerte sich, daß er sich selbst hätte ohrfeigen mögen. Er aß hastig und trank seinen Thee ohne viel zu schmecken, und verließ, Einer der Ersten, das Speisezimmer. Er sehnte sich allein zu sein, um seine Gedanken zu ordnen. —

„Zeig' mir mein Zimmer!" redete er den ersten Schwarzen an, der ihm in der Vorhalle begegnete.

Der sah ihn an und grinste. „Ist das dutch fashion, Master?" sagte er und fuhr mit dem Finger über seine Oberlippe, um damit den kleinen Schnurrbart des Deutschen zu bezeichnen.

„Hast Du was darnach zu fragen?" erwiderte Frank gering. „Nicht? nun dann hole ein Licht und thue, was ich Dir gesagt habe."

Der Schwarze zog grinsend die Achseln in die Höhe, nahm des Deutschen Reisetasche vom Boden und leuchtete voran in ein geräumiges Zimmer des oberen Stocks.

„Nichts für ungut, Master, 's war nicht böse gemeint," sagte er hier, „aber das Ding sieht gar so närrisch aus!" und das Licht auf den Tisch setzend, ging er kichernd davon.

Frank warf sich unmuthig auf's Bett; er ärgerte sich über den Schwarzen, über die junge Hausherrin, über Gordon, über sich selbst — er hätte sich mit der ganzen Welt herumschlagen können.

Wohl eine halbe Stunde mochte er dagelegen haben, ohne etwas Anderes zu denken, als seinen eigenen Mißmuth zu verfolgen, da schlugen plötzlich einige Piano-Töne, dann ein paar volle Akkorde an sein Ohr. Er richtete sich überrascht auf. Die Töne kamen aus dem Zimmer gerade unter ihm und klangen in voller Deutlichkeit durch den dünnen Boden. Eine rasche Kadenz, klar und korrekt in ihrer Ausführung, folgte und ging in ein einfaches Thema über, in dem der Horcher mit vermehrtem Erstaunen eins der weichen Kücken'schen Lieder erkannte. Frank war bis auf eine leidliche Stimme sein Lebtag kein großer praktischer Musiker gewesen, aber die Liebe und der Geschmack für Musik, die fast jedem Deutschen angeboren sind und je nach dem Grade seiner Bildung gepflegt werden, waren ihm auch über's Meer gefolgt und hatten ihn in New-York zu Genüssen geführt, die ihm oft das Mangelnde der neuen Heimath vergessen gemacht. Die Töne von unten drangen wie Sonnenstrahlen in seine verdrießliche Stimmung; die Melodie berührte ihn wie ein Gruß der Zivilisation im fernen Hinterwalde, und als in brillanter Durcharbeitung das Thema weiter geführt wurde, als die Passagen rund und klar wie Perlenreihen einander folgten und die Melodie dazwischen sich doch immer bestimmt und frei Bahn brach — da lag der junge Mann, den Kopf aus dem Bette gebogen, regungslos horchend da — der Unmuth war aus seinem Herzen gewichen wie der Schnee vor dem Frühlingslüftchen, und je länger er horchte, je mehr fing sich an ein Gefühl wie eine stille Ahnung von unerwartetem Glücke seiner Seele zu bemeistern.

Da stockten plötzlich die Töne in unangenehmer Dissonanz, Frank hörte dumpf die Stimme Gordon's, dem das silberklare Lachen einer weiblichen Stimme antwortete; ein neuer

Akkord wurde angeschlagen und: „Oh Susanna don't you cry for me!" klang es herauf, hüpfend und trommelnd wie im tollen Muthwillen gespielt, Frank aber, von der trivialen unvermeidlichen Negermelodie aus allen seinen Träumen gerissen, schlug mit dem Fuß auf das Bett, als wolle er es im Aerger in Stücke schlagen. — —

Unten war das Spiel zu Ende, der Mond war aufgestiegen und schien in's Fenster, Frank löschte das Licht aus, schloß die Augen und ließ die Erlebnisse des Tages an seiner Seele vorüberziehen. Morgen oder in den nächsten Tagen hoffte er sich Aufklärung über das Räthselhafte, das ihm aufgefallen, wie über den Charakter seines Wirths zu verschaffen; er schlüpfte rasch über diese Punkte hinweg, um desto länger bei dem blassen lieblichen Gesicht und dem unwilligen Blicke zu verweilen. Das dunkle zürnende Auge stand klar wie in der Wirklichkeit vor ihm, er hätte sich mit seiner ganzen Seele hinein versenken können, bis er endlich aufseufzend, er wußte selbst nicht warum, vom Bette sprang und das Fenster öffnete.

Im bläulichen Glanze des Mondes lag die Gegend als prachtvolles Panorama vor ihm; er ließ den Blick lange über die seltsamen Schattirungen des Waldes, über den Fluß, der sich blitzend wie ein silbernes Band hindurchschlängelte und über das in tiefer Ruhe begrabene Städtchen gleiten; Bilder seiner künftigen Wirksamkeit stiegen in ihm auf — er sah seine Mühlen und Maschinen arbeiten, er sah das rege Leben am Flusse' wo die Früchte seiner Industrie hinweggeführt wurden; er dachte an eine Häuslichkeit, wie er sie sich in seiner Einsamkeit schaffen wollte — da aber stockten seine Träumereien — vor seinem inneren Ohre klang wieder die deutsche Melodie, die er vorher belauscht und das helle, frische Lachen — ja es konnte wohl noch eine schönere Wirklichkeit geben als alle seine Träume.

Er drückte die Hand vor die Augen und mochte nicht mehr weiter denken. Erst nach einer Weile erhob er sich und war eben im Begriff, das Fenster zu schließen, als eine eigenthümliche Bewegung des hohen Grases, von dem der Hof vor seinem Fenster überwachsen war, seine Aufmerksamkeit erregte. Er sah schärfer hin. Eine Gestalt — ob Thier, ob Mensch, war nicht zu unterscheiden, kroch vorsichtig dem Hintergebäude zu, das eine Seite des Hauses begrenzte und sich im rechten Winkel an das Hauptgebäude anschloß; lange dünne Glieder streckten sich langsam durch das Gras aus und Frank mußte bei der Erscheinung unwillkürlich an eine plumpe riesige Spinne denken. Es hätte ihm fast gegrauselt, wenn sich nicht soeben, obgleich nur für einen Augenblick, ein menschliches Gesicht erhoben hätte, in dessen verfallenen Zügen er bei dem klaren Mondlichte schnell genug den räthselhaften Kikeriki erkannte.

Er zog sich etwas vom Fenster zurück, um nicht mehr bemerkt zu werden, und wartete gespannt auf das Weitere.

Kaum war das Geschöpf im Schatten des Nebenhauses angelangt, als es sich behutsam erhob und scharf umherspähte. Dann klopfte es leise an eins der Fenster und duckte sich wieder in das Gras nieder. Es währte nicht lange, so wurde das Fenster ebenso vorsichtig aufgeschoben, eine kleine, weiße Hand erschien und hob einen Henkelkorb heraus, der hastig von dem Menschen am Boden in Empfang genommen und im Grase verborgen wurde. Dann machte er sich fertig, eben so versteckt, wie er gekommen, mit seiner Bürde die Rückreise anzutreten, aber die kleine Hand winkte und er richtete sich nochmals vorsichtig neben dem Fenster auf. Frank wollte seinen Augen nicht trauen, als sich jetzt ein Mädchengesicht herausbog, zart und bleich, von schwarzem Haar eingesäumt, ein Gesicht, das er kannte und das sich bereits aller seiner Gedanken bemeistert hatte. Er strengte seine Augen an, um besser zu sehen — es blieb wie es war — die Form dieses Kopfes hätte er tastend erkennen wollen. Ein leises eiliges Zwiegespräch hatte zwischen Beiden begonnen, er schien zu erzählen und auf ihre hastigen Fragen Bericht zu erstatten; bald aber schloß sie mit einem Kopfnicken das Fenster wieder, und er kroch wie vorher durch das Gras davon. Als er die Umzäunung im Schatten des Hauptgebäudes erreicht hatte, hing er den Korb an den Arm und machte Anstalt hinüber zu klettern, da tauchte plötzlich einer der Schwarzen wie aus dem Boden gewachsen auf und hielt ihn an den Schultern fest. Kein Laut erfolgte, die dürre Gestalt schien nur einen

Augenblick überrascht, im zweiten hatte sie mit einem krampfhaften Ruck sich aus den Händen des Andern befreit und stand, fünf Schritte davon, wie eine zum Sprunge geduckte Katze da. Ein leises Kichern des Schwarzen beantwortete die ganze Bewegung, und kaum hatte der Angegriffene einen Blick auf seinen Gegner geworfen, als er auch schon seine Stellung verließ und, an der Umzäunung hinkriechend, sich ihm näherte. Der Schwarze sah sich scheu um, dann wandte er sich zu dem Dürrbeine und schien ihm eine kurze eilige Mittheilung zu machen, worauf er sich wieder hastig in das Basement des Hauses, das hier seinen Ausgang hatte, zurückzog. Der Andere überkletterte gewandt, wie ein Affe die Umzäunung und verschwand. —

Frank lag noch lange wachend in seinem Bette und formte tausenderlei abenteuerliche Geschichtchen aus dem, was er gesehen hatte. Selbst als endlich der Schlaf seiner Herr wurde, spann seine Phantasie die Bilder weiter, und als er am andern Morgen bei hellem Sonnenlicht erwachte, vermochte er kaum zu unterscheiden, was Traum und was Wirklichkeit gewesen. —

Ein Klopfen an der Thür störte seine Grübeleien. Dick trat mit frischem Wasser herein. Frank sah den Schwarzen scharf an, konnte aber nicht bestimmen, ob es derselbe sei, den er vergangene Nacht gesehen.

„Well, Dick," sagte er, als dieser eben das Zimmer verlassen wollte, „habt Ihr die Waldspinne gefangen?"

Der Schwarze wandte sich mit betroffenem Gesichte um. „Die Waldspinne?" sagte er, ja so, „Sie waren dabei, als mir's mein Master anbefahl. Ja, das muß der lebendige Teufel sein," fuhr er fort, „ich hatte ihn schon, rutz! war er wieder aus den Händen, ehe ich's nur wußte!"

„Wirst Dich wohl gefürchtet haben, Dick!" erwiderte Frank und drängte das Lächeln zurück, das in seinem Gesichte aufsteigen wollte.

„Gefürchtet? das wäre das erste Mal, Master! Aber Sie kennen das Ding nicht, 's läßt sich einmal nicht fangen, Master Gordon hat's schon selber versucht."

„Aber Dick, als er über den Bretterzaun kletterte, hätteſt Du ihn nicht können beim Beine wieder erwiſchen?"

„Ueber'n Bretterzaun?" wiederholte der Schwarze und ſah in augenſcheinlicher Verlegenheit den Gaſt von der Seite an.

„Ja, und als Du ſo freundlich mit ihm ſprachſt! —

„Sch, ſch!" unterbrach ihn Dick, mit beiden Händen winkend und ſah ſich mit halbem Entſetzen um, ob auch Niemand die Worte gehört, „um Gotteswillen, haben Sie denn —?"

„Ja, freilich habe ich, warum haſt Du denn das Geſchöpf laufen laſſen?" ſagte Frank, konnte aber den Ausdruck des bis jetzt unterdrückten Lachens nicht mehr hindern und die ſichtbare Angſt in des Schwarzen Geſicht verwandelte ſich in ein furchtſames Grinſen.

„Ach bei Chriſti Barmherzigkeit, ſprechen Sie nicht ſo laut, Herr, ſonſt könnte ich was zu koſten kriegen!" winkte er und zog mit einem drolligen Ausdrucke von Furcht den Kopf zwiſchen die Schultern. „Sie meinen's ja doch nicht ſo bös, wie Sie ſich ſtellen wollen. Sehen Sie, Jack Davis oder Waldſpinne, wie ſie ihn nennen, weil er ſo gar dürr ausſieht und kein anderes Logis als den großen weiten Wald hat, iſt das ärmſte Geſchöpf auf der ganzen Welt und ich wollte ihm für kein Geld was zu Leide thun. Aber Maſter Gordon hat's mit ihm und möchte ihm am liebſten an's Leben, wenn's ſo ginge, 's muß da eine Geſchichte dazwiſchen ſtecken, die ich nicht weiß. Sagen Sie um Gotteswillen nichts von der Sache, wenn Sie für einen armen Nigger was thun wollen."

„Und Du weißt ſonſt weiter nichts von dem Menſchen, Dick?" fragte Frank, ernſter werdend. Sei offenherzig, und dann habe ich auch keine Urſache, über die letzte Nacht weiter zu reden."

„Lieber Gott, was ſoll ich denn noch wiſſen?" ſagte der Schwarze ängſtlich, „es heißt, Jack Davis wäre vor drei Jahren noch ein hübſcher anſtändiger Mann geweſen und hätte wo anders gewohnt, bei ſeiner Mutter oder ſo. Nachher, kurz zuvor, ehe er hier in die Gegend kam, ſoll er bald verrückt geworden ſein — ich weiß aber nichts weiter, als was man ſo hört, und habe mich auch nicht darum gekümmert — und von

Verrücktheit habe ich auch nichts gesehen, als daß er sich das ganze Jahr im Walde herumtreibt. Ich habe auch noch niemals gehört, daß er Jemand was zu Leide gethan — wenn sich aber ein Stück Vieh verlaufen hat, das Keiner findet und man kann des Jack habhaft werden und spricht ein paar freundliche Worte zu ihm, oder giebt ihm ein Stück Brot oder Schweinefleisch, so findet er's gewiß und bringt's heim und wär's zehn Meilen weit. — Und das ist gewiß und wahrhaftig Alles, was ich weiß, Herr." —

Frank sah nachdenklich vor sich hin. Er hätte zwar zu gern eine Andeutung über das Verhältniß des sonderbaren Wesens zu der jungen Hausherrin gehabt, aber es widerstrebte seinem Gefühle, ihr Geheimniß — und das schien es zu sein — vor einem der Sklaven zu berühren, selbst wenn er dadurch hätte Aufklärung erhalten können.

„Ist die junge Dame, die ich gestern beim Abendessen sah, Mr. Gordon's Tochter?" fragte er endlich.

„Ja, Herr," war die langsame Antwort, aber das dunkle Gesicht des Schwarzen hatte sich bei der unerwarteten Frage verfärbt, als sei ihm plötzlich ein neuer Gedanke voll Unruhe durch die Seele geschossen.

In diesem Augenblicke ertönte die erste Glocke zum Frühstück und Dick faßte nach der Thür.

„Verlaß Dich d'rauf, ich weiß nichts von vergangener Nacht!" sagte Frank, und mit einem: „Dank Ihnen, Herr!" verließ der Schwarze das Zimmer. —

Frank hatte gehofft, beim Frühstück seine schöne Wirthin wieder zu sehen — es drängte ihn, seinen gestrigen Verstoß auszugleichen, aber seine Hoffnung schug fehl — eine der Aufwärterinnen versah ihre Stelle. Er fand indessen Gordon, der seine breite Gestalt neben ihm niederließ und sich erkundigte, ob er sich von seinen Reisestrapazen, die ihn gestern so zeitig in's Bett getrieben, erholt habe.

„'s ist mir eben eingefallen," fuhr er nach Frank's bejahender Antwort fort, „daß ich heute ein paar Morgen in's Land reiten muß, und wenn Sie mich begleiten wollen, so können Sie sich wenigstens etwas in unserer Nachbarschaft umsehen. Zu thun haben Sie nichts und schaden kann's keines Falls."

Frank fühlte etwas wie eine heimliche Freude über das Entgegenkommen des Wirths. „Es hätte mir gar kein Vorschlag erwünschter kommen können," erwiderte er, „und ich hätte Sie vielleicht selbst um eine ähnliche Gefälligkeit ersucht, wenn Sie mir nicht gestern Abend so wenig Hoffnung auf Ihren Rath gemacht hätten."

„Eine Gefälligkeit?" sagte Gordon und zuckte die Achseln, „und ich denke gar nicht daran, Ihnen eine zu erweisen. Die Straße hat noch mehr Platz als für uns zwei; für das Pferd berechne ich Ihnen was recht ist, und von Rath habe ich nicht gesprochen, wegen dessen wollen wir uns Beide etwas besser kennen lernen."

Frank fühlte sein Gesicht von leisem Aerger roth werden, — der Mann war wirklich von einer unausstehlichen Geradheit. „Sie gehen vielleicht ein Bischen zu weit in Ihren Grundsätzen, Mr. Gordon," erwiderte er, „aber 's ist schon recht, ich werde in allen Stücken versuchen, selber zu sehen."

Gordon winkte nur mit dem Kopfe und langte nach den vor ihm stehenden Eiern und Speck, denen er nun seine volle Aufmerksamkeit zuzuwenden schien. — —

Ein stiller, sonniger Morgen lag über der Gegend, als Beide bald zwischen langen Strecken voll dichten Laubholzes, bald zwischen weitausgedehnten Maisfeldern dahinritten. Ueberall zeugte der gerade, hohe Wuchs der Bäume und das üppig aufgeschossene Welschkorn von der Kraft des Bodens; auf einzelnen Waldwiesen, die entweder durch die frühere indianische Bevölkerung ausgerodet, oder durch andere unbekannte Ursachen der Bäume beraubt waren, lagen oder gingen ganze Horden von Vieh im Grase und das glatte glänzende Aussehen eines jeden Stückes ließ auf die Ueppigkeit der Nahrung schließen. — Frank ließ seine Augen umherschweifen und beobachtete im Stillen. Die freie Bewegung in der frischen Morgenluft, der würzige Duft des Waldes, der Reichthum in Allem um ihn her hatten seine Brust weit und leicht gemacht und er hätte gern ein Gespräch angeknüpft, wenn er seinem Begleiter, der eben erst sein Vertrauen so glattweg von sich gestoßen, das erste Wort hätte geben mögen. Er sah überhaupt gar nicht ein, auf welche Weise er an den Mann kommen sollte, um mit ihm ein ersprießliches Geschäft einzuleiten. Seit sie von der Stadt weggeritten, hatte Gordon den Mund noch nicht gegen ihn aufgethan und schien sich nur eifrig mit der Prüfung über den Stand des Korns oder den Zustand der Einzäunungen zu beschäftigen. Sein Stillschweigen wurde nur unterbrochen, um mit einzelnen, auf dem Felde beschäftigten Schwarzen zu reden oder ihnen Aufträge zu geben. Und doch fühlte Frank seit der letzten Nacht einen noch stärkeren Wunsch, mit dem Manne in genauere Verbindung zu treten, so wenig ihm auch dessen eigenthümliches Wesen behagte.

So waren sie wohl zwei Meilen geritten, als sich endlich Gordon seines Gastes zu erinnern schien. „Ein schöner Tag!" sagte er, wie noch halb zerstreut.

„Recht angenehm, Herr!"

„Haben Sie sich umgeschaut, haben Sie gesehen, was für Korn wir hier haben und wie schön das Gras steht? Wir werden dies Jahr mehr aus dem Heu allein lösen, als Mancher im Osten aus seinem ganzen Getreide."

„Haben Sie so gute Käufer hier? Ich meinte, im Westen zöge Jeder seinen eigenen Bedarf."

„O, wir verschiffen es nach den großen Städten des Südens, dort ist unser Markt."

Ein vom Blitz getroffener, halb verkohlter Baum schien jetzt wieder Gordon's Aufmerksamkeit zu fesseln, er hielt an, um ihn zu betrachten. „Der muß weg, der zerschlägt mir nächster Tage die Einzäunung und das Vieh läuft in's Korn!" sagte er und ritt wieder schweigend an Frank's Seite weiter.

„Ja, das Land ist ausgezeichnet," begann er nach einer Weile, „aber da Sie nicht farmen, sondern spekuliren wollen, so ist das kein großer Vortheil für Sie, und jeder andere Platz, der unsere Verbindungen hat, thut's ebenso gut."

Frank sah dem Wirthe in's Gesicht, ob er etwa über ihn

spotte, aber das gleichgültige Auge, das nach wie vor Felder und Einzäunungen musterte, ließ keinen solchen Gedanken aufkommen.

„Ich weiß wirklich nicht, ob Sie Spaß machen, Mr. Gordon," sagte er, „aber zu meinen Spekulationen, wie Sie's nennen, brauche ich Land, gutes Land, und eben darum bin ich hierher gekommen."

„Zu Ihrer Dampfmühle?"

„Ja, Herr! Erstens will ich in einer Gegend sein, die viel produzirt. Mehl, das von hier verschifft wird, bringt größern Gewinn, als Korn, das erst in den Städten gemahlen werden muß. Die Farmer werden schon beim ersten Versuche klug werden. Ich werde nicht allein volle Beschäftigung für die Mahlmühlen haben, sondern kann auch auf eigene Faust Geschäfte machen in Gegenden, wo gutes Land ist; diese werden zweitens schneller bevölkert und meine Schneidemühle wird zu thun bekommen. Was aber die Oelmühle betrifft —"

„Ja, die Oelmühle?" unterbrach ihn Gordon und ein so sichtbarer Spott zuckte um seinen Mund, daß Frank nicht wußte, ob er weiter reden solle oder nicht.

„Nun, die Oelmühle?" fragte der Wirth auf's Neue. „O, Sie sind empfindlich, weil mir die Idee so sonderbar vorkam, ja das darf man nicht sein, wenn man bei uns dummen Buschbauern Geschäfte machen will. Sehen Sie," fuhr er fort und deutete auf die Schweine, die von den Tritten der Pferde aufgestört über die Straße weg oder in das Innere des Waldes flohen, „da laufen lauter kleine Oelmühlen, die uns nichts kosten, als daß wir sie aufschneiden und das Oel herausholen. Wir machen unser Oel aus Schweinefett und wenn das gereinigt wird, ist es besser und billiger als irgend eins in der Welt. Woraus wollen Sie denn Oel machen? Wir haben hier eben weiter nichts als Buchekern und Eicheln und davon sollte Ihnen das Oel verdammt theuer zu stehen kommen!"

Frank hatte ruhig lächelnd zugehört. „Ich danke Ihnen, Mr. Gordon, daß Sie wenigstens auf meine Ideen eingehen," sagte er, „die Sache ist aber anders. Ich will vorläufig kein Brennöl, sondern Leinöl schlagen, wovon der Bedarf überall und besonders in den Hafenstädten größer ist, als Mancher denkt. Der Preis ist selbst im Osten hoch, weil noch so wenig Leinsamen gezogen wird, und im Süden steigt er natürlich noch mehr. Kann ich nun unter erträglichen Bedingungen Land haben, so baue ich nichts weiter als Oelfrüchte und weiß, daß ich meinen Profit daraus mache, der mich hinlänglich zufriedenstellt."

Der Wirth sah vor sich hin und ritt eine Weile schweigend neben dem Deutschen her. „Hm, hm!" brummte er endlich, „'s hört sich ganz hübsch an und es mag auch vielleicht gehen; Unsereiner im Hinterwald hat freilich kein Urtheil über so neumodische Unternehmungen. — Hm," begann er nach einer Weile halb wieder wie im Selbstgespräch, „Jeder trägt seine eigene Haut zu Markte und die Sache könnte mir am Ende gefallen; wenigstens ist es was Neues, das hebt das Land und macht die Preise besser. — Aber," wandte er sich an seinen Begleiter, „solche Dinge brauchen Arbeitskräfte. Mühlen bauen, Feld bestellen, 's geht mich freilich nichts an!"

„Ich dachte, ein paar gute Zimmerleute würden doch jedenfalls hier in der Umgegend zu finden sein," beeilte sich Frank zu berichten, „mit ihrer Hülfe könnte ich das gesammte Holzwerk allein herstellen. Zum Handlangen und zur Feldarbeit aber gedachte ich ein paar Schwarze zu miethen."

„Je, hm!" erwiderte Gordon, „'s wird Alles ein schönes Stück Geld kosten, eh's fertig ist — das ist aber meine Sache nicht!" —

Sie ritten eben eine Anhöhe hinauf, die nur mit niederm Pfirsichgebüsch überwachsen war, das Auge bekam Spielraum und konnte bis weit hinüber zu den jenseitigen Bergen schweifen, als sie aber die Höhe vollständig erreicht hatten, that sich plötzlich ein Landschaftsbild vor ihnen auf, daß Frank überrascht sein Pferd anhielt.

Der Wald war an beiden Seiten zurückgetreten und ließ ein Thal frei, das sich in sanfter Abdachung hinab nach dem Flusse zog. Zwischen dem üppigen Grase eilte ein schäumender Bach, um sich mit seinem größern Bruder zu vereinigen; einzelne dunkle Baumgruppen waren über die grünsonnige Fläche verstreut, und die schmale Straße, die sich unter ihnen durchschlängelte, gab dem Ganzen eher den Charakter eines englischen Parks, als den einer Hinterwaldslandschaft. Am jenseitigen Ufer des Flusses aber erhoben sich die Massen des Waldes wieder so dick, als wollten sie das einsame glückliche Fleckchen von der übrigen Welt vollkommen abschneiden.

Der Wirth hielt ruhig neben seinem Gaste und ließ dessen frohen Blick ungestört über das Thal schweifen. „Ein hübscher Platz," bemerkte er endlich, „er gefällt mir immer wieder, wenn ich einmal hierher komme."

„Ja, bei Gott!" seufzte Frank. „Gehört er Jemand in Ihrem Orte?"

„'s ist mein Eigenthum," erwiderte Gordon, „ja, und wenn ich mir's so ansehe, war's gerade recht für Ihre Spekulation. Unten links am Flusse das Magazin, wo die Dampfboote einladen könnten — ein Stückchen weiter herauf die Mühle — dort am Berge, wo der Bach läuft, das Wohnhaus mit einem Garten darum, und gleich dahinter bis zum Walde die Felder — das Ding müßte sich wirklich verdammt gut ausnehmen und zudem ist es kaum eine und eine halbe Meile von der Stadt."

„Nicht weiter?" fragte Frank verwundert, „haben wir denn nicht wenigstens drei Meilen Wegs gemacht?"

„Ja, lieber Herr," lachte Gordon, „denken Sie denn, ich bin hierher geritten, um mir das Dings da zu besehen? Ich bin meinen Geschäften nachgegangen und wir haben ziemlich einen Kreis beschrieben — dort unten, am Flusse weg geht die gerade Straße." Damit trieb er sein Pferd an und Frank folgte ihm, jeden Punkt seiner Umgebung musternd, oft auch stille haltend und einen prüfenden Blick um sich her werfend — bis endlich Gordon einen so weiten Vorsprung gewonnen hatte, daß er sein Pferd in Galopp setzen mußte, um Jenen einzuholen.

„Sagen Sie, Mr. Gordon," begann er, sobald er wieder ruhig neben seinem Begleiter ritt, „ich möchte von Ihnen ein klares, offenes Wort haben. Werden Sie mir wohl hier ein fünfzig oder sechzig Acker verkaufen, wenn wir uns über die Bedingungen einigen können?"

Gordon's Blick musterte eben aufmerksam ein Kornfeld zu ihrer Seite, er schien kaum zu hören.

"Well, Mr. Gordon, ich sprach mit Ihnen!"

"Ja, Herr, ich habe es verstanden, Sie gehen aber zu hitzig in's Zeug. Gekauft ist geschwind, aber Mancher hätte schon einen Finger seiner Hand darum gegeben, wenn er's eben so hätte wieder los werden können. Ueberlegen Sie sich die Sache ordentlich und ich will mich auch erst bedenken."

Beide ritten wieder schweigend nebeneinander; Frank wußte nicht recht, ob er sich über den Alten ärgern solle oder nicht — bald stellte er sich aber den eben gehabten Anblick wieder vor die Seele, baute sich Mühle und Wohnhaus sammt dem Garten, mit weißem Spalier versehen, auf — es ist sonderbar, wie sich die Gedanken verbinden, er mußte bei dem eben geschaffenen Bilde wieder an das deutsche Lied denken, das er vergangene Nacht gehört.

"War das Miß Gordon, die ich gestern Abend Piano spielen hörte?" unterbrach er das Schweigen.

"Ja, es war wohl so!" antwortete der Wirth. "Sie haben sich wahrscheinlich gewundert, was wir Buschbauern mit solchen neumodischen Künsten zu thun haben — und darin mögen Sie auch recht gewesen sein."

"Ich habe mich nur sehr über das erste Stück gefreut, was gespielt wurde" — sagte Frank, "wenn das verdammte ‚O Susanne' nicht darauf gefolgt wäre."

"Ho, ho!" unterbrach ihn Gordon lachend, „das hatte ich bestellt, weil ich einmal das andere Gebimmel nicht verstehe. Ich sehe schon, Sie passen mit Ihrem Geschmacke zu meiner Mary und da findet sie doch wenigstens einen Menschen, der ihre Yankeekunst würdigen kann. Ich werd's ihr sagen. Und wenn Sie außerdem noch einen Kasten voll feiner östlicher Redensarten mitgebracht haben, so können Sie sie bei derselben Gelegenheit los werden, hier bei uns will das Zeug nicht gedeihen. Wer aber einmal im Busche lebt, sollte auch mit dem zufrieden sein, was im Busche wächst."

Der Ton in der ganzen Antwort klang wie unterdrückter Aerger und fast schien es Frank, als habe er eine wunde Stelle berührt; dennoch drängte es ihn weiter zu fragen.

„Ist Miß Gordon hier nicht aufgezogen worden?"

„Nein, ich habe da einen dummen Streich gemacht." brummte der Wirth. „Als meine Frau vor elf Jahren starb, wußte ich nicht recht, was ich mit dem kleinen Dinge anfangen sollte — unter den Dienstboten mochte ich sie nicht aufwachsen lassen, und so schickte ich sie zu ihrer Tante nach Boston. Als sie nun endlich so alt war, daß sie das Hausregiment versehen konnte — 's sind etwa drei Jahre her, und ich wohnte damals noch ein fünfzig Meilen weiter südlich — da bekam ich eine Lady wieder, mit der keiner von den jungen Leuten sich nur einen Spaß zu machen getraute. 's ist wahr, das Kind ist gut und hält mir das Hauswesen trotz ihrer Gelehrsamkeit so gut zusammen wie meine Alte, und wenn sie ihre lustige Laune aufsteckt, danke ich oft meinem Gotte für das Mädchen — — wenn aber nur — well!" fuhr er fort und strich sich mit der Hand über's Gesicht, „'s ist einmal so!" Damit trieb er sein Pferd zum Trabe an und schnitt so jedes weitere Gespräch ab.

Bald bogen sie in das Städtchen ein und Frank sah mit Erstaunen das rege Leben in der Hauptstraße. Zahlreiche Gruppen von Farmern trieben sich lachend und disputirend bei den Bar-Rooms und Stores umher und aus allen Ecken schollen Grüße und Späße dem vorbeireitenden Gordon nach, der Allen lustig und mit gleicher Münze diente; überall an den Häusern waren gesattelte Pferde angebunden, oder standen Wagen mit Getreide oder Viktualien beladen, daß sich oft kaum ein sicherer Weg für die Fußgänger fand. Am Hotel wurde der Wirth gleich von drei, vier Seiten mit Beschlag belegt, und ehe Frank nur aus dem Sattel kam, war Jener schon in dem allgemeinen Gewühle verschwunden.

„Was Teufel ist denn heute hier los?" fragte der Deutsche, als ihm Dick das Pferd abnahm.

„'s ist Gerichtstag, Herr!" erwiderte dieser, „da kommen die meisten Farmer aus dem County hervor, machen ihre Geschäfte unter einander ab und thun sich was Ordentliches zu

Gute. Sehen Sie einmal dort, die haben auch schon gut geladen," lachte er auf und zeigte nach zwei viereckigen Gestalten, die, Einer den Andern unterstützend, in den nächsten Bar-Room hineinstolperten, „'s geht oft gar lustig her, manchmal giebt's aber auch blutige Köpfe."

Frank wußte eben nichts Besseres zu thun, als dem Treiben vor seinen Augen zuzusehen, und so wanderte er langsam die Straße hinab, um stille Beobachtungen zu machen. Bald genug merkte er aber, daß das nicht so leicht ging, und daß er in einer Hinterwaldstadt war. Wo er vorüber kam, drehten sich die Männer nach ihm um, wie nach etwas Niegesehenem, Einige steckten die Köpfe zusammen, Andere lachten ihm mit einer dummen Verwunderung geradezu in's Gesicht. Frank meinte, die Leute müßten wohl noch gar keinen Fremden in medischer Kleidung hier gesehen haben, wenigstens vermochte er sich auf keine andere Weise die auf ihn gerichteten Blicke zu erklären — er setzte ruhig seinen Spaziergang durch die verschiedenen Gruppen fort, schien aber überall dasselbe Aufsehen zu erregen. Er war soeben über den Fahrweg geschritten, um auf der anderen Seite der Straße wieder nach dem Hotel zurückzugehen, als aus einem der Branntweinstore eine plumpe Figur herausstürzte — oder taumelte — Frank konnte es nicht unterscheiden, denn der Mann fiel so plötzlich und so gewichtig gegen ihn, daß er es nur einem an der Seite stehenden Pfahle, der seinen Körper ziemlich unsanft auffing, zu verdanken hatte, daß er nicht in den Straßenschmutz geschleudert wurde. Aus dem Store, dessen Thür offen stand, erscholl jetzt ein halb wieherndes, halb brüllendes Gelächter, Kopf über Kopf, so viel die Thür fassen konnte, schauten die Trinkgäste heraus — in der Mitte der Straße aber blieben die Leute stehen oder liefen herbei, um zu erfahren, was diese tolle Lustigkeit hervorgerufen.

Frank's erster Gedanke war gewesen, daß ihn ein Betrunkener über den Haufen gerannt; er war rasch und elastisch wieder auf die Beine gesprungen, sah aber in diesem Augenblicke ein Gesicht vor sich, das, nach ihm hingebogen, ihn mit einem so sichern, dummen Hohne anstarrte, daß ihm wie ein

Blitz der Gedanke durch die Seele fuhr, man habe ihn absichtlich zum Gegenstande des allgemeinen Spottes machen wollen. Das Blut schoß ihm zum Kopfe und seine Fäuste ballten sich. Mit einem entschiedenen Schritte war er an seinen Gegner herangetreten. „Was soll das bedeuten?" rief er, „ist dies absichtlich geschehen, oder sind Sie betrunken, Herr?"

Der Andere, ohne den hämischen Blick von Frank's Gesichte zu lassen, richtete sich nur gerade auf und zeigte seinen breiten, muskulösen Körper. „Ist das eine Katze mit einem Menschengesichte?" höhnte er und hob die Hände, als wolle er des Deutschen Schnurrbart fassen — ein donnerndes Gelächter brach auf's Neue los und Frank wußte jetzt, um was es sich handelte, ein voller Faustschlag in seines Gegners Gesicht setzte dessen Handgreiflichkeit, sowie dem Gelächter ein Ziel. Der Getroffene taumelte zurück, während ihm das Blut aus Mund und Nase quoll, aber im nächsten Augenblicke schon stürzte er auf den schmächtigen Deutschen los, als wolle er ihn zermalmen. Ein neuer Schlag empfing ihn und seine eigene Faust traf auf einen so muskulösen Arm, daß sie wie von Federkraft hinweg geschnellt wurde — kaum aber, daß er auf's Neue ausholte, saß auch schon ein dritter Puff in seinem Gesichte, der ihn zwei Schritte zurückwarf und seine Nase zu einer breiten Masse quetschte.

„Ho, ho! Bill Green kriegt Prügel — laß Dich nicht lumpen, Bill!" schrie es aus dem Haufen, der zu einem dichten Kreise angeschwollen war. „Laßt sie, laßt sie, ehrliches Spiel!" hieß es von der andern Seite. Frank hatte noch keinen Schlag erhalten und stand kampfbereit da, seinen Gegner erwartend. Eine thierische Wuth im Gesichte, hatte sich dieser zusammengeduckt wie der Tiger zum Sprunge und warf sich plötzlich mit der ganzen Wucht seines schweren Körpers auf den Deutschen, ihn zu Boden reißend, daß Frank's Kopf auf den Steinen des Seitenweges hart aufschlug und ihm die Besinnung raubte. Er sah nur noch, wie sein Gegner die plumpen Fäuste hob, um ihm das Gesicht zu zerschlagen, hörte eben noch Gordon's bekannte Stimme: „Euch sollen doch gleich tausend Teufel massakriren!" und fühlte, wie Jemand den schweren

Körper seines Feindes von ihm wegschleuderte — dann wurde es schwarz vor seinen Augen und er wußte nichts mehr von sich. —

Ein stechender Schmerz weckte ihn wieder, er wollte aufspringen, fühlte sich aber festgehalten. „Ruhig einen Augenblick, alter Freund!" sagte eine Stimme. „Miß Mary, geben Sie mir die Leinewand!"

Er schlug die Augen auf und sah, daß er auf dem Bette in seinem Zimmer saß, von Dick's Armen gehalten und fühlte, wie sich ein kühlender Verband um seinen Hinterkopf legte. Er sah seitwärts, sein Blick traf einen kleinen eleganten Fuß und ein helles Kleid, an dem er hinauflief, bis er ein dunkles Auge fand, das jetzt in einem Ausdrucke wie ein trauriges Sinnen auf ihn gerichtet war, das aber schnell die Lider sinken ließ, als es seinen Blick traf.

„So! das wird helfen!" sagte die vorige Stimme, „ich hoffe, Sie fühlen jetzt schon besser?" und Frank erkannte in dem Hervortretenden einen seiner Tischgenossen, der Doktor titulirt worden war. Dick ließ den Kranken aus seinen Armen und Mary Gordon, Leinwand und Scheere zusammenraffend, mit denen sie augenscheinlich den Arzt unterstützt hatte, schritt leisen Schrittes zum Zimmer hinaus.

Frank sah einen Augenblick der schlanken Gestalt nach, dann sprang er kräftig vom Bette, des Doktors Halloh, das seine Bewegung begleitete, nicht achtend.

„Well, Doktor!" sagte er prüfend den Kopf drehend, „meinen schönen Dank, ich glaube, die Geschichte hätte gefährlicher werden können, als sie ist, wenigstens fühle ich mich schon jetzt vollkommen leicht."

„Desto besser!" erwiderte der Arzt, „nur regen Sie sich nicht auf und meiden Sie jede Erhitzung, dann wird's diesmal so abgehen. Nachmittags werde ich den Umschlag erneuern." Damit nahm er seinen Hut und empfahl sich.

Frank trat vor den Spiegel, um sein Aussehen zu mustern, während ihm der Schwarze den Staub und den Schmutz von den Kleidern bürstete. „Bei Gott, Dick," sagte er zu diesem, „Ihr habt eine schöne Sorte von Leuten in Eurem County.

Was dachtest Du denn, als sie mich wie einen Todten hierher brachten?"

„Well, ich hatte schon den Spektakel gehört und konnte mir's Rechte wohl denken. Aber Miß Mary bekam einen Schrecken, daß ich meinte, sie würde umfallen!"

Frank horchte hoch auf.

„'s war gerade als ob sie glaubte, Master Gordon wäre Schuld daran, wenigstens schrie sie — und dabei war sie so weiß wie Asche: ‚Barmherziger Gott, Vater, was hast Du denn gemacht?' daß sich die Leute, die mitgekommen waren, alle nach ihr hindrehten. Master Gordon wußte erst gar nicht, woran er mit ihr war, nachher sagte er aber, ob ihr denn der Schreck so in den Kopf gefahren sei, daß sie meine, er habe mit seinen eigenen Gästen Schlägerei auf offener Straße, und als sie nachher hörte, wie die Sache gewesen, und daß auch keine Gefahr sei, da lachte sie halb, und halb weinte sie und fiel ihrem Vater um den Hals und holte Leinwand für den Doktor — und das ging Alles wie auf Rädchen." —

Frank starrte sinnend vor sich hin, als der Schwarze schwieg — ihr Schrecken war also nur Nervenschwäche gewesen und hatte nichts mit ihm zu thun — ihre Theilnahme war augenscheinlich nichts als Christenpflicht — wie sollte er auch ihr Interesse erregt haben, da sie ihn fast gar nicht kannte? Und doch war ihr Blick, der noch kaum auf ihm geruht hatte, ein so eigenthümlicher gewesen, daß er ihn sich nicht zu erklären vermochte.

„Wenn Sie weiter nichts wünschen, will ich gehen!" sagte Dick und wandte sich nach der Thür, Frank hörte es nicht, aber ein lautes „Halloh! schon wieder auf den Beinen?" ließ ihn aus seinem Sinnen auffahren. Gordon war es, der eben hereintrat und ihm mit einem launigen Blicke derb die Hand schüttelte.

„Sie müssen bei Gott einen ganz anständigen Gehirnkasten haben, daß Sie so weggekommen sind. Sagen Sie aber einmal," fuhr er fort und faßte seinen Gast bei beiden Armen, „gehört das auch mit zu Ihren Spekulationen, sich gleich am ersten Tage mit dem Hauptraufbolde vom ganzen

County herumzuhauen? Wäre ich nicht noch zu rechter Zeit dazwischen gekommen, so pfiffen Sie wahrscheinlich jetzt auf dem letzten Loche. Na, na!" fuhr er fort, als Frank sprechen wollte, „ich kenne die Geschichte schon, Sie haben den Kerl gezeichnet, wie er's verdient, und wie er's lange nicht gekostet hat — er ist auf und davon geritten, um dem Spotte über sein zerschlagenes Gesicht zu entgehen. Diesmal sind Sie, wie das Hühnchen, nur auf den Kopf gefallen; für die Zukunft aber — schneiden Sie sich das verdammte Ding unter der Nase weg, wenn auch meine Mary meint, daß es im Osten Mode wäre — wir leben einmal zum Donnerwetter! nicht im Osten und unsere Leute hier sind dummes Volk!" —

Frank schüttelte lächelnd den Kopf, etwas verwundert über die freundliche Redseligkeit und die Veränderung in dem ganzen Wesen Gordon's. „Warum soll ich das, Herr?" fragte er. „Sind die Leute dumm, so will ich's nicht sein. Ich mache mir nichts aus den paar Haaren und ich würde sie abschneiden, bloß auf Ihren Rath hin — jetzt aber würde das Volk denken, es wäre aus Angst vor neuen Beleidigungen geschehen. Lassen wir's noch ein Weilchen — später vielleicht folge ich Ihnen."

„Ja, so geht's nun mit dem Rathe!" lachte Gordon. „Erst bitten Sie mich darum und gleich darauf werfen Sie ihn bei Seite. 's macht indessen nichts aus — ich habe heute die Erfahrung gemacht, daß Sie auf eigenen Beinen stehen können, und so mögen Sie auch Ihren eigenen Weg gehen. Uebrigens aber denke ich, wenn Sie hier bleiben wollen, daß ich's mit Ihnen probiren kann — sollten Sie morgen noch dieselben Ideen, mit dem Landkaufe, wie heute früh haben, so sagen Sie mir's und wir wollen die Sache fixen. Und nun legen Sie sich hin und schlafen Sie ein paar Stunden. Nachher kommen Sie herunter in Mary's Stube, da wollen wir zusammen schwatzen." Und mit dem Kopfe nickend ließ er den Deutschen allein.

Frank fühlte, daß Gordon's letzter Rath der beste sei, in seinem Kopfe begann sich ein wüstes, unbehagliches Gefühl zu bilden, er warf sich auf das Bett und war bald in einen tiefen, traumlosen Schlaf gefallen.

Die Sonne war bereits dem Untergehen nahe, als er frisch gestärkt erwachte. Er fühlte nach der Wunde, die er bei seinem Falle davongetragen — man mußte sich mit ihm beschäftigt haben, denn der Verband war von seinem Kopfe entfernt, und nur ein unbedeutendes Pflaster deckte die beschädigte Stelle. Er richtete sich auf und badete Gesicht und Nacken in frischem Wasser. Dann ordnete er sorgfältig sein Haar und versah sich mit frischer Wäsche und reinen Kleidern. Länger als es sonst seine Gewohnheit war, musterte er seine ganze Erscheinung im Spiegel und machte sich fertig, das Zimmer zu verlassen. An der Thüre blieb er einen Augenblick stehen und rieb sich die Stirne. Er sollte nach Gordon's Einladung in „Mary's Zimmer" kommen. Die Bezeichnung klag ihm so süß und doch kam schon jetzt eine Befangenheit über ihn, wie er sie bis jetzt noch nicht gekannt hatte. „Du bist ein Narr, Albert!" sagte er endlich halblaut zu sich selbst, „hättest du nicht so viel an das Mädchen gedacht, so wäre es nicht so weit gekommen. Also sei vernünftig, hänge dich nicht an das erste hübsche Gesicht, was dir in den Weg kommt, und halte den Kopf frei für das Nothwendigere!"

Resolut öffnete er die Thür und schritt die Treppe hinunter. Ein helles Lachen, das er so gut kannte und das ihm trotz seiner Selbstpredigt durch alle Nerven fuhr, zeigte ihm den Weg, er klopfte an die Thür und öffnete, da Niemand zu hören schien.

„Nun sehen Sie sich an, Ned, ob Sie nicht eine ausgezeichnete Figur als fashionabler Gentleman machen!" So klang dem Eintretenden Mary Gordon's Stimme entgegen. Sie selbst zog in diesem Augenblicke einen jungen Mann in der gewöhnlichen Farmertracht, der aber jetzt mit einem dicken Shawl um den Hals und übergroßen papiernen Vatermördern geziert war, in augenscheinlich lustiger Laune vor den Spiegel, während dieser, steif und widerwillig, nur mit saurem Gesichte in ihren Scherz einzugehen schien. „Sind Sie nicht schön, Vetter?" lachte sie auf — sie mochte aber soeben im Spiegel den Deutschen bemerkt haben, denn sie drehte sich rasch um, während eine leichte Röthe in ihr Gesicht trat.

„Pardon, Miß!" sagte Frank, „Mr. Gordon hatte mich hierher beschieden, sollte ich indessen stören —"

„Keine Störung, Herr!" erwiderte sie, „nehmen Sie Platz, Pa wird bald hier sein. — Mr. Frank — glaube ich? Mr. White, Mr. Frank!" fuhr sie, die beiden Männer einander vorstellend, fort, konnte aber ein neues Lächeln nicht unterdrücken, als Ned die eine Hand dem Deutschen vorstreckte und mit der andern in halber Verlegenheit Shawl und Vatermörder herunterriß.

„Angenehm, Ihre Bekanntschaft zu machen, Mr. Frank!" sagte er, „meine Cousine hier ist ein tolles Mädchen, die einen Menschen zum Narren machen kann, wie Sie sehen!"

„Sie sind wirklich recht artig, Ned!" rief Mary und zog die dunklen Brauen zusammen — aber im nächsten Augenblicke zuckte auch schon die fröhliche Laune wieder um ihren Mund und gab den weichen, leicht beweglichen Zügen den Charakter einer Gewitterlandschaft, von der Sonne beschienen.

„Ja wohl, artig!" sagte Ned und drehte sich weg. „Sehen Sie, Herr, wenn ich artig bin, so lacht sie, nennt mich einen steifen Peter, oder meint, zu den schönen Redensarten gehöre auch die rechte Außenseite und putzt mich heraus, wie Sie's eben gesehen haben. Spreche ich aber geradezu, so ist's wieder nicht recht und ich kann öfter ihren Rücken als ihr Gesicht zu sehen bekommen!"

„Ned!" rief das Mädchen und das Lächeln verschwand vor dem aufsteigenden Unwillen.

„'s ist doch so!" erwiderte dieser und warf sich ärgerlich auf einen Stuhl am Fenster, sein Gesicht der Straße zukehrend.

Frank fühlte, daß es Zeit sei, das Wort zu ergreifen. „Ich habe manche Schuld gegen Sie abzutragen, Miß Gordon!" begann er.

„Gegen mich?" fragte diese, sich nach ihm kehrend, während ein gehaltener Ernst auf ihrem Gesichte Platz nahm.

„Ja, Miß! Ich war gestern Abend bei Tische unbescheiden,

aber bitte, schreiben Sie meinen Verstoß nicht der Unhöflichkeit, sondern einzig der Ueberraschung zu." Frank hob den Blick zu ihr empor und wäre beinahe in Verlegenheit gerathen. Ihr Auge ruhte so still und ausdrucklos auf ihm, daß es ihm fast wehe that. „Dann haben Sie sich heute so freundlich meiner angenommen, daß ich nicht weiß, wie ich Ihnen genug Dank dafür sagen soll, Miß Gordon."

Das Mädchen sah ihn mit unverändertem Ausdrucke an.

„Sie legen Dingen eine Wichtigkeit bei, die sie nicht verdienen, Herr;" erwiderte sie endlich und senkte die Augen. „Von gestern weiß ich nicht einmal etwas, und was ich heute gethan, war nur die gewöhnlichste Pflicht, die mir meine Stellung hier auferlegte."

Frank hätte gern etwas erwidert, aber er glaubte, seine Stimme müsse zittern, wenn er spräche.

„Werden Sie bei uns bleiben, Herr?" begann Mary wieder, als wolle sie die Pause im Gespräche ausfüllen.

„Ich hoffe, Miß! — Aber ich glaube, es wird besser sein, wenn ich Mr. Gordon selbst aufsuche," setzte er nach kurzem Schweigen hinzu und erhob sich vom Stuhle, „ich bin Ihnen hier jedenfalls lästig."

„Mir durchaus nicht, Herr, wenn Sie sonst warten wollen!" erwiderte sie.

„Und mir auch nicht, Mr. Frank!" rief Ned vom Fenster. „Wenn Sie fortgehen, beginnt das Spiel wieder mit mir."

Mary erhob sich. „Ned!" sagte sie und ihr Auge glühte auf, „ich habe Sie noch nicht hier gehalten. Wenn Ihnen meine Weise so lästig ist, warum kommen Sie immer wieder? Bleiben Sie fort, wenn Sie wollen, aber beleidigen Sie mich nicht vor Fremden, die vielleicht Ihre Späße falsch auffassen." Damit trat sie weg, an das geschlossene Piano und blätterte in den darauf liegenden Noten.

„Da, schon wieder ein Puff!" seufzte Ned, „aber Ohrfeigen von hübschen Mädchen dürfen einmal nicht weh' thun und müssen einmal ertragen werden. Gott sei Dank, da kommt Onkel Gordon!"

Frank nahm seinen Stuhl wieder ein und warf während

des eingetretenen Schweigens einen Blick im Zimmer umher Ein dicker Fußteppich, ein feiner Toilettentisch, eine kleine Büchersammlung, ein elegantes Sopha und ein weicher Schaukel-stuhl bildeten mit dem Piano zusammen eine Ausstattung, wie sie selten in einer Hinterwaldstadt getroffen werden mag. Man sah, daß die Bewohnerin ihren eigenen Willen hatte. Frank's Beobachtungen wurden indessen durch Gordon's Eintritt unterbrochen.

„Aha!" sagte dieser, seinen Hut weglegend, „schon Bekanntschaft gemacht, das ist Recht! Well, Mary, Mr. Frank ist ein großer Bewunderer von Deinen Künsten, weißt', er kommt auch aus dem Osten und Du mußt ihn warm halten; Er war heute ganz entzwei von Deinem Lieblingsstücke, was Du gestern Abend anfingst — nachher ist er auch so ein Stück von'm Gelehrten und da mögt Ihr zusammen auskommen."

Mary's Wangen überflog wieder ein leises Roth, als sie den Blick zu dem Deutschen erhob.

„Mein Zimmer ist über dem Ihrigen," beeilte sich Frank zu erläutern, „und das Thema, welches Sie durchführten, war eine deutsche Melodie, die mich hier in der weiten Fremde gerade wie ein Gruß aus der Heimath berührte. Zudem hatte ich nicht erwartet, hier jemals einen musikalischen Genuß zu finden."

„Wenig! ich singe etwas, doch ist meine Liebe für die Musik größer als Alles, was ich selbst leisten kann."

„Well, lauter Redensarten, Herr, wenn sie auch recht schön gedrechselt sind!" rief Gordon und ließ sich in dem Schaukelstuhle nieder. „Sie müssen einmal mit meinem Mädchen was zusammen loslassen. Aber was ist denn mit Dir los, Ned, daß Du dort so verloren in der Ecke sitzest?"

„Wieder eine Lektion gekriegt, Onkel Gordon!"

„Aha! na, mußt Dich d'ran gewöhnen, armer Junge, 's kommt auch einmal eine andere Zeit."

Ned kratzte sich hinter den Ohren und Mary bog sich verdüstert wieder in ihre Musikbücher.

„Aber, was ich sagen wollte," fuhr Gordon fort, „Sie müssen sich vor dem Bill Green in Acht nehmen, Mr. Frank ich hörte eben, daß er Ihnen den Tod geschworen hat und wenn Sie sich auch gerade nicht zu fürchten brauchen, so ist doch Vorsicht immer gut."

„Na, da können wir Kompagnieschaft machen, Herr!" rief Ned lachend, „ich stehe auch noch bei dem Kerle im Buche, weil ich ihn einmal aus meinem Hause geworfen — und wenn ich Sie nicht schon wegen Ihres Gesichts leiden könnte, so würde ich Sie lieb haben, blos weil Sie ihn so gehörig auf die Nase geklopft haben. Geben Sie Ihre Hand her, wir wollen ihm seinen Spaß zusammen versalzen."

Frank schlug lachend ein und wandte sich dann aufstehend an Gordon. „Sollte ich Sie heute Abend nicht mehr sehen, Herr, so bleibt es doch dabei, daß wir morgen früh wieder einen Ritt machen, falls Sie Zeit haben? Ich sehne mich, Gewißheit zu haben und an die Arbeit zu gehen."

Mary hatte sich bei Frank's letzten Worten umgedreht und sah forschend in ihres Vaters Gesicht.

„Wenn Sie absolut die Zeit nicht erwarten können, so mög's darum sein!" sagte dieser und der eigentlich schlaue Zug, den Frank bei seinem ersten Zusammentreffen mit ihm wahrgenommen hatte, spielte wieder in seinem Gesichte. „Wir können morgen das Land aussuchen und auch meinetwegen abschließen, wenn Sie's wollen."

„Wolltest Du nicht morgen nach Springfield, Pa?" fiel Mary ein, ohne ihren Blick zu verändern.

„Ja, Kind, das hat aber Zeit und wenn ein Käufer drängt, mag ich ihn nicht hinzögern."

Mary's Wangen wurden bleich — sie schlug die Augen nieder und wandte sich wieder zu ihren Noten.

„Uebrigens denke ich doch," fuhr der Wirth fort, „wir kommen hier nach dem Abendessen wieder zusammen und lassen Mr. Frank einmal seine Künste zeigen."

„Vater, ich möchte nach dem Essen gern allein sein, ich bin unwohl," sagte Mary leise, ohne ihre Stellung zu verändern.

„Hm!" brummte Gordon und fuhr mit der Hand über das Gesicht, „mit Weibsleuten ist schlecht auskommen; erst Lachen,

daß sich das Herz freut, in der nächsten Minute brummen und
krank sein. Well, so setzen wir uns auf den Portsch und
rauchen, oder gehen ein Bischen aus dem Hause. Komm einmal her, Mädchen, was ist denn los?"

Mary trat auf ihren Vater zu, küßte ihn auf die Stirn
und verließ das Zimmer.

„Der Teufel mag's wissen —!" brummte der Wirth von
Neuem, „siehst Du, Ned, sie macht's mit mir nicht besser.
Wenn Du Dir einmal eine Ruthe aufbindest, so hast Du es
wenigstens vorher gewußt!"

„Papa Gordon, ich glaube kaum, daß sie's dahin kommen läßt!"

„Na verliere den Muth und die Geduld nicht, Ned; die
Beiden haben schon andere Dinge recht gemacht."

Ned seufzte, Frank sah jetzt aber, wie die Verhältnisse hier
standen und hätte am liebsten auch geseufzt. Er ließ die Beiden
allein und ging nach seinem Zimmer, wo er, bis die Glocke
zum Abendessen rief, auf und ab lief, sich selbst über seine Gefühle und halben Hoffnungen aushöhnte und sich endlich feierlich versprach, an nichts mehr zu denken, als das vor ihm
liegende Unternehmen. —

Die Nacht war schon ziemlich weit vorgerückt, als Frank
aus Gordon's und Ned Withe's Gesellschaft wieder in sein
Zimmer zurückkehrte. Sein Kopf war ziemlich wirr.

Er hatte beim Abendessen sich wie ein Held hinsichtlich
seines Versprechens betragen. Mary hatte im Kerzenlicht dagesessen, schön wie eine weiße Büste, aber er hatte kaum einen
einzigen Blick auf sie geworfen, obgleich ihm diese theilnahm-
lose Ruhe ihres Gesichts, nachdem er sie kurz zuvor in so
lustiger Laune gesehen, bis in's Herz geschnitten hatte. Ja er
hatte es über sich vermocht, um sich von dem Zauber ihrer Erscheinung loszureißen, ein aufmunterndes Gespräch mit seinem
Wirthe, Ned und dem Doktor zu beginnen, der Witz war ihm
gekommen, daß er sich über sich selbst gewundert; zuletzt aber
hatte er noch ein paar tolle Schwänke aus dem New-Yorker
Leben losgelassen, daß seinem neuen Freunde Ned vor Lachen
das Essen in die Kehle gekommen war und Gordon mit thrä-

nenden Augen erklärt hatte, er sei der amüsanteste Kerl, den er jemals gesehen, er dürfe heut Abend noch nicht so los, und müsse eine Runde in der Stadt mit ihnen machen. Mary allein schien ihrem Aussehen nach nichts von alledem gehört zu haben; als sich aber Frank vom Tische erhoben, hatte ihm ein so trauriger, prüfender Blick von ihr getroffen, daß es ihm zu Muthe geworden war, als habe er sich mit seiner Lustigkeit nur selbst ausgehöhnt. Glücklicherweise war ihm nicht lange Zeit geblieben, seinen Gefühlen nachzuhängen, denn er war mit fortgezogen worden, von einem Bar-Room in den andern. In dem einen war er mit derben Händedrücken als neuer Ansiedler begrüßt worden, in dem andern hatten sie ihm Komplimente über sein Gefecht am Morgen gemacht — überall aber war getrunken worden, und so mäßig er sich auch gehalten, so saß er doch jetzt an dem offenen Fenster seines Zimmers, den heißen Kopf in die Hand gestützt und suchte in der kühlen Nachtluft sein aufgeregtes Blut zu beruhigen.

Er hatte wohl länger als eine Viertelstunde so dagesessen, als er plötzlich auffuhr. Es war ihm, als habe er schon zwei Mal ein leises Pochen an seine Thür gehört; jetzt hörte er es zum dritten Male und vernehmlicher als zuvor. Er stand auf, um nachzusehen, was es sei. Kaum hatte er aber die Thür geöffnet, als unter seinem Arme durch geräuschlos eine schmächtige Gestalt in's Zimmer schlüpfte und sich in die hintere Ecke neben dem Fenster niederhockte. Frank war einen Augenblick erschrocken zurückgewichen, als er sich aber umwandte, erkannte er auf den ersten Blick die Waldspinne. Gerade wie sie Frank zum ersten Male gesehen, kauerte die Gestalt in der Ecke und hielt die Augen starr auf ihn gerichtet. Frank mochte wohl eine Bewegung der Unentschlossenheit gemacht haben, denn der Mensch erhob sich hastig und winkte ihm ängstlich zu, die Thüre zu schließen. Frank schämte sich seiner momentanen Besorgniß, die ihn überkommen hatte — vor Wahnsinnigen scheut sich oft auch der muthigste Mann — und gehorchte, wenn er sich auch nur vorsichtig dem unerwarteten Gaste näherte. „Wollt Ihr was von mir?" fragte er.

„Ja, Herr, ich will Ihnen einen guten Rath geben!" Die

Stimme des Menschen klang mild, während sich Frank auf den schrillen Ton des „Kikeriki" gefaßt gemacht hatte; sein Auge glänzte wohl in einem unruhigen Feuer, hatte aber seine Starrheit verloren.

„Mir? einen guten Rath?" fragte Frank halb verwundert, halb spottend.

„Ja, Herr, und ich wollte von Herzen, Sie hörten ihn nicht nur, sondern befolgten ihn auch. Sie wollen morgen früh im kleinen Meninee-Thale Land kaufen. Thun Sie das nicht, und gehen Sie wo anders hin."

Frank glaubte nicht recht gehört zu haben. „Kennt Ihr mich denn? Und woher wißt Ihr denn von meinen Absichten?"

„Ich habe schon vor Ihrer Ankunft davon gewußt!"

„Dann seid Ihr also Hexenmeister, he?"

„Nein Herr, ich bin blos ein unglückliches Geschöpf, das gelernt hat, die Ohren aufzuhalten."

„Und warum soll ich denn hier nicht kaufen?"

„Weil Sie nicht klug genug sind."

„Soll das heißen, ich werde betrogen werden?"

„Ja, aber nach Recht und Gesetz."

„Das verstehe ich nicht, Jack — so heißt Ihr wohl?"

„Weil Sie eben nicht klug genug sind. 's ist mir eben so gegangen, aber das Verständniß ist mir in den Kopf gebracht worden, daß es noch jetzt wie höllisches Feuer drin brennt."

„Also nichts von schlechten Besitztiteln oder sonstigem Betruge beim Landkaufe?"

„Nichts, Herr, das ist Alles recht!"

„Nun, Jack, wenn Ihr bereits die Erfahrung habt, so könnt Ihr mir wenigstens sagen, wie dann ein Betrug möglich gewesen ist."

„Ich weiß es nicht, Herr; ich hab's einmal begriffen gehabt und auch nicht begriffen, — 's war recht und gesetzlich und doch war's Betrug."

„Well, dann werde ich doch wohl kaufen, Jack, wenn ich's auch mit aller Vorsicht thue. Ich mag eine gute Sache nicht aus bloßer Furcht vor meiner eigenen Dummheit unterlassen."

„Und Sie werden mit aller Vorsicht in's Unglück gerathen,

ehe Sie es nur wissen; Sie werden es heranziehen sehen, Schritt für Schritt, und werden es nicht abhalten können, der gute Engel wird um Sie weinen und der Teufel lachen, bis Sie als Bettler auf der Landstraße stehen und nicht wissen, wo Sie Ihr Haupt hinlegen sollen."

Die dürre Gestalt hatte sich bei den letzten Worten erhoben, die schlaffen Züge hatten Leben gewonnen, die Augen glühten wie Kohlen und Frank begann zu fürchten, daß jetzt der Ausbruch seines Wahnsinnes, von dem er gehört, erfolgen werde. Aber eben so schnell, wie sie eingetreten, verschwand die Aufregung. „Ich bin nur eine elende Kreatur," sagte er wieder in sich zusammen sinkend, „aber wenn es so gekommen ist, werden Sie wohl an den armen Jack Davids denken."

Frank sah halb voll Mitleid, halb voll Scheu auf die verfallene Gestalt, die von einer fixen Idee beseelt zu sein schien; er hätte den Menschen gern wieder aus dem Zimmer gehabt, wenn ihn nicht die Neugierde zu neuen Fragen gedrängt hätte.

„Wollt Ihr mir wohl sagen, Jack, was Euer Kikeriki zu bedeuten hat, womit Ihr die Leute verfolgt?" begann er.

„Das ist Petri Hahnschrei!" sagte der Mensch geheimnißvoll, „und wenn Sie Einen davor erschrecken sehen, so denken Sie nur, das ist einer von den Sündern größter, wenn's ihm auch Niemand in's Gesicht sagen mag!"

's ist wenigstens System in seinem Wahnsinne und irgend Etwas liegt jedenfalls zu Grunde, das ich wohl noch erforschen werde, dachte der Deutsche. „Ihr meint also," sagte er laut, „Mr. Gordon sei Einer davon, da Ihr ihn so plagt?"

„Plag' ich ihn? fühlt er's?" rief Jener lebhaft. „Ja, ich habe ihn verfolgt, und er ist vor mir geflohen, er ist der Teufel, aber auch der Teufel flieht beim Hahnschrei!"

„Aber, Jack, wenn Ihr so böse auf ihn seid, was führt Euch denn zu seiner Tochter?"

Der Mann sah einen Augenblick forschend in Frank's Gesicht. „O, Sie wissen's und haben's nicht verrathen," sagte er freundlich, „das ist gut, dann vielleicht machen wir noch einmal den Weg, den ich jetzt oft zu ihr mache in Kompagnie. Sehen Sie, die Engel und die Teufel sind von einerlei Abstammung, wie's heißt, und so ist es auch hier. Sie giebt mir Brod und legt Oel auf meine Wunden, daß die mir nicht den Verstand ganz und gar zerfressen." Er griff nach seinem Kopfe und drückte ihn. „Ja," fuhr er, wie zu sich selbst kommend, fort, „Sie wollen also von meinem Rathe nichts wissen. Nun, da kann ich nichts sagen, als: guten Muth, Herr! wenn wir uns einmal wiedersehen!"

Damit hatte er sich erhoben und war unhörbaren Trittes aus dem Zimmer gegangen, ehe es Frank nur recht gewahr wurde.

Diesen überlief jetzt ein unwillkürlicher Schauer. „Wahrhaftig," sagte er kopfschüttelnd, „wenn ich mir meiner Sinne nicht vollkommen bewußt wäre, so glaubte ich, der Brandy habe mir einen Streich gespielt. Möchte aber wohl wissen, wie das verrückte Geschöpf in's Haus gekommen ist!"

Er entkleidete sich rasch und kroch unter die dünne Decke, obgleich die laue Nacht keinen Schutz zur Wärme nöthig machte. Jetzt begannen indessen die Brandygeister erst ihren Einfluß fühlbar zu machen, drehten das Haus mit ihm um und zogen ihn in die tollsten Träume hinein, in denen die Waldspinne aller Orts ihre Rolle spielte.

Am andern Morgen verschlief er die Frühstücksglocke und erst als Dick ihm meldete, daß Gordon bereits mit den Pferden auf ihn warte, riß er sich vom Bette in die Höhe. Er hatte keine Muße, sich dem Gedanken an die Warnungen seines nächtlichen Gastes lange hinzugeben und er fühlte auch keine Lust, ihnen, als den Ausgeburten eines kranken Hirnes, besonderen Werth beizulegen, wenn sie auch ein eigenes Gefühl der Unbehaglichkeit in ihm zurückgelassen hatten. Gordon empfing ihn mit derbem Spotte, trieb zum eiligen Frühstück und bald trabten Beide zum Städtchen hinaus.

Der Wirth schien in glänzender Laune zu sein, machte lachend seine Bemerkungen über Frank's blasses Aussehen und prophezeihte ihm ein schlechtes Geschäft mit den Buschbauern, wenn er nicht besser trinken lerne.

Frank wurde gedankenvoller, je näher sie dem Thale kamen. „Aber, Mr. Gordon," sagte er plötzlich, „wir haben doch noch gar nichts über Preis oder Bedingungen gesprochen!"

„Erst die Waare aussuchen, Herr, dann kommt das Andere. So ist bei uns der Geschäftsbrauch!" erwiderte Gordon. — „Uebrigens werde ich Sie nicht drücken, darauf verlassen Sie sich," fuhr er nach einer Weile ernster fort, „ich mag Sie leiden und denke Sie zu unterstützen, so viel ich kann. Eins nur will ich Ihnen sagen: ich bin ein pünktlicher Geschäftsmann und verlange auch wieder Pünktlichkeit. Ueberlegen Sie sich, was Sie thun können, versprechen Sie lieber weniger, aber halten Sie das Wenige. Sie gehen Ihren eigenen Weg, von dem ich nichts verstehe, und haben also auch die Verantwortlichkeit gegen sich allein."

„Well, Mr. Gordon, für Ihr freundliches Versprechen danke ich Ihnen," erwiderte Frank, „ich weiß nicht, ob ich nicht vielleicht für den Anfang Unterstützung brauchen werde. Im Uebrigen aber glaube ich meinen Weg bestimmt vor mir zu sehen und denke, es soll Niemand über mich zu klagen haben."

Kikeriki—kikeriki—kieh!
Trau' nicht dem Teufel zu früh!

klang es schrill zu ihrer Seite, Gordon hielt wie im Krampfe sein Pferd an und blickte suchend nach der Richtung, woher der Laut gekommen. Aber nichts war zu sehen, kein Grashalm, kein Blatt rührte sich. „Diese verwünschte Eidechse!" rief er mit einer, von innerer Aufregung gepreßten Stimme, während sein Gesicht eine fast braune Färbung annahm, „bei Gott, ich jage sie selber, bis ich sie mit meinen Händen erdrosselt habe!"

Frank hatte ebenfalls den Zügel angezogen, das ganze Bild der vergangenen Nacht stand plötzlich wieder vor seiner Seele und regte erst eine Bedenklichkeit und Furcht in ihm auf, von der er sich keine Rechenschaft zu geben vermochte.

„Sagen Sie doch, wenn Sie meine Neugierde entschuldigen wollen," begann er, als Gordon wieder finster sein Pferd antrieb, „was hat es denn für eine Bewandtniß mit dem Kerle? Er soll wahnsinnig sein, hörte ich, und doch lassen Sie sich von seinem tollen Zeuge so aufregen?"

Gordon, wie in unangenehme Gedanken verloren, antwortete eine Weile nicht. „Das ist einer von den Fällen," sagte er endlich, die buschigen Augenbrauen zusammengezogen, „die mir seit drei Jahren alles Landgeschäft und alle Lust Jemand zu helfen verleidet haben. Ich sehe keinen Grund, warum ich Ihnen nicht erzählen soll, was die ganze Welt weiß. Ich lebte früher fünfzig oder sechzig Meilen weiter südlich auf wildem Lande, das ich erst nach manchem Jahre durch harte Arbeit und Energie in Aufnahme brachte. Der Landpreis stieg, Ansiedler kamen, ich unterstützte überall, so viel ich konnte und bald hatten wir den besten Markt weit herum. Da kommt eines Tages ein junger Mann mit seiner Mutter und will Land kaufen, hat aber kaum so viel Geld, um den vierten Theil dessen zu bezahlen, was er verlangt. Er redet mir von seinem guten Willen, von seinen Kenntnissen vor, will neue Produkte ziehen, ich lasse mich überreden und gebe ihm das beste Stück Land mit einem Achtel Anzahlung und nehme seinen Schuldschein. Das erste Jahr geht herum, ich bekomme kein Geld — ich gebe neue Frist. Das zweite Jahr geht fast zu Ende, ich war in eine andere Spekulation verwickelt, brauchte Geld, und war gezwungen, seinen Schein aus den Händen zu gehen. Der neue Inhaber mochte nicht länger auf Zahlung warten und nimmt ihm das Land weg. Unglücklicherweise hatte sich der Mann ein Häuschen darauf gebaut, hatte tüchtig gearbeitet und viele Verbesserungen gemacht, in die er sein Geld gesteckt — so verlor er Alles und mußte mit seiner Mutter die Barmherzigkeit der Nachbarn in Anspruch nehmen. Anstatt jetzt wenigstens zu versuchen, durch Arbeit sein Leben zu machen, brütete er vor sich hin, bis ihn der Verstand verließ und er sich in den Kopf setzte, daß ich ihn um Alles betrogen. Die tollsten Geschichten über mich brachte er in Umlauf und auf Tritt und Schritt verfolgte er mich mit seinem verrückten Kikeriki, um mich an meine Sünden zu mahnen, wie er sagte. Es dauerte keine lange Weile, bis ich der Spott der ganzen Nachbarschaft war, und von Jedem, der was gegen mich zu haben glaubte, auf dieselbe Weise gehöhnt wurde. Einige Male wollte ich mir mit gewaltsamen Mitteln Frieden schaffen, aber es war gerade, als ob ich in ein Bremsen-Nest schlüge. Da faßte ich mich kurz, verkaufte Alles und zog hierher — aber kaum hatte ich

mich eingerichtet, als auch schon die Wespe hier wieder auftauchte und mich verfolgte. Das Ding ging freilich hier am
fremden Orte nicht so wie früher und wenn ich seiner hätte
habhaft werden können, hätte ich ihn entweder als Wahnsinnigen in's Irrenhaus oder als gefährlichen Landstreicher in's
Gefängniß stecken lassen. Dennoch hat die Luft einzelne ent-
stellte Gerüchte auch hierher geweht — Niemand will ihm etwas
in den Weg legen. Einige haben sogar eine Art Scheu
vor ihm, besonders da der Mensch, um vor meiner Hand sicher
zu sein, wie das Thier im Walde lebt und glatt wie eine
Schlange und gelenkig wie ein Affe sich jeder Nachforschung
zu entziehen weiß. Das ist die Sache. Ich brauchte mich nicht
darum zu kümmern, aber mir ist es immer, wenn ich die von
Gott verdammte Stimme höre, als führe mir ein glühender
Nagel in's Gehirn. 's ist nichts als Nervenüberreizung, ich weiß
es, eine Rückerinnerung an die ausgestandene Plage vor drei
Jahren, aber ich kann's nicht ändern. Verdammt sei der Kerl!"

Sie ritten schweigend zusammen weiter, bis sich das Thal
in seiner ganzen Lieblichkeit vor ihnen aufthat.

„So, hier sind wir!" begann Gordon, indem er sein Pferd
anhielt und mit unfreundlichem Blicke auf die Umgebung sah.
„Fast thut mir's leid, daß ich noch einmal in solche Geschäfte
gehen soll und am liebsten nähme ich mein Wort zurück. Mag
der Himmel wissen, was mir wieder für Unannehmlichkeiten
daraus erwachsen können."

„Ich weiß nicht, Mr. Gordon, wie sich ein so starker
Mann, wie Sie sind, so einschüchtern lassen kann!" erwiderte
Frank, dessen sich bei dem Anblicke des Platzes die volle Sehn-
sucht nach einer Besitzung darin wieder bemeistert hatte. „Welche
Unannehmlichkeiten sollen Sie denn durch ein Geschäft mit
mir haben?"

„Well," sagte Gordon, „wie in kurzem Entschlusse, so sagen
Sie mir, wie viel Acker und wo Sie sie haben wollen. Aber
merken Sie wohl auf. Ich will niemals hören, daß ich Ihnen
zu diesem Kaufe gerathen habe, oder daß irgend Etwas, mag
kommen was da will, mir darin zur Last gelegt werden könne.
Ich will mich ein für allemal schützen!"

„Auf Ihr Wort als ehrlicher Mann!" rief Frank, „ist irgend ein Aber bei dem Lande, vielleicht Ueberschwemmung durch den Fluß oder etwas Anderes, das ich nicht wissen kann?"

„Nichts!" sagte Gordon bestimmt; „es ist das beste Fleckchen fünfzig Meilen in der Runde, übrigens mögen Sie Erkundigungen einziehen, bevor wir abschließen."

„Gut, dann nehme ich sechszig Acker, ein Viertel Wald, drei Viertel klares Land und wir ziehen die Grenzlinie dort, wo der Baum steht, vom Flusse herauf, daß ich am Wasser genug Raum behalte und den Bach mitbekomme. Jetzt sagen Sie Ihre Bedingungen."

„Sie schneiden mir gerade das schönste Stück heraus!" bemerkte Gordon, die angedeutete Fläche betrachtend. „Sei es aber darum, ich will in Anschlag bringen, daß Ihr Etablissement den Werth des übrigen Landes hebe. Ich habe Ihnen billige Bedingungen zugesagt — gut! Sie sollen den Acker um fünfzehn Dollars haben, wenn Sie die Hälfte baar und den Rest in einem Jahre bezahlen. Dies ist der Preis für das gewöhnliche Waldland in der Nähe der Stadt."

„Ist das ein Wort?" rief Frank, dem das Roth der Freude auf die Backen trat, während er dem Wirthe die Hand hinhielt.

„Meinerseits gewiß, was ich sage, halte ich!" erwiderte Gordon und schlug in die dargebotene Hand.

Kikeri-kikeri-kich!
Leichtsinn bringt Sorgen und Müh'!

Müh'! Müh'! rief das Echo wie klagend nach. Gordon zuckte mit keiner Miene, als habe er den Ruf nicht gehört oder nochmals erwartet. Frank sah wohl in den Wald hinein, um eine Spur des Rufenden zu entdecken, seine Seele war aber in diesem Augenblicke zu voll, um sich lange damit zu plagen. Er ritt die von ihm angegebene Linie hinauf und übersah mit glänzendem Auge sein künftiges Eigenthum; er ritt zum Flusse hinab und besichtigte die Ufer, bis ihn endlich die Rücksicht gegen seinen Wirth zwang, zurückzukehren. Es war sein erstes

Grundeigenthum, das er erwarb, und er hätte den ganzen Tag darauf zubringen mögen.

Sie ritten nach der Stadt zurück.

„Sollten wir heute abschließen — ich lasse Ihnen nämlich noch immer die Wahl zurückzutreten" — begann Gordon, „so thun Sie sich bei Zeiten nach Arbeitskräften um. Die Ernte ist vor der Thür und nach vier Wochen können Sie für alles Geld keine Hülfe mehr haben, Sie sind unbekannt im Orte und in solchen Punkten will ich gern für Sie thun, was ich kann."

„Ich danke Ihnen, Herr; ich beabsichtige auch keinen Augenblick mehr ungenützt vorübergehen zu lassen. Zwei Zimmerleute sollen mit mir anfangen, sobald ich nur das nöthige Holz herbeigeschafft habe — zwei Schwarze dachte ich gleich zum Einzäunen anzustellen."

„Sie können sich auf weiße Handwerker bei uns im Süden nie verlassen," sagte Gordon und blickte eine Weile nachdenkend vor sich hin. „Die Leute sind zu unabhängig, kommen zur Arbeit oder kommen auch nicht und schaffen nur mit Widerwillen unter der Kontrolle eines Andern. Wollen Sie rasch vorwärts, so nehmen Sie ebenfalls Schwarze, die an Zucht gewöhnt sind und oft mehr verstehen, als ihre weißen Kollegen. Die beiden Dienstboten, die jetzt im Hause bei mir aufwarten, Tom und Dick, sind geschickte Zimmerleute und ich will sie Ihnen billig abtreten, so lange Sie sie brauchen, da ich eben jetzt nichts Besonderes für sie zu thun habe. Eben so denke ich, Ihnen für das Uebrige zwei Arbeiter stellen zu können, um Sie der Mühe zu überheben, weiter zu suchen. Die Sache ist die, daß mir jetzt selbst daran liegt, Ihr Unternehmen rasch vorwärts gehen zu sehen. „Ich baue unten am Flusse ein neues Flachboot, wie Sie wissen, und wenn Sie wenigstens mit der Mahlmühle bis zum Eintritte des Herbstes fertig werden könnten, so wäre es wohl möglich, meine eigene kleine Spekulation an die Ihrige anzuknüpfen. Ich habe letzte Nacht die Sache lange im Kopfe umhergedreht und habe bis jetzt nur einen guten Erfolg herauskalkuliren können. Indessen ist es Zeit davon zu reden, wenn Alles erst so weit ist."

„Und wie viel würden Sie Lohn berechnen, Mr. Gordon?"

„Fragen Sie selbst in der Stadt nach, was gebräuchlich ist. Und mit der Zahlung hierfür richten Sie sich nach Ihrer Bequemlichkeit ein. Ich habe Ihnen meine eigenen Leute angeboten, um Ihnen das Unternehmen zu erleichtern. Ich möchte Ihnen überhaupt rathen, das Geld, was Ihnen übrig bleibt, zusammen zu halten, so viel Sie können, Sie werden es brauchen."

Gordon bog jetzt in einen Waldweg ein, um einige andere Theile seines Landes zu besichtigen, wie er sagte, und schien auch so damit beschäftigt, daß kein weiteres Gespräch aufkommen wollte.

Sie erreichten endlich die Stadt am oberen Ende und stiegen bei Bryan ab, um einen „Drink" zu nehmen. Das gehöre sich nach abgemachtem Geschäfte, meinte Gordon.

„Schon im Lande gewesen?" fragte der Storehalter, während er Flasche und Gläser herschob.

„Ja — und Land gekauft!" erwiderte Frank, der gern der ganzen Welt sein Glück hätte wissen lassen.

Bryan riß die Augen auf. „Von dem doch nicht?" fragte er auf Gordon deutend.

Dieser zuckte die Achseln. „'s wird wohl so sein," erwiderte er, „wenn man mit Gewalt dazu gedrängt wird und so einen fidelen Kerl gern hier behalten will!"

„Und wo denn, wenn man fragen darf?" forschte Bryan neugierig.

„Im kleinen Meninee-Thale!" lachte Frank, „gerade wo der Bach nach dem Flusse läuft!"

Der Storehalter zog ein überraschtes Gesicht. „Pfui!" brach er endlich los, „Sie müssen einen großen Geldbeutel haben, Herr, wenn Sie ihm ein Stück von seiner Perle haben abschwatzen können!"

„Nein, nein!" rief Frank, und lachte aus voller Herzensfreude, „'ist billig genug und die Bedingungen sind noch besser!"

„Na, bei Gott!" rief Bryan und schlug mit der Faust auf den Ladentisch, „so hat der alte Bursche die Kehrseite herausgedreht. He, Kamerad Gordon, ist es so? Sagt' ich Ihnen nicht zu Anfang?" setzte er zu Frank gewendet hinzu, „wenn er's nicht mehr ändern kann, möchte er sich zerreißen, um Einem vorwärts zu helfen. Darauf hin müssen wir aber noch Eins zum Besten geben — hier ausgetrunken und eingeschenkt. — Aber," fuhr er mit komischer Bedenklichkeit fort, "Eins will ich Ihnen sagen, Mr. Frank, halten Sie den alten Kerl beim Worte und schließen Sie ab, so geschwind Sie können, sonst kommt dem wieder ein Kikeriki in die Quere und er will von keinem Verkaufe mehr etwas wissen."

"Ja, ich schließe gleich ab, wenn Mr. Gordon will!" rief Frank.

"Well," erwiderte dieser, "mir ist es jederzeit recht, mein gegebenes Wort niederschreiben zu lassen."

"Gut!" rief Bryan und sprang mit einem Satze über den Ladentisch, "dann gleich vorwärts, zum Squire, ich werde mit als Zeuge dienen. Nachher untersuchen wir alle zusammen ein paar andere Flaschen hier, der Squire versagt so etwas auch nicht!" —

Die Pferde blieben angebunden stehen, bis die Gesellschaft wieder zurückkam. Frank hatte 450 Dollars in vollgültigen Banknoten bezahlt und für den Rest einen Wechsel auf ein Jahr ausgestellt. Dafür war ihm ein vorläufiges Verkaufsdokument eingehändigt worden, nach welchem ihm ein garantirter Besitztitel ertheilt werden solle, sobald der ausgestellte Wechsel bezahlt sei.

*   *
*

Es war an einem Sonnabend Nachmittage, ungefähr zwei Monate später und das Echo im Meninee-Thale hatte volle Arbeit, um all das Geräusch des Klopfens und Hämmerns, was dort hörbar war, zu wiederholen. Der einsame Charakter der Gegend hatte sich überhaupt auffallend geändert. Eine Zickzack-Einzäunung zog sich vom Flusse herauf und verlor sich weiter oben im Walde. Das Balken-Gerüste zu einem umfangreichen Hause, in deutscher Weise aufgeführt, zum Theil mit getrockneten Lehmbacksteinen ausgefüllt und mit Schindeln gedeckt, erhob sich einige hundert Fuß oberhalb des Flußufers und warf seinen Schatten auf die schwarzen Arbeiter, die an einer Stelle mit der Zusammenfügung eines großen Kammrades, an der andern mit dem Behauen von Balken emsig beschäftigt waren. Nahe bei ihnen stand ein grobgezimmerter Wagen und weiter oben am Waldsaum graste ein lediges Pferd.

Im Innern des offenen Gebäudes, zwischen Brettern, Balken und aufgeschlagenen Gerüsten saß Frank mit Winkelmaß, Zirkel und Bleistift. Die vielfachen Figuren und Linien, die auf das umliegende Holz gezeichnet waren, deuteten an, daß er fleißig an der Arbeit gewesen war; jetzt aber saß er müßig auf einem der Balken, den Kopf in die Hand gestützt, und starrte in's Weite hinaus. Nach einiger Zeit zog er seine Schreibtafel heraus und begann zu rechnen; dann aber versank er wieder in sein voriges Sinnen.

Das Wiehern eines Pferdes ließ sich hören und Ned White schwang sich in das Haus, das bis jetzt noch keine Eingangstreppe erhalten hatte. Frank sah auf und reichte ihm mit einem schwachen Lächeln die Hand.

„Na, Du Allerweltskerl!" rief Ned, „wie steht's, tüchtig vorwärtsgekommen, seit ich nicht da war?"

Frank zuckte die Achsel. „Well, ja!" sagte er zerstreut, „so, so!"

Ned sah ihn verwundert an. „Na, was Teufel ist denn Dir in den Kopf gefahren?" rief er. „Ich denke, ich will meinen Aerger ein Bischen bei Dir verschwatzen und nun sitzt der Mensch da, als ob ihm der Blitz Alles entzwei geschlagen hätte. Was ist denn los, he?"

„Ich bin verdrießlich!" erwiderte Frank, sich die Stirne reibend, „aber setze Dich her, 's ist mir lieb, daß Du kommst, damit ich meine Gedanken los werden kann. Laß uns schwatzen. Nichts Neues?"

„O wohl, daß der Mr. Albert Frank ganz aus seiner lustigen Haut gefahren ist und seinem besten Freunde nicht einmal Rede und Antwort stehen will. Und so werd' ich auch gleich wieder gehen!"

„Sei nicht närrisch, Ned, und setz' Dich her!" erwiderte Frank. „Weißt, 's nicht alle Tage Sonnenschein und es gibt

Zeiten, wo alle einzelnen Unannehmlichkeiten, die man gehabt, sich in einem ganzen Haufen zusammen Einem auf die Seele legen!"

„Ja, und da ist das Beste, man nimmt sie einzeln wieder herunter und besieht sich hübsch jede, was sie doch für ein kleines Ding ist und gar nicht werth, daß sich ein Mensch Gedanken darüber macht. Also heraus damit. Nachher kannst Du mir abladen helfen, o Jerum, ich habe auch einen ganzen Berg auf mir, mache aber doch nicht so ein Armsündergesicht wie Du!"

„Ned, ich weiß wirklich nicht, wo ich anfangen soll!" sagte Frank, sich auf's Neue die Stirn reibend. „Ich will Dir gerade heraus sagen, ich weiß nicht, wie ich in der Zukunft hier durchkommen soll, ohne tief in Schulden zu gerathen, in denen ich zuletzt stecken bleiben muß!"

„So, das ist der ganze Haufen, der Dich drückt!" nickte Ned, als Frank innehielt, „jetzt einmal die einzelnen Sorgen heruntergethan."

„Gut! Ich hatte geglaubt, in acht Wochen spätestens meine Mühle in die Höhe zu bringen und das wäre mit fünf Arbeitskräften ein Spaß gewesen, Dick und seine Kameraden mögen mich leiden und arbeiten, als ginge es für ihr eigenes Interesse. Aber als ich anfangen wollte, konnte ich nicht einmal meinen Bedarf an Balken und Brettern zum Bauen bekommen. Es giebt nur zwei Sägemühlen in der Nachbarschaft und als ich meine Bestellung machte, schienen die Leute willig genug, mir schnell mit dem Nöthigsten zu helfen; aber Gott mag's wissen, ich bekam nichts, unter tausenderlei Ausflüchten und Vorwänden wurde ich vertröstet von einem Tag zum andern, von einer Woche zur andern, bis mir endlich, als nach drei Wochen noch nicht einmal ein Anfang gemacht war, die Erkenntniß kam, daß die Kerls mich eben nur an der Nase herumführten. Ob es geschah, weil ich selbst eine Sägemühle errichten will, ob sie sonst was gegen mich haben — ich weiß es nicht. Ich faßte mich aber kurz. Ich suchte Bäume hier am Platze aus, ließ sie fällen und wir richteten unsere Balken selbst zu. Unten am Flusse ist der schönste Lehm. — Einer von den Ar-

beitern mußte währenddem Backsteine formen und trocknen und
das Haus wurde aufgerichtet. Die Schwarzen sind freilich an
diese Art Bauen nicht gewöhnt und es ging verzweifelt langsam, aber als die Maschine ankam, war doch das Dach schon
geschindelt und ich konnte sie wenigstens gleich unter Dach und
Fach aufstellen. Jetzt sind nun über acht Wochen verstrichen
das Korn ist lange eingebracht und wie weit bin ich? Das
Holz für das Mühlenwerk müssen wir aus dem Allergröbsten
heraushauen und brauchen doppelt so viel Zeit, als wenn ich's
zugerichtet kaufen könnte, wie erwartet — ich sehe noch sechs
Wochen Arbeit vor mir, ehe ich anfangen kann — sechs Wochen
Mehr-Ausgaben und sechs Wochen verlorener Verdienst. Ist
das etwa so ein kleines Ding, Ned?"

Der rieb sich die Nase. „Mein Vater sagte immer: ‚Für
den Zaghaften ist auch der schmalste Graben zu breit.' Uebrigens hast Du mir da lauter alte Geschichten erzählt, die ich
alle meistens mit angesehen habe. Ich habe mich mit den Andern über Deine neumodische Bauerei verwundert und nachher,
als ich's verstand, Deine Energie bewundert. Weißt Du, selbst
der alte Gordon verzog das Gesicht ganz kurios, als er das
Ding trotz aller Hindernisse vorwärts gehen sah. Damals aber
waren Deine Gedanken nicht so kleinmüthig und Du warst
stolz auf Dich selbst. Jetzt bist Du nun über das Schlimmste
weg und der Verlust an Zeit und Geld überwindet sich auch.
Und geht Dir's knapp, so weißt Du, daß wir Beide Freundschaft gemacht haben. Uebrigens sagt mir Gordon, daß er Dir
auch Geld für den Nothfall angeboten habe."

„Ich danke Dir, Ned!" sagte Frank, „aber es ist gegen
meine Grundsätze, von Freunden Geld zu borgen, und was
Gordon anbetrifft, — siehst Du, ich stehe schon so hoch in
seinem Buche, daß ich nicht weiß, wie ich's tilgen soll. Wäre
Alles gegangen, wie ich dachte, hätt's nicht so weit kommen
dürfen. Die Miethe für die Schwarzen beträgt bis jetzt schon
über hundert Dollars und wird bestimmt noch einmal so viel
betragen, ehe ich fertig bin; ich habe ein Pferd und einen Wagen
von Gordon kaufen müssen, weil ich das baare Geld halten
wollte, das sind auch hundert und fünfzig Dollars —, und

wenn ich überlege, daß noch ein Vorbau in den Fluß zu machen ist — an ein Waarenhaus will ich noch gar nicht denken —, daß ich die Felder aufreißen lassen muß, daß ich auch ein Wohnhaus brauche, so wird mir's ganz siedendheiß im Kopfe."

„Halte einmal an! Bei Dir heißt Alles: Muß und Muß! Wenn Du auch zehnmal gescheidter bist als ich, so bin ich doch vielleicht ein bischen praktischer. Zu was willst Du den Flußbau jetzt schon vornehmen? Zu was das Wohnhaus bauen? Was dieses Jahr nicht ist, wird im nächsten. Hast Du denn schon so viel zu verschiffen, daß die Dampfboote hier anhalten sollen? Warte bis Du so weit bist und fahre bis dahin Deine Waare die zwei Meilen nach der Stadt zum Versenden. Kannst Du aber jetzt Dein Wohnhaus nicht bauen, so mache Dir einen Verschlag in der Mühle und schlafe darin. So fängt Jeder im Hinterwalde an, wenn er's Geld nicht gerade haufenweise sitzen hat. — Und wegen Gordon weiß ich nicht, warum Du so ängstlich bist, hat er Dich schon an das Geld gemahnt?"

„Das nicht, aber wenn er's thut, so bezahle ich ihn und behalte dann nicht viel über hundert Dollars Betriebskapital. Hunderterlei kleine Ausgaben sammt dem Transporte der Maschine haben mein Geld geschmolzen. Was soll ich aber mit so einer kleinen Summe anfangen? Die Leute rings umher scheinen ein Vorurtheil gegen mich zu haben, wenigstens kommt mir's so vor und ich denke, daß ich auf keinen Verdienst rechnen darf, den ich nicht durch eigene Spekulation erringe. Anfänglich, als ich hier anfing einzuzäunen und zu bauen, hatte ich jeden Tag Besuch und Zuschauer — jetzt läßt sich kaum ein Mensch in der ganzen Woche bei mir sehen. Selbst als die Dampfmaschine ankam und hier aufgestellt wurde, kam Niemand, und das war doch gewiß etwas Neues. Die Leute scheinen mir aus dem Wege zu gehen, wohin ich komme, mein Gruß wird kaum erwidert. Mag's sein, was es will, ich mache mir nichts daraus, denn ich bin mir nichts gegen irgend Jemand bewußt; ich weiß aber nun, daß ich verzweifelt wenig Kunden für meine Mühle haben werde und daß ich selber Getreide kaufen und das Mehl auf eigene Faust verschiffen muß, wenn ich überhaupt Geschäfte machen will. Dazu braucht's aber Kapital und wenn ich mein Bischen Geld jetzt noch fortgeben muß, so sitze ich auf dem Trockenen!"

„Ich glaube wahrhaftig, Du hast heute schlecht verdaut, oder Deine Galle macht Dir Beschwerde!" lachte Ned. „Wenn der Himmel einfällt, sind alle Schweine todt. Warte doch und verdirb Dir nicht den heutigen Tag mit der Sorge für's andere Jahr. Gordon hat noch kein Geld verlangt und wird auch keins verlangen und Du behältst in der Hand, was Du brauchst. Und wenn Du erst an's Mahlen kommst und Geschäfte machst, dann ist es Spaß, ihn abzubezahlen. Was Du mir aber von den Leuten erzählst, so denke ich, entweder Du bildest Dir mehr ein, als in der Wirklichkeit ist, oder wenn es wirklich so sein sollte, so laß die Dummköpfe klug werden, sie kommen Dir Alle wieder, mag ihnen jetzt im Kopfe stecken was will. Ich kenne das schon. Arbeite tüchtig d'rauf los, laß für das Andere den Herrgott sorgen — vor Allem sei heiter und denke, daß kein Mensch nach einer verstimmten Fidel tanzen will!"

„Du bist ein glücklicher Mensch, Ned, daß Du allen Dingen die leichte Seite abgewinnen kannst," erwiderte Frank, mit der Hand über sein Gesicht fahrend — „aber Du magst Recht haben, ich will mich nicht mehr mit Sorgen über Dinge abquälen, die noch nicht da sind!"

„Thue das, mein Junge, aber nenne mich um Gotteswillen keinen glücklichen Menschen — ich bin so unglücklich, daß ich eigentlich aus reiner Verzweiflung heute zu Dir gekommen bin!"

„Ho, ho!" rief Frank und mußte über das plötzlich veränderte Gesicht seines Freundes lachen; „ist denn der Trost, den Du mir kaum gegeben hast, so schlecht, daß er nicht bei Dir selber anschlägt?"

„Weißt Du," erwiderte Ned, sich in den Haaren kratzend, „das ist bei mir eine ganz andere Geschichte. Man kann's nicht sehen und nicht greifen und darum auch nicht daraus klug werden, wenigstens ich nicht. 's ist wegen meiner Cousine Mary!" fuhr er mit einem tiefen Seufzer fort. „Du verstehst Dich mehr auf die Frauensleute, besonders auf die feinen, vielleicht kannst Du mir einen Rath geben."

Frank's Gesicht war bei den letzten Worten plötzlich ernst geworden und eine leichte Blässe ging darüber hin. Er stützte den Kopf in die Hand. „Nun?" sagte er, als Ned schwieg.

„Well!" rief dieser, wie ungedulbig über die Frage, „sie will mich nicht, das weißt Du ja. Ich denke, ich bin doch wahrhaftig ein guter Kerl, und meine Farm gehört mit zu den besten im Staate und schon als wir noch kleine Kinder waren, sind wir mit einander versprochen worden, also habe ich mir mein Lebtag nichts Anderes träumen lassen, als sie zu heirathen; und wahrlich, ich hätte das Mädchen auf den Händen getragen. Wenn sie auch, seit sie aus dem Osten zurück kam, nicht gerade verliebt that und nur immer ihre Tollheiten mit mir trieb, so kamen wir doch mitsammen aus und ich dachte, die Sache werde sich schon machen, wenn sie nur erst ihr Boston und New-York vergessen habe, aber nichts da; in der letzten Zeit hat mir's gerade geschienen, als werde ich alle Tage häßlicher in ihren Augen. That ich, als kümmere ich mich nicht um sie, so war sie freundlich und lieb — wurde mir aber das Herz einmal zu voll und ich sagte ein paar Worte zu viel, so lachte sie mich aus, oder wurde böse — just wie sie eben bei Laune war, nannte mich wohl einen Narren und ging mir nachher tagelang aus dem Wege. Ich meinte endlich, ich könne das nicht mehr ertragen, und so habe ich heute, als wir allein waren, rund heraus zu ihr gesprochen, wie's mir auf der Seele lag!"

„Nun?" fragte Frank wieder.

„Nun, sie nannte mich diesmal keinen Narren, sie sah mich so lieb an, daß mir das Wasser in die Augen kam; aber — sie will mich nicht, das ist doch trotz aller schönen Reden das Ende vom Liede!"

„Weißt Du nicht mehr, was sie sagte, Ned?"

„Weiß nicht mehr — mag's nicht mehr wissen — Donner! ich könnte jetzt noch weinen wie ein Kind. Ich sollte doch ihr lieber Vetter bleiben und nicht mehr verlangen, meinte sie — sie wäre selber so unglücklich, daß sie's keinem Menschen sagen könne, und sie würde mir schon durch ihr Vertrauen zeigen, wie lieb sie mich als Vetter habe, wenn ich nicht immer von Heirathen sprechen wollte, woraus nun einmal nichts werden könne. — Wenn ich doch nur wüßte, was ihr eigentlich im Kopfe steckt. Hätte sie was mit einem Andern, von den jungen Doktors oder Advokaten etwa, ich wüßte es; aber nichts da — sie mag ihre Kühe nicht ruhiger ansehen, als das ganze übrige Männervolk. Jetzt, Freund Albert, Du bist doch so gescheidt, was soll ich thun?"

„Ned, Du hattest vorhin recht," sagte Frank, vor sich hinblickend, „solche Sachen lassen sich nicht sehen und nicht greifen, Jeder muß sie in sich selbst durcharbeiten, und der beste Rath eines Andern mag sich zuletzt als der schlechteste herausstellen."

„Hm, hm!" brummte Ned unzufrieden, „wenn Du nichts Besseres weißt, hätte ich mir den Weg zu Dir sparen können — aber vielleicht hast Du Recht und wenigstens habe ich mir jetzt die Brust ein Bischen frei gesprochen. Will 'mal zusehen, was ich mit mir selber durcharbeiten kann. Ich glaube, das Beste wäre, ich verliebte mich morgen schon in das erste, andere hübsche Mädchen, das mir aufstößt."

„Du wirst das wohl nicht gleich thun, alter Freund," erwiderte Frank aufstehend, „aber Du wirst auch weniger von Deiner guten Laune einbüßen, als vielleicht mancher Andere!" Er streckte seine Arme weit um sich und sah dann sinnend hinaus in den blauen Himmel. Auf seinem Gesichte begann sich eine lächelnde Ruhe zu lagern, als habe er eine ersehnte freudige Nachricht erhalten. „Laß uns nach der Stadt reiten," sagte er nach einer Weile, „ich habe heute die Arbeit satt."

„Aber nicht zu Gordon!" rief Ned.

„Meinetwegen auch wo anders hin!" erwiderte Frank, aber wer sich gleich zum Trotz in ein anderes hübsches Mädchen verlieben will, der sollte wohl auch den alten Geschichten ruhig in's Gesicht sehen können."

„Hm, hm! will mir's erst einmal überlegen!"

Frank holte aus dem geschlossenen Theile des Hauses, wo die Maschine stand, eine Flasche und Glas und sprang hinaus zu den Arbeitern.

„Kommt her, Jungens, trinkt einmal Whiskey und laßt heute die Arbeit sein, 's ist Sonnabend. Nachher mag George das Pferd einfangen, ich will nach der Stadt."

Die Schwarzen legten ihre Werkzeuge nieder und traten herzu. „Master," sagte Dick, sich nach der willkommenen Stärkung wohlgefällig den Mund wischend, „wollen Sie uns nicht heute noch ein paar Worte zum Buchstabiren aufschreiben? 's ist morgen Sonntag und wir haben Zeit zum Studiren. Erzählen werden Sie uns heute doch nichts, so möchten wir doch wenigstens etwas Anderes thun. Gestern Abend haben George und ich schon zwei Zeilen in der Bibel gelesen, 's ging ganz schön, aber in der dritten kamen so schwere Worte, daß wir nicht weiter konnten."

Frank lächelte. „Hole die Kreide," sagte er, „und Du, Tom, ein Stück Brett." Und als die Nothwendigkeiten da waren, malte er in Druckschrift ein Dutzend englischer Worte. Die Augen der Schwarzen verfolgten seine Hand, während ihre Lippen sich bestrebten, leise das Geschriebene auszusprechen. Dann ging die Lektion los, A-ll All, m-i-g-h-t might, Allmight. Jeder hatte das Wort nach dem Gedächtnisse zu buchstabiren und so ging es durch alle die übrigen. Zum Schlusse versprach ihnen Frank, morgen früh eine kleine Geschichte auf Papier zu schreiben, an der sie den Sonntag über studiren könnten.

Die beiden Freunde waren bald auf dem Wege zur Stadt. Ned schien schon seit einiger Zeit etwas auf dem Herzen zu haben, nur mochte er, dem mannigfachen Räuspern nach, nicht wissen wie zu beginnen.

„Weißt Du wohl," sagte er endlich, „ich würde mich mit dem schwarzen Volke nicht so freundschaftlich machen, wie Du es thust."

Frank zuckte die Achseln. „Jeder hat seine Ansichten," erwiderte er. „Ich weiß, daß Ihr Euern Negern nicht die geringste menschliche Bildung gebt und doch menschliches Verständniß von ihnen fordert — aber Ihr leidet selbst am meisten darunter. Sieh einmal, wenn meine vier Kerls den Tag über brav gearbeitet haben, dann setzte ich mich mit ihnen Abends hin und erzählte ihnen, wie's in der übrigen Welt zugeht, machte ihnen ein Bild von dem Leben in Deutschland und in der Türkei, erzählte ihnen vom Nordpol und den verschiedenen Expeditionen dahin und hatte meine Freude an ihren glänzenden Augen und aufgerissenen Mäulern. Oder ich theilte ihnen von Sonne, Mond und Sternen mit, was sie begreifen konnten, und dafür liebten mich die Menschen und arbeiteten zehnmal lustiger, als sie vielleicht bei Gordon gethan. Als ich aber bei Aufstellung der Dampfmaschine ausfand, daß Keiner von ihnen nur die Buchstaben kennt, da habe ich mit ihnen nach Feierabend Lesestunde angefangen, und das Ding ist so gut gegangen, daß ich ihnen nächste Woche ein paar Schulbücher kaufen werde. Das ist so meine Freude, Ned."

„Ja, aber die Nachbarn werden verdammt saure Gesichter dazu ziehen, wenn sie's erfahren!" erwiderte Ned nachdenklich. „Weißt Du, wir wollen unser Niggervolk absolut nicht so klug haben, und ich glaube, Du thätest besser, wenn Du die Geschichtchen sein ließest!"

Frank zuckte nur wieder lächelnd die Achseln, ohne etwas zu erwidern.

So erreichten sie die Stadt und das scharfe Auge Frank's erkannte schon von Weitem eine weibliche Gestalt auf dem Portiko des Hotels, die sich indessen bei dem Nahen der beiden Reiter zurückzog.

„Sie braucht nicht vor mir davon zu laufen!" brummte Ned, „ich will sie wahrhaftig mit meiner Person nicht mehr belästigen und sie soll's zeitig genug merken. — Wir steigen doch gleich beim Hotel ab, Albert?"

„Wie Du willst!"

Beim Eintritte in das Haus kam ihnen Gordon entgegen, als habe er sie bereis von Weitem gesehen. „Wie geht's, meine Herren? Ein ausgezeichnet schöner Abend — aber, was ich sagen wollte, 's ist mir lieb, Mr. Frank, daß Sie heute früher nach Hause kommen, ich wollte schon dieser Tage ein paar Worte mit Ihnen reden und nach dem Abendessen macht sich's immer nicht. 's wird nicht lange dauern, Ned geht einstweilen zu Mary und wir machen die Sache gleich in meiner Office ab."

„Onkel Gordon," rief Ned, „ich kann hier warten, bis Ihr fertig seid und nachher gehen wir zusammen."

„Schnickschnack!" erwiderte der Wirth, „hast Du Dich mit dem Mädchen wieder einmal gezankt, daß Du nicht zu ihr willst? Geh nur, sie wird Dich nicht beißen."

Damit hatte er den jungen Farmer bei der Schulter gefaßt, öffnete das Zimmer seiner Tochter und schob ihn hinein. Dann aber schritt er nach dem Bretterverschlage in dem Hausflur, das gerade nur für ein grobgezimmertes Schreibpult und zwei stehende Menschen Platz hatte und das er seine „Office" nannte.

Frank war ihm gefolgt und schloß die Thür hinter sich. —

Mit großem Bedachte holte Gordon ein Kontobuch aus dem Pulte und öffnete es. „Well, Mr. Frank," begann er, „es sind jetzt über acht Wochen, daß wir mit einander in Geschäftsverbindung stehen und ich denke, Sie können zufrieden mit mir sein. Ich will auch für die Zukunft Ihnen helfen, so viel ich kann, und geht Ihnen einmal das baare Geld aus, so wissen Sie, wo Sie mich finden können. Aber wir müssen die Sache mit einander in einer richtigen Ordnung haben. Ich kann sterben und Sie auch. Sehen Sie sich erst hier den schuldigen Betrag an, ich denke, er ist richtig. Ehe Sie mit Ihrer Sache zu Ende kommen, wird's noch einmal so viel sein. Vielleicht bedürfen Sie Geld und der Betrag wird noch höher. Ich habe Ihnen gesagt, ich gebe Ihnen Alles gern, denn ich weiß, daß Sie mir's zehnmal zurückzahlen können, wenn Sie leben und gesund bleiben — aber für alle Fälle müssen Sie mir Sicherheit geben!"

Frank sah ihn fragend an. „Recht gern, Mr. Gordon, wenn ich kann, erklären Sie sich nur."

„Die Sache ist einfach," erwiderte dieser, „Sie stellen mir Ihre Dampfmaschine als Unterpfand für Alles, was Sie mir schon schuldig sind, oder noch schuldig werden, so kann ich Ihnen ohne ein Risiko weiter helfen und Sie wissen, wo immer Hülfe für Sie ist."

Frank senkte überlegend die Augen zu Boden. „Aber," sagte er, „ich habe Ihnen schon die Hälfte des Landes angezahlt, warum wollen Sie nicht lieber die Schuld auf dem Grund und Boden haften lassen?"

Gordon schüttelte langsam den Kopf. „Land im Westen hat nur Werth für den, der es gebraucht, um sein Leben darauf zu machen, oder für den reichen Mann, der sein Geld auf Spekulation hineinsteckt. Wird morgen eine Eisenbahn projektirt, die uns vom Verkehr abschneidet, so zieht sich die Bevölkerung hinweg und kein Mensch kauft unser Land. Möglicherweise, wenn Sie mich über's Jahr nicht bezahlen können, wird Ihre Besitzung sammt allen Verbesserungen für ein Drittel des Werthes verkauft, und ich bekomme nicht einmal mein Geld voll, weil eben keine Käufer da sind — wer kann's wissen?"

Frank sah starr dem Wirthe in das dicke Gesicht, in dem sich jetzt keine Muskel regte. Es war Alles vollständig klar und vernünftig, was der Mann sagte — Frank konnte möglichen Falls, wenn er kein Glück hatte, nächstes Jahr aus seiner Besitzung gestoßen werden. Zeit, Mühe und Geld, die er hinein gewendet, Alles war dann verloren, ohne daß er sich über Jemand beklagen durfte. Und jetzt sollte er noch seine Dampfmaschine verpfänden, um im Unglücksfalle ganz als Bettler da zustehen. Er mußte unwillkürlich an die Andeutungen der Waldspinne denken und es überlief ihn ein Schauder.

„Mr. Gordon, ich kann die Maschine nicht verpfänden!" sagte er gepreßt, „lieber bezahle ich Ihnen baar, was ich schulde!"

„Und was dann?" erwiderte der Wirth, ohne eine Miene zu verziehen, wo mit wollen Sie Ihr Unternehmen zu Ende führen, womit den Rest Ihres Landes bezahlen, wenn Ihr jetziger Bau stockt? Glauben Sie denn, ein Anderer giebt Ihnen einen Arbeiter ohne sofortige Bezahlung, wenn ich die meinigen wegnehme? Ich habe Ihnen die Verhältnisse klar auseinander gesetzt, damit Sie meine Forderung verstehen, ich habe Ihnen meine fortdauernde Hülfe zugesagt, damit Sie ohne Sorge und Noth Ihre Idee durchführen können und sobald Sie selbst Geld machen, im Stande sind, mich zu bezahlen — und jetzt verweigern Sie mir eine Sicherstellung, die jeder Ehrenmann geben würde und die nur zu Ihrem eigenen Vortheile ist?"

„Ich bin gewiß so ehrlich als irgend ein Anderer," sagte

Frank, „haben Sie mir aber zu Anfang von einer Verpfändung gesprochen, oder haben Sie mir nicht Ihre Hülfe ohne irgend eine Bedingung angeboten?"

„Umstände ändern Alles, lieber Herr! Ich habe geglaubt, Sie würden bei Zeiten mit Ihrer Mühle in die Höhe kommen, wie Sie selbst versicherten — ich kenne solche Sachen nicht — so daß ich durch eine gemeinsame Spekulation mein Geld wieder hätte herausschlagen können. Jetzt macht mein Flachboot bereits jede Woche eine Reise und bringt Getreide weg, aber bei Ihnen läßt sich noch gar nicht absehen, wenn Sie zu Stande kommen. Sodann haben Sie meinen Rath verworfen und gehen Ihren eigenen Weg. Anstatt sich unseren Moden anzubequemen, tragen Sie noch immer Ihren Schnurrbart, anstatt sich den Leuten zu befreunden, des Abends in die Stores umherzugehen mit den Leuten zu trinken und Bekanntschaft zu machen, halten Sie sich für sich und machen sich absichtlich zum Fremden unter uns. Sie mögen vielleicht den besseren Weg eingeschlagen haben, ich weiß es nicht, aber ich baue nicht auf Dinge, die ich nicht kenne und will deshalb Sicherheit haben für das, was ich gethan habe und versprochenermaßen noch thun werde."

„Haben Sie denn so wenig Vertrauen in das Gelingen meines Planes, Mr. Gordon?"

„Ich habe Ihnen von vorn herein gesagt, daß ich von der Art Spekulationen nichts verstehe. Jeder muß da seinen eigenen Interessen nachsehen."

Frank stützte den brennenden Kopf in die Hand. Im Fluge durchschossen alle möglichen Folgen sein Gehirn, wenn er die Forderung des Wirths abwies. Stillstand der Arbeit, wenn dieser seine Leute wegnahm — Unmöglichkeit, mit den geringen Mitteln, die ihm nach Bezahlung Gordon's noch übrig blieben, sein Unternehmen durchzuführen — dann als Folge davon: gerichtlicher Verkauf des Landes, da ihm keine Möglichkeit vor Augen stand, den schuldigen Rest zu bezahlen — und wahrscheinlicher Verlust alles hineingesteckten Geldes.

„Ich glaube, ich muß Ihrem Rathe folgen," sagte er mit einer Stimme, die von innerem Drucke heiser war.

„Und Sie thun Recht daran. Ich sage Ihnen nochmals, daß Alles nur geschieht, um mich selbst bei irgend möglichen Fällen vor Selbstvorwürfen zu schützen. Arbeiten Sie fleißig vorwärts, und es muß Ihnen ja ein Spaß sein, die Schuld abzuzahlen, sobald nur Ihre Mühle erst im Gange ist. Sehen Sie nach," fuhr er fort, ein Papier aus dem Pulte nehmend, „daß die hier verzeichnete Summe richtig ist; was weiter dazu kommt, tragen wir jede Woche nach und wenn Sie damit einverstanden sind, so unterzeichnen Sie!"

Vor Frank's Augen tanzten die Buchstaben, er nahm die Feder und unterschrieb seinen Namen, ohne von dem übrigen Texte mehr als die von Gordon angedeuteten Zahlen lesen zu können.

„Nun lassen Sie uns auf diese Hitze einen Kleinen zusammen nehmen!" sagte Gordon, bedächtig das Papier faltend und in das Pult zurücklegend.

„Ich danke, Mr. Gordon, ich mag jetzt nicht trinken!"

„Gut, so lassen Sie uns in Mary's Zimmer gehen!"

Frank folgte dem Wirthe fast willenlos. —

Mary saß am Piano, den Kopf in die linke Hand gestützt, während die rechte planlos auf den Tasten umherirrte. Ned stand, ihr den Rücken zukehrend, am Fenster und sah in die Straße hinaus.

Als Frank eintrat, blickte das Mädchen rasch auf, erhob sich dann und hielt ihm ihre Hand entgegen. „Mr. Frank," sagte sie und blickte ihm wie forschend in das geröthete unruhige Gesicht, „ich freue mich, daß Sie einmal wieder in mein armes Zimmer kommen; Sie machen sich so selten, daß man Sie kaum einmal beim Abendessen zu sehen bekommt!"

Frank hob die tiefblauen Augen, in denen sich noch immer die Bewegung seiner Seele spiegelte, zu ihr auf, er schien einen Augenblick von ihrem Entgegenkommen überrascht; dann aber legte er leicht seine Hand in die des Mädchens und sagte ruhig: „Ich danke herzlich für Ihre Freundlichkeit, Miß Gordon, Sie wissen, wie viel Arbeit mich jetzt immer vom Hause entfernt hält!"

Er wollte seine Hand leise zurückziehen, wurde aber durch einen kaum fühlbaren Druck der ihrigen gehalten.

„Sie sollten doch öfter kommen, Mr. Frank, es würde Sie zerstreuen!" sagte sie mit warmem Aufblicke zu ihm; aber ihre Augen sanken rasch nieder vor der zitternden Empfindung, die in Frank's Blicke aufglühte — sie fühlte ihre Hand von der seinigen fest umschlossen, wenn auch nur einen Augenblick, denn diese öffnete sich eben so schnell, als er ihres Widerstrebens inne geworden sein mochte.

„Nehmen Sie doch Platz!" fuhr sie fort und wandte sich, ohne aufzusehen dem Piano zu.

Gordon hatte sich schwerfällig im Schaukelstuhle niedergelassen und lockerte sein Halstuch. Ned schien soeben seine Straßenbeobachtungen vollendet zu haben und drehte sich dem Zimmer zu.

„'s ist langweilig hier," sagte er, sich reckend, „und wenn Du mit Onkel Gordon fertig bist, Albert, so denke ich, wir gehen noch bis zum Dunkelwerden in die Stadt!"

„Ich bin wirklich heute ermüdet, Ned, und möchte sitzen bleiben," erwiderte Frank. „Bleib' hier, ich denke, wir können uns hier besser unterhalten, als irgendwo."

„Ich fühle nicht so!" rief der Andere und stellte sich vor den Spiegel, sein Haar streichend, „ich denke, ich kann heute noch ein oder zwei Besuche bei ein paar hübschen Mädchen machen, wohin ich überhaupt längst einmal wieder hätte gehen sollen. Vielleicht berede ich sie für morgen Nachmittag zu einer Partie auf's Land — und wenn Cousine Mary mit will, ist sie schönstens dazu eingeladen!"

„Ich danke, Ned, ich fahre Sonntags nicht gern aus!"

„Auch gut, wir sind hier freilich nicht so fromm als in Boston, aber ich denke, wir werden nicht gleich zur Hölle gehen, wenn wir am Sonntag spazieren fahren! Adieu!"

Damit stülpte er den Hut auf den Kopf und ging hinaus.

„Hast Du Dich wieder mit dem Ned gezankt, Mary?" fragte Gordon.

„Nicht, daß ich wüßte!" erwiderte das Mädchen und ließ die Finger präludirend über die Tasten laufen, bald in ein geordnetes Vorspiel übergehend und sodann die deutsche Melodie beginnend, die Frank zuerst von ihr gehört hatte.

Dieser ließ sich an ihrer Seite nieder und wollte den Tönen lauschen; aber seine ganze Aufmerksamkeit wurde durch das wunderschön geschnittene Profil des Mädchens, das ihm jetzt zugekehrt war, angezogen. Die Aufregung des Spiels hatte ihr ein erhöhtes Roth in die Wangen getrieben und Frank glaubte sie noch nie so bezaubernd gesehen zu haben. Er senkte den Kopf in seine hohle Hand, um sie unbemerkt recht nach Herzenslust betrachten zu können, er sog sich das Herz voll aus ihrem Anblicke, er wußte nicht, war's Lust, war's Schmerz, aber er hätte immer so dasitzen mögen und anschauen. Ob sie seinen Blick fühlen mochte? — ihr Gesicht färbte sich höher und plötzlich brach sie vor dem Ende des Stückes das Spiel ab, stand auf und schritt nach dem Fenster, ohne ihrem Gesellschafter einen Blick zu geben. Vom Schaukelstuhle her verkündeten soeben tiefe Athemzüge, daß Gordon den Schlaf der Gerechten schlief.

Frank erhob sich von seinem Stuhle. „Miß Mary," fragte er weich, „habe ich Sie durch irgend Etwas beleidigt? oder warum entziehen Sie mir den Genuß, den ich so selten habe?"

Sie antwortete nicht.

Er trat ihr näher. „Miß Mary!"

„Mr. Frank?" Sie drehte sich langsam um, und er begegnete einem kalten, ausdruckslosen Auge, das ruhig auf ihn gerichtet war.

„Habe ich Sie beleidigt?"

„Nicht, daß ich wüßte, Herr!" Und sie kehrte sich wieder dem Fenster zu.

Frank stand eine Weile unbeweglich da, aber auf seinem Gesicht zuckte es wie Wetterleuchten. Bald jedoch ließ er den Kopf sinken und griff nach seinem Hute. „Entschuldigen Sie, wenn ich belästigt habe, Miß!"

Mary regte sich nicht und Frank, als er vergebens auf Antwort gewartet, verließ das Zimmer. Als er aber die Thür hinter sich geschlossen, blieb er einen Augenblick stehen und schlug sich vor die Stirne. „Wahrhaftig," sagte er, der „schwächste Mensch und der größte Narr ist ein Verliebter!" — —

Wieder waren zwei Monate vergangen.

Ein kalter regniger Tag lag über der Landschaft. Der Wind strich rauh durch die Bäume und überstreute den Boden mit rothem Laube.

Auf der durchweichten unebenen Waldstraße ritt ein einzelner Reiter auf einem müden Pferde, das jeden Augenblick über die Wurzeln im Wege stolperte, oder hart in die tiefen Pfützen trat.

„Na, noch ein Stückchen, Beß!" sagte der Reiter und klopfte den nassen Hals des Pferdes, „dann sind wir bald zu Hause und ruhen aus; hast heute eine gute Tour gemacht!" und als schiene es die Worte zu verstehen, machte das Thier eine neue Anstrengung zu einem frischeren und sicheren Tritte.

Nach kurzer Zeit wich der Wald an einer Seite zurück und machte eingezäunten Feldern Platz; bald auch zeigte sich ein kleines, aber nett gebautes Holzhaus, umgeben von Schuppen und Ställen, zu dem eine besondere schmale Straße hinan führte. Hier bog der Reiter ein und sprang bald an dem Eingange des Hauses vom Sattel. Er band das Pferd an und schritt durch den offenen Hausflur in das erste Zimmer, das sich ihm zeigte.

„Halloh, Albert!" klang es ihm entgegen, „was Teufel führt Dich denn bei dem unangenehmen Tage heraus? komm her zum Feuer!"

Ned White war es, der vor einem riesigen steinernen Kamin saß, in dem ein ganzer Baumstamm loderte, die Beine vier Fuß über dem Boden an die Mauer gestemmt und den übrigen Körper auf dem zurückgelehnten Stuhle wiegend. Eine Tabackspfeife von langem Sumpfrohre, ohne Spitze, mit einem kleinen irdenen Kopfe, vollendete das Bild der zufriedensten Behaglichkeit, wie sie nur ein Mann im Hinterwalde finden kann.

Frank hing seinen nassen Ueberrock zum Trocknen an's Feuer und setzte sich daneben. „Ned, hast Du noch Weizen oder Korn, das Du für baar Geld ablassen kannst?" fragte er dann.

„Nicht ein Korn, alter Junge, 's thut mir weiß Gott leid. Gordon hat schon vor länger als vier Wochen Alles bekommen, was ich abgeben konnte. Ich denke aber, Andere werden wohl noch genug haben!"

„Wer denn wohl, Ned? Ich bin schon seit heute Morgen fast zwanzig Meilen die Straße hinaus gewesen und nirgends eine Spur. Einige hatten wohl noch, aber sie waren einen Lieferungskontrakt mit Gordon eingegangen und konnten nichts missen."

„Und Du bist überall gewesen?"

„Keine Farm rechts oder links habe ich übergangen."

„Das hätte ich nicht geglaubt. Indessen ist da noch die Nord- und die Weststraße, an denen genug große Farmen liegen. Dort findest Du jedenfalls mehr als Du brauchst. Die kleinen Kerls im Walde dazwischen kannst Du weglassen, denn die ziehen immer nicht mehr als sie selbst haben müssen. Mache Dich morgen und übermorgen auf den Weg und Du wirst genug zu kaufen bekommen. Jetzt aber trink einmal, Du bist naß und hier ist aufrichtiger Whiskey!"

Frank fühlte sich frostig und that kräftig Bescheid.

„Na und wie steht's mit Deiner Mühle? Schon tüchtige Geschäfte?" fuhr der junge Farmer fort; „das Ding geht wie der Teufel mit der Maschine und Du mußt den Tag über ein gutes Theil zusammenmahlen können."

„Ja, wenn's doch nur viel zu mahlen gäbe," erwiderte Frank mit einem halben Seufzer; „Du hast gesehen, wie ich mit einigen Bushels die erste Probe machte; seit der Zeit ist aber noch kein Funken Feuer wieder unter den Kessel gekommen. Niemand will noch davon wissen, sein Getreide selbst mahlen zu lassen; Gordon hat so viel Mehl in die Stadt gebracht und giebt es zum Theil als Zahlung gegen Weizen so billig, daß es keiner Seele einfällt, zu mir zu kommen. Well, ich habe vom Anfange auf Privatkunden nicht viel gerechnet, obgleich es mir jetzt wehe thut, daß Gordon gar nicht die geringste Rücksicht auf mich nimmt — wenn ich aber doch nur für mein baares Geld Getreide auftreiben könnte, um selbst zu spekuliren, zu mahlen und das Mehl zu verschiffen, so würde ich mein Geschäft ausgezeichnet machen, denn ich habe durch New-Yorker Häuser gute Adressen in den südlichen Städten erhalten. —

Wo ich indeſſen hinkomme, hat Gordon entweder ſchon Alles weggekauft, oder die Leute ſind unter Verpflichtungen gegen ihn — er ſcheint, ſeit ſein Flachboot im Gange iſt, das geſammte Geſchäft an ſich geriſſen zu haben. Finde ich aber keine Gelegenheit zu kaufen, ſo bin ich ein für alle Zeit geſchlagener Menſch, denn wo ſoll ich, wenn ich nichts verdiene, zuletzt das Geld hernehmen, um meine Schulden zu bezahlen?"

„Na, na!" rief Ned, behaglich große Dampfwolken aus ſeiner Pfeife ziehend, „das wäre das erſte Mal, daß Einer für baar Geld hier nicht kaufen könnte; morgen oder übermorgen wirſt Du genug haben, das ſage ich Dir, alſo nicht gleich verzagt. — Sag' einmal, haſt Du meine Couſine Mary kürzlich nicht geſehen?"

Frank ſchüttelte den Kopf.

„Möchte wiſſen, ob ſie ſich nicht ein Bischen ärgert. Ich habe jetzt eine Schulfreundin in meiner Nachbarſchaft, ein Mädchen, Albert — na! und ich weiß, Jemand hat Mary erzählt, daß ich jeden Tag da zum Beſuche bin. Haſt Du nicht vielleicht gehört, was ſie dazu ſagt?"

Frank ſchüttelte den Kopf von Neuem und ſtand auf. „Alſo an der Nord- und Weſtſtraße meinſt Du, daß ich noch eine Gelegenheit zum Handel finden könnte?"

„Ja, es müßte wenigſtens mit dem Teufel zugehen, wenn's nicht ſo wäre!" erwiderte Ned. „Aber ſag' einmal, wirſt Du Mary nicht vielleicht bald ſehen?"

„Ich bin ſeit ſechs Wochen nicht in ihr Zimmer gekommen!" ſagte Frank, ſeinen Ueberrock umwerfend," und wie die Sachen jetzt ſtehen, ſehe ich keinen Grund, daß ich jemals Gordon's Schwelle wieder betreten ſollte. Ich habe es in dieſen letzten Tagen einſehen lernen, daß er mich ſyſtematiſch zu Grunde richten will!"

„Ho, ho! nur nicht gleich zur Decke hinaus, Albert!"

„Nein, ich bin ſehr ruhig, Ned. Leb' wohl!"

Bald trabte Frank ſeiner Beſitzung zu und erreichte dieſe beim Dunkelwerden. Das Haus war vollkommen fertig. Der Schornſtein und das Dampfrohr der Maſchine ragten hoch darüber hinaus. Glasfenſter waren eingeſetzt und die ſtarken

Thüren mit Schlössern versehen. Frank brachte sein Pferd in einen von Baumstämmen zusammengefügten Stall, rieb es zuerst sorgfältig mit Stroh trocken und brachte ihm dann Heu und Welschkorn, nebst Wasser aus dem Bache. Dann schloß er das Haus auf und zündete Licht an.

Nur die Hälfte des Hauses war von der Dampfmaschine und der Mahlmühle eingenommen. Die übrige Hälfte war für die Schneide- und Oelmühle bestimmt gewesen; für den Augenblick aber hatte sich Frank von dem leeren Raume ein Zimmer durch Bretter abgeschlagen, in dem er schlief, wohnte und sich auch seine einfachen Mahlzeiten zubereitete. Da er bei Vollendung der Mühle die Arbeiter entlassen hatte, so war er der Sicherheit wegen genöthigt, seine Wohnung selbst darin zu nehmen.

Jetzt ging er langsam mit dem Lichte durch den Raum, drehte hier an einzelnen Rädern und sah wie sie eingriffen — und prüfte dort Einzelnheiten, die er schon längst durchgeprüft hatte. Dann wanderte er nach der Maschine und beleuchtete sie von oben bis unten; ein Seufzer rang sich los von seiner Brust, als sein Auge das regungslose Werk überflog; aber nach kurzem Sinnen heiterte sich sein Blick wieder auf — noch war die Hoffnung nicht von ihm gewichen.

Langsam ging er dann nach seinem ärmlich ausgestatteten Zimmer und warf sich dort auf das Bett, sich seinen Gedanken überlassend.

Nach einer Weile pochte es an's Fenster. Frank schien den Ton zu kennen, denn er erhob sich ohne Befremden und öffnete die Thür. Dick trat ein, mit Lebensmitteln beladen, legte seine Bürde auf den Tisch und setzte sich dann auf den einzigen, vorhandenen Stuhl.

„Dick," begann Frank, „ich danke Dir für Deine Freundlichkeit, aber ich möchte nicht mehr haben, daß Du hierher kommst. Ich werde, was mir nothwendig ist, selbst besorgen."

Dick nickte mit dem Kopfe. „Das hatten Sie mir schon ein paar Mal gesagt, Master, wegen Mr. Gordon, aber ich komme doch, weil Sie mich brauchen."

„Nein, Dick, ich brauche Dich nicht."

„So zum Beispiel wollte ich Ihnen heute Abend sagen, daß Miß Mary schon zwei Tage rothgeweinte Augen hat."

„Hat Dir Miß Gordon geheißen, Dick, daß Du mir das sagen sollst? Nicht? Nun was habe ich denn also damit zu thun? Ich kenne Deine junge Mistreß nur sehr wenig!"

Der Schwarze zuckte die Achseln. „Und dann möchte ich gerne wissen, ob Sie schon viel Getreide haben!"

„Habe noch keins auftreiben können, Dick!"

„Und werden auch keins bekommen, Herr; Master Gordon hat Alles aufgekauft, um dies Jahr seinen Schnitt zu machen!"

„Nun Dick, denkst Du, ich brauche Dich, um das zu hören?"

„Nein, Herr, aber Sie können gegen mich tüchtig losschimpfen und brauchen sich nicht mit Ihren Gedanken allein herumzuschlagen, wenn ich auch nur ein armer Nigger bin."

Frank reichte ihm die Hand. „Dick, Du bist ein guter Kerl und hast mich lieb, ich weiß es, aber unterlaß Deine Besuche, Du läufst jeden Abend vier Meilen, nur um mich zu sehen und Du wirst deshalb Unannehmlichkeiten haben!"

Der Schwarze kicherte. „Haben Sie keine Sorge! Also keine Bestellung heute Abend?

Frank schüttelte den Kopf. „Ich danke Dir, laß es gut sein!"

Dick schlüpfte zur Thür hinaus, und Frank, der von dem ungewohnten Ritte übermüdet war, vergaß bald im Schlafe seine Sorgen. — —

Die beiden folgenden Tage stand die Mühle leer und verschlossen. Frank war am ersten Morgen auf der Nordstraße weggeritten und kam erst am zweiten Abend spät auf der Weststraße wieder nach Hause zurück. Der Kopf des Pferdes hing müde zu Boden und das Haupt des Reiters schlaff auf der Brust. Frank hatte umsonst gesucht, Getreide aufzutreiben, hatte weder Anstrengung noch Ueberredung gespart — überall war, wie Dick vorhergesagt, Gordon oder seine Agenten längst vor ihm dagewesen — mit der letzten Farm, die er besucht, war auch seine letzte Hoffnung geschwunden und als das Pferd endlich an seinem Hause stillstand und er aus seinem Hinbrüten auffuhr, kam ihm die Frage in die Seele, was er denn eigentlich noch hier wolle. Sein ganzer Kopf war während des zweitägigen Rittes durch hundertfältig getäuschte, wieder erwachte und auf's Neue betrogene Hoffnungen — durch Sinnen und Grübeln — durch eine mehr und mehr anwachsende Verzagtheit und einen vergeblichen Kampf dagegen so angegriffen worden, daß er nur halb mechanisch vom Pferde stieg und dies in den Stall brachte. Erst als er vor seiner Hausthür stand und den Schlüssel in der Tasche suchte, kam der Inbegriff all' seines heutigen Grübelns mit ganzer Macht über ihn. „Was nun?!"

Dem Schlüssel stellte sich ein Hinderniß entgegen und als er das Schlüsselloch betastete, zog er ein gefaltetes Stück Papier hervor. Er war zu geistesabgespannt, um sich eine Frage über die Bedeutung desselben vorzulegen, er öffnete und zündete Licht an. Dann warf er sich auf den Stuhl, legte beide Arme auf den Tisch vor sich und den müden Kopf darauf. So blieb er lange, während unklare Gedanken und Bilder in bunter Wirre durch sein Gehirn schossen.

Das Licht war zu einer langen Schnuppe gebrannt, als er sich endlich erhob. Sein Blick fiel auf das noch immer unentfaltete Papier vor sich auf den Tisch und er öffnete es, ohne eigentlich mit seinem Geiste dabei zu sein. Er sah hinein, länger und länger, obgleich nur einige Zeilen darin standen, seine Augen leuchteten auf und seine Hand begann zu zittern. Plötzlich sprang er auf: „Entweder bin ich verrückt!" rief er, „oder" — setzte er mit sinkender Stimme hinzu, „ich werde gefoppt, und das wäre mehr als schlecht!"

Er putzte das Licht und unterwarf das Billet einer genaueren Prüfung. Es lautete:

„Mr. Albert Frank!

Sie sollen morgen 200 Bushel Weizen haben und mögen das Geld dafür bereit halten. Das Getreide wird auf dem Flusse heruntergeschafft und bei Ihnen ausgeladen werden. Errichten Sie eine Stange mit einer rothen Flagge am Ufer, damit die Fährleute, die hier am Lande wenig bekannt sind, ohne Mühe Ihren Platz finden. Wegen künftiger Lieferungen dürfen Sie nur dem Schiffer Ihre Ordres geben und auf pünktliches Eintreffen rechnen.

Einer Ihrer Freunde."

Die Handschrift war nicht schön und unsicher — eine Farmersschrift, die Orthographie aber korrekt. Frank stützte den Kopf in die Hand, die unruhigen Augen auf das Billet gerichtet, und versuchte zu überlegen. Hätte man ihn foppen wollen, so hätte es in viel schlimmerer Weise geschehen mögen, man hätte ihn dreißig Meilen und noch weiter hinaus auf eine Farm schicken können, von wo er mit langer Nase hätte wieder heimkehren müssen; man verlangte aber nichts, als die Aufrichtung einer Flagge, eine Sache, die er sich schon längst selbst vorgenommen hatte, um den Platz für die vorüberfahrenden Boote kenntlich zu machen. War es aber keine Fopperei, von wem konnte der Brief sein? Ned White war zu einfach und unverstellt, der würde ihn auch nicht erst zwei Tage in's Land hinaus geschickt haben; außer ihm hatte er aber so wenig Bekannte und doch mußte es Jemand sein, der um seine Noth wußte. Warum kam er aber nicht einfach und offen zu ihm und wickelte sich in ein Geheimniß?

„Weiß Gott!" rief der Sinnende aufspringend, „ich bin am Ende ein Dummkopf, die Sachen so auf die Wage zu legen. Ist das Ding aufrichtig gemeint, dann hurrah! und das Räthsel wird sich auch wohl lösen; bin ich aber angeführt, nun so bin ich eben nicht schlimmer d'ran als jetzt. Also vorwärts, Albert! und noch einmal den Kopf steif gehalten!"

Er setzte energisch seinen Hut wieder auf, nahm Spaten und Hacke aus einem Winkel der Stube und schritt hinaus. Der Mond stand im letzten Viertel, beleuchtete aber noch ziemlich die Umrisse der Gegend. Frank sah zuerst nochmal nach seinem Pferde, das er im vollen Fressen fand und ging dann nach dem Flusse hinab. Das Ufer war hoch und steil. Nur an einer Stelle zog sich ein Erdabsatz in schiefer Richtung zum Wasser hinab und Frank hatte in diesem natürlichen Aufgange schon früher die größten Unebenheiten beseitigt, um sein Pferd zur Schwemme hinunterzuführen. Hier schlug er jetzt die Hacke ein und grub ein enges Loch von mehreren Fuß tief. Nach

Beendigung dessen trug er seine Werkzeuge wieder zurück und machte sich, mit der Axt versehen, auf's Neue auf den Weg. Er ging am Waldessaume hin, bis ihm hier eine junge schlanke Birke entgegenleuchtete. Nach wenigen Axthieben lag sie am Boden und Frank machte sich daran, sie von ihren Zweigen zu befreien. Erst als er den kahlen Stamm mit aller Anstrengung unter dem Busch- und Zweigwerke hervorgezogen hatte, kam eine Art Schwäche über ihn. Er mußte sich hinsetzen. Die Aufregung war vorüber und die folgende Abspannung schien ihm alle Glieder zu lähmen. Langsam ging er nach dem Hause und bald lag er in dem tiefen, traumlosen Schlafe der Uebermüdung.

Schon die ersten Strahlen der aufgehenden Sonne weckten ihn indessen wieder. Er sprang rasch auf. Er brauchte sich nicht des Vorgefallenen zu entsinnen — Alles, was er zu thun hatte, stand klar und bestimmt vor ihm. Nochmals las er aufmerksam den erhaltenen Brief und ging dann, sein Pferd zu füttern. Nach einer Stunde war er auf dem Wege zur Stadt und kaufte in dem ersten Store ein großes Stück rothen Callicot. — An der Thür stand lungernd und müßig ein kräftiger Farmersbube, den nahm er, gegen das Versprechen eines guten Tagelohnes, zur Arbeit mit sich nach Hause. Dort wurde der Birkenstamm am oberen Ende mit dem rothen Stoffe versehen, nach dem Ufer geschleift und in dem bereit gehaltenen Loche aufgerichtet, dann mit Steinen und Holzstücken festgerammt, und schon um neun Uhr wehete eine stattliche rothe Flagge über der Besitzung. Jetzt ging es in das Haus. Alle entbehrlichen alten und neuen Bretter wurden herbeigeholt und damit in dem bis jetzt unbenutzten Raume ein Platz umschlossen, in welchem der Weizen ausgeschüttet werden sollte. Gegen elf Uhr war Alles gethan und Frank setzte sich hin, um etwas zu rasten. Bald aber trieb ihn die Unruhe wieder auf, hinunter nach dem Flusse. Er ging langsamen Schrittes dem Ufer entlang, soweit es die örtlichen Hindernisse erlaubten; dann setzte er sich auf einen Stein und spähete den Fluß hinauf, ob sich kein Boot entdecken lasse. Aber nach einer Stunde vergeblichen Harrens schalt er sich selbst einen Narren und spazierte wieder zurück. Er rief seinen Arbeitsgehülfen, der sich in's Gras gestreckt hatte, zum kalten Imbiß herein — er selbst vermochte nichts zu essen und trug ihm dann auf, am Flusse zu warten und ihm sogleich zu melden, wenn er ein Boot herunterkommen sehe.

Eine Weile noch ging er im Zimmer unruhig auf und ab, dann aber holte er Schreibgeräth und begann vier oder fünf Geschäftsbriefe abzufassen, die für den Verkauf des Mehls nothwendig waren. Vielleicht war es noch zu früh dazu, vielleicht ganz vergeblich — aber er wollte seine Gedanken aus der peinlichen Spannung, die ihn in eine fieberhafte Stimmung zu versetzen drohte, erlösen.

Die Briefe waren geschrieben und Frank ging hinaus nach der Mühle, um das Werk nochmals einer genauen Besichtigung zu unterwerfen. Er wußte ganz genau, wie jedes Stück gearbeitet war — aber die Zeit mußte hingebracht werden. Auch damit war er fertig — die Sonne war eben im Untergehen. Er trat in's Freie hinaus. Seine Flagge glühte, von den letzten Strahlen beschienen, wie mit flüssigem Feuer durchwebt; aber kein Boot, das sich um sie bekümmert hätte, erschien. Er ging zum Flusse hinab, um den Jungen zu entlassen, der sich dort eine Laube aus abgebrochenen Zweigen gebaut hatte und behaglich darin ausgestreckt lag.

„Well, Mister, soll ich morgen wieder kommen?" fragte dieser, nachdem ihm Frank das versprochene Geld gegeben, „die Arbeit hier ist gerade nicht die schwerste!"

Frank schüttelte nur trübe den Kopf. Als der Bube davongesprungen war, setzte er sich selbst am Ufer nieder und blieb da, den Kopf in die Hand gestützt, sitzen, bis die spät aufgehende Mondsichel sich in dem Flusse spiegelte.

Als Frank diesen Abend sein Bett suchte, fühlte er nichts als ein Jammern seiner selbst. Er hatte kein Licht angebrannt, um nichts von seinen Umgebungen zu sehen; er hatte seit früh keinen Bissen zu sich genommen und war so matt, daß, als er sich zum Schlafen anschickte, der Gedanke durch seine Seele kroch: Wenn es doch kein Wiedererwachen gäbe.

Aber er erwachte am Morgen wieder; mehrere Schläge an

die Thür hatten ihn aus seinem Schlafe gerissen. Er schob noch etwas verwirrt das Fenster auf, um nachzusehen, wer da sei. Draußen stand ein fremder Mensch und fragte nach Mr. Albert Frank.

„Das bin ich!" antwortete dieser.

„Wir haben ein Lot Weizen für Sie an Bord, das Boot liegt unten am Ufer und der Kapitän erwartet Sie!"

Frank wurde blaß und wieder roth. Dann aber fuhr er in die Kleider so schnell, wie noch niemals in seinem Leben. Er nahm sich nur Zeit, einen Schluck Whiskey zu trinken, denn er fühlte eine eigene Schwäche in seinem Magen — ob die Freude oder sein gestriges Fasten daran schuld war, untersuchte er nicht, und sprang dann dem Manne nach, der bereits vorangegangen war.

Am Ufer war Alles in voller Thätigkeit. Vier starke Bootsknechte waren mit dem Herauftragen der Säcke beschäftigt und Frank wurde bei seiner Frage nach dem Schiffer in das Fahrzeug gewiesen, wo er diesen in einer Kajüte, die kaum das Aufrechtstehen erlaubte, bei einem Stück Speck und Maisbrod, zusammen mit einer gewaltigen Whiskeyflasche traf. Frank hatte gehofft, von dem Mann etwas über seinen Helfer erfahren zu können, aber die Verhandlungen waren kurz. Der Schiffer präsentirte die Rechnung über Getreide und Fracht und Frank zahlte; auf alle übrigen Fragen aber erhielt der Deutsche nur die Auskunft, daß das Kommissionshaus West u. Co. in Springplace das Getreide verladen und an ihn adressirt habe und daß er sich bei etwaigem neuen Bedarfe an das genannte Haus wenden möge. Frank fragte nur noch, wie weit Springplace sei. Gegen hundert Meilen den Fluß hinauf, hieß es, genau könne man die Entfernung nicht angeben, und damit mußte sich Frank zufrieden geben.

Als das Boot seinen weiteren Weg verfolgte, machte er sich, nachdem er einen tüchtigen Imbiß genommen, auf nach der Stadt, um seine Briefe auf die Post zu legen, Mehlfässer zu bestellen und sich einige tüchtige Arbeiter zu holen, und als der Abend kam, lag das Getreide wohlaufgeschüttet unter Dach und Fach.

Frank hatte bei Bryan mit vorgesprochen und beiläufig nach den jetzigen Mehlpreisen im Süden gefragt, da er eben dabei sei, eine Ladung dorthin vorzubereiten; und Bryan's aufhorchendes Gesicht, überflogen von einer leichten Verlegenheit, hatten ihm gezeigt, was er von des Mannes früherer Freundlichkeit zu denken habe, und ihm die Gewißheit gegeben, daß Gordon noch heute Nachricht von Frank's veränderten Aussichten erhalten werde. — Das war der eigentliche kleine Triumph gewesen, den er sich erlaubte. Gern wäre er, aber aus anderen Gründen, bei dem Hotel abgestiegen; jetzt, wo die nächsten, drückendsten Sorgen von seiner Seele waren, drängten sich die alten Gefühle wieder vor und eroberten unangefochten ihre alte Macht. Aber er hatte an sein letztes Scheiden von dem Mädchen gedacht, an den leisen Druck ihrer Hand und ihr kaltes abweisendes Auge gleich danach, als habe sie mit seiner Empfindung spielen wollen. Er hatte sich mit ganzer Kraft überwunden und war vorbei geritten, ohne nur hinzusehen. —

Frank behielt einen von den mitgebrachten Arbeitern als Gehülfen in der Mühle, und am nächsten Morgen, ehe noch die Sonne in das Thal schien, qualmte der Schornstein, warf die Dampfröhre hustend ihr leichtes Gewölk in die Luft, klapperten die Räder und Frank ging leuchtenden Gesichtes von der Maschine zur Mühle, um den Arbeiter anzustellen und zu unterrichten, und von der Mühle zur Maschine, aufmerksam das Arbeiten jedes einzelnen Theiles beobachtend und regelnd.

Es war Mittag vorüber, als die Vorderthür sich öffnete und Gordon's breite Gestalt hereintrat. Frank, in dem hintern Theile des Hauses beschäftigt, wurde durch das einströmende Licht auf ihn aufmerksam gemacht, that aber nicht, als bemerke er ihn.

„Halloh! das geht ja glorios!" rief der Wirth; seine Stimme wurde aber von dem allgemeinen Geräusche so übertönt, daß der vorn beschäftigte Arbeiter nur einen kurzen Blick nach ihm warf und dann ruhig mit dem Aufschütten des Getreides fortfuhr.

Gordon sah sich jetzt mit halb zugedrückten Augen aufmerksam um. Sein erster Blick fiel auf den Weizenvorrath. Er ließ die Körner prüfend durch die Hand laufen und schritt dann zur Betrachtung der Mühle. Zuletzt kam er an die Maschine, wo er Frank fand, der anscheinend eifrig den Wasserstand des Kessels sondirte, und klopfte ihm auf die Schulter. „Das geht ja glorios!" rief er ihm in die Ohren. Frank nickte nur und führte ihn nach seinem Zimmer, wo ein Gespräch eher möglich war.

„Well, ich freue mich, daß Sie endlich zu Stande gekommen sind, Herr!" begann Gordon, sich auf den Stuhl niederlassend, während Frank sich auf das Bett setzte. Des Wirthes Gesicht war aufgeregt, ob von dem Ritte hierher oder aus anderen Ursachen, war nicht zu sagen, und seine Augen erschienen noch mehr zusammengedrückt als gewöhnlich. „Schöner Weizen, den Sie draußen haben;" fuhr er fort, „darf man wissen, wo er gebaut ist?"

„O," erwiderte Frank leichthin, „er ist von einigen Farmen eine Strecke den Fluß hinauf. Ich war an die Leute empfohlen."

„So, das ist schön!" sagte Gordon hustend, „Sie waren noch an andere Leute empfohlen! hm! Das wußte ich nicht. Well, da arbeiten Sie nur tüchtig drauf los; der Absatz wird freilich jetzt nicht mehr so bedeutend werden, da der Markt dieses Jahr etwas überfüllt ist."

„Ich muß es abwarten; aber ich habe mehrere bestimmte Häuser, auf die ich schon etwas rechnen kann, da ich von ihren New-Yorker Freunden an sie gewiesen bin; ich will mich mit kleinen Geschäften vorläufig nicht abgeben. Sie haben Recht, hier in der Umgegend ist schon zu viel Mehl eingeführt worden!"

„Hm, hm, well! — Ich kam gerade hier vorbei und hörte das Geklapper, da habe ich einmal zugesprochen. Wenn Sie nach der Stadt kommen, so gehen Sie nicht immer bei uns vorüber, die Leute müssen sonst denken, wir haben etwas mit einander. Guten Tag!"

Frank sah ihm mit dem Ausdrucke stiller Genugthuung nach und ging dann wieder an seine Arbeit. — —

Als Gordon nach Hause kam, ging er in seine Office und schrieb folgenden Brief:

„Ben White Esq. New-York.
Lieber Ben!

Ihren Brief von voriger Woche habe ich erhalten und daraus Ihre Vorwürfe wegen meines langen Schweigens ersehen. Sie wissen aber, daß wir Buschbauern überhaupt nicht gern viel schreiben und daß unsere kleinen Spekulationen uns das oft noch mehr vergessen lassen. Wegen der Spekulationen fällt mir aber gleich Eins ein. Sie haben mir vor mehreren Monaten einen jungen Menschen Namens Frank geschickt, dessen Geld und Unternehmen mir wohl gepaßt hätte, da ich gerade noch eine Dampfmühle brauche, um das ganze Getreidegeschäft in meine Hände zu bringen. Wenn ich aber nicht andere und eingreifendere Maßregeln nehme als bisher, so geht mir sein Geld und seine Mühle aus den Händen. Der junge Mensch scheint mir bei all' seiner Gutmüthigkeit den Teufel im Leibe zu haben, und ich bitte Sie, wenn Sie mir wieder Jemand schicken, mich bei Zeiten mit einer richtigern Schilderung seines Charakters zu versehen. Sie wissen, Ihr Gewinn ist sonst auch verloren.

Ich habe diesen jungen Herrn, nachdem ich ihn lecker genug zum Kaufe gemacht, ehe ich mit ihm abschloß — nachdem ich mich vor jeder Verantwortlichkeit gegen ihn verwahrt und ziemlich tief in meine Schuld gebracht, alle Schwierigkeiten in den Weg gelegt, um sein rasches Vorwärtskommen zu hindern. Er hat nirgends Holz zum Baue erhalten, da unsere beiden Sägemühlen mir verpfändet sind — und doch hat er ein Haus ohne Bretter oder Steine in die Höhe gebracht, wie es hier noch kein Mensch gesehen hat. Ich habe mit Opfern alles disponibele Getreide dreißig Meilen in der Runde aufkaufen lassen, um jede Beschäftigung seiner Mühle und jeden Verdienst für ihn abzuschneiden, damit ich beim Verfall meiner Forderung auf gerichtlichen Verkauf hätte antragen und so Alles für ein Spottgeld erstehen können. Die

Dampfmaſchine iſt mir nämlich auch verpfändet und Alles wäre gewiß richtig gegangen, da hier Niemand ſo viel baar Geld liegen hat, um gegen mich zu bieten; heute hat aber der Burſche guten Weizen genug liegen, um Geld zu machen und nicht in Verlegenheit zu gerathen, mahlt darauf los und ſchwatzt mir noch von Verbindungen vor, die er hat, als ob ich Kalb genug wäre, um das zu glauben, wenn ich auch nicht weiß, wie das Ding zugegangen iſt.

Aber ich habe mir vorgenommen ihn zu faſſen und ich werde es; er wäre der Erſte, der David Gordon eine Naſe drehte. Im Uebrigen aber . . . ."

Hier war der Brief abgebrochen, wahrſcheinlich durch eine augenblickliche Störung; wurde aber auch nicht vollendet und fiel in dieſer Geſtalt ſpäter in Frank's Hände, ihm Aufklärung über manche ſeiner Schickſale gebend. —

Es war am fünften Tage, ſeit Frank's Mühle im Gange war, Morgens, als er noch etwas verſchlafen aus ſeinem Zimmer trat. Er hatte die halbe vergangene Nacht mit dem Arbeiter Mehlfäſſer gepackt und beabſichtigte mit dem heute zu erwartenden Dampfboote eine Probeſendung fortzuſchaffen. Er wollte ſoeben nach dem Lager des Arbeiters gehen, um dieſen zu wecken, als zwei helle Punkte auf dem Boden ſein Auge anzogen. Es waren zwei Briefe, die augenſcheinlich unter der Thür weg hereingeſchoben waren. Frank, etwas befremdet, hob ſie auf. Der eine war klein, aus feinem Papier und wohlgefaltet; der andere grob und augenſcheinlich von ungeübten Händen zuſammengelegt. Er öffnete den erſten.

„Wenn Sie Ihrem unbekannten Getreidelieferanten einigen Dank ſchuldig zu ſein glauben, ſo werden Sie heute, Sonnabend, noch vor ſechs Uhr Abends, nach Gordon's Hotel kommen, wo Sie erwartet werden. Die Angelegenheit iſt mehr als dringend und auf Ihr Erſcheinen wird mit Beſtimmtheit gerechnet. Einer Ihrer Freunde."

Die Schrift war klein und zierlich und hatte nicht die entfernteſte Aehnlichkeit mit der des früheren Briefes, war aber Frank völlig unbekannt.

Er schüttelte mit dem Kopfe, öffnete die zweite Epistel und las mit wachsendem Erstaunen das Folgende:

„Das unterzeichnete Komité fordert hierdurch den Albert Frank auf, sich heute Abend präcis sieben Uhr in dem oberen Lokale des Herrn John Bryan einzufinden und sich gegen die folgenden Anklagen zu verantworten:
1) Ordnungs- und gesetzwidrige Aufklärung von schwarzen Dienstboten durch Unterricht im Lesen und Schreiben.
2) Aufreizung von schwarzen Dienstboten gegen ihren jetzigen Zustand und ihr Verhältniß als Sklaven durch verführerische Schilderung der Dienstboten-Zustände in anderen Ländern.
3) Bestechung von schwarzen Dienstboten durch geistige Getränke, um sich williger die Lehren des Abolitionismus einimpfen zu lassen.
4) Soll der Albert Frank glaubwürdig darthun, daß er nicht ein Agent der abolitionistischen Partei im Osten ist, nur hierhergekommen, um das Gift seiner Partei zu verbreiten, wie der Verdacht gegen ihn vorliegt.

Sollte aber der Albert Frank nicht gewillt sein, sich einzufinden, zu verantworten und sein Urtheil zu empfangen, so wird Richter Lynch sofort in kürzerem Prozeßgange die Rechte des Volkes zur Anerkennung zu bringen wissen.

Das Vigilanten-Komité des Staatsausschusses."

Frank hatte zu Ende gelesen, aber er sah noch immer auf das Papier vor sich. Sein Gesicht hatte sich verfärbt. Er hatte oft genug von dem Fanatismus des südlichen Volkes, gegen Alles, was an Emanzipation der Sklaven mahnte, gehört; er hatte scheußliche Fälle von Lynch-Justiz in den Zeitungen gelesen; aber das war nicht die Hauptsache, die ihn muthlos machte. Sein hiesiges Wirken war vorbei, sobald er als Sklavenführer verdächtigt war, und seine Freundlichkeit gegen Gordon's Arbeiter konnte bei böslicher Absicht wohl dazu dienen. Das Erste was ihn treffen mußte, war Verbannung aus dem Staate durch einen oft aus dem niedrigsten Pöbel zusammengesetzten Volksgerichtshof — und im Nichtbefolgungsfalle ein ungeahnter Tod durch Rotten des schlechtesten Gesindels.

Er wandte sich nach seinem Zimmer zurück, setzte sich auf das Bett und dachte ernst über seine Lage nach. Er fühlte erst jetzt, mit welchen festen Banden sein innerstes Leben hier angeknüpft war, fühlte, daß die Verzagtheit während seiner bisherigen Sorgen nicht der gemeinen Angst um den Verlust seines Grundstücks entsprungen war, daß er nur geglaubt hatte, durch ein festes Besitzthum sich die Thür zu einem geträumten, schönern Leben an Mary Gordon's Seite öffnen zu können. Er brütete lange vor sich hin; endlich aber fing sich an sein Gesicht aufzuheitern. Er hatte einen Entschluß gefaßt. Aus seiner Reisetasche suchte er einen sechsläufigen Revolver hervor, examinirte ihn genau und lud ihn vollständig. Dann barg er ihn wieder an seinem vorigen Platze und ging mit ruhigem Gesichte nach der Mühle. Sein Gehülfe war bereits auf, und des Tages Arbeit ging vorwärts, als habe nichts Frank's Seelenruhe gestört. Nur ein energischer Ernst, der sich, wie hineingeschnitten, auf sein Gesicht gelagert hatte, deutete auf ein ungewöhnliches Ereigniß hin. — —

Es war Nachmittags, nach vier Uhr, als sich Frank zu Fuß nach der Stadt aufmachte. Der Revolver ruhte sicher in seiner Brusttasche. Er hatte seinen Arbeiter beauftragt die Thür zu schließen und Niemand als ihm zu öffnen und zwar nur auf ein gewisses Zeichen.

Er schlug, um Niemandem aus der Stadt zu begegnen, den längern Weg durch den Wald ein und erreichte etwas nach fünf Uhr den hinteren Theil des Hotelhofes, den er durchschritt und gelangte bald in den großen Vorflur des Gasthauses. Niemand war hier als Ned, der an der Hausthür stand, und die Straße zu beobachten schien.

„Guten Tag, Herr!" sagte Frank, ihm auf die Schulter schlagend, „ist Niemand hier, der nach mir gefragt hat?"

„Bst!" erwiderte der Freund, sich etwas überrascht umdrehend, „gut, daß Du da bist, komm' hierher!" und damit zog er ihn nach einer von Gordon's Office verdeckten Ecke, in der zwei Stühle standen.

„Sag' erst einmal, Ned," begann Frank, „bist Du es, der mich erwartet?"

„Ja, Albert!"

„Bist Du mein unbekannter Lieferant?"

„Lieferant?" wiederholte Ned, etwas verblüfft, „o ich weiß nichts von Lieferanten, laß jetzt die Witze und höre mir zu."

„Warte! Hast Du mir den Brief geschrieben, den ich heute morgen erhielt?"

„Nein, aber ich bin beauftragt, mit Dir zu reden!"

„Und Du hast auch den Brief nicht gelesen?"

„Nein!"

„Nun dann rede!"

„Albert, Du sollst Dich heute Abend dem Vigilanten-Komité stellen, wie sie sich nennen."

„Ich weiß es!"

„Aber Du wirst nicht hingehen!"

„Weshalb?"

„Weil Du erstens nicht dazu verpflichtet bist und weil Du, wie ich Dich und die andern Leute kenne, nicht lebendig wieder aus dem Loche heraus kommen wirst. Deine ärgsten Feinde, die Dir schon lange den Tod geschworen haben, sind die Haupthähne dabei, und die wenigen guten Leute, die etwa dort sind, weil sie müssen, werden Dich nicht schützen können. Hinten im Schuppen steht mein Brauner schon angespannt, Du fährst mit mir auf meine Farm und bleibst da, bis die Spitzbuben wieder fort sind. Die Meisten davon sind für heute aus dem ganzen County zusammengetrommelt worden."

„Und werde ich nachher in weniger Gefahr sein, Ned? Jede Bande, stark genug, um es mit mir aufnehmen zu können, wird sich im Rechte glauben, mich zu lynchen und kein Hahn wird danach krähen. Entweder muß ich gleich fort aus dem Staate und Alles hier für ewige Zeiten hinter mir lassen, oder ich muß dem Sturme entgegentreten. Und dies, Ned, dies werde ich. Muß ich von hier fort, liegt mir auch wenig am Leben."

„Albert, um Gotteswillen, Du kennst die Bestien nicht!"

„Ich kann nicht anders, Ned, nach meiner tiefsten, vollsten Ueberzeugung nicht; ich danke Dir, aber laß mich!"

Er schritt nach dem Hausflur, doch ein Druck um seinen Arm, der ihn wie ein Blitz durchzuckte, hemmte sein Weitergehen. Er wandte sich um. Mary Gordon, die großen Augen angstvoll auf ihn gerichtet, mit glühenden Augen stand vor ihm. „Sie werden nicht gehen, Herr!" sagte sie mit einer Stimme, die tief aus ihrer Brust zu kommen schien.

„Miß Gordon!"

„Sie werden nicht gehen, wenn ich Sie darum bitte! Kommen Sie hier herein!" Sie öffnete hastig ihr Zimmer und zog ihn nach sich. Sie waren allein.

„Mr. Frank!" sagte sie weich, seinen Arm loslassend und ihre Hände faltend, „ich bitte Sie aus der innersten Tiefe meines Herzens, gehen Sie nicht. Wenn Sie die kleinste Theilnahme für mich hegen, folgen Sie Ned, Sie wissen nicht, was Ihnen bevorsteht!"

Frank's ganzes Innere kam in Aufruhr, als er in das tiefbewegte Gesicht des Mädchens sah, aber er bezwang sich.

„Miß Mary," erwiderte er und suchte seiner Stimme Festigkeit zu geben, „ich weiß, Sie sind die Güte und das Wohlwollen selbst gegen Jeden, und so auch jetzt gegen mich; aber ich muß gehen, wenn ich nicht mit meiner schönsten Lebenshoffnung brechen will!"

Das Roth schwand aus Mary's Gesicht, ihre Augen, die an dem Deutschen hingen, nahmen einen Ausdruck der Starrheit an. „Nun," sagte sie matt, als mache es ihr Mühe zu sprechen, „wenn gar nichts hilft, so gehen Sie — sie werden Sie ermorden — aber ich sterbe dann auch!" Eine Todesblässe ging über ihr Gesicht, sie wankte und nur Frank's schnelles Zufassen hinderte ihren Fall. Aber kaum hatte er sie aufgefangen, so schlug sie auch ihre Arme um seine Schultern und blieb ohnmächtig an seiner Brust liegen.

Ueber Frank war ein Sturm von Gefühlen gekommen, dem er nicht zu widerstehen vermochte; er hielt das Mädchen umschlossen und drückte seinen Kopf in ihr Haar. Dann trug er sie nach dem Sopha und nahm sie in seine Arme. Er küßte ihre Stirn und ihre Augen, er ließ seinen brennenden Mund auf ihren bleichen Lippen ruhen, als wolle er ihr Wärme und Leben einhauchen; — nach und nach kehrte wieder Farbe in ihr Gesicht zurück, sie schlug die Augen auf, blickte einen Augenblick irre umher, sah in sein Gesicht und sprang dann plötzlich wie im heftigen Schrecken auf. Frank erhob sich.

„Mary!" sagte er auf sie zutretend, mit einem Tone, der aus seinem tiefsten Herzen kam.

Das Mädchen sah auf in seine Augen und fiel dann an seine Brust, in ein so krampfhaftes Weinen ausbrechend, daß es den jungen Mann erschreckte. „Mary, meine einzige, süße Mary!" rief er leise, sie an sich drückend, „was ist es denn? Habe ich Unrecht, daß ich Dich liebe wie mein Alles, daß ich mein Leben einsetzen will, um Dich zu erringen?" Aber das Mädchen schluchzte fort und erst nach einer Weile richtete sie sich langsam auf und trat hinweg an das Fenster, das schon einmal seine schönste Illusion zerstört hatte. „Mary," sagte er, „warum gehen Sie von mir, was haben Sie?"

Da drehte sie sich um. Ihr rosig auflächelndes Gesicht lächelte ihm durch Thränen entgegen. „Ich erzähle es Ihnen ein andermal, Mr. Frank!" sagte sie und streckte ihm die Hand hin.

„Und keinen andern Namen, Mary?"

„Ja, Albert!"

Er zog sie an sich und sie standen eine lange Minute Lippe an Lippe, die ganze Welt vergessend.

Frank riß sich zuerst auf. „Und nun, Du Inbegriff meines ganzen Lebens," sagte er, „laß mich gehen, damit ich kämpfen und unsern wonnigen Traum zur Wirklichkeit machen kann. Ich muß fort, damit mich das saubere Komité nicht umsonst erwarte!"

„Albert," schrie das Mädchen erschrocken auf, „Du willst doch gehen, jetzt noch?"

„Gerade jetzt, und nur Deinetwegen, mein Leben. Komm' her, Kind, und höre!" Er zog sie auf sein Knie. „Gehe ich nicht, Mary, so ist mein Leben keine Stunde sicher!"

„So gehst Du noch heute Abend aus der Stadt!"

„Dann, Mädchen, sind wir auf immer getrennt. Ich glaube mit Bestimmtheit, daß Dein Vater seine Hand im Spiele hat. Fliehe ich, so darf ich mich hier niemals wieder blicken lassen — entwaffne ich aber meine Feinde, und ich glaube diese Art Leute zu kennen — kann ich Deines Vater's Freundschaft erwerben — und das geschieht nur, wenn ich ihm einen Mann zeige, der sich durchaus nichts anhaben läßt, so haben wir den größten Berg hinter uns. Ist das nicht des Kampfes werth?"

Mary's Kopf war auf die Brust gesunken. „Ja, der Vater!" seufzte sie leise. „Die Sünden der Eltern werden heimgesucht an den Kindern!" Dann erhob sie sich, nahm seinen Kopf in ihre Hände, küßte ihn und sagte: „Geh' mit Gott, Du Erst- und Einziggeliebter und sende mir morgen Nachricht, wenn Du lebst!" Damit ging sie still zur Thür hinaus.

Frank sah ihr bewegt nach, dann aber sprang er auf, drückte eine Minute sich sammelnd die Hand vor die Augen, fühlte dann nach seinem Revolver und verließ unbemerkt das Haus.

Die Schatten des Abends fingen bereits an sich auszubreiten; Bryan's Haus — im untern wie im obern Stock erleuchtet — ließ sich schon von fern unterscheiden und das herausfallende Licht beschien einzelne Gruppen von Männern, die vor der Storethür im Gespräche standen.

Frank, der Bryan's Haus genau hatte kennen lernen, schlug einen Seitenweg ein, um den hintern Theil desselben zu erreichen und setzte sich dort neben dem Seitengebäude nieder. Er sah nach seiner Uhr — noch fehlten fünf Minuten zu sieben. Er ließ den Plan, den er für seine Handlungsweise entworfen, nochmals an seinem Geiste vorübergehen — dann dachte er an die eben durchlebte Scene und sein Herz schwoll. Das, was vor ihm lag, erschien ihm als der Drache, der sein Mädchen bewache und den er erschlagen müsse, wolle er zu ihr gelangen. Eine Begeisterung, ruhig und licht, glomm in seiner Seele auf und strömte warm und belebend durch alle seine Glieder, daß es ihm wurde, als müsse sein Arm allein die ganze Rotte Korah erschlagen können.

In diesem Augenblicke verkündete die Uhr in Bryan's

Store sieben und Frank war in wenigen Sprüngen beim Hause. Rasch stieg er die hier befindliche Hintertreppe nach dem oberen Stockwerke hinauf und befand sich vor der Thür des ihm bezeichneten Zimmers, aus welchem ihm jetzt der verworrene Lärm von vielen sprechenden Personen entgegentönte.

Frank öffnete langsam die Thür.

„Ich sage, es ist längst sieben vorüber und er wird sich verdammt hüten zu kommen!" klang eine laute, heisere Stimme heraus, „ich sehe also nicht ein, warum wir mit den andern Maßregeln länger warten sollen!"

„So eben schlägt es erst sieben und hier bin ich!" rief Frank kräftig, in die offene Thür tretend. „Guten Abend, meine Herren, Alle zusammen!"

Ein plötzlich eintretendes allgemeines Stillschweigen beantwortete seinen Gruß und der Deutsche hatte volle Zeit, das Zimmer, sowie die Leute darin zu mustern.

In der Mitte des Raumes stand ein Tisch mit vier Talglichtern, wahrscheinlich um durch diese im Hinterwalde unerhörte Verschwendung der Scene einen feierlichen Anstrich zu geben.

An der Seite des Tisches, der Thür gegenüber, saß ein Mensch, den Frank auf den ersten Blick erkannte — Bill Green, der ihn jetzt mit dem Ausdrucke dummer Bosheit anstarrte; und an den beiden Seiten des Tisches neben ihm zwei schäbig aussehende Männer, die der Deutsche noch nie gesehen. Einer von ihnen hatte Papier vor sich und schien den Schreiber des Gerichtshofes zu machen. Den übrigen Theil des Zimmers füllten Taback kauende und rauchende Gestalten, von deren Gesichtern des Tabackrauchens halber wenig zu unterscheiden war.

„Meine Herren," begann er, als sein umschauendes Auge nur auf Gesichter traf, die ihn schweigend anstarrten, „ich möchte gern wissen, ob ich hier vor dem achtbaren Komité stehe, das mich heute vorgeladen hat."

„Ja, Herr, so ist es!" erwiderte Bill Green, den Kopf in die Höhe werfend und augenscheinlich bemüht, Haltung zu gewinnen.

„O, mein lieber Freund Bill, der mich neulich auf den

Boden gelegt hat, daß ich noch jetzt Kopfschmerzen davon habe, ist Präsident; well, so weiß ich doch, daß ich unter Freunden bin!"

Green's Gesicht färbte sich rasch. „Halten Sie Ihr Maul, Herr!" rief er, sich bald erhebend und schien ihn mit seinen Augen verschlingen zu wollen.

„Well, Mr. Green, was wollen Sie denn?" sagte Frank, scheinbar verwundert einen Schritt zurücktretend, „hat denn nicht das halbe County gesehen, daß Sie mich auf die Erde geworfen und zu Brei hätten schlagen können, wenn Sie gewollt hätten? Nun, Sie haben's nicht gethan, und deshalb habe ich gedacht, wir wären Freunde, ist das eine Sünde?"

Bill setzte sich wieder und warf einen zweifelnden Blick auf den Deutschen. „Donnerwetter!" rief er endlich, mit der Faust auf den Tisch schlagend, „ich will aber von der Geschichte nichts mehr hören und wir sind wegen Anderm hier."

„Ja, fangt an, damit das Ding endlich einen Henkel kriegt!" rief eine Stimme aus dem Hintergrunde.

„Also Sie sind hierher gekommen, um sich gegen die Anklagen zu vertheidigen, die wir Ihnen zugeschickt!" sagte der Mann, der den Schreiber vorstellte, „dann fangen Sie an. Der erste Punkt heißt —"

„Warten Sie einmal," unterbrach ihn Frank lächelnd, „ich bin gar nicht gekommen, um mich zu vertheidigen, sondern nur, weil jede höfliche Einladung einen höflichen Besuch werth ist. Wenn mich die Versammlung ein paar Worte sprechen lassen will, so soll sie gleich hören, was ich auf den mir zugeschickten Brief zu erwidern habe. Sehen Sie, meine Herren," fuhr er in launigem Tone fort, „bei uns im Osten haben die Leute manchmal gar kuriose Begriffe vom Süden. Da meinen sie, die Moskitos haben hier Zähne, einen halben Finger lang, und die Alligators schwimmen wie die Fische in den Flüssen umher. Ich bin schon deshalb gewarnt worden, nicht hierher zu gehen. Nachher heißt's: Jeder, der aus dem Osten kommt, wird gelyncht, wenn er nur den Mund aufthut, und die Schwarzen müssen Prügel und Hunger erleiden, daß es ein Jammer ist. Nun, meine Herren, ich habe das Ding ein Bischen anders gefunden;

die Moskitos haben mich hier nicht halb so geplagt, wie am Hudson; unter den Leuten hier habe ich bereitwilligen Empfang, Unterstützung und Freunde gefunden; die Schwarzen leben sämmtlich zufriedener und arbeiten lustiger, als meist die freien Dienstboten im Osten, und als ich in Ihrem Schreiben vom Lynchen las, da meinte ich, es müsse wohl auch etwas Anderes sein, als sich die Leute bei uns einbilden. So, meine Herren, bin ich jetzt zu Ihnen gekommen, und habe nicht den geringsten Zweifel, Sie werden als einsichtsvolle Männer das, was ich Ihnen zu sagen habe, ehrlich und freundlich aufnehmen. — Ich muß Ihnen geradezu gestehen, meine Herren, daß Sie ganz Recht haben, wenn Sie mich tadeln. Ich habe wirklich den Schwarzen, die bei mir arbeiteten, von fremden Ländern erzählt, habe ihnen Lesen gelehrt, habe ihnen auch manchmal einen Schluck Whiskey gegeben, wenn sie brav gearbeitet hatten; aber ich habe nie daran gedacht, daß das als etwas Böses angesehen werden könne. Jetzt, wo ich weiß, daß die Sache eben eine Dummheit von mir war, weil die allgemeine Meinung dagegen ist, jetzt soll Alles dergleichen für die Zukunft unterbleiben. Eins nur, meine Herren, habe ich auf das Entschiedenste von mir zu weisen, daß Sie mich nämlich beschuldigen, zur abolitionistischen Partei zu gehören. Glauben Sie denn wohl, wenn ich so ein Agent wäre, wie Sie meinen, ich würde mein Geld in Ihr Land stecken, Monate lang hart arbeiten, um mich bei Ihnen anzusiedeln — und mich auf diese Art vollständig in Ihre Hände zu geben? Nein, ich bin hierher gekommen, um als guter Bürger und Nachbar unter Ihnen zu leben, bis an mein Ende. Habe ich jetzt etwas gethan, was nicht in dieses Land gehört, so danke ich Ihnen für Ihre Zurechtweisung — und nun, meine Herren, mache ich Ihnen den Vorschlag, daß ich als Strafe so viel Whiskey, Brandy oder was Sie sonst wollen, bezahle, als die Gesellschaft heute Abend vertilgen kann, und daß wir die Sache auf diese Art in Fried' und Freundschaft ausgleichen!"

Im Hintergrunde des Zimmers erhob sich ein beifälliges Gemurmel bei diesem Schlusse. „Haltet die Mäuler!" schrie Bill Green, auf den Tisch schlagend. „Ich will Ihnen sagen, junger Mann," fuhr er, seine Stimme erhebend, fort, um die der Uebrigen zu übertönen, „Ihr Whiskey thut's nicht mehr, dafür ist schon gesorgt. Donnerwetter!" schrie er nach hinten, „wollt Ihr stille sein! ich sage, es ist für mehr gesorgt, als Ihr trinken könnt — nur erst die Geschichte hier zu Ende gebracht. — Und wegen Ihrer schönen Worte," wandte er sich an Frank, „so mögen sie angebracht sein wo sie wollen, bei uns aber nicht. Und so sagen wir Ihnen, als Beschluß dieses achtbaren Komités, daß Sie von hier aus über die Grenze des County's gebracht werden sollen, und auf die Gefahr, von dem Richter Lynch gefaßt zu werden, nicht wieder hierher zurückkehren dürfen. Zugleich wird Ihnen angerathen, sich ganz aus dem Staate zu entfernen, da die Vigilanten-Komités der übrigen County's auf Sie aufmerksam gemacht werden sollen!"

Frank hörte die Sentenz ruhig an. „Es kommt mir vor, Freund Bill," sagte er dann, „als ob die andern Herren im Zimmer gar nichts zu sagen hätten. Jede Jury urtheilt doch, indem Jeder seine Meinung abgiebt, Sie aber thun ja gerade, als wären Sie das Komité allein. Wie ist denn das, meine Herren?"

Ein neues Gemurmel erhob sich. Bill Green aber schlug wieder auf den Tisch. „Haltet die Mäuler, sag' ich! Ihr wißt, wozu Ihr hier seid und so laßt uns die Sache kurz machen! Sie, junger Mensch!" fuhr er gegen Frank fort, „haben ganz folgsam Alles gestanden, und gerade so werden Sie sich auch jetzt wegführen lassen, damit ist das Ding zu Ende!"

Er schoß einen höhnenden Blick auf den Deutschen und erhob sich.

„Halt!" rief Frank, „noch ein Wort. Ich sehe, wie die Sache steht. Ich habe geglaubt, zu ehrenhaften Leuten zu reden, die ich mir hätte zu Freunden machen können und habe deshalb offenherzig gesprochen. Denkst Du denn aber, Du Bill Green, ich habe das aus Furcht vor Dir gethan? Ich glaube, Mann, Du kannst etwas vom Gegentheile erzählen. Und meinst Du denn, ich komme hierher, um mich still, wie das Lamm fortführen zu lassen? Frei bin ich gekommen und frei bleibe ich, merke das! Wer hier von den Männern mein Freund sein will, der sei es, ich werde es ihm danken; wer mein Feind ist, der komme heran — im Uebrigen aber, Bill, sieh' Dich vor, daß nicht der hanfene Strick einmal bei Dir dem Dinge ein Ende macht."

„Warte, Bursche!" schrie Green, und sprang puterroth hinter dem Tische vor, „ich will Dich zuerst noch vornehmen!" Mit einem Schritte aber trat Frank nach der Thür zurück und vor dem vorgestreckten Revolver prallte der Wüthende zurück. „So?!" schrie er, sich niederduckend, während die übrigen Männer sich hastig herzudrängten, „habt Acht, Jungens, er soll nur die Fliegen an der Decke todtschießen. Alle auf einmal, drauf!" — aber in diesem Augenblicke flog der Tisch mit den Lichtern um, riß Bill über den Haufen und ließ in der urplötzlich eingetretenen Dunkelheit viele der andern Männer übereinanderstürzen.

„Kikeri — kikeri — kieh!"

klang es schrill durch den Wirrwarr und die Finsterniß, und Frank, der nicht wußte wie ihm geschah, fühlte sich kräftig durch die offene Thür und die Hintertreppe hinab ins Freie gezogen.

„Jetzt nehmen Sie die Beine in die Hand, Herr, bis wir den Wald erreicht haben!" sagte eine leise Stimme neben ihm und Frank erkannte trotz der Dunkelheit die Waldspinne; er folgte instinktartig dem Rathe des Menschen und bald war in dem dicken Unterholze jede Spur von ihnen verschwunden. —

Wohl drei Meilen von dem Städtchen weg, tief im Walde lag entfernt von jeder Straße eine steinige Schlucht, dem Ansehen nach das frühere Bett eines Waldbachs. Felsige Hügel erhoben sich zu beiden Seiten, Alles war so verwachsen und trug so sehr den Charakter der Einsamkeit, daß seit den Indianerzeiten Niemand den Fuß hierher gesetzt zu haben schien.

Dort kamen Frank und sein Begleiter wieder aus den Büschen heraus. Die Waldspinne ging vorwärts, Frank aber blieb stehen. „Jetzt, Freund," begann der Letztere, „redet endlich einmal, sagt mir, wohin Ihr mich führt, und warum Ihr mich zu dieser übereilten Flucht drängt. Hätte ich nicht gefürchtet mich bei der Finsterniß im Walde zu verirren, ich wäre wahrhaftig so weit nicht mitgegangen."

„Kommen Sie nur noch ein paar Schritte, Herr!" erwiderte sein Begleiter, „folgen Sie aber genau meinen Fußtapfen."

Er faßte den Deutschen bei der Hand, leitete ihn einige Schritte die Schlucht hinab und dann wieder seitwärts gegen die Felsen in die Büsche hinein. Es war hier so dunkel, daß man nicht die Hand vor den Augen sehen konnte, aber plötzlich flackerte ein Licht auf und die Waldspinne hielt eine brennende Laterne in der Hand. Frank sah sich mit Erstaunen in einer niederen Felsenhöhle, deren Eingang durch die Büsche vollständig geschlossen war. Im Hintergrunde befand sich ein mit einem Buffalofelle bedecktes Lager, neben welchem ein aus alten Brettern gezimmerter Tisch stand. Dies war die ganze Ausstattung von Jack Davis' Wohnung.

„Nehmen Sie Platz dort!" sagte die Waldspinne und stellte die Laterne auf den Tisch. „Der gute Engel will haben, daß Sie hier bleiben, bis ich Ihnen andere Nachricht bringe."

Frank stand unschlüssig da und warf einen forschenden Blick auf seinen Begleiter. „Sagt einmal, Jack, könnt Ihr vernünftig mit mir reden, ohne von guten Engeln oder Teufeln oder so zu sprechen, wovon ich nichts verstehe?"

„O Herr, ich bin vollkommen bei Sinnen!" erwiderte er und kauerte sich auf einen Haufen Moos, der an der Wand aufgeschichtet war, „nur manchmal, wenn ich zu viel an alte Zeiten denke, vergesse ich mich ein Bischen. Sehen Sie, als der Teufel — oder Gordon, wenn Sie den Namen lieber wollen — mich durch seine schönen Worte bewog alles Geld, was ich ihm abzahlen wollte, zur Verbesserung meines Landes anzuwenden, damals glaubte ich auch einen guten Engel zu haben. Das war nämlich ein Mädchen, das ich noch viel lieber hatte, als meine Mutter. Und als nun der Teufel den Zeitpunkt abgepaßt hatte, wo das Land all' mein Geld gefressen hatte, aber wunderschön blühend dastand, da ließ er es durch Andere verkaufen, kaufte es selbst wieder zurück und bestahl mich um Alles. Die ich aber für meinen guten Engel gehalten, verleugnete mich in der Noth und wurde bald darauf das Weib eines Andern; meine alte Mutter konnte meinen Jammer nicht mit ansehen und starb vor Gram und Noth. Seit der Zeit, Herr, kommt es manchmal über mich — ich weiß nicht wie, und es ist mir, als müßte ich noch einmal einen Kampf mit dem Teufel bestehen, um all' das Elend, das er in die Welt gebracht, wett zu machen." Er schüttelte sich wie frostig. „Aber jetzt, Herr, bin ich ganz bei Sinnen!"

„Gut, Jack, dann sagt mir, wie Ihr unter die Leute bei Bryan's gekommen seid, und warum Ihr mich jetzt hierher geführt habt?"

„Der gute Engel wollte es so."

„Sprecht vernünftig, Jack, wer ist der gute Engel?"

„O, Sie kennen Ihren guten Engel nicht, der Sie mit den Flügeln deckt, wenn die Gefahr kommt?" rief Waldspinne und schüttelte in naiver Verwunderung den Kopf. „Sehen Sie, ehe Sie noch hier waren, kaum daß der New-Yorker Mann von Ihnen geschrieben hatte, da sagte Miß Mary zu mir, als ich Nachts meine Nahrung von ihr holte: ‚Jack, es kommt Einer hierher, dem's wohl so ergehen soll wie Dir; warne ihn.' Und als Sie kamen, warnte ich, aber Sie verstanden's nicht. Und als Sie den Handel abgeschlossen hatten, da weinte sie und durfte es doch nicht merken lassen. Wie es aber hieß, daß Sie Ihr Haus in die Höhe brächten und dem Teufel ein Schnippchen schlügen, da war ihr Gesicht wie eine leuchtende Sonne und Sie sollten's doch nicht sehen. Als aber der Teufel Alles ringsherum aufkaufte, Ihnen vor der Nase weg, ohne daß Sie's merkten, da wurden ihre Augen wieder trübe. ‚Jack,' sagte sie zu mir, ‚er ist zu unbekannt und muß in die Schlinge fallen, ich will wenigstens versuchen, was ich kann. Geh' mit dem nächsten Boote hinauf nach Springplace, hier ist ein Brief und da ist Geld. Brauche für Dich, was Du mußt und zahle das Andere den Leuten, an die der Brief ist, als Aufgeld.' Da bin ich dorthin gefahren und habe den Weizen bestellt, als käme es von Ihnen selbst. Das Aufgeld aber haben die Leute behalten für Ihre nächste Bestellung — so mußte ich es ihnen anbefehlen. Und zuletzt, als der Teufel mit seinem Kameraden, das heißt mit dem Bill Green, alle Abende Konferenzen hielt, da hatte sie gleich heraus, was es geben sollte und sie sagte: „Jack, ich weiß nicht, ob ich ihn werde zurückhalten können, aber gehe morgen Abend, sieh' zu wie es wird, und hilf, wo Du kannst. Und da habe ich mich unter die Bank gelegt, bis die Geschichte losging und ich den Tisch umwarf. So, Herr, und Sie sagen wirklich, Sie kennen Ihren guten Engel nicht?"

Frank stand regungslos da und schaute lange, wie abwesend, in seines Führers Gesicht. Endlich faltete er die Hände und sagte leise: „Mary, meine Mary, ich will Dir's vergelten, mit meinem ganzen Leben! — Und ich soll hier bleiben, so hat sie's bestimmt, Jack?" fuhr er nach einer Pause fort; „aber komm' her, Du treuer Mensch, daß ich Dich nicht vergesse, gieb mir Deine Hand und sag', wie ich Dir selbst danken kann?"

„Nichts zu danken, Herr!" sagte Jack gleichmüthig, „ich habe es nicht wegen Ihnen gethan. Sie hat mich gekleidet, als ich nackend war, sie hat mich gespeist und getränkt, als ich verschmachten wollte, sie hat mir Trost gegeben, wenn die dunkeln Stunden über mir drohten — ich bin ihr Knecht und will von Niemand anders Dank haben. Jetzt bleiben Sie hier, bis ich wiederkomme, dort das Lager ist rein, darauf können Sie schlafen. Für alle Fälle aber," fuhr er fort und drückte mit beiden Händen seinen Kopf, „mir ist's so schwer, als müßte ich schon jetzt den großen Kampf mit dem Teufel beginnen — für alle Fälle merken Sie, daß wenn Sie immer der Schlucht nachgehen, Sie zum Flusse gelangen und von dort bis zu Ihrem Hause ist es nur eine halbe Meile."

Er wollte gehen, aber Frank hielt ihn noch zurück.

„Wollt Ihr wohl den Weg bei meiner Mühle vorbei nehmen, dreimal an die Thür klopfen und meinem Arbeiter sagen, daß ich lebe und daß er das Haus hüten soll, bis ich heimkomme?"

Jack nickte nur und verschwand in den Büschen des Einganges. Frank aber, nachdem er noch lange Alles, was er erlebt und gehört, an seiner Seele hatte vorbei ziehen lassen, warf sich endlich auf das angewiesene Lager und entschlief.

Der Morgen kam, Frank war erwacht, aber Waldspinne war noch nicht zurückgekehrt. Der junge Mann ging in's Freie, um dort auf Jenen zu warten. Der Tag kam sonnig und warm herauf, die Eichhörnchen sprangen lustig von Ast zu Ast und buntgefiederte Vögel hüpften oder flogen in engen Kreisen umher, als seien sie noch nie gestört worden. Der Morgen verstrich und der Mittag kam, aber Waldspinne stellte sich noch nicht ein. Da wurde dem ungeduldig harrenden Manne die die Zeit doch zu lang, besonders da sich allgemach ein starker Hunger bei ihm eingefunden hatte. Seiner Berechnung nach hätte der Erwartete, wenn Alles richtig gegangen wäre, wenigstens am Morgen wieder zurück sein müssen — etwas Neues mußte vorgefallen sein und wie ein Blitz schoß ihm der Gedanke durch die Seele, ob sich nicht etwa der getäuschte Pöbel an seinem Eigenthume vergriffen habe; und kaum stand die Möglichkeit vor ihm, als er sich auch ohne weitere Ueberlegung haftigen Schrittes auf den Weg machte. Die Schlucht verfolgend, erreichte er nach einer halben Stunde den Fluß und schlug sich nun durch Gestrüpp und Unterholz dem Ufer entlang, bis er im Meninee-Thale herauskam. Einen raschen Blick warf er über seine Besitzung, doch da stand noch Alles so unverletzt wie früher, und er blieb stehen, um lang und frei aufzuathmen, bevor er weiterschritt. — Er war noch nicht bis zu seinem Hause gelangt, als sich dort schon die Thür öffnete und Dick ihm daraus entgegeneilte. „Gott sei Dank, Master," rief ihm dieser zu, „daß Sie endlich kommen. Miß Mary hat, glaub' ich, Todesangst Ihretwegen ausgestanden. Sie hat mich hierhergeschickt, um Tag und Nacht auf Sie zu warten. Machen Sie nur gleich vorwärts, nach der Stadt!"

„Auf mich solltest Du warten, Dick? Hat denn die Waldspinne keine Nachricht von mir gebracht?"

„Ja, da sitzt eben der Knoten," erwiderte der Schwarze, „wir haben wohl vermuthet, daß Jack Davis Sie irgendwo in Sicherheit gebracht hatte, haben aber von dem Menschen keinen

Zirkel wieder zu sehen bekommen, und Miß Mary meinte, es müsse Ihnen Beiden ein Unglück zugestoßen sein, sonst hätte sie gewiß von Einem Nachricht erhalten. 's ist nur gut, daß Sie gesund wieder da sind. Master Gordon ist auch die ganze Nacht nicht nach Hause gekommen, kein Mensch weiß, wo er ist, und nur Ihr Arbeiter meinte vorhin, er habe ihn ganz bestimmt gestern Abend hier um die Mühle herum schleichen und aufpassen sehen. Well, er ist schon manche Nacht aus dem Hause gewesen und wird auch jetzt bald genug wieder kommen."

„Das ist aber doch sonderbar!" sagte Frank nachdenklich, „komm' herein, Dick. Ich soll nach der Stadt, sagst Du?"

„Ja, Master, und das sogleich. 's hat gestern Abend noch eine Mordgeschichte gegeben, und heute sieht's ganz anders aus, als gestern. Ich erzähle Ihnen das unterwegs."

„Warte, ich muß erst etwas essen, damit ich nicht umfalle, und ein paar Worte mit meinem Gehülfen sprechen."

Sie waren in die Mühle getreten, wo der Arbeiter dem Deutschen mit fröhlichem Gesichte die Hand entgegenstreckte. „Sein Sie nicht böse, Herr, daß ich den Schwarzkopf hier hereingelassen habe," sagte er, „ich weiß aber, daß er's gut mit Ihnen meint und ich wollte doch auch gern erfahren, was mit Ihnen los sei!"

„'s ist schon gut!" erwiderte Frank, indem er sich müde auf den Stuhl warf und nach einigen Lebensmitteln griff. „Sagen Sie mir nur, haben Sie ganz bestimmt gesehen, daß der Mann, der hier herumschlich, Mr. Gordon war?"

„Ich kann einen feierlichen Eid darauf ablegen!" rief der Arbeiter. „Der Mond war eben etwa eine halbe Stunde in die Höhe, und ich sah nach Ihnen aus, ob Sie noch nicht kämen, als er dort über die Umzäunung stieg, und ich sah sein Gesicht und seine dicke Figur so genau, als ich Sie jetzt sehe!"

Frank war schon vorher von einem sonderbaren Gedanken berührt worden; er berechnete jetzt, daß Jack, den er gebeten hatte, nach der Mühle zu gehen, etwa um dieselbe Zeit hier gewesen sein müsse. Er schüttelte den Kopf, hielt es indessen noch nicht an der Zeit, irgend eine Vermuthung zu äußern.

„Nun, Dick," sagte er endlich, „kannst Du mir nichts erzählen, während ich esse?"

„O ja, Herr! Die Neuigkeiten drücken mir so fast das Herz ab. Also gestern Abend, als Sie den Spitzbuben aus dem Garne gegangen waren und diese sich noch in der Dunkelheit übereinander herwälzen, stürzen Bryan und die übrigen Männer, die im Bar-Room auf den Ausgang gelauert hatten, mit Licht herauf, weil sie bei dem Lärmen ganz gewiß glauben, die Kerls sind eben dabei, Sie kalt zu machen. Als nun aber die Gesellschaft sich auseinander gewickelt hat und sieht, daß der Vogel fort ist, da geht ein gewaltiger Streit los. So viel ich gehört habe, ist nämlich den Leuten vom Lande Allerhand versprochen worden und da Sie entwischt sind, hat nichts gehalten werden sollen. Also sind Viele dem Bill Green zu Leibe gegangen, warum er nicht Ihren Whiskey und Brandy, den Sie zugesagt, angenommen hätte, das wäre viel besser gewesen, als sich jetzt betrügen zu lassen; darauf ist Bill grob und wüthig geworden, und eine Schlägerei ist losgegangen, wie sie sobald nicht dagewesen ist. Bryan's halbes Haus ist demolirt worden, und Bill Green hat Einen auf den Kopf gehauen, daß er noch für todt dalag, als ich die Stadt verließ. Aber der Sheriff ist auch bei der Hand gewesen und hat den guten Bill vorläufig beigesteckt.

„Nun kommt aber die Hauptsache, Herr!"

„Den wenigen besseren Leuten, die mit bei dem Spektakel gewesen sind, ist es doch ängstlich geworden, als sie das Ende von der Sache gesehen haben. So sind sie in der Stadt herumgegangen, haben Sie ungeheuer gepriesen, haben erzählt, was Sie für eine schöne Rede gehalten und wie Sie den Süden gelobt, und haben auf den Bill Green und das übrige Volk ungeheuer geschimpft. Viele von den anderen Bürgern und Kaufleuten — die schon böse genug über das Unwesen waren, weil sie meinten, die ganze Stadt könne in schlechten Ruf dadurch kommen — haben sich mit ihnen zusammengethan und so haben sie heute Morgen um zehn Uhr eine große Versammlung gehalten und haben erklärt, daß kein ordentlicher Bürger der Stadt mit dem Unfug etwas zu schaffen gehabt, daß Sie der beste Mann wären, und von ihnen Allen Schutz und Hülfe finden sollten, wenn Sie ferner als Nachbar bei ihnen bleiben wollten.

„Und wie das Ding bekannt geworden ist, da hat Miß Mary geweint und hat mich fortgetrieben, um Sie hier zu erwarten und nach der Stadt zu bringen, sobald sie nur kämen!"

Frank hatte mit gespanntem Gesichte zugehört und zuletzt das Essen vergessen.

„Und dann auch keinen Augenblick länger hier!" rief er jetzt aufspringend und das unbeendigte Mahl bei Seite schiebend. „Mache Dir einen frohen Tag mit den Andern!" fügte er bei, dem Schwarzen alles Geld zuwerfend, das er bei sich trug, und war in zwei Sätzen im Freien. Schnell war das Pferd gesattelt und davon sprengte er. Erst als er die Stadt erreichte, ritt er langsamer. Hier wartete seiner eine andere Genugthuung. Aus allen Stores, wo er bemerkt wurde, kamen die Leute heraus, ihn begrüßend und das Vorgefallene bedauernd. Frank hielt überall an, drückte die Hände und dankte. Viele gingen sprechend langsam neben ihm her, bis er endlich, um der Sache ein gutes Ende zu geben, vorschlug, einen allgemeinen „Drink" zu nehmen und zwar bei Bryan, der gewiß an der ganzen gestrigen Geschichte unschuldig gewesen sei und am meisten gelitten habe. „Er ist ein Gentleman durch und durch!" hieß es von allen Seiten und Jeder, der sich auf der Straße blicken ließ, mußte sich entschließen, um mitzuhalten. So ging der Zug die Straße hinauf, bei dem Hotel, wo Frank sein Pferd anband, vorbei, zu dem Store des etwas verblüfft aussehenden Bryan. Frank hielt sich indessen nicht lange auf. Er zog den Besitzer bei Seite. „Schenken Sie ein, so viel die Leute trinken wollen," sagte er, „morgen früh komme ich, um zu bezahlen und noch mehr mit Ihnen zu reden. Ich denke, Bryan, Freundschaft zwischen uns, ist besser als Feindschaft! — Heran, meine Herren, was trinken Sie?!" Und während die Gläser klapperten und die Flaschen im Kreise gingen, schlüpfte er hinaus.

Mary saß sinnend für sich da, als Frank in ihr Zimmer trat. Das Roth der Freude schoß jäh in ihr Gesicht, sie sprang auf und wollte ihm entgegeneilen, aber sie mußte sich an dem Stuhle halten, um nicht umzusinken. Er trat rasch auf sie zu und kniete vor ihr nieder. „Mary," sagte er, „ich weiß jetzt Alles, was Du für mich gethan, ohne daß ich es ahnte. Ich sollte Dich anbeten und verehren wie meinen Schutzgeist; aber Mary!" rief er aufspringend und sie umfassend, „ich kann Dich ja nur lieben, ich habe Dir schon vorher mich ganz und gar gegeben und habe jetzt nichts mehr. Was soll ich denn noch thun, Mary?"

„Liebe mich, liebe mich, liebe mich!" rief sie, sich fest an ihn kettend, und so standen sie da, verloren in ihr Glück und Alles vergessend, was die nächste Zukunft noch an Sorgen für sie bringen konnte. — — —

Gordon kam auch diese Nacht nicht nach Hause, und Frank machte mit Ned am dritten Tage vergebliche Streifzüge nach allen bekannten Orten der Nachbarschaft, um ihn aufzufinden oder wenigstens von ihm zu hören.

Am vierten Tage aber bestätigte sich unseres Freundes geheime Ahnung. Nahe der Stadt warf der Fluß zwei Leichen aus, die sich eng umklammert hielten. Es waren Gordon und Jack Davis. Was sich im Leben am bittersten gehaßt, hatte der Tod in gräßlicher Ironie so eng vereinigt, daß es nur wiederholten Versuchen gelang, die Leichen zu trennen. — — —

Erst später in glücklicheren Tagen theilte Frank seine Vermuthungen der verwaisten Tochter mit. Wahrscheinlich hatte Gordon dem Deutschen nachgespürt, als dieser dem Lynchgerichte entflohen war, und hatte bei der Mühle die Waldspinne getroffen. Er hatte nicht versäumen wollen, diesen langentschlüpften Feind zu fangen, und war mit Jack in einen Kampf gerathen, in welchem die Gelenkigkeit des Wahnsinns seiner Kraft entgegengestanden hatte. Wahrscheinlich, da Jack am Flußufer entlang gekommen, waren Beide im Kampf den Abhang hinunter in's Wasser gestürzt."

Ein Jahr nach den erzählten Ereignissen war vorüber, da feierte Albert Frank seine Hochzeit mit dem reichsten Mädchen des Countys, Mary Gordon.

Ned aber, der endlich begriffen hatte, daß Mary sich über seine Untreue weder grämen noch ärgern würde, führte an demselben Tage seine Nachbarin und Schulfreundin heim.

Frank und Mary reisten am Tage ihrer Verheirathung nach dem Osten. Sie wollen zu Ned's Leidwesen ganz dorthin übersiedeln, wenn sie erst die gehörigen Anordnungen über die ausgedehnten Landstrecken ihrer Besitzung gemacht haben werden.